中国非洲研究院文库·学术译丛

非洲大陆发展愿景

《2063年议程》及其首个十年规划和实施报告

AGENDA 2063 & FIRST CONTINENTAL REPORT

非洲联盟委员会 (African Union Commission) ◎编著

吉文凯　瞿　慧◎译

中国社会科学出版社

图书在版编目(CIP)数据

非洲大陆发展愿景：《2063年议程》及其首个十年规划和实施报告/非洲联盟委员会 (African Union Commission) 编著；吉文凯，瞿慧译．—北京：中国社会科学出版社，2023.8

（中国非洲研究院文库．学术译丛）

书名原文：Agenda 2063：First continental report

ISBN 978-7-5227-2251-1

Ⅰ.①非… Ⅱ.①非…②吉…③瞿… Ⅲ.①社会发展—研究报告—非洲②经济发展—研究报告—非洲 Ⅳ.①D740.69②F140.4

中国国家版本馆 CIP 数据核字（2023）第 121576 号

Translated with permission of the publisher of Agenda 2063: The Africa We Want (Framework Document, First Ten-Year Implementation Plan 2014 – 2023, published in 2015, ISBN 978 – 92 – 95104 – 23 – 5 and First Continental Report on the Implementation of Agenda 2063, published in February 2020, ISBN number 978 – 1 – 928527 – 22 – 0).

This translation was not created by the African Union (AU), AU is not responsible for the content of accuracy of this translation. The original English edition Agenda 2063: The Africa We Want (Framework Document, First Ten-Year Implementation Plan 2014 – 2023, published in 2015, ISBN 978 – 92 – 95104 – 23 – 5 and First Continental Report on the Implementation of Agenda 2063, published in February 2020, ISBN number 978 – 1 – 928527 – 22 – 0) shall be the binding and authentic edition.

出 版 人	赵剑英
责任编辑	陈雅慧
责任校对	王　晗
责任印制	戴　宽

出　　版	中国社会科学出版社
社　　址	北京鼓楼西大街甲 158 号
邮　　编	100720
网　　址	http://www.csspw.cn
发 行 部	010 - 84083685
门 市 部	010 - 84029450
经　　销	新华书店及其他书店
印　　刷	北京明恒达印务有限公司
装　　订	廊坊市广阳区广增装订厂
版　　次	2023 年 8 月第 1 版
印　　次	2023 年 8 月第 1 次印刷
开　　本	880×1230　1/16
印　　张	21.5
字　　数	539 千字
定　　价	169.00 元

凡购买中国社会科学出版社图书，如有质量问题请与本社营销中心联系调换

电话：010 - 84083683

版权所有　侵权必究

非洲统一组织创始成员

Algeria
Ben Bella

Benin
Hubert Maga

Burkina Faso
Maurice Yameogo

Burundi
Mwami Mwambusta IV

Cameroon
Ahamadou Ahidjo

Central African Rep.
David Dacko

Chad
Francois Tombalbaye

Congo
Fulbert Youlou

Egypt
Gamal Abdel Nasser

Ethiopia
Haile Selassi I

Gabon
Leon M'Ba

Ghana
Kwame Nkrumah

Guinea
Sékou Touré

Côte d'Ivoire
Houphouet Boigny

Liberia
William Tubman

Libya
King Idris I

Madagascar
Philibert Tsiranana

Mali
Modibo Keita

Mauritania
Mokhtar ould Daddah

Morocco
King Hassan II

Niger
Hamani Diori

Nigeria
Nnamdi Azikiwe

Nigeria
Abubakar Balewa

Rwanda
Groire Kayibanda

Senegal
Leopold Sedar Senghor

Sierra Leone
Milton Margai

Somalia
Abdella Osman

Sudan
Ibrahim Abboud

Tanzania
Julius Nyerere

Togo
Sylvanus Olympio

Tunisia
Habib Bourguiba

Uganda
Milton Obote

《中国非洲研究院文库》编委会名单

主　任　蔡　昉

编委会（按姓氏笔画排序）

　　　王　凤　　王启龙　　王林聪　　邢广程　　安春英

　　　毕健康　　朱伟东　　李安山　　李新烽　　杨宝荣

　　　吴传华　　余国庆　　张永宏　　张宇燕　　张忠祥

　　　张振克　　林毅夫　　罗建波　　周　弘　　赵剑英

　　　姚桂梅　　党争胜　　唐志超　　冀祥德

充分发挥智库作用　助力中非友好合作
——《中国非洲研究院文库总序言》

当前，世界之变、时代之变、历史之变正以前所未有的方式展开。一方面，和平、发展、合作、共赢的历史潮流不可阻挡，人心所向、大势所趋决定了人类前途终归光明。另一方面，恃强凌弱、巧取豪夺、零和博弈等霸权霸道霸凌行径危害深重，和平赤字、发展赤字、治理赤字加重，人类社会面临前所未有的挑战。

作为世界上最大的发展中国家，中国始终是世界和平的建设者、国际秩序的维护者、全球发展的贡献者。非洲是发展中国家最集中的大陆，是维护世界和平、促进全球发展的重要力量之一。在世界又一次站在历史十字路口的关键时刻，中非双方比以往任何时候都更需要加强合作、共克时艰、携手前行，共同推动构建人类命运共同体。

中国和非洲都拥有悠久灿烂的古代文明，都曾走在世界文明的前列，是世界文明百花园的重要成员。双方虽相距万里之遥，但文明交流互鉴的脚步从未停歇。进入21世纪，特别是中共十八大以来，中非文明交流互鉴迈入新阶段。中华文明和非洲文明都孕育和彰显出平等相待、相互尊重、和谐相处等重要理念，深化中非文明互鉴，增强对彼此历史和文明的理解认知，共同讲好中非友好合作故事，为新时代中非友好合作行稳致远汲取历史养分、夯实思想根基。

中国式现代化，是中国共产党领导的社会主义现代化，既有各国现代化的共同特征，更有基于自己国情的中国特色。中国式现代化，深深植根于中华优秀传统文化，体现科学社会主义的先进本质，借鉴吸收一切人类优秀文明成果，代表人类文明进步的发展方向，展现了不同于西方现代化模式的新图景，是一种全新的人类文明形态。中国式现代化的新图景，为包括非洲国家在内的广大发展中国家发展提供了有益参考和借鉴。近年来，非洲在自主可持续发展、联合自强道路上取得了可喜进步，从西方眼中"没有希望的大陆"变成了"充满希望的大陆"，成为"奔跑的雄狮"。非洲各国正在积极探索适合自身国情的发展道路，非洲人民正在为实现《2063年议程》与和平繁荣的"非洲梦"而努力奋斗。中国坚定支持非洲国家探索符合自身国情的发展道路，愿与非洲兄弟共享中国式现代化机遇，在中国全面建设社会主义现代化国家新征程上，以中国的新发展为非洲和世界提供发展新机遇。

中国与非洲传统友谊源远流长，中非历来是命运共同体。中国高度重视发展中非关系，2013年3月，习近平担任国家主席后首次出访就选择了非洲；2018年7月，习近平连任国家主席后首次出访仍然选择了非洲；6年间，习近平主席先后4次踏上非洲大陆，访问坦桑尼亚、南非、塞内加尔等8国，向世界表明中国对中非传统友谊倍加珍惜，对非洲和中非关系高度重视。在2018年中非合作论坛北京峰会上，习近平主席指出："中非早已结成休戚与共的命运共同体。我们愿同非洲人民心往一处想、劲往一处使，共筑更加紧密的中非命运共同体，为推动构建人类命运共同体树立典范。"2021年中非合作论坛第八届部长级会议上，习近平主席首次提出了"中非友好合作精神"，即"真诚友好、平等相待，互利共赢、共同发展，主持公道、捍卫正义，顺应时势、开放包容"。这是对中非友好合作丰富内涵的高度概括，是中非双方在争取民族独立和国家解放的历史进程中培育的宝贵财富，是中非双方在发展振兴和团结协作的伟大征程上形成的重要风范，体现了友好、平等、共赢、正义的鲜明特征，是新型国际关系的时代标杆。

随着中非合作蓬勃发展，国际社会对中非关系的关注度不断提高。一方面，震惊于中国在非洲影响力的快速上升；一方面，忧虑于自身在非洲影响力的急速下降，西方国家不时泛起一些肆意抹黑、诋毁中非关系的奇谈怪论，诸如"新殖民主义论""资源争夺论""中国债务陷阱论"等，给发展中非关系带来一定程度的干扰。在此背景下，学术界加强对非洲和中非关系的研究，及时推出相关研究成果，提升中非双方的国际话语权，展示中非务实合作的丰硕成果，客观积极地反映中非关系良好发展，向世界发出中国声音，显得日益紧迫和重要。

以习近平新时代中国特色社会主义思想为指导，中国社会科学院努力建设马克思主义理论阵地，发挥为党和国家决策服务的思想库作用，努力为构建中国特色哲学社会科学学科体系、学术体系、话语体系作出新的更大贡献，不断增强我国哲学社会科学的国际影响力。中国社会科学院西亚非洲研究所是遵照毛泽东主席指示成立的区域性研究机构，长期致力于非洲问题和中非关系研究，基础研究和应用研究双轮驱动，融合发展。

以西亚非洲研究所为主体于2019年4月成立的中国非洲研究院，是习近平主席在中非合作论坛北京峰会上宣布的加强中非人文交流行动的重要举措。自西亚非洲研究所及至中国非洲研究院成立以来，出版和发表了大量论文、专著和研究报告，为国家决策部门提供了大量咨询报告，在国内外的影响力不断扩大。遵照习近平主席致中国非洲研究院成立贺信精神，中国非洲研究院的宗旨是：汇聚中非学术智库资源，深化中非文明互鉴，加强中非治国理政和发展经验交流，为中非和中非同其他各方的合作集思广益、建言献策，为中非携手推进"一带一路"高质量发展、共同建设面向未来的中非全面战略合作伙伴关系、构筑更加紧密的中非命运共同体提供智力支持和人才支撑。

中国非洲研究院有四大功能：一是发挥交流平台作用，密切中非学术交往。办好三大讲坛、三大论坛、三大会议。三大讲坛包括"非洲讲坛""中国讲坛""大使讲坛"，三大论坛包括"非洲留学生论坛""中非学术翻译论坛""大航海时代与21世纪海峡两岸学术论坛"，三大会议包括"中非文明对话大会""《（新编）中国通史》和《非洲通史（多卷本）》比较研究国际研讨会""中国非洲研究年会"。二是发挥研究基地作用，聚焦共建"一带一路"。开展中非合作研究，对中非共同关注的重大问题和热点问题进行跟踪研究，定期发布研究课题及其成果。三是发挥人才高地作用，培养高端专业人才。开展学历学位教育，实施中非学者互访项目，扶持青年学者和培养高端专业人才。四是发挥传播窗口作用，讲好中非友好故事。办好中国非洲研究院微信公众号，办好中英文中国非洲研究院网站，创办多语种《中国非洲学刊》。

为贯彻落实习近平主席的贺信精神，更好汇聚中非学术智库资源，团结非洲学者，引领中国非洲研究队伍提高学术水平和创新能力，推动相关非洲学科融合发展，推出精品力作，同时重视加强学术道德建设，中国非洲研究院面向全国非洲研究学界，坚持立足中国，放眼世界，特设"中国非洲研究院文库"。"中国非洲研究院文库"坚持精品导向，由相关部门领导与专家学者组成的编辑委员会遴选非洲研究及中非关系研究的相关成果，并统一组织出版。文库下设五大系列丛书:"学术著作"系列重在推动学科建设和学科发展,反映非洲发展问题、发展道路及中非合作等某一学科领域的系统性专题研究或国别研究成果;"学术译丛"系列主要把非洲学者以及其他方学者有关非洲问题研究的学术著作翻译成中文出版,特别注重全面反映非洲本土学者的学术水平、学术观点和对自身发展问题的见识;"智库报告"系列以中非关系为研究主线,中非各领域合作、国别双边关系及中国与其他国际角色在非洲的互动关系为支撑,客观、准确、翔实地反映中非合作的现状,为新时代中非关系顺利发展提供对策建议;"研究论丛"系列基于国际格局新变化、中国特色社会主义进入新时代,集结中国专家学者研究非洲政治、经济、安全、社会发展等方面的重大问题和非洲国际关系的创新性学术论文,具有基础性、系统性和标志性研究成果的特点;"年鉴"系列是连续出版的资料性文献,分中英文两种版本,设有"重要文献""热点聚焦""专题特稿""研究综述""新书选介""学刊简介""学术机构""学术动态""数据统计""年度大事"等栏目,系统汇集每年度非洲研究的新观点、新动态、新成果。

期待中国的非洲研究和非洲的中国研究在中国非洲研究院成立新的历史起点上,凝聚国内研究力量,联合非洲各国专家学者,开拓进取,勇于创新,不断推进我国的非洲研究和非洲的中国研究以及中非关系研究,从而更好地服务于中非高质量共建"一带一路",助力新时代中非友好合作全面深入发展,推动构建更加紧密的中非命运共同体。

中国非洲研究院
2023 年 7 月

目　录

非盟委员会主席序 ……………………………………………………………………（1）

译者序 ……………………………………………………………………………………（1）

《2063年议程》框架文件

序　言 ……………………………………………………………………………………（3）

致　谢 ……………………………………………………………………………………（6）

执行摘要 …………………………………………………………………………………（8）

缩略词 ……………………………………………………………………………………（15）

一　情况介绍 ……………………………………………………………………………（19）
   1.1　背景介绍 …………………………………………………………………………（19）
   1.2　《2063年议程》筹备过程 ………………………………………………………（22）
   1.3　《2063年议程框架文件》概述 …………………………………………………（22）

二　2063年非洲的远景和愿景 …………………………………………………………（24）
   2.1　非洲2063年愿景 …………………………………………………………………（24）
   2.2　结论
       ——其他设想 ………………………………………………………………（35）

三　过去50年和今天的非洲：《2063年议程》的进展、挑战和影响 …………………（36）
   3.1　过去50年的非洲（1963—2013年）：追求政治统一与经济解放 ……………（36）
   3.2　今日非洲：《2063年议程》的进展、挑战和影响 ……………………………（42）
   3.3　国家、区域和大陆各层级应对非洲发展挑战的经验和教训 …………………（86）
   3.4　《2063年议程》的结论和问题 …………………………………………………（89）

四 《2063年议程》：目标、优先领域、指标和指示性战略 …… (91)
- 4.1 理念方法 …… (92)
- 4.2 《2063年议程》制定基础 …… (94)
- 4.3 目标、优先领域、指标和指示性战略 …… (94)
- 4.4 《2063年议程》旗舰计划 …… (95)

五 《2063年议程》成功的关键因素、潜在风险和缓解策略 …… (97)
- 5.1 成功的关键因素 …… (97)
- 5.2 风险、威胁和缓解策略 …… (98)
- 5.3 国际趋势和驱动力量 …… (100)

六 "实现目标"
——实施、监测、评估、融资、沟通和执行能力 …… (103)
- 6.1 引言 …… (103)
- 6.2 执行、监测和评估工作 …… (104)
- 6.3 《2063年议程》融资需求及战略 …… (107)
- 6.4 《2063年议程》相关伙伴关系 …… (110)
- 6.5 《2063年议程》的能力建设 …… (111)
- 6.6 《2063年议程》的传播战略 …… (113)

附录 …… (115)
- 附录1 非洲经济增长和转型倡议要点 …… (115)
- 附录2 《2063年议程》的普遍性问题和行动领域摘要 …… (116)
- 附录3 《2063年议程》国家层级成果汇总表：目标、优先领域、指标和指示性战略 …… (118)
- 附录4 《2063年议程》地区/大陆层级成果汇总表：目标、优先领域、指标和指示性战略 …… (130)

《2063年议程》第一个十年执行计划

执行摘要 …… (139)

缩略词 …… (149)

术语/名称表 …… (154)

一 第一个十年执行计划的基本情况 …… (158)
- 1.1 背景 …… (158)

1.2　计划的目的 …………………………………………………………………………（158）
　1.3　《第一个十年执行计划》的基础 …………………………………………………（159）
　1.4　计划的筹备过程 ……………………………………………………………………（159）
　1.5　文件结构 ……………………………………………………………………………（160）

二　**第一个十年执行计划的目标和优先领域** ……………………………………………（161）
　2.1　内容 …………………………………………………………………………………（161）
　2.2　目标和优先领域的选择 ……………………………………………………………（162）
　2.3　第一个十年执行计划目标和优先领域 ……………………………………………（164）
　2.4　2023 年的非洲 ………………………………………………………………………（166）

三　**第一个十年执行计划的内容框架** ……………………………………………………（170）
　3.1　内容 …………………………………………………………………………………（170）
　3.2　愿景 1：一个基于包容性增长和可持续发展的繁荣非洲 ………………………（170）
　3.3　愿景 2：一个建立在泛非主义理想和非洲复兴愿景之上的政治统一的
　　　　一体化非洲大陆 …………………………………………………………………（184）
　3.4　愿景 3：一个善治、民主、尊重人权、正义和法治的非洲 ……………………（188）
　3.5　愿景 4：一个和平而稳定的非洲 …………………………………………………（191）
　3.6　愿景 5：一个具有强烈文化认同、共同遗产、价值观和道德准则的非洲 ……（194）
　3.7　愿景 6：一个依靠人民和民众潜力，尤其是妇女和青年潜力，并关爱
　　　　儿童的非洲 ………………………………………………………………………（197）
　3.8　愿景 7：一个作为强大、团结、富有活力且有影响力的国际事务的
　　　　参与者和合作伙伴的非洲 ………………………………………………………（200）

四　**计划实施** ………………………………………………………………………………（204）
　4.1　背景 …………………………………………………………………………………（204）
　4.2　目标 …………………………………………………………………………………（204）
　4.3　实现《2063 年议程》
　　　　——指导原则 ……………………………………………………………………（205）
　4.4　关键实施问题 ………………………………………………………………………（207）

五　**监测和评估** ……………………………………………………………………………（212）
　5.1　监测和评估框架的基本原理 ………………………………………………………（212）
　5.2　成果框架的结构 ……………………………………………………………………（212）
　5.3　知识和经验分享 ……………………………………………………………………（213）

六　**十年执行计划融资需求及措施** ………………………………………………………（215）
　6.1　第一个十年的融资需求 ……………………………………………………………（215）

6.2　融资便利化措施 …………………………………………………………………（216）
　　6.3　第一个十年资源调动战略（RMS）………………………………………………（217）

七　伙伴关系 ……………………………………………………………………………（218）
　　7.1　关于伙伴关系的建议 ………………………………………………………………（218）

附　录 ……………………………………………………………………………………（220）
　　附件1：第一个十年执行计划的监测和评估 …………………………………………（220）
　　附件2：《2063年议程》与联合国可持续发展目标：共性概况 ……………………（224）
　　附件3：快速通道方案和倡议 …………………………………………………………（226）
　　附件4：成功关键因素、潜在风险和缓解策略 ………………………………………（227）
　　附件5：《2063年议程》第一个十年执行计划：资金需求和相关潜在资金来源
　　　　　——国家层面 ……………………………………………………………………（232）

《2063年议程》第一个十年执行计划实施报告

序　言 ………………………………………………………………………………………（243）

前　言 ………………………………………………………………………………………（244）

致　谢 ………………………………………………………………………………………（245）

执行概要 ……………………………………………………………………………………（247）

缩略词 ………………………………………………………………………………………（250）

简　介 ………………………………………………………………………………………（251）

一　《2063年议程》实施进展
　　　——愿景实现情况 ……………………………………………………………………（252）

二　非洲大陆状况
　　　——以《2063年议程》为参照 ………………………………………………………（253）
　　2.1　目标1：公民拥有较高的生活水平、生活质量和幸福感 ………………………（254）
　　2.2　目标2：公民接受良好的教育，以科学、技术和创新为驱动的技术革命 ……（255）
　　2.3　目标3：国民身体健康，营养健全 ………………………………………………（255）
　　2.4　目标4：经济转型和创造就业 ……………………………………………………（257）
　　2.5　目标5：高产的现代农业 …………………………………………………………（258）

- 2.6 目标6：发展蓝色/海洋经济，促进经济增长 (259)
- 2.7 目标7：环境可持续，气候条件良好的经济体和地区 (259)
- 2.8 目标8：非洲一体化（联邦或邦联） (259)
- 2.9 目标9：非洲大陆金融和货币机构的建立和运行 (259)
- 2.10 目标10：世界一流的基础设施遍及非洲 (260)
- 2.11 目标11：确立民主价值观、人权、正义和法治等普遍原则 (261)
- 2.12 目标12：各级机构有能力，领导具有革新思想 (261)
- 2.13 目标13：和平、安全与稳定得以维持 (262)
- 2.14 目标14：建立稳定和平的非洲大陆 (262)
- 2.15 目标15：全面运行的非洲和平与安全架构 (262)
- 2.16 目标16：非洲文化复兴得以凸显 (262)
- 2.17 目标17：社会生活各个方面充分实现性别平等 (263)
- 2.18 目标18：提升青少年的权利与参与度 (264)
- 2.19 目标19：加强非洲在国际事务及和平进程中的伙伴作用 (265)
- 2.20 目标20：非洲自主融资，推动经济发展 (265)

三 非洲大陆《2063年议程》实施状况测评表 (266)
- 3.1 《2063年议程》实施绩效 (267)
- 3.2 南非《2063年议程》目标实施绩效测评表 (268)
- 3.3 东非《2063年议程》目标实施绩效测评表 (269)
- 3.4 西非《2063年议程》目标实施绩效测评表 (270)
- 3.5 中非《2063年议程》目标实施绩效测评表 (271)
- 3.6 北非《2063年议程》目标实施绩效测评表 (272)

四 非洲联盟旗舰项目实施进展 (273)
- 4.1 非洲大陆自由贸易区 (273)
- 4.2 刚果（金）英加水电站三期项目 (274)
- 4.3 非洲单一航空运输市场（SAATM） (275)
- 4.4 非洲大陆高速铁路网络 (276)
- 4.5 泛非学术和医疗电子网络 (276)
- 4.6 网络安全 (277)
- 4.7 泛非虚拟大学和电子大学（PAVEU） (277)
- 4.8 非洲外太空旗舰计划 (278)
- 4.9 非洲大博物馆（GMA） (279)
- 4.10 到2020年，全非洲消弭枪声，结束大小战争 (279)
- 4.11 人员自由流动和非洲护照 (280)
- 4.12 非洲大陆金融机构 (281)
- 4.13 非洲经济平台 (282)

五 《2063 年议程》执行情况测评 ……………………………………………………………（283）
    5.1 《2063 年议程》在各国、各地区的落实情况 ……………………………………（283）
    5.2 《2063 年议程》协调、执行、监测和报告相关机构建设情况 ……………………（283）
    5.3 《2063 年议程》监测与评估 ………………………………………………………（283）
    5.4 《2063 年议程》国内资源调动战略 ………………………………………………（284）
    5.5 相关建议 ……………………………………………………………………………（284）
    5.6 结论 …………………………………………………………………………………（285）

附录 1 《2063 年议程》实施状况大陆级测评表 ………………………………………（286）

附件 2 各国简况 …………………………………………………………………………（290）

附件 3 评测方法 …………………………………………………………………………（322）

非盟委员会主席序

亲爱的读者朋友：

大家好！很高兴借此机会向大家推介《非洲大陆发展愿景——〈2063年议程〉及其首个十年规划和实施》。该书包括非洲联盟《2063年议程框架文件》《2063年议程第一个十年实施计划》和《2063年议程第一个十年计划实施报告》三份文件。该书由中国社会科学院中国非洲研究院组织翻译出版，旨在帮助中国人民更好地了解非洲，理解非洲联盟《2063年议程》的重大意义。

《2063年议程》展示了未来40年非洲社会经济及政治改革的宏伟蓝图。它向非洲各行各业的民众和世界各地支持非洲的友人发出号召，呼吁大家携手共进，助力实现"我们想要的非洲"。我们想要的非洲，是没有病患，没有饥饿，没有贫穷与失业，远离战争和各种可预见的社会问题的非洲；我们想要的非洲正是非洲愿景中所描绘的那个样子，是"由非洲民众推动、在国际舞台上充满活力，统一、繁荣与和平的非洲"。

2013年以来，非洲大陆、非洲各个地区及各非盟成员国认真落实《2063年议程》，相关成效在《2063年议程第一个十年计划实施报告》中得以展示。截至目前，很多非洲国家已开展的《2063年议程》相关项目和计划主要基于非洲内部所调动的资金。然而，新冠疫情在非洲大陆的不断蔓延，使原本用于相关项目和计划的经费被用以应对疫情，这严重地延缓了《2063年议程》的顺利实施。

非洲联盟《2063年议程》为公私合作伙伴关系提供了巨大的机遇。为继续推进改革进程，加速《2063年议程》的实施，非洲大陆别无选择，只能一如既往，逆水行舟。而这一点也值得中国投资商认真考虑。必须肯定的是，中国的建筑公司一直身先士卒，战斗在非洲基础设施建设的最前线。

非洲大陆和中华人民共和国的伙伴关系和深厚友谊可以追溯至非洲联盟的前身——非洲统一组织时期。中非友谊和共赢的伙伴关系建立在相互信任、共同改善非洲人民和中国人民生活条件的庄严承诺的基础之上。

为进一步深化中非友谊和伙伴关系，非洲联盟和中华人民共和国于2020年12月签署合作协议，共同推进"一带一路"倡议，促进非洲联盟《2063年议程》与"一带一路"倡议的有效对接。基于上述协议，2020年至2022年期间，共计19项优先计划先后落地实施。

最后，请允许我借此机会，向中华人民共和国和中国人民表达我的衷心感谢，感谢你们的友好合作，感谢中国对非洲发展的付出。同时，也允许我向中国企业和投资商表达我的诚恳邀请，希望大家能熟悉《2063年议程》的相关内容，了解该议程顺利实施的重大意义，从而发掘潜在项目，与非洲共同推进、顺利实施《2063年议程》。

再次感谢各位读者！

非盟委员会主席 穆萨·法基·穆罕默德

Moussa Faki Mahamat

译 者 序

政策文件译介之难，不在于文字之差异，而在于如何用另一种文字，以恰当的文体风格和准确的专业表述，精准传达原文的逻辑和专业信息。

承担本书的翻译工作后，翻译小组先后进行了多次集体沟通，就语言风格、表述专业性及专业术语一致性等方面进行了多次沟通交流。如今，译作即将与读者见面，作为译者，我们心中有很多话想跟读者吐露。

中国非洲研究院在2019年4月成立以后，启动了"中国非洲研究院文库·学术译丛"项目，该项目旨在加强中非学界智库的直接对话和学术交流，计划精选一批非洲学者关于非洲研究的著作并将其翻译引进国内出版。经中国驻非盟使团的推荐和中方专家的论证，非洲联盟《2063年议程框架文件》《2063年议程第一个十年实施计划》和《2063年议程第一个十年计划实施报告》三份重要文件被纳入该系列。该系列文件是今后半个世纪非洲社会经济发展的宏伟蓝图，对为实现"我们想要的非洲"而制定的十年规划以及第一个十年规划在非洲各国的实施情况进行了政策性阐释和描述性分析。文件集中涵盖非盟2063年远景、七大愿景和20个目标的具体内容与长期、短期目标设定的依据、面临的挑战、具体应对措施，及10年实施绩效评估等内容，涉及政治、经济、文化、教育、医疗卫生、信息科技、教育产业、交通运输、可持续发展等诸多领域，是中国各级政府部门、非洲研究学者及有意与非洲国家交流合作的工商企业了解非洲大陆及非洲各国政治经济发展状况、政策规划和迫切需求的权威文件。

为了确保上述文件翻译文本的精准性和可读性，我们不得不采用异化和归化相结合的翻译策略。有时，我们会在确保原文信息完整准确的前提下做出适当的细节调整；有时，为确保具体信息的准确性和术语表述的一致性，我们也不得不多方查阅信息，核实原文表述，进而发挥译者的主动性，进行些许的"补偿"。

虽几经修改，书稿已露真容，但作为译者，我们心知肚明，翻译总是充满缺憾，选择某一翻译策略，只能舍弃另外诸多选择。同时，百密一疏，译文若有疏漏和不足之处，还请各位同仁、朋友不吝指正。

非盟委员会主席法基先生亲自为本书撰写了中文版序言，我们在此表示衷心感谢！中国驻非盟使团的建议和推荐促成了本书的引进和出版，他们在版权协议签订、翻译等过程中帮助出版社、译者与非盟对接和沟通，做了大量工作，没有他们就没有本书的问世。他们向中国读者介绍非洲的初衷就是推动中国与非洲发展共赢，使中非友谊历久弥坚，其拳拳之心，让我们感动，也激励了我们更努力地完成翻译工作，向他们表示真诚的感谢！也感谢中国驻非盟使团朱忠良参赞在具体工作中提供的热心帮助！

感谢中国非洲研究院各位领导的信任和支持；感谢西安外国语大学党争胜教授对整体翻译工

作的指导；感谢石晓宇、曹媛、李改英、卫璐、郗雨晴、肖敏等研究生同学在初步信息收集整理过程中所付出的努力；同时，还要感谢马学清老师在整个项目进行过程中的积极沟通与出版社编辑的认真付出和大力支持！

最后，感谢舒展大使在译文定稿过程中给予的专业指导和中肯建议。

译　者
二〇二二年春

《2063年议程》框架文件

序　言

我欣然向非洲联盟成员国、包括散居国外的所有非洲民众和国际社会提交《2063年议程》框架文件。本文件历时24个月，勾画了未来50年实现非洲人民愿望的长期战略，是全面协商进程的成果。

众所周知，2013年5月[①]，非洲庆祝了非洲统一组织（非统）成立50周年。当时，非洲政治领导人总结了过去的成就和今后面临的挑战，并前瞻性地表示致力于非洲大陆的社会经济和政治变革。《2063年议程》基于"非洲联盟远景"而制定，即建设一个"由非洲民众推动，在国际舞台上充满活力、统一、繁荣与和平的非洲"。

2015年1月，非洲联盟第24届首脑会议在亚的斯亚贝巴举行，会上通过了《2063年议程》框架文件及其普及本，这是在非洲社会各阶层——包括区域经济共同体（REC）和其他大陆机构——之间广泛磋商的背景下通过的。因此，每一位非洲女性、男性、女孩和男孩都直接或间接地为其做出了贡献，故其执行与否关系重大。

在今天的非洲，结构转型的新势头正在积聚。在经历了多年的冲突、动荡和经济停滞之后，非洲的命运已然好转。尽管面临着全球经济衰退带来的巨大阻力，非洲大陆再次走上了经济增长、政治和社会经济转型的积极之路。

很多非盟成员国和民众正受益于增长恢复、社会进步、和平巩固与冲突减少的进程。许多领域正在取得显著进展，数百万非洲民众摆脱了绝对贫困，人类发展的所有领域在非洲均有所改善——健康、教育、性别平等、青年，以及获得服务和基本生活必需品的机会，这一点在实现联合国千年发展目标方面取得的进展足以明证。如今，民主、尊重人权和法治的思想比几十年前更加牢固。

在非洲大陆和区域两个层级，非洲继续在建立政治和经济一体化所需的体制方面取得重大进展。大量的议定书、框架和计划正在促使政策与行动趋于协调，在基础设施、贸易、农业等关键领域也取得了进展，这些都为非洲未来的发展打下坚实的基础。

然而，非洲仍然面临诸多挑战。仍然有太多的民众生活在赤贫之中，缺乏体面工作的现象普遍存在，青年人中尤为明显；非洲大陆在社会发展指标方面落后于世界其他地区，所取得的成绩也受到日益严重的收入和机会不平等现象的威胁，特别是青年和妇女。

虽然非洲冲突有所缓和，但仍有许多棘手的冲突和新暴力事件爆发，而且非洲在全球治理体系中仍然处于边缘地位，对其资源和命运缺乏充分的控制。

尽管最近非洲出现了积极的增长，但经济结构并未充分转型，非洲经济依然以大宗商品为基

[①] 原文为2003年，非洲统一组织成立于1963年5月，50周年应为2013年。——编者注

础，附加值低，制造业水平和工业化程度低。简而言之，我们经济结构的转变有限。最近增长的大部分惠益没有广泛分享，而这种增长的主要驱动力（如采掘业）也未能创造就业机会。

尽管非洲取得了一些成绩，但仍未从内部贸易或与世界其他国家的贸易中获益，这导致其全球贸易份额与其人口或资源禀赋之间不对称。最大挑战之一仍是非洲大陆无力自主融资，同时，由于非法资金的流动，非洲资金正在大量流失。

非洲最近的经济表现，以及其他区域积极发展的实例，提高了非洲民众对自身、社区、国家乃至非洲大陆更加美好生活的期望。

显然，一切照旧的设想不足以满足非洲大陆和海外侨民的这些期望和愿望，也不足以使非洲大陆赶上世界其他地区，并重新获得其在全球经济、政治和社会秩序中应有的地位。需求越来越多，而时间也愈加紧迫。

为了在当前向好趋势的基础上应对新老挑战，非洲需要对未来50年的发展方向设定明确的长期愿景，并制定实现目标的相应规划。如今，《2063年议程》已然成文，非洲也有了愿景和规划。

作为54个国家组成的联合体，非洲拥有世界上最广袤的陆地，人口数量居全球第二。可以预见，非洲大陆在地理、语言、文化、历史、政治发展、资源禀赋和其他方面都具有惊人的多样性。然而，作为人类文明摇篮的非洲大陆，也受到共同命运感的影响，有着相似的语言、文化价值观和遗产。当年的前辈曾团结一致，共同反对殖民主义，摆脱外部统治赢得民族解放。正是基于上述原因，非洲统一组织于1963年成立，并于1999年转型为非洲联盟。

因此，《2063年议程》应置于非洲反对殖民主义和外国统治的斗争，以及非洲追求自决、自由、正义、和平与繁荣的"长途跋涉"中加以看待。《2063年议程》首先是建立在《非洲联盟组织法》和"非洲联盟远景"的基础上，期望迎来繁荣、统一的一体化大陆，并在和平稳定中，在其公民的推动下，在全球事务中占据其应有的地位。

《2063年议程》是一个集体行动指南，以团结非洲人民为基础，它是非洲大陆和区域层级行动的指南。更为重要的是，它还为非洲各国行动提供指导。《2063年议程》的一项中心原则是，必须借鉴非洲最佳的和已取得的成果的实践方案，从而建立一个以本土解决办法为基础的非洲发展新模式。

50年的规划可谓任重道远，由于世界和非洲正经历着惊人而复杂的变化（政治、社会、文化、经济和技术），没有一个模型可以足够严谨地预测遥远的未来。然而，正如2014年巴伊尔达尔（Bahir Dar）部长级务虚会上对《2063年议程》所提出的那样，"规划未来50年，让我们梦想、创造性地思考，有时甚至疯狂……目睹我们跨越眼前的挑战"。

《2063年议程》是灵活的工具，是具有活力的文件，可根据具体的紧急情况适时调整；因此，它对十年执行计划的制定、具体步骤和里程碑的设定，以及"非洲联盟的远景"的确定均具有决定性意义。借助其详尽的成果和监测与评价框架，通过厘清各级利益攸关方的作用和责任，议程强化了成果问责制。

《2063年议程》是行动的动员，因此，为了实现美好未来的愿景，各级决策者、企业、宗教、社区、妇女和青年领袖、普通公民都必须果断行动，拿出必要的决心，更加团结一致地应对非洲面临的挑战，包括在不确定的全球环境中可能遇到的不利因素。非洲国家和民众必须共同努力，长期坚持正确的政策，才能满足非洲普通民众日益增长的需求。

2015年在许多方面都至关重要：全球庆祝联合国成立70周年；联合国大会通过了2015年后发展议程，即"可持续发展目标"；《联合国气候变化框架公约》第21次缔约方会议在巴黎举行；我们庆祝历史性的第四次世界妇女大会在北京召开20周年。非洲一直并仍将非常积极地参与所有这些进程，特别是通过非洲大陆框架，现在的《2063年议程》以及非洲关于2015年后议程和可持续发展目标的共同立场。因此，我们期待着在执行《2063年议程》和可持续发展目标的过程中，继续保持与联合国机构的合作。

我借此机会再次向非盟首脑会议，也向其成员国呼吁，采取紧急措施，在国家和区域两层级推动《2063年议程》的本土化实施，并呼吁国际社会将其援助和发展合作协定与《2063年议程》保持一致。

最后，请允许我借此机会，感谢所有为议程的编制做出贡献的人。感谢非洲开发银行（AfDB）、联合国非洲经济委员会（UNECA）和私营部门等区域机构，也感谢妇女和青年参与《2063年议程》的编制工作。在议程的执行期间，我们勤力同心，共同努力，为非洲创造更为美好的未来。

迈向2063年的旅程已经开始，最好的还在后头。

恩科萨扎纳·德拉米尼 – 祖马（Nkosazana Dlamini-Zuma）博士
非洲联盟委员会前主席

致　　谢

《2063年议程》是对"2063年我们想要的非洲"进行反思而形成的重要合作成果。各行各业的非洲民众通过各种论坛和机制表达了见解，非洲广大公民和侨民也表达了个人见解并为之做出了贡献，因此，即便可能，也很难对所有人的付出和贡献表达谢意。值此，非洲联盟委员会对所有为《2063年议程》的编制做出贡献的人们致以最诚挚的谢意。

另外，有些组织和个人的作用尤其值得肯定和专门提及。

委员会对非盟首脑会议、执行理事会、巴赫达尔《2063年议程》部长级委员会，以及非盟常驻代表委员会（PRC）在指导《2063年议程》的制定和最终通过过程中所发挥的杰出领导作用深表感谢。

委员会还要感谢非盟成员国所发挥的关键作用，相关国家通过提交书面材料或派出专家参加各种论坛，为编写和通过《2063年议程》做出了重大贡献。埃塞俄比亚联邦民主共和国政府于2014年1月24日至26日在巴赫达尔主办了执行委员会第一次部长级务虚会，为《2063年议程》的制定奠定了基础，并做出了重大贡献。

委员会欣喜地注意到，非洲前国家元首和政府首脑论坛对《2063年议程》充满热情，提出宝贵意见。对此，委员会深表感激，并愿借此机会对他们和论坛秘书处表示感谢。

包括部长和专家在内的非洲主要决策者也参加了商讨《2063年议程》的各种部长级会议。同样，许多非洲高级专家参加了全大陆利益攸关方相关协商，包括来自私营部门、学术界/智库、民间组织的人士，以及规划者、妇女、青年、媒体、海外侨民、信仰团体和其他人士。他们的见解至关重要，为《2063年议程》框架文件奠定了基础。

非洲发展新伙伴计划规划和协调署（NPCA）、非洲经委会和非洲开发银行的管理人员易卜拉欣·马亚基（Ibrahim Mayaki）博士、卡洛斯·洛佩斯（Carlos Lopez）博士和唐纳德·卡贝鲁卡（Donald Kaberuka）博士发挥了重要的作用。他们积极建言献策，并为制定《2063年议程》做出了巨大贡献。委员会真诚地感谢他们对本议程及非洲大陆其他事业的奉献和付出。

区域经济共同体是执行《2063年议程》的排头兵，它们在《2063年议程》的制定过程中也发挥了关键作用。委员会借此机会，对各区域经济共同体的首席执行官及其工作人员所作的贡献，以及在非盟委员会访问各机构期间提供接待服务的工作组表示衷心的感谢。

无论做何努力，一定要有火车头的推动，才能取得成功。委员会感谢所有非盟委员在这方面发挥的关键作用。在政治层面，经济事务专员安东尼·马鲁平（Anthony Maruping）博士代表非盟委员会主席领导整个进程；在技术层面，我们已故的兄弟曼德拉·曼东色拉（Mandla Mandonsela）先生作为战略规划、政策、监测、评估和资源调动（SPPMERM）部门的主管，出色地领导了《2063年议程》小组，确定了总体战略方向，监督了技术工作并协调了必要的伙伴关系。

委员会借此机会特别感谢已故的曼德拉·曼东色拉先生对非洲事业的杰出领导、献身精神和全心投入。

费贝·波特希特-古布勒（Febe Potgieter-Gqubule）大使、巴索·桑库（Basso Sangqu）大使和拉扎罗斯·卡潘布韦（Lazarous Kapambwe）大使分别担任办公厅副主任、首席顾问和主席团顾问，也作出了巨大贡献，委员会对此表示感谢。

委员会借此机会特别感谢由阿玛窦·提严·雅罗（Amadou Tijan Jallow）博士、姚·阿杜·波阿西尼（Yaw Adu-Boahene）先生、迈赫西·艾吉古（Mersie Ejigu）先生、欧玛尔·西科（Oumar Seck）先生、莱特西里斯托·马波特（Retselisitsoe Mabote）先生和卡西姆·M. 卡米斯（Kassim M. Khamis）先生组成的《2063年议程》技术小组所作出的杰出贡献。该小组花费数月时间，综合了所有利益攸关方的建议，基于前期调研，起草并定稿《2063年议程》文件，包括《2063年议程》框架文件、普及本和《第一个十年执行计划》。他们的奉献精神和全心付出堪称典范。克里斯蒂安·马腾多（Christiane Matondo）女士作为小组成员，在《2063年议程》相关交流和外联活动中也发挥了关键作用。

我们也衷心感谢战略规划局的所有工作人员，特别是克里斯托弗·卡奇扎（Christopher Kachiza）先生、阿布德尔克里姆（Abdelkreem Ezaldin）先生和查尔斯·旺加迪亚（Charles Wangadya）先生，以及战略规划、政策、监测、评估和资源调动部门的规划人员和辅助人员，感谢他们为利益攸关方的协商提供了便利，并在许多方面作出了贡献。特此感谢所有为《2063年议程》做出贡献的非洲联盟委员会各部门负责人和其他委员会工作人员。

我们还要衷心感谢非盟委员会三家核心伙伴机构的工作人员。《2063年议程》技术委员会—新伙伴关系规划和协调署［甄格孜·姆吉德拉纳（Gengezi Mgidlana）先生］，联合国非洲经济委员会［阿德也米·狄坡欧罗（Adeyemi Dipeolu）、爱姆贝特·迈西芬（Emebet Mesfin）、弗朗西斯·易科米（Francis Ikome）、霍普斯通·沙乌拉（Hopestone Chavula）和玛玛·科依塔（Mama Keita）］的成员，非洲开发银行［斯蒂夫·卡伊姿·木格尔娃（Steve Kayizz-Mugerwa）、西欧玛·欧努克古（Chioma Onukogu）和其他工作人员］，以及联合秘书处（非盟委员会/非洲开发银行/联合国非洲经济委员会）。委员会感谢非洲开发银行提供资金和技术支持，以及非洲经济委员会提供短期顾问服务。

最后，委员会要对非盟伙伴，特别是参与机构能力建设的联合方案安排（JPA）的伙伴表示诚挚的谢意，并借此机会衷心感谢丹麦政府和瑞典政府慷慨支持《2063年议程》的编制工作。

执行摘要

50年前的今天，第一批33个独立的非洲国家在埃塞俄比亚亚的斯亚贝巴组成非洲统一组织（即现在的非洲联盟的前身，简称非统），今天，非洲大陆正在展望下一个50年。

在2013年5月非统50周年纪念日之际，非洲政治领导人评估了过去的成就和挑战，并重申矢志实现泛非远景，即建设一个"由非洲民众推动，在国际舞台上充满活力、统一、繁荣与和平的非洲"。非盟首脑会议责成非洲联盟委员会在非洲发展新伙伴计划规划和协调局（NPCA）、非洲开发银行（AfDB）和联合国非洲经济委员会（UNECA）的支持下，发动民众力量制定一个50年的大陆议程。

《2063年议程》在广泛协商的基础上制定，其利益攸关方包括青年、妇女、民间社会组织、散居海外非洲侨民、非洲智库和研究机构、政府规划者、私营部门、非洲媒体、宗教领袖、非洲前国家元首和政府首脑、非洲岛屿国家等。此外，还吸纳了非洲大陆各部门部长级会议和与区域经济共同体相互磋商中搜集的意见和建议。相关协商结果共同构成了非洲民众的意愿，助推了《2063年议程》的形成。

在《2063年议程》的编写过程中，我们广泛梳理非洲发展经验、分析当今面临的挑战和机遇，回顾了国家计划、区域和大陆发展框架及相关技术研究，审阅了多个机构的出版物和研究资料。相关计划和框架为确定大陆优先事项提供了思路，进而构成了《2063年议程》，特别是《第一个十年执行计划》。此外，我们为《2063年议程》制定了资源调动战略，着眼于非洲自主融资，推动大陆发展的战略。最后，我们还制定了目前正在实施的《2063年议程》的传播战略，旨在让生活在非洲的、各行各业的民众积极融入非洲的发展，激励散居海外的非洲民众支持《2063年议程》。

《2063年议程》作为非洲结构改革的内生计划，是非洲包容性增长和可持续发展的战略框架，包括3个方面内容。

1. 2063年远景：根据"非洲联盟的远景"和利益攸关方充分协商确定的7个愿景，生动地描绘了50年后非洲民众希望看到的大陆，届时非洲将庆祝非统成立100周年。要实现2063年远景，非洲要经历若干里程碑似的重要节点，这意味着要建成"我们想要的非洲"尚需多次转型。

2. 转型框架：介绍《2063年议程》形成的基础，详细阐释每一个里程碑的具体目标、优先领域、指标和指示性战略。该框架以两个综合性成果汇总表格加以呈现，涉及国家层面、区域层面及整个非洲层面。框架将有助于衡量进展情况，夯实各级对相关成果所承担的责任。转型框架展示了要实现2063年远景而"必须做的事情"。

3. 实现目标：概述了《2063年议程》的实现方式，并分析了相关内容，包括实施、监测和评估原则，融资，伙伴关系，执行能力，以及沟通和外联。

上述3个方面载于《2063年议程》框架文件的6个章节中，具体内容概述如下：

第一章 情况介绍

第一章紧密围绕非盟愿景,概述了《2063年议程》的源起和《非盟/非统50周年宣言》的8个理想。该章将《2063年议程》置于泛非主义的历史背景下,结合非洲国家对时代的诠释而做出的各种转变,提出《2063年议程》的基础是非洲大陆所提出的各种倡议(如《蒙罗维亚宣言》《拉各斯行动计划》《阿布贾条约》和《非洲发展新伙伴计划》),以及非洲最近在经济、社会和政治领域的积极表现。所有这些帮助非洲大陆走上新的积极增长轨道,迎来和平与繁荣。《2063年议程》充分利用非洲大陆丰富的历史、自然资源、人民、文化及其各级机构,力求抓住非洲和全球变化趋势所带来的机遇。

第二章 2063年非洲远景和愿景

该章展望了2063年的非洲。来自于各种形态社会①的非洲民众,包括海外非裔群体,一致赞同将"非洲联盟远景"作为非洲大陆未来最重要的指导原则,即建设一个"由非洲民众推动,在国际舞台上充满活力、统一、繁荣与和平的非洲"。进而,非洲民众再次强调《非盟/非统50周年宣言》的意义和价值。

包括海外非裔侨民在内的不同社会背景的非洲民众,以共同的呼声,描绘了未来对自己和这块大陆的期待。从这些呼声中,一系列共同的愿景已然成形:

1. 一个基于包容性增长和可持续发展的繁荣非洲;
2. 一个建立在泛非主义理想和非洲复兴愿景之上的政治统一的一体化非洲大陆;
3. 一个善治、民主、尊重人权、正义和法治的非洲;
4. 一个和平而稳定的非洲;
5. 一个具有强烈文化认同、共同遗产、价值观和道德准则的非洲;
6. 一个依靠人民和民众潜力,尤其是妇女和青年潜力,并关注儿童成长和发展的非洲;
7. 一个作为强大、团结、富有活力且有影响力的国际事务的参与者和合作伙伴的非洲。

上述七大愿景与"非洲联盟远景"紧密相关,与《非盟/非统50周年宣言》中的8个优先领域相互契合。综合这些共同愿景,可以看到即便是在一个全新的、充满活力的世界中,当初的非统创立者和当下的非洲民众在思想上都显示了强烈的延续性。

第二章详细描述了上述七大愿景对非洲和全体非洲民众的意义。比如,愿景1(一个基于包容性增长和可持续发展的繁荣非洲)意味着:

- 非洲民众将拥有较高的生活水平、生活质量和幸福感;
- 公民将接受良好的教育,以科学、技术和创新为基础的技术革命广泛开展,没有学龄儿童因贫穷或任何歧视而失学或辍学;
- 公民普遍身体健康,营养健全,寿命延长;
- 城市、市郊和乡村地区拥有现代化的通信、教育和卫生设施,市场经济充满活力;民众基本住房得到保障,包括住房融资以及所有基本生活必需品;社会资本得到重视和保护;

---

① 与下列利益攸关方进行了多轮协商:院士和智库、民间组织、规划部规划专家、妇女、青年、媒体、私营部门、区域经济共同体代表、非洲前国家元首和政府首脑论坛等。

- 基于工业化、生产制造业和附加值,实现经济体的结构性转型;借助私营企业的发展推动创业和就业,实现共享式增长;
- 通过商品转型和服务现代农业扩大生产、提高生产力和附加值,促进农民增收,提升经济繁荣水平和保障食品营养安全;
- 非洲大陆逐步努力维护健康的生态系统,保护非洲自然资源——世界上保有储量最大的原始水域、最大的原始林和陆地。

本章结尾指出,按照目前执行速度(即设想中的"正常速度"),非洲将跟不上,或无法满足民众日益增长的期待,尤其是青年和女性的期待:

- 仅有少数国家在过去 20 年里持续高增长,这些国家在逐步赶上世界上其他国家,但大多数则跟不上他国步伐,小国依然十分弱小。
- 人均收入保持每年 1.9% 的上涨水平,但即便是这样的上涨速度,在世界范围内,非洲国家人均收入与其他国家人均收入依然存有很大差距。
- 中产阶级人数将会增加,但即便如此,几十年后中产阶级人数也只占非洲总人口数的三分之一。
- 最后,就世界经济增长而言,非洲在全球 GDP 份额中占比依然停滞在较低水平。

上述情景甚至停滞局面与非洲未来愿景有出入,自然让人难以接受。

第三章 过去 50 年和今天的非洲:《2063 年议程》的进展、挑战和影响

第三章以各个愿景为出发点,综合分析了已取得的进展,针对第二章描绘的要实现的愿景,指出了需要应对的重要问题和挑战。非洲大陆在各个方面已取得巨大成就,但依然需要采取以下行动(详情见附录 1):

- 愿景 1(一个基于包容性增长和可持续发展的繁荣非洲)

消除贫困、收入和机会不平等;创造就业;应对高速城镇化所带来的挑战,改善居住环境和降低生活必需品的获得难度;提供社会安全和保障;发展人力与社会资本(通过教育和技术革命,即重视科学技术,扩大优质医疗服务覆盖范围,尤其是针对妇女和女童的医疗服务);促进非洲经济转型,通过对非洲自然资源、生产制造、工业化和产品附加值的优势选择,以及不断提高生产力和竞争力,彻底转变非洲农业,实现非洲粮食自给自足,并成为食品净出口主力;开发非洲蓝色/海洋经济的巨大潜能;最终采取措施切实维护非洲丰富的生物多样性、森林、土地和水域,主要利用适应性措施化解气候变化带来的风险。

- 愿景 2(一个建立在泛非主义理想和非洲复兴愿景之上的政治统一的一体化非洲大陆)

为了稳定增长、商业贸易、商品交易、服务业、人力和资本的自由流通,加速实现非洲统一和一体化进程,需采取以下措施:(1)实现非洲一体化;(2)积极推进非洲大陆自由贸易区建设;(3)通过创新大胆的举措连接非洲大陆,通过铁路、公路、海洋航道和航空等建设推进非洲大陆互联互通;(4)发展非洲大陆电力网及通信技术。

- 愿景 3(一个善治、民主、尊重人权、正义和法治的非洲)

巩固民主成果,提升国家治理能力,加强对人权和法律的尊重;建设一批强有力的机构以维持发展态势;在各个领域和各个层面,培养发掘谋求发展和眼光独道的领导。

- 愿景 4(一个和平而稳定的非洲)

强化治理能力，责任明确，公开透明，并以此作为和平非洲的基石；维护各个层面的和平与和谐，强化应对危及非洲和平与安全的新威胁的机制；采取措施，确保维护非洲大陆安全所需的资金投入。

- 愿景 5（一个具有强烈文化认同、共同遗产、价值观和道德准则的非洲）

培养泛非主义精神；充分利用非洲丰富的遗产和文化，确保原创性艺术成为非洲加速发展和转型的重要力量；保护非洲文化遗产。

- 愿景 6（一个依靠人民和民众潜力，尤其是妇女和青年潜力，并关爱儿童的非洲）

在生活各个方面（政治、经济和社会）保证男女平等，提升非洲妇女的影响力；消除针对妇女和女童的各种形式的歧视和暴力；为非洲青年自我实现创造机会，保证他们在医疗、教育和就业各方面的权利；为非洲儿童提供安全的成长环境，并为幼童的发展提供空间。

- 愿景 7（一个作为强大、团结、富有活力且有影响力的国际事务的参与者和合作伙伴的非洲）

提升非洲在全球治理体系中的地位（联合国安理会、国际金融组织、全球公域如外太空），促进非洲合作伙伴关系，聚焦于非洲增速和转型的优先事务；确保非洲大陆制定正确的战略，助力其在经济上自立自主，减少对外部的依赖。

第四章 《2063 年议程》目标、优先领域、指标和指示性战略

第四章展示了转型框架，包括《2063 年议程》的基础、概念工具、最重要的目标、优先领域、指标和指示性战略。（详见附录 3 和附录 4）

下表列出了国家层面的愿景、相关目标和优先领域

愿景	目标	优先领域
一个基于包容性增长和可持续发展的繁荣非洲	公民拥有较高的生活水平、生活质量和幸福感	• 收入、职业和体面的工作； • 贫穷、不平等和饥饿； • 包括残疾人在内的社会安全和保障； • 现代宜居的住所和优质的基本服务
	公民接受良好的教育，以科学、技术和创新为驱动的技术革命	• 教育和科学、技术和创新（STI）驱动的技术革命
	国民身体健康，营养健全	• 健康与营养
	经济转型	• 可持续发展的包容性经济增长； • 教育和科学，技术和创新（SIT）驱动的生产制造业、工业化和附加值； • 经济多元化和适应力； • 旅游业/接待
	生产力较高和高产的现代化农业	• 农业生产力和产量
	发展蓝色/海洋经济，促进经济增长	• 海洋资源与能源； • 港口作业和海上运输
	环境可持续，适合气候条件的经济体和地区	• 可持续自然资源管理； • 生态多样性保护、遗传资源和生态系统； • 可持续性消费和生产模式； • 水资源安全； • 气候适应性和自然灾害应对和防范； • 可再生能源。

续表

愿景	目标	优先领域
一个建立在泛非主义理想和非洲复兴愿景之上的政治统一的一体化非洲大陆	非洲一体化（联邦或邦联）	• 联合非洲的架构和机构
	非洲大陆金融和货币机构的建立和运行	• 金融与货币机构
	世界一流的基础设施遍及非洲	• 通信和基础设施互通互联
一个善治、民主、尊重人权，正义和法治的非洲	确立民主价值观、具体做法、人权、正义和法治等普遍原则	• 民主和善政； • 人权、公正和法治
	各级机构卓有能力，领导具有革新思想	• 机构与领导力； • 参与式发展和地方治理能力
一个和平而稳定的非洲	和平、安全与稳定得以维持	• 保持稳定、维护和平和安全
	建立稳定和平的非洲大陆	• 非盟确保和平与安全的体制结构； • 防御、安全与和平
	全面运行的非洲和平与安全架构	• 全面运行的非洲和平与安全架构支柱
一个具有强烈文化认同、共同遗产、价值观和道德准则的非洲	非洲文化复兴得以凸显	• 泛非主义价值和理想； • 文化价值和非洲文化复兴； • 文化遗产、创意艺术和相关企业
一个依靠人民和民众潜力，尤其是妇女和青年潜力，并关爱儿童的非洲	社会生活各个方面充分实现性别平等	• 妇女和女童权利提升； • 针对妇女和女童的暴力和歧视
	提升青少年的权利与参与度	• 青年赋权和儿童权利保障
一个作为强大、团结、富有活力且有影响力的国际事务的参与者和合作伙伴的非洲	加强非洲在国际事务及和平进程中的伙伴作用	• 非洲在国际事务中的地位和角色； • 伙伴关系
	非洲自主融资，推动经济发展	• 非洲资本市场； • 财政制度和公共部门收入； • 发展援助

上述转型架构认可非洲大陆的多样性。针对相同的目标和指标，每个国家都会按照其各自的国情特点，制定适合自身发展的政策和战略。《2063年议程》同样强调了在《第一个十年执行计划》中继续完善现有架构和融合重点项目，包括：

1) 完整的高速铁路网络；
2) 非洲虚拟和在线大学；
3) 非洲商品战略；
4) 年度非洲论坛；
5) 非洲大陆自由贸易区；
6) 非洲统一空域；
7) 非洲护照和非洲民众的自由流动；
8) 非洲大陆金融机构；
9) 大英加水电站项目；
10) 泛非电子网络系统；
11) 禁枪；
12) 外层空间。

第五章 《2063年仪程》成功的关键因素、潜在风险和缓解策略

第五章指明了成功实现《2063年议程》的关键因素，以及实现2063年愿景过程中面临的危险和威胁及应对措施。

- 成功实现议程的主要因素包括：调动非洲资源以资助并加快非洲转型和整合；采取措施，保障各层级和各领域拥有促进转型的领导者；确保机构健全、政策有效、人力资源充足、体制合理和流程高效，从而实现良性发展；转变态度和思维方式以强化泛非主义所倡导的自立、团结、勤劳、共同富裕，继续促进非洲繁荣，彰显非洲经验和非洲优秀做法；讲好非洲故事，建设非洲品牌，确保非洲大陆的现实状况、愿景和首要任务在世界范围得以凸显；将《2063年议程》在所有国家和地区的发展规划中加以落实；加强国家、地区和非洲大陆内各机构组织建设，促进做事方式的转型，高效引导并推动《2063年议程》的实施，从而实现非洲的加速转型和一体化发展；向各个国家和地区学习多元、独特和可共享的经验，从而形成非洲实施转型的非洲方案。

- 风险因素：冲突、不稳定和不安全；社会和经济发展不平衡；有组织的犯罪、毒品交易和非法资金流动；差异性管理不善；宗教极端主义；人口红利利用不善；非洲地区疾病负担的升级；气候威胁和自然灾害；以及外部冲击。

- 应对措施：提高非洲社会和地区的适应力；加强经济多元化、气候适应力和灾害预防；重点推进《2063年议程》中所倡导的以科学、技术和创新为驱动的公民教育。

第五章分析了可能影响非洲增速和转型的国际大趋势，比如，民主化、个人权利的赋予和提升；气候变化和低碳经济；自然资源耗竭和需求转变；人口变化和城市化；新技术和创新；全球金融结构的改变；全球政治和经济权力的转移。

第六章 "实现目标"——实施、检测、评估、融资、沟通和执行能力

第六章就规划的实施、监控和评估、融资、伙伴关系、实施空间及沟通和外联问题提出相关建议。

- 实施的步骤及检测和评估（M&E）的前提是确定从大陆到地区及国家层面的所有主要利益攸关方，同时阐明了实施、监测和评估中多重角色和任务。《第一个十年执行计划》对此方面进行了详细阐释。

- 融资和国内资源的调动和调解策略：《2063年议程》资金筹措方面的细节化策略与7条愿景的实现关联。相比（通过外商直接投资、援助、贸易和债务免除等方式）调用外部资源，国内资源调动（DRM）可以更好发挥国内政策自主权，与国内需求紧密结合，更能促进国家的发展。鉴于此，《2063年议程》要求成员国加强调用国内资源融资。预计国内资源调动有望为《2063年议程》的实施贡献70—80个百分点。

《2063年议程》的融资策略从三个方面进行阐述：（1）国内资源调动；（2）协调资源投资；（3）获得融资便利，包括通过项目发展基金、适应性补偿基金、资本化基金，以及银行对项目、公司/中小企业、企业家和其他团体组织的融资和投资支持。

《2063年议程》的融资和国内资源调动策略包括在不同领域的政策和改革：（1）公共/财政收入最大化；（2）强化动员社会储蓄；（3）遏制非法资金流动，治理腐败；（4）促进区域证券市场、区域股票交易和非洲自有私募股权基金发展；（5）利用侨民金融资源；（6）利用养老基

金、主权财富基金、保险资金、政府外汇储备和非洲富人的金融体制资源；（7）促进非洲内部投资。

本章也提出了一系列调解措施和干预领域：政策、知识和能力建构（有利环境前置）；资金调用和融通（供给侧前置）；获得融资便利（需求侧前置）。具体细节化的阐释参见《2063年议程资金和国内资源调动策略》。

- 伙伴关系：基于对现有伙伴关系的详细评估，明确提出，重新确定非洲的伙伴关系，以确保伙伴关系与非洲大陆在经济、政治、社会转型方面的宏伟规划一致。
- 执行能力：以非洲发展新伙伴计划（NEPAD）能力发展战略框架为基础，本章分析了各国及各组织层面的能力需求，探讨了与非洲转型议程相融合的政策及有利环境。
- 交流和外联：确定为完成《2063年议程》而持续不断激励和调动非洲民众积极性的策略和具体行动。

缩略词

3ADI	非洲农产品加工业和农业企业倡议
AIDA	非洲工业加速发展
AfDB	非洲开发银行
ACCNNR	非洲自然和自然资源保护公约
ACGF	非洲信贷担保基金
ACHR	非洲人权宪章
AGI	非洲治理倡议
AIB	非洲投资银行
AIDF	非洲基础设施开发基金
AIF	非洲投资基金
AIMS	非洲综合海事战略
AMU	阿拉伯马格里布联盟
AMV	非洲矿业远景
APCI	非洲生产能力倡议
APRM	非洲互查机制
APSA	非洲和平与安全架构
AQIM	伊斯兰马格里布基地组织
ASACOF	非洲—南美洲合作论坛
ASCI	非洲科学和创新理事会
AU	非洲联盟
AUC	非洲联盟委员会
BDEAC	中非国家开发银行
BIAT	促进非洲内部贸易行动计划
BRICS	金砖国家
CAADP	非洲农业发展综合方案
CADF	中国—非洲发展基金
CAPST	科学和技术综合行动计划
CENSAD	萨赫勒—撒哈拉国家共同体
CFTA	非洲大陆自由贸易区
CDSF	能力发展战略框架（非洲发展新伙伴计划）

续表

COMESA	东部和南部非洲共同市场
CoSSE	南共体证券交易所委员会
CSI	企业社会投资
CSO	民间社会组织
CSR	共同社会责任
DAC	发展援助委员会（隶属经济合作与发展组织）
DFI	开发金融机构
DREA	农村经济与农业部
DRM	国内资源调动
DRC	刚果民主共和国
EAC	东非共同体
EBID	西非经共体投资和开发银行
ECCAS	中部非洲国家经济共同体
ECOWAS	西非国家经济共同体
EIB	欧洲开发银行
ERA	非洲经济报告
EU	欧盟
FAO	联合国粮食及农业组织
FDI	外国直接投资
FfD	发展融资
FOCAC	中非合作论坛
GCC	海湾合作委员会
GHA	大非洲之角
GDP	国内生产总值
GNI	国民总收入
GNP	国民生产总值
HDI	人类发展指数
HIPC	重债穷国
HLPASF	可替代资金来源高级委员会
HPS	健康计划和战略
HSGOC	非洲发展新伙伴计划国家元首和政府指导委员会
IAIGC	阿拉伯投资担保公司
ICIEC	伊斯兰投资和出口信贷保险公司
ICT	信息通信技术
IFF	非法资金流动
IGAD	政府间发展组织
IPPF	非洲发展新伙伴计划基础设施项目筹备机制

续表

缩略词	中文
IPSAS	国际公共部门会计准则
ITF	基础设施信托基金
ITN	长效药物蚊帐
IEA	国际能源署
IFC	国际金融公司
IGAD	政府间发展管理局
IMF	国际货币基金组织
IPCC	政府间气候变化专门委员会
JAES	非洲—欧盟联合战略
LAC	拉丁美洲国家
LPA	拉各斯行动计划
LRA	圣灵抵抗军
M&E	监测和评估
MCC	千年挑战公司
MDGs	千年发展目标
MFI	小额信贷机构
MIGA	世界银行多边投资担保机构
MIN	墨西哥、印度尼西亚、尼日利亚、土耳其
MIP	最低一体化方案
MN	跨国公司
MoU	谅解备忘录
MSME	中小微型企业
NEPAD	非洲发展新伙伴计划
NGOS	非政府组织
NPCA	非洲发展新伙伴计划协调署
OAU	非洲统一组织
ODA	官方发展援助
OECD	经济合作与发展组织
PAF	泛非渔业发展
PDF	项目发展基金
PIDA	非洲基础设施发展方案
PIPO	泛非知识产权组织
PPP	公私合营
PRC	常驻代表委员会
PSO	私营部门组织
PTA Bank	优惠贸易区银行
RADS	以资源开发为基础的非洲发展战略

续表

RECS		区域经济共同体
SACCO		储蓄和信贷合作社
SACU		南部非洲关税同盟
SADC		南部非洲发展共同体
SAP		结构调整方案
SMEs		中小企业
SPF		社会政策框架
SPS		动植物卫生检疫制度
ST&I		科技与创新
STAP		基础设施短期行动计划
STISA		非洲科技和创新战略
TICAD		东京非洲发展国际会议
TVET		技术职业教育与培训
UN		联合国
UNCTAD		联合国贸易和发展会议
UNDESA		联合国经济和社会事务部
UNCBD		《联合国生物多样性公约》
UNCCD		《联合国防治荒漠化公约》
UNCED		联合国环境与发展会议
UNECA		联合国非洲经济委员会
UNEP		联合国环境方案
UNFCCC		联合国气候变化框架公约
UNFPA		联合国人口活动基金
UNIDO		联合国工业发展组织
US		美国
USD		美元
VGF		可行性缺口补贴
WHO		世界卫生组织
WB		世界银行
WBG		世界银行集团

一　情况介绍

1.1　背景介绍

50年前，33个独立的非洲国家齐聚亚的斯亚贝巴，共同组成非洲统一组织，即现在的非洲联盟。今天非洲大陆正在展望未来，向未来的50年迈进。

因此，在非统组织成立50周年之际，非洲政治领导人认识到过去的成就和挑战，再次致力于实现泛非远景，即建设一个"由非洲民众推动，在国际舞台上充满活力、统一、繁荣与和平的非洲"。

峰会责成非洲联盟委员会（AUC），在非洲发展新伙伴计划（NEPAD）协调署（NPCA）、非洲开发银行（AfDB）和联合国非洲经济委员会（UNECA）支持下，发动民众力量筹备并形成非洲大陆50年议程，即《2063年议程》。

《非盟/非统50周年宣言》承诺在8个优先领域取得进展。这些优先事项限定了随后纳入区域和国家发展计划的非洲大陆议程。

《50周年宣言》的八大优先领域：

- 非洲身份和复兴；
- 继续反对殖民主义和维护自决权的斗争；
- 整合议程；
- 社会和经济发展议程；
- 和平和安全议程；
- 民主治理；
- 决定非洲的命运；
- 非洲在世界的位置。

作为非洲大陆实现包容性增长和可持续发展的共同战略框架，《2063年议程》考虑到了国家、大陆和全球各个层级过去的成就、挑战和机遇，为制定和实施非洲大陆的转型提供了基础和背景，包括：

- 泛非远景和项目的持久性指导非洲民众及其后代与奴隶制进行斗争，抵抗殖民主义、种族隔离和种族歧视的破坏；引导非统组织创建者们致力于民族自决、一体化、团结和统一。今天，这些构成了非洲复兴、转型和一体化的背景。

- 从全球发展经验中吸取的教训包括：南半球主要国家在使大部分人口摆脱贫困、提高收入并推动经济和社会变革方面取得的重大进步，以及通过联合国为人类最为迫切关注的问题（包括人类安全与和平）找到多种办法的全球努力；消除贫穷、饥饿和疾病；降低应对气候变化风险的脆弱性。
- 非洲所经历的转折。随着冷战的结束和纳米比亚和南非种族隔离制度的终结，非洲决心结束战争和冲突，建立共同繁荣、一体化的大陆，决心建立反应迅速和多元的民主治理体制，以及决心通过非洲发展新伙伴计划和非统转变为非洲联盟而结束非洲大陆的边缘化，并回到非洲优先事项。在过去十年中，非洲经济保持稳定增长，社会更加和平和稳定，若干人类发展指标发生了积极的变化。因此非洲必须维持并巩固这一积极转变，利用它作为跳板，确保其转型和复兴。
- 非洲发展范式和机制的连续性及变化。这种变化反映在独立后的国家和国家建设、工业化和现代化进程的各项努力，以及与疾病和贫困的斗争之中；其重点是加深非洲对《非统组织宪章》《蒙罗维亚宣言》《拉各斯行动计划》和非洲发展新伙伴计划各项事务中所积累的宝贵经验，以及对推动非洲一体化进程中所做出的不懈努力的认可；部门政策框架、战略和架构，包括农业、和平与安全、基础设施、科学和技术、治理、工业化、教育、社会政策、文化、体育和卫生，以及围绕人权，民权、儿童和妇女权利的规范框架。
- 以人为中心的发展和两性平等的需求使人的发展成为非洲大陆所有努力的核心，确保非洲大陆广泛参与变革，建设充满爱心和包容性的社会和社群。同时认识到赋予妇女权利，消除阻碍妇女充分参与各级各类领域的障碍，对于任何社会充分发挥其潜力都至关重要。此外，为其儿童和青少年创造有利环境，使其茁壮成长并充分发挥其潜力，是持续创新的先决条件。
- 全球范围起伏动荡，远距离实时通信的现代信息技术革命，全球化和生产的变化，技术、生产、贸易扩张方面的改革和提升，新知识和劳动力市场的发展；全球人口变化趋势以及新兴和发展中国家和地区的中产阶级和工人阶级日益增多所带来的机遇；向多极化发展的同时，依然存在单极主义的强硬元素、全球安全联盟，气候变化的影响也无可争议。今天，人类拥有确保安全和过上体面生活的能力、技术和专业知识，然而儿童仍旧有可能死于可预防的疾病。饥饿和营养不良依然困扰着人类的生活，区域与国家之间以及国家内部的不平等依然存在。

在过去的50年里，非洲国家已经制定了应对时代迫切要求的对策。在这个方面，主要有两大转折。

20世纪60年代和70年代迎来了第一次转折——也是大多数非洲国家赢得独立后的十年。为了继续推进经济解放议程，从20世纪70年代的全球能源危机中吸取教训，非洲做出了战略决定，将大陆一体化作为经济发展战略。包括《拉各斯行动计划》在内的70年代和80年代的各项解放和经济发展战略也正是在这一转折时期所形成。同一时期还出现了关于结构调整的《布雷顿森林议程》，该议程导致非洲经济萎缩，并对关键社会部门产生了深远影响。

第二次转折是20世纪90年代即冷战结束后，其间非统组织通过了《世界根本变化和非洲的对策宣言》。该宣言概括了非洲解决非洲大陆和平与安全挑战的决心（包括国家内部的挑战），通过深化非洲大陆的一体化促进民主和善政，以及应对经济发展所面临的挑战。经过失去的20年（80年代和90年代）和被日益边缘化的危险之后，非洲大陆的局面开始扭转，非洲联盟和区域经济组织更为严密。自那时起，非洲大陆的持续改善令人瞩目，民主和善政得以巩固，如采用非洲互查机制，改善两性平等，以及促进人权和法治的推行。

在非洲庆祝赢得独立50周年之际，是时候为非洲大陆进行盘点并规划新的长期愿景了。因此，"《2063年议程》：我们想要的非洲"是为实现非洲转型的包容性增长和可持续发展的内生共同战略框架，也是泛非理想为争取民族自决、自由、进步和共同繁荣所坚持的长期努力。其目标是：

- 激励并团结所有非洲民众和侨民，实现"由非洲民众推动，在国际舞台上充满活力，统一、繁荣与和平的非洲"的共同远景。
- 利用非洲大陆的禀赋、非洲民众、历史、文化和自然资源及其地缘政治地位，实现公平和依靠民众驱动的增长和发展；消除贫穷；开发非洲的人力资本；建设社会资产、基础设施和公共产品；巩固持久的和平与安全；建立施政有方、强大发展的国家和广泛参与、尽职履责的机构组织；赋予妇女和青年权力，实现非洲复兴。
- 持续建设并加速执行各项大陆框架，其中最为瞩目的包括《拉各斯行动计划》《阿布贾条约》《非洲发展新伙伴计划》《非洲农业发展方案》（CAADP）、《关于加速农业增长和转型促进共同繁荣和改善生计的2014年马拉博宣言》（3AGTs）、《加速非洲工业发展行动计划》（AIDA）、《最低一体化方案》《非洲基础设施发展方案》（PIDA）、《非盟/非洲发展新伙伴计划科学和技术综合行动计划》以及《非洲农业工业和农业综合企业发展倡议》（3ADI）。
- 对非盟、区域经济组织和成员国所通过并执行的大陆、区域和国家框架和计划实施的内部一致性进行调整、校准和协调。
- 为个体、部门和集体行动提供政策空间/平台，以实现大陆远景。
- 制定一种以强有力的知识管理系统为基础的执行机制，通过前沿研究、创新和突破性的经验的梳理汇编，促进经验交流和相互学习，并建立实践社区。
- 界定区域协调机构、会员国、民间组织和私营部门等利益攸关方在制定和执行《2063年议程》方面各自的作用和责任。

这种预想非洲长期发展轨迹的全新努力恰逢其时，原因颇多。首先，全球化和信息技术革命为包括非洲在内的各国和各区域提供了前所未有的机会。它们制定了正确的政策，取得了重大进展，帮助大量人口摆脱贫困，提高收入，促进了经济和社会变革。

其次，非洲现在正处在最好的机遇期，可以在过去和现在成功的基础上再接再厉，如在非洲发展新伙伴计划的经验基础上实现更大的发展。国家、区域和非洲大陆为执行《非洲发展新伙伴计划》已经作出了努力。尽管在《拉各斯行动计划》和《阿布贾条约》中并未提及，相关努力使非盟得以建立（诸如非洲互查机制之类的）相关机构，进而表现出了执行商定议程的决心，并积累了宝贵的经验和教训。这些都为《2063年议程》——非洲发展新伙伴计划和其他倡议的合理延续——奠定了坚实的基础。

再次，非洲大陆更加团结，成为未来可期的全球力量，能够围绕共同议程谋求支持，共同发声，有谈判能力并能够抵御分裂势力的影响。此外，非洲的区域机构已经合理化，八个正式得到非盟承认的区域经济共同体［萨赫勒—撒哈拉国家共同体（CEN-SAD）、东部和南部非洲共同市场（COMESA）、东非共同体（EAC）、中部非洲国家经济共同体（ECCAS）、西非国家经济共同体（ECOWAS）、政府间发展组织（IGAD）、南部非洲发展共同体（SADC）和阿拉伯马格里布联盟（UMA）］成为今天公民可以信赖、《2063年议程》得以依靠的政治机构。

最后，各种因素相互交织，为非洲大陆的快速发展提供了巨大机遇，其中包括：许多非洲国家经济出现的明显正向和持续性增长；暴力冲突明显减少，和平与稳定持续优化，民主治理也取得进步；中产阶级不断扩大，加之青年人数不断增长，可以促进社会不断发展，而消费和服务业的发展将更为显著；随着金砖国家（巴西、俄罗斯、印度、中国和南非）的崛起和外国直接投资（FDI）的增加，国际金融结构也将发生变化。

上述因素为非洲提供了可以利用的独特机遇。然而，成功取决于团结一致、公开透明、虚心对待成绩，及时纠正错误，以公民利益为重，健全治理能力并形成积极向上的价值观。

《2063年议程》这一长期规划并非创新之举。不少非洲国家已经制定了长期计划和国家远景[如乌干达（2040），南非和埃及（2050），塞拉利昂、塞内加尔和喀麦隆（2035）]；而马拉维、尼日利亚、卢旺达、莱索托、科特迪瓦则准备更新其各自制定的2020年到期的远景，从而使其拓展至2050年之后。《2063年议程》符合这一传统，并力求在这些努力上进一步发扬和巩固前期成果。

1.2 《2063年议程》筹备过程

《2063年议程》基于非洲各利益攸关方的广泛协商而制定，相关利益攸关方包括青年、妇女、民间社会组织、散居国外非裔侨民、非洲智库和研究机构、政府规划者、私营部门、媒体、跨信仰领导人、非洲国家前元首和政府首脑论坛、非洲岛屿国家等其他团体和机构部门[1]。此外，议程制定过程中还吸纳了非洲大陆部长级会议和区域经济界会议参会人员的见解和主张。这些协商的结果构成了非洲人民愿景的基础，而非洲民众正是《2063年议程》的推动者。

《2063年议程》编制过程中，广泛回顾了非洲发展所积累的经验，分析了非洲当今所面临的挑战和机遇，总结了非洲各国计划、区域和大陆框架及相关科学研究。这些计划和框架为《2063年议程》尤其是《第一个十年执行计划》优先发展事项的确定提供了参考。此外，《2063年议程资源调动战略》的成功编写为探索非洲自主融资战略部署提供了重要指导。最后，《2063年议程传播战略》已经规划完成，该战略目前正在实施阶段，其目标是激发社会生活各个层面的非洲民众，以及世界各地的非裔侨民广泛支持并积极参与《2063年议程》的各项行动。

《2063年议程》包括以下3份重要文件：

- 《2063年议程框架文件》涵盖2063年远景，对目标、优先事项、指标和指示性战略等关键问题的全面分析，以及涉及执行、监测和评估，助力"实现目标"的相关建议；
- 《2063年议程》普及版通俗地介绍了议程，便于非洲公民理解和掌握；
- 《第一个十年执行计划（2013—2023年）》确定了当前的优先事项，从而开启通往2063年的旅程。

1.3 《2063年议程框架文件》概述

框架文件分为3个部分，共计6章，内容如下：

---

[1] 议程的制定过程中，非洲治理论坛、公共行政协会、非洲工会、非洲区域大学农业能力建设论坛（RUFORUM）、野生动物基金会、文化遗产基金会、非洲航空协会等利益攸关方也纷纷发来书面文字或建议。

（一）2063年远景（相关背景及远景目标实现过程中的挑战和机遇）——第1—3章；

（二）"转型框架"概述了《2063年仪程》具体目标、优先领域、相关指标和指示性战略（第4章），及确保目标实现的关键因素——第5章；

（三）"实现目标"：执行、监测、评价及相关措施——第6章。

2063年远景	第一章：情况介绍	引言将《2063年议程》置于泛非主义、非洲复兴和非洲各国争取民族自决和经济独立斗争的历史背景中；概述了议程的筹备进程；并提出了《2063年议程》文件
	第二章：2063年非洲远景及愿景	详细描绘到2063年，非洲大陆庆祝非统组织成立一百周年时，非洲所发生的巨变
	第三章：综合性的现状分析	审视政治、经济、社会、文化领域的趋势、挑战和机遇，着重指出需要解决的重要问题
转型框架	第四章：《2063年议程》目标、优先领域、指标和指示性战略	概述了《2063年议程》的目标、优先领域、指标和指示性战略
	第五章：《2063年议程》成功的关键性因素、潜在风险和缓解策略	提出了目标成功实现的关键因素、风险和缓解战略，以及可能影响非洲未来的全球大策略
实现目标	第六章：实现目标	介绍执行、监测和评估安排，融资、传播战略以及执行能力
附录	附录	附件1：强调20世纪80年代和90年代非洲促进经济增长和转型的倡议； 附件2综合了《2063年议程》基于第三章的综合现状分析而确定的需要关注的主要领域； 附件3和附件4分别列出了国家和区域/大陆成果表

二　2063年非洲的远景和愿景

不同形态社会的非洲民众一致赞同非盟建设一个"由非洲民众推动，在国际舞台上充满活力、统一、繁荣与和平的非洲"，这是非洲大陆未来的总体指南。此外，他们重申了《非盟/非统50周年宣言》的现实意义和有效性。

不同背景的非洲民众，包括海外非裔侨民，发出一种趋同的声音，清楚地描绘了他们对自己和非洲大陆未来的渴望。从这些趋同的声音中，一系列共同的愿望浮出水面：

1. 一个基于包容性增长和可持续发展的繁荣非洲；
2. 一个建立在泛非主义理想和非洲复兴愿景之上的政治统一的一体化非洲大陆；
3. 一个善治、民主、尊重人权、正义和法治的非洲；
4. 一个和平而稳定的非洲；
5. 一个具有强烈文化认同、共同遗产、价值观和道德准则的非洲；
6. 一个依靠人民和民众潜力，尤其是妇女和青年潜力，并关爱儿童的非洲；
7. 一个作为强大、团结、富有活力且有影响力的国际事务的参与者和合作伙伴的非洲。

这7项愿景与非盟远景高度一致，符合《非统/非盟50周年宣言》的8项优先事项。总体而言，这些共同的愿景表明，尽管处在新的动态背景下，非统创始人和这一代非洲民众之间在思维方面显示出强烈的延续性。

相关愿景反映了非洲民众对繁荣和富裕、团结和融合，对一个拥有公民自由和开阔视野、免于冲突和人类安全得以改善的大陆的期待。他们预测，非洲将具有强大的身份认同、文化遗产和价值观，并将在全球舞台上成为一个强大且具有影响力的伙伴，为人类进步和福祉作出共同的、令人敬重的贡献。简言之，与2013年的非洲相比，未来的非洲会将更具活力、更加美好。

向愿景迈进的征程中，将会有一次次的转型和过渡，期间每个里程碑都是实现2063年非洲的一个步骤。所有这些过渡点和令人振奋的里程碑都呈现于《2063年议程成果框架》之中（附件3及附件4）。

2.1　非洲2063年愿景

愿景1：一个基于包容性增长和可持续发展的繁荣非洲

到2063年，非洲将成为一个共同繁荣的大陆，为非洲自身的增长和转型提供资金和管理，这意味着：

- 公民拥有较高的生活水平、生活质量和幸福感；
- 公民将接受良好的教育，以科学、技术和创新为基础的技术革命广泛展开，没有因贫穷或歧视而失学的儿童；

● 公民身体健康，营养健全，寿命延长；

● 城市、市郊和农村社区拥有现代化的通信、卫生、教育和卫生设施，市场经济充满活力，民众买得起房，居住条件体面，享受购房资金支持，基本生活必需品供应充足，社会资本得以重视和保护；

● 经济结构转型，通过创业和为所有人提供体面就业机会而实现共同增长；

● 通过商品转型和服务支持，促进农业现代化，进而扩大生产、提高生产力和附加值，促进农民增收，提升经济繁荣和食品营养安全；

● 非洲大陆整体上通过各项适应性措施，维护生态系统健康发展，保护非洲自然资源——确保非洲大陆拥有世界上保有储量最大的原始水域、最大的原始林和陆地。

到 2063 年，非洲国家在生活质量指标方面将名列前茅。非洲大陆整体国内生产总值将与其在世界人口和自然资源中所占的份额比例相当；非洲各经济体也将通过科学、技术、创新、创业及积极竞争而得以转型。

公民拥有较高的生活水平、生活质量和幸福感

非洲民众的高生活水平将表现在人均收入的增加，届时非洲人均收入将至少是 2013 年（1878 美元）的 10 倍，达到 18878—20000 美元。① 从事不体面工作的人数将明显减少，所有人的就业机会均有所增加，尤其是青年群体。工作年龄成年人中拥有体面工作的人数将显著提升，进而成为普遍收入增长和生计改善、社会稳定和凝聚力提升的主要驱动因素。消除一切形式的贫困将是非洲各国政府未来几十年的顶级优先事项。

这些愿景共同表达了一种强烈的渴望，即到 2063 年非洲大陆妇女和青年的基本自由将得以保障，他们为一个不同以往、更加美好且充满活力的非洲作出贡献并受益其中，同时妇女和青年在非洲社会的增长和转型中将发挥主导作用。所有这些都源于非洲有潜力和能力追赶和超越世界其他区域，并在国际社会中拥有其应有的位置。

非洲大陆将从以低收入市场为基础的国家经济向高端中等收入国家，继而向以市场为基础的高收入国家集团发展。改善收入和创造就业机会，特别是通过常规私营部门的增长消除贫穷。此外，城乡、男女之间的收入差距将逐渐缩小，从而形成更具包容性和凝聚力的社会。

基于《2063 年议程》，到 2025 年，非洲大陆将不存在任何形式的食品不安全，营养不良或饥饿问题。非洲将采取措施，通过支持妇女生产安全、营养和本地文化可接受的粮食，促进本地种苗系统和耕作方法的研究，保护地方性种苗及相关知识和技术，建立地方性种苗库，确保女性农民、渔民和牧民获得自然资源，最终保障粮食主权。

到 2025 年，发育迟缓人数在青年人口中的比例将减少至 10%，儿童体重不足控制在 5% 以下。到 2063 年，发育迟缓和体重不足的儿童将不复存在。这一经济繁荣、粮食和营养安全的远景将有助于确保非洲彻底实现摆脱贫困的理想。

为保障民众享有高水平生活这一权利，到 2063 年，整个非洲将以所有公民依法享有平民化的社会保障为特色，并将身心残障的公民、老人和儿童纳入社会保障范围。非洲民众将摆脱后顾之忧和物资匮乏，所有非洲人，包括残障人士，均可享有所有公共设施及各项服务。到 2063 年，

---

① 资料来源：非洲开发银行、非洲联盟和非洲经委会、《2013 年非洲统计年鉴》。

非洲将成为一个富有同情心和充满人文关怀的社会。

公民接受良好的教育，以科学、技术和创新为驱动的技术革命

到 2063 年，非洲将是世界上人口最多的大陆，青年人口占比最大，且其中 70% 以上的青年人将拥有高级技能。非洲大陆的中产阶级占人口绝对多数，拥有惊人的消费能力。

非洲要繁荣发展，关键是要确保所有民众能识字会运算，要明确强调通过科学、技术和工程领域的优质教育，培养世界一流人力资本。依法普及各级各类优质规范教育。为确保公民充满活力，非洲将加大投资，使迅速增加的人口能方便地获得卫生服务，并满足年轻人和不断增长的老年人口的需求。届时，非洲生育率和受抚养人比率预计将有所下降，中产阶级将会出现，进而加快人口结构的转变，增加人均人力资本发展投资，维持收入的持续增长。

通过政府和私营部门在教育方面的投资，以及通过技术、科学、研究和创新领域的工业增长和扩大，非洲将经历从幼儿教育到初等、中等、技术、职业和高等教育的全面复兴。2063 年的非洲，至少 70% 的高中毕业生将在技术和职业教育与培训机构接受高等教育，70% 的大学毕业生将攻读科学、技术和创新专业，为以人力资本为基础的竞争经济打下基础，成为非洲大陆自然资源丰富馈赠的有力补充。

2063 年的非洲将拥有协调发展的教育和职业资格制度，将建立泛非大学和遍及整个非洲大陆的多个英才中心，一所利用技术提供大众中学后教育的泛非网络大学，而高等学府和知识分子也将发挥关键作用。数百万非洲民众将接受教育培训，学习技能，重点接受科学、技术、研究和创新以及各个领域的职业培训。不同以往，这些人力资本将会选择留在非洲大陆，而不是移民他国，从而促进非洲大陆的社会经济发展。到 2063 年，先前富有才华、受过良好教育、具有创新精神的人才外流为特征的非洲大规模人才外流的状况将发生改变。届时，非洲将成为世界最优秀和最具智慧人士的聚集中心；非洲的地位将类似于古代马里帝国著名的廷巴克图市的作用和地位。

国民身体健康，营养健全

到 2063 年，每个公民都将充分享受费用低廉的高质量卫生服务，公民将普遍获得性健康和生殖健康，知晓个人权利，且各项服务均涵盖所有妇女，包括年轻妇女、青少年、残疾妇女、艾滋病患者和所有弱势群体。

非洲将消除不被重视的热带疾病和传染病，如埃博拉将彻底得到控制。将建立强大的综合性系统，大幅减少非传染性疾病和生活方式变化引发的疾病，包括肥胖、糖尿病和心血管疾病。艾滋病毒/艾滋病、疟疾和结核病造成的死亡将彻底消失。将建立综合而全面的卫生服务和基础设施，提供覆盖面广、价格低廉、人性化、高质量的服务。

2063 年的非洲民众个个身体健康、营养丰富，预期寿命超过 75 岁。

现代化、负担得起且宜居的住所

到 2063 年，非洲城市规划合理，拥有现代公共交通系统，农村社区也将拥有公路、能源、移动通信网络、水、公共卫生和个人卫生系统，从而实现与社会其他地区的互联互通。超过 60% 的非洲民众将生活在城市/城市地区，进而又将为非洲大陆国内生产总值及其经济活动做出巨大贡献。

2063 年，非洲城市社区发展成就斐然，同时也将会形成健康向上、充满活力、繁荣宜居的农村社区。由于在农业生产力、教育投资、地方机构建设、基础设施等领域的广泛突破，这些社区的农村人口将成为以农业和资源为基础的价值链的主要驱动因素，进而实现农民收入的不断增长。届时，农村居民将享受与城市地区类似的社会服务和基础设施。

2063年，非洲每个公民都将能够可持续地获得负担得的起的优质基本服务，如负担得起的体面的住房、充足和清洁的水和卫生设施、运输和其他服务。高速宽带互联网将不再是少数人消费得起的奢侈品，而是所有公民的权利。

经济转型

2063年的非洲将成为一体化的非洲大陆，成为持续创造财富、具有包容性和容忍性，引领全球经济增长和转型的世界一极。

为了成为全球增长极，未来几十年非洲大陆将维持非洲现今高于世界平均水平的经济增长势头，同时积极应对生产和贸易结构转型、基础设施连通性薄弱、人力资源基础薄弱等带来的挑战，通过加大对科技赋能的投资，促进非洲经济显著增强和并实现现代化。

2063年的非洲将受益于宏观经济稳定、多样化、不断增速和包容性的经济增长。国内生产总值年增长率将不低于7%，投资和储蓄将不低于25%，宏观经济政策将促进增长和分配、创造就业、吸引投资，促进工业化。非洲国内私营部门的经济贡献将增长至占国内生产总值的50%以上。

不断增速的制造业将使2063年制造业在GDP所占份额至少上升至50%，其附加值也将增至5倍。制造业部门将吸收至少50%的新劳动力进入劳动力市场。至少90%的农产品出口将在当地加工（增值）。到2063年，技术驱动型制造企业在制造业总产值中所占份额将上升至50%以上。非洲将有效参与到全球价值链中，且处于价值链高端位置。

到2063年，非洲大陆集体国内生产总值将与其人口和资源储备成正比，同时非洲在全球制造业产出、全球金融服务以及知识驱动产品和服务中所占份额将随之增加。在非洲大陆，商品期货交易大幅增长，非洲大陆商业巨头茁壮发展，非洲内部贸易和大陆外出口业务蒸蒸日上。这与围绕非洲各个角落矿产和自然资源的利用而建立的区域加工制造业中心的增长相伴而行。一些非洲控股公司将跻身全球500强企业。散居国外非洲民众的回归将在整个非洲的转型进程中发挥关键作用，他们向非洲经济注入大量人才、活力和资金。

非洲将继续在包括农业和采掘业在内的自然资源——石油、天然气、矿物——的全球市场中占据主导地位，但自然资源的回报比率将有所增加，同时还将确保收益公平地分配到非洲迅速膨胀的人口中，特别是在最初几十年中。到2063年，非洲将扩大对采掘业的控制，建立所有主要商品的商品交易所，增加非洲本土企业的控股份额，并按照《非洲矿业远景》相关规划加强对采矿作业的控制。

到2063年，非洲经济将在结构上进行转型，以确保公平增长、公平分配机会和体面就业、推行劳工标准以及为所有人提供安全的工作条件，包括提高妇女的生产力、获得基本服务和商品的机会以及优化收入分配方式。通过系统管理外部冲击风险，实现具有更强复原力的多样化经济。这将通过更多地依赖依靠创新、知识、科学和创业而产生的新产品，以及旅游业、蓝色经济、创意艺术和金融服务等部门的增长而实现。（可再生和不可再生）自然资源将得到可持续管理，以避免"繁荣和萧条"高度波动的频繁出现。将建立代际主权财富基金，保护子孙后代开发和管理非洲资源，从而实现投资收益。

科学和技术驱动的经济发展将导致25%的企业产生于非洲公民所创造并将其商业化的技术突破和创新活动中。这将反映在以下方面：在非洲大陆建立的世界一流区域/大陆研究中心数目将有所增加，这些研究中心提供的关键研究成果将成为非洲优先事项的依据，并推动农业、制造业、工业和自然资源开发的转型；将建立区域和大陆技术、创新和竞争力研究中心，为新兴企业注入新思想；成为2020年确定并规划2025年全面实现的区域/非洲大陆工业化标杆。

产量、生产率和附加值增长的现代农业

2063年，非洲将提升农业机械化程度，加大生产投入和融资力度，增强女性农民的作用，提高农业生产力，确保当地粮食生产具有足够的竞争力，足以取代粮食进口，为出口创造经济盈余，使非洲有能力反哺世界其他地区。这进而又将提升劳动力充裕地区的工资，加速劳动力不足国家的资本深化。农业转型还将有助于提升农业商品化程度，减少农业所需劳动力数量。农业的显著增值将推动非洲各经济体制造业的发展和结构转型。

到2063年，建立以坚实的科学知识为基础的现代化生产性农业，建设可恢复性的粮食和农业系统，实现农业发展的自我巩固，不断提高农业生产力。到2063年，2013年非洲农村地区以小块耕作、混合农业为特征的农业模式将自然转变为由非洲男性和女性拥有和经营的中型农场模式。此外，各种投资的引入将保证农业商品的持续供应，吸引金融资本进入以农业为基础的价值链，进而创造更多的就业机会。农业现代化将结束人类在农业中的辛苦劳作；未来的非洲农业中铁锹洋镐将逐渐消失，农业最终将实现现代化，且利润可观，吸引非洲大陆的妇女和青年投身农业。

非洲将充分利用尚未开发的耕地，从而成为全球农业食品经济的主要参与者。非洲农业将成为具有竞争力的粮食和农业体系，能够满足非洲内部、地方、国家、区域市场，进而超越非洲地区快速增长的农业粮食需求，日益满足全球市场不断上涨的需求。到2025年，非洲内部的粮食和农业贸易将增加三倍，至少占非洲大陆正式粮食贸易总额的50%。要实现这一增长，必须进一步拓宽加深大陆市场一体化进程，建设足量的市场和贸易基础设施，包括公路、铁路和运输服务，信息和通信技术，灌溉、储存和农产品加工设施，商品交易所等，并提供市场信息及其他结构化贸易便利化服务。未来通过战略粮食和农业商品高效价值链的动态网络，将实现农民与地方、国家和区域市场之间的互联互通。

非洲蓝色/海洋经济

预计2020年"蓝色/海洋经济"将取得惊人的发展势头，其中尤为重要的是关注与"蓝色/海洋经济"有关的机遇而实现的价值。与其他措施不同，这项举措将促进海洋和水生生物技术知识领域的发展，从而生产出新的产品；促进非洲航运体系的建设，将非洲湖泊和河流变成发达的水上通道及与内陆国家通航的枢纽，从而实现内陆国家与非洲大陆其他地区和世界其他地区的互联互通。非洲渔业公司将可持续地利用这些资源，造福非洲民众；市场主导的水产养殖（养鱼业）基地将填补非洲鱼类产品的供应缺口。非洲将有效利用海洋、湖泊、河流和洪泛区，从深海、海洋和湖床可持续地开采贵重矿物，并将彻底清除海盗，取缔非法、不合规定或未经报告的捕捞活动和其他犯罪活动，包括非法倾倒废物。

环境可持续，气候适应性强的经济和社区

2063年的非洲将在全球被公认为敬重自然环境，依托可持续发展和可再生能源，具有生态意识的大陆。

非洲繁荣的愿景将建立在包容性增长和可持续发展的基础上，使非洲能够恢复其自然条件，建设繁荣的社会，并减少气候变化带来的负面影响。虽然非洲温室气体的排放量相对较小，在气候变化方面产生的作用也不大,但它却是受气候变化影响最严重的地区。

到 2063 年,非洲将不同以往,自然资源将得到持续管理,非洲生态系统的完整性和多样性将得以保护。2025 年以前,通过成员国有效立法和管理制度的建立,非洲将消除包括偷猎、走私和非法贸易在内的野生动物犯罪。

非洲社会将以可持续的方式消费和生产产品和服务。国民收入台账将实施改革,以充分反映可再生和不可再生自然资源财富的变化。

到 2063 年,非洲的生物多样性,包括森林、野生动物、湿地(湖泊和河流)、遗传资源以及水生生物,特别是鱼类种群,沿海和海洋生态系统,包括跨边界自然资源,将得到充分的保护和可持续利用。森林和植被覆盖将恢复到 1963 年的水平;国家公园和保护区(陆地和海洋)将得到有效管理,对它们的威胁因素也将大幅减少。

土地退化和荒漠化现象将得到遏制并逐步扭转。所有农业用地均以环境和社会可持续发展的方式进行管理。非洲国家的生物多样性损失率将至少降低 90%;自然栖息地将得到保护。

到 2030 年,非洲将完全实现水资源保障。非洲将采用新技术和新措施,确保有效利用现有水源并开发新的水源。大约 90% 的家用废水将被回收利用,以补充农业和工业用水。

到 2063 年,气候适应力强的低碳生产系统将在非洲建设到位,从而显著降低气候风险和相关自然灾害的影响。除其他措施外,此举将通过更早实施的全面而强有力的降低灾害风险和防灾战略,使气候变化引起的自然灾害所造成的死亡人数比例至少降低 75%。所有农业和工业活动都将实现气候应对智能化并获得可持续性认证。设立非洲气候基金(ACF)以应对非洲大陆气候适应相关问题,全面推动相关技术发展,推行区域/大陆可持续性认证计划。

非洲将充分发挥其能源生产的潜力,在可预见的将来,非洲将会按需向其他地区提供能源。非洲在此方面的战略远景将涉及利用非洲大陆的能源,特别是可再生能源,以促进经济增长,消除能源贫瘠。届时,家庭、企业和机构的能源消耗中一半以上将是可再生能源(风能、太阳能、水力、生物能源、海洋潮汐、地热和其他可再生能源)。所有城市建筑都将获得认证,能源智能化确保所有城市公共交通都将使用可再生和低至零排放的燃料。可再生能源在能源生产总量中所占的份额将超过 50%。区域电网将提前十几年落实到位,而大陆电网(比如英加水电站)将在 2063 年之前实现正常运行,从而确保整个非洲大陆的照明和其他用电。

将建立有效的机构、规则、制度和程序,实现跨国界自然资源的管理和开发,包括水、森林、渔业、生物多样性、遗传资源、能源和可再生和不可再生资源。

愿景 2:一个建立在泛非主义理想和非洲复兴愿景之上的政治统一的一体化非洲大陆

到 2063 年,非洲将成为一个主权独立、自力更生的大陆——一个实现全面经济和政治一体化的团结和强大的非洲。

世界一流的基础设施遍及非洲

到 2063 年,将建立必要的多样化基础设施(不同质量和规模),以支持非洲的加速增长、技术改造、贸易和发展,包括:高速铁路网、公路、航运、海运和空运、扩大对信息和通信技术(ICT)以及数字经济的投资。将拥有非洲大陆高速列车网,连接非洲大陆所有主要城市/首府,并通过其他方式将非洲各岛屿国家与大陆相连接。

主干道将与高速公路互联互通,并建设天然气、石油、水等输送管道以及信息和通信技术宽带电缆。所有这些基础设施将成为制造业、技能开发、技术开发及科研创新的催化剂。

在非洲，航空运输将充分自由，并通过签署和通过所有相关条约和议定书，充分执行《亚穆苏克罗决定》，使非洲航空业成为促进区域一体化、创造就业及加速经济转型的积极力量。

对上述世界一流、管理良好的基础设施网络的投资，将是促进非洲内部贸易从 2013 年在贸易投资组合中占比不到 12% 激增至 2045 年占比接近 50% 的关键要素。进而，这将刺激采矿、制造、金融、食品饮料、酒店旅游、制药、时装设计、渔业和信通技术等领域的各家泛非公司以及其他各种工业企业，助力产生各自领域的世界级领军企业。

非洲将是一个要素流动（劳动力、资本和技能）提升、人员自由流动和贸易额度增加的大陆，非洲大陆的机构，如非洲中央银行，将全面运行。

非洲内部贸易将蓬勃发展，大陆自由贸易区、非洲货币联盟和相关金融机构将建立并充分发挥作用。

到 2063 年，政治联盟也将实现；技术、金融和市场之间的连通性和相互联系得以改善；人员、货物和服务的自由流动将有助于建立强大的经济基础，进而将非洲内部贸易提升至前所未有的水平，并强化和巩固非洲在全球贸易中的位置。

愿景 3：一个善政、民主、尊重人权、正义和法治的非洲

到 2063 年，非洲将加快培育善政、民主价值观、两性平等、尊重人权、正义和法治的文化。这一愿景反映出对未来非洲的期望，即非洲妇女、男子、青年、老年人和非洲大陆所有种族将享有参与非洲大陆现代社会发展的基本自由和权利。

到 2063 年，非洲将：
- 成为积极践行民主价值观、全面尊重人权、正义并实施法治的大陆，它将充分遵守非洲人权各项文书，包括《非洲人权和人民权利宪章》及其议定书；
- 拥有设计和实施能力，且可为多部门协同及各级领导变革性思维赋能的机构。

确立民主价值观、具体做法、人权、正义和法治等普遍原则

到 2063 年，非洲大陆将积极践行民主价值观，且相关价值观和具体实施方式已深深固化于非洲治理结构中所涵盖的政治文化和法律法规。

非洲大陆将实现自由、公平和可信的选举，包括：（1）多党制、多元制；（2）政治竞争中公平、透明的竞争环境；（3）教育选民作出知情选择；（4）泛非主义、相互平等、形式多样、追求卓越、安定团结。媒体充满活力、特色鲜明、训练有素、尽职尽责，紧盯各级政府部门履责情况，且成为常态。所有公民依法享有保护隐私和自由获取信息的权利。

到 2063 年，整个非洲大陆充分遵守人权、正义和法治等普遍原则，包括尊重和保护妇女和女童的人权。各国将充分遵守《非洲人权和人民权利宪章》。

非洲大陆所有公民将享有诉诸独立法院和司法机构的机会，这些法院和司法机构在伸张正义时既无顾虑也不偏袒。所有民众均能负担得起并及时获得司法支持。贪赃枉法和有罪不罚将成为过去。

各级机构卓有能力，领导具有革新思想

非洲大陆各级政府机构全心全意为民众服务——机构运行高效，激励公民积极投身发展，参与经济和管理事务。政府机构以绩效考核为基础，工作人员卓有能力、办事专业、公正无私，为非洲大陆提供及时高效的服务。各级政府机构将有能力以负责任的方式，在民众充分参与下，确

定优先发展领域，并进行规划、实施和监测全过程管理。简言之，非洲各个国家和政府机构均积极践行民主，一心谋求发展。

地方各级社区不仅对其发展负责，而且将公平分享自然资源开发的成果，并于 2025 年将自然资源开发的受益惠及所有当地非洲民众。

愿景 4：一个和平而稳定的非洲

到 2063 年，非洲将成为和平、安全、无冲突的大陆。基层社区间和谐共处，相互理解。国家内部和国家之间的战争将不复存在；有效机制得以实施，防止和/或及时解决任何形式的区域间冲突；有组织的犯罪、恐怖主义（和平与发展的主要障碍）和其他形式的犯罪网络，如海盗行为将得到完全控制。非洲大陆将远离毒品，不再有人口贩卖活动。（种族、宗教、经济、文化等）多样性将是财富和经济加速增长的源动力，而不再是冲突的根源。

一个繁荣、一体化和统一的非洲，一个基于善政、民主和尊重人权、正义和法治的非洲，是建立一个和平和没有冲突的大陆的必要条件。

到 2063 年，非洲将成为和平、安全的非洲：

- 和平文化深入人心；
- 所有公民享有安全保障；
- 在捍卫非洲大陆安全和利益方面足量投入。

到 2020 年，全面彻底禁止持有枪支。到 2063 年，所有源于种族、宗教、文化多样性和各种形式社会排斥和冲突全面消除；和平解决冲突的国家机制和其他机制得以创设，并将和平教育纳入所有学校课程计划，从而在非洲儿童中培养追求和平的文化。

非洲将建立完善的机制以解决冲突、减少冲突和尽量减少冲突所带来的威胁。到 2020 年，将制定边界间/跨边界冲突仲裁/谈判办法的争端解决替代机制规范。

非洲将设立跨国犯罪活动合作处置机制，通过简化司法程序，打击诸如贩卖毒品、非法洗钱、网络犯罪、恐怖主义及相关活动等跨国犯罪活动。到 2020 年，将设立非洲逮捕状互联系统及信息共享系统。

非洲大陆的人类安全将得以改善，人均暴力犯罪会随之急剧减少。对于非洲公民而言，改善安全将是个人、家庭和社区安全与和平空间的常态。

军警部门将全面彻底为民众服务。卓有能力、专业尽责的安全服务将落实到位，并成为整个非洲大陆的常态。

到 2063 年，非洲将有足够能力，确保整个大陆和平稳定，军事强大，从而维护其自身利益。非洲将拥有强有力的防御及安全政策和战略，确保大陆安全稳定。

在非洲联合政府的协调下，建立并部署完备非洲陆、海、空维和及冲突解决部队。与此同时，建立具有预防和调解冲突能力，稳定的国家和平架构和机制，加强非洲联盟在维持和平、冲突后处置与构筑和平方面的能力。建立非洲海军司令部，以确保非洲的海上利益安全。将网络安全纳入非洲的安全框架，使非洲的保护和防御能力更加全面并具有包容性。

目前，非盟和平与安全的安排及其基本理念、业务机构，以及支撑这些要素的伙伴关系将会完全符合当地现实，并满足结束冲突和确保持久和平的需要。非洲和平与安全架构将充分发挥作用，非洲资源将对此提供主要支持。

愿景 5：一个具有强烈文化认同、共同遗产、价值观和道德准则的非洲

非洲作为人类文明的摇篮，是一个为人类进步作出过巨大贡献的文化遗产的守护者。非洲文化认同、价值观和道德成为非洲在二十一世纪第一个十年，在全球舞台上重新崛起的关键因素，这些要素到2063年将得到促进和加强。非洲民众在内心深处有着统一的文化基因，这使得非洲民众逐渐培养并形成共同命运、非洲身份认同和泛非意识。

到2063年，在非洲大陆：

- 泛非主义深入人心；
- 非洲文化全面复兴。

泛非主义

到2063年，泛非主义价值观和理想的相关成果将在非洲大陆和其他地方显现出来。团结非洲民众和非洲人后裔的目标将会实现（2025年）。到2020年，将在所有成员国建立海外侨民相关机构；到2030年，散居国外非裔侨民将纳入民主进程；到2025年，散居国外非裔侨民的双重国籍将成为常态；更为重要的是，到2020年，所有受殖民统治影响的国家都将赢得真正的自由。将泛非理想纳入所有学校课程将成为主流，泛非文化资产（电影、音乐、戏剧等）将得以加强，以确保非洲创意艺术直接地，或通过提升非洲青年创新意识和创新性的方式融入世界文化，为国内生产总值作出显著贡献。

非洲文化复兴

2063年的非洲将是一个文化繁荣的非洲。非洲各国语言将成为管理的基础，并形成基于绩效的强有力的职业道德。非洲传统的家庭及社区价值观和社会凝聚力将深入人心，由此而产生的社会资本将得到重视，并为世界其他地区树立典范。

2063年，非洲妇女可选择多样化的角色，可以在社会各界担任领导职务。传统及宗教领袖以及非洲青年将成为变革的驱动力。将建立代际文化对话机制，以确保非洲文化的活跃和演变，同时继续作为非洲大陆社会架构的主要支柱。

非洲是一个具有宗教信仰的大陆，而民众亦有宗教信仰。宗教和宗教表达在构建非洲身份和社会交往中发挥着深远的作用。未来的非洲将坚决反对一切形式的宗教政治化和宗教极端主义。

文化遗产保护——语言、习俗、食物以及对妇女、女童、男童或男性无害的传统将得到支持，包括加强文化、科学和教育领域的合作。杜波依斯（WE Du Bois）的巨著《非洲百科全书》第10版将于2063年公开出版发行。

2063年，非洲的创意艺术、民间传说、民族语言/文学将蓬勃发展，进而保护并促进民族文化的发展。到2025年，将投入资金和精力，启动相关项目，发现并保存非洲口述历史。每两年举办一次泛非文化节（音乐、舞蹈、电影、时装）。到2025年，非洲对全球创意艺术/美术（电影、文学、戏剧、音乐和舞蹈、时装）的贡献率将至少达到15%，区域/大陆各级电影、文学、戏剧、艺术、时装、口头传统协会将设立并运行。

到2025年，非洲历史、文化和艺术博物馆将建设到位；自2025年起，将举办两年一度的非洲文化和体育节。在此之前，所有非洲文化宝藏/遗产将在2025年收集归档。

愿景 6：一个依靠人民和民众潜力，尤其是妇女和青年潜力，并关爱儿童的非洲

到2063年，非洲的所有公民将积极参与包括社会、经济、政治和环境在内的所有方面发展的决策。届时，非洲将不会抛弃任何一个儿童、妇女或男性。

到2063年，非洲两性平等将成为常态，所有阶层公民均拥可平等获得社会和经济机会以及社会福利。经济增长和发展成果、社会和政治话语将多元化，因此，来自更广泛人群的声音和观点，不分性别、政治派别、宗教、族裔归属、地区、年龄或其他因素，有助于加强、扩大并深化非洲公民在各个领域的参与度。

2063年，在非洲大陆：

- 两性平等体现在生活各个方面；
- 青年积极参与并享有权利成为常态；
- 儿童被精心养育。

社会生活各个方面充分实现性别平等

2063年的非洲将承认并积极发挥妇女在非洲转型中的关键作用。

到2063年，针对妇女和女童一切形式的（社会、经济、政治）暴力和歧视，包括冲突局势中的性暴力，都将不复存在，女性将充分享有所有人权。这意味着将消除所有陋习（童婚、女性割礼等），扫清所有阻碍妇女和女童获得高质量卫生和教育的屏障，并消除各级教育中存在的性别差异。

2063年，非洲的改变将体现在妇女在生活所有领域获得充分权力、享有平等机会，包括充分获得人权。这意味着非洲妇女将享有平等的经济权利，包括拥有和继承财产、签订合同、登记和管理企业、获得土地、农业支助、金融和银行服务的权利，同时承认、重视无酬看护工作和家务劳动。95%以上的农村妇女将有机会获得生产性资产，包括土地、信贷、他方投资以及金融和保险服务。

2063年的非洲将充分实现两性平等。在大陆、区域和地方机构中，妇女将占民选职位的50%，政府和私营部门中50%的管理职位将由妇女担任。限制妇女进步的经济和政治玻璃天花板，以及限制她们广泛参与非洲变革的玻璃天花板都将最终被打破。

青年积极参与，享有权利；关爱儿童

非洲青年是实现人口红利的主要力量，也是促进各领域各层级发展的主要动力。到2063年，非洲儿童和青年将全面投身并成为人才供给渠道、主要创新者，和非洲转型优势的支撑者。青年失业问题将被消除，青年将充分享有教育培训机会、卫生服务、娱乐和文化活动，获得相关资金支持，帮助每个青年充分发挥其潜能。青年将成为新知识驱动型创业的孵化器，并将为经济做出显著贡献。

到2063年，对青年人的所有形式的系统性不平等、剥削、边缘化和歧视都将消除，青年问题将被作为主流问题纳入所有发展议程。

结束一切形式的非法移民和贩运青少年行为，青年前往非洲大陆以外地区的主要目的是文化交流和娱乐消遣，而不是寻找机会。非洲青年的才能将得到充分发掘利用，以促进非洲大陆政治、社会、文化和经济发展。

作为非洲大陆的未来，非洲儿童将得到精心照顾和保护，免遭一切形式的剥削和伤害，以确保他们在安全、关爱和充实的环境中成长。儿童将充分享有机会参加卫生、教育和娱乐活动。到2020年，《非洲儿童权利宪章》相关规定将得到充分执行。

愿景 7：一个作为强大、团结、富有活力且有影响力的国际事务的参与者和合作伙伴的非洲

非洲将成为一个强大、团结、富有活力的全球参与者和伙伴，在世界事务中将发挥更重要的作用。

到 2063 年，非洲将：

- 成为全球事务与和平共处的主要伙伴；
- 为资助自身的成长和转型完全承担责任；不依赖外部捐赠。

非洲成为全球事务与和平共处的主要伙伴

通过其常任理事国席位所享有的常任理事国的所有特权，非洲大陆将在确保全球和平与安全方面发挥其应有的作用，并在非洲共同外交政策的基础上深化南南合作。非洲将在国际货币基金组织和世界银行等多边论坛以及与全球和区域安全有关的论坛中凸显非洲的地位和意义。

非洲将自我赋权；非洲将决定自己的未来，领导其议程，并同外部伙伴制定有效的伙伴关系框架。

非洲在全球舞台上新的战略作用和地位，将建立在与外部世界的互利伙伴关系的基础上。一个联合的非洲将进一步发挥其在全球经济谈判中的作用，加强多边机构改革，包括依据《埃祖尔韦尼共识》和《苏尔特宣言》所明确的非洲共同立场，促进联合国安理会的改革。

非洲还将继续倡导其他全球性机构的改革，包括世界银行、国际货币基金组织和世界贸易组织，以提高国际标准，对接发展中国家的愿望，使其有能力应对挑战。

到 2063 年，非洲将拥有提振其信心的政策、有能力的机构、制度和财政以及足够数量拥有技术的人口，以满足和平与安全领域的迫切需求，并摆脱对外部捐助的依赖。

泛非领导学院（PALI）成立于 2020 年，到 2025 年将成为非洲未来发展的领导力量。这些青年男女将茁壮成长，胸怀泛非主义理想，进而将本着泛非精神管理并维持社会的发展态势。到 2025 年，泛非领导学院（PALI）将成为决策者、政治领导人、工业领袖、文化和精神领袖、学者、非洲哲学家、艺术家、语言学家和舆论制造者的汇聚中心，每年邀请大家齐聚一堂，就非洲朝着实现《2063 年议程》目标不懈前进的各个方面展开辩论并促成共识。

非洲联盟将增强其治理能力，并通过增加对联盟机关工作的资源收集和分配，兑现对民众的承诺。随着治理能力的增强，联盟将重掌政治主动，在世界经济和贸易中拥有更大的主导权。

非洲自主融资，推动经济发展

到 2063 年，非洲将自力更生为自身发展和转型提供资金，彻底消除对外来捐赠和商品出口等影响非洲大陆因素的依赖。

非洲将全面控制其自然资源，有效利用其训练有素、技术娴熟的民众，发展金融资本和商品期货市场，扩大信息和通信技术和互联网系统，资助联盟政府和其他关键战略举措，特别是为非洲航天局，北极和南极探索及海洋研究机构提供支持。

来自发展中经济体的新入资金将刺激非洲的内部增长。仅由成员国资本市场联结的非洲资本市场便可以提供非洲投资资本需求的 30% 左右，从而结束非洲对外部援助的依赖。

非洲将力争确保其 2015 年后发展议程秉承里约精神和原则，即承担共同但相互区别的责任、发展权和公平权以及相互问责和互担责任，并确保为适合各国国情的政策和方案提供政策空间。在此方面，非洲伙伴可通过官方发展援助（ODA）或基于国家需要和利益，进行技术转让，支持非洲大陆的发展，从而发挥关键作用。

全球政治和经济力量的重大调整将引发多极化世界的演变。到2063年，非洲将有能力从战略上利用这一变化所带来的机遇，并应对行将出现的风险。

2.2 结　论
——其他设想

若上文所描绘的2063年非洲得以实现，其民众将有望看到，在世界舞台上，非洲大陆将占有一席之地。非洲将不再与世界其他地区存有差距，具体反映在：非洲民众福祉、经济活力、人民团结、善政、民主和尊重人权的文化，以及业已完善的法治、民众享有的和平与安全、妇女的地位以及将在整个非洲大陆普遍实现的文化复兴。

当然，也可能会是另一番情景，比如"一切照旧"的情形，或者更加严重的停滞。

过去20年来，非洲的经济发展令人印象深刻。随着20世纪90年代以来民主和经济改革的推行，非洲大陆年均经济增长平均涨幅达5%—6%。"一切照旧"的情形假设是，近年来此类经济增长和投资率将继续保持，劳动力继续增长，商品价格居高不下，过去20年普遍改善的政策得到维持。但是，在这种情形下，新的政策议程并未付诸于持续性行动，如未采取行动加以纠正、缺乏包容性、就业增长乏力、贫穷未能大幅消除，以及近来经济增长率相关的饱受批评的自然资源不可持续的开发，生产力增长发力不足，非洲经济未实现转型等。

"一切照旧"的后果如下[①]：

● 只有少数国家，过去20年来一直高速增长，有望赶上世界其他地区的发展速度，但大多数国家则跟不上他国步伐，脆弱的国家依旧十分脆弱。

● 人均收入继续以1%增长。然而，鉴于世界其他地区的增长，非洲的人均收入实际上将偏离世界其他地区。

● 中产阶级将增加，但几十年后仍将只有总人口的三分之一。因此，近五分之一的非洲人仍将陷于贫困之中。

● 最后，鉴于世界其他地方的增长，非洲在全球GDP中所占的份额将仍然停滞在低水平上。

停滞不前的情景再现刚独立时非洲的发展模式，对外依赖性高，生产率低，创新水平差，持续贫穷。其主要特征是发展停滞或增长缓慢。在这种情况下，非洲大陆的转型将"既没有大灾难，也没有重大发展"。这也是过去二三十年非洲在基于援助和结构调整的模式下所经历的缓慢增长的主要态势。

这种情况有可能发生，但可能性很小，因为这是非洲公民及其政府均无法接受的状态。

非洲大陆的乐观前景反映在《2063年我们想要的非洲》中，但并不意味着要走的道路将十分平坦。如第三章所示，非洲大陆尽管最近取得了一些进展，但依然面临着诸多深层次的问题和挑战，迫切需要创新性的解决办法。

---

① 见《非洲2050：实现非洲大陆的潜力》（Africa 2050: Realizing the Continent's Potential）。

三 过去50年和今天的非洲：《2063年议程》的进展、挑战和影响

引 言

第二章中阐述的"2063年我们想要的非洲"并非唾手可得，也不会自动实现，一路上将会出现数不清的挫折和逆转。会有挑战，但如果非洲国家基于过去的成就，抓住新兴机遇，利用非洲大陆强大的文化和精神价值，成功一定会实现。

本章分四部分来分析非洲大陆所取得的进步，以及在实现《2063年非洲愿景》的背景下所面临的挑战和机遇。

第一部分简要概述在过去50年里非洲大陆的政治团结和经济解放运动，重点介绍非洲大陆的政治发展历程，包括非统的建立并最终转变为非洲联盟，回顾了通过《蒙罗维亚宣言》《拉各斯行动计划》《阿布贾条约》等倡议，形成非洲大陆长期经济发展计划的切实努力。

第二部分主要评估非洲大陆今天所处的位置，所取得的进步和即将遭遇的挑战。评估的基础是第二章概述的七大愿景，包括社会、政治和经济发展，以及民主和治理，和平与安全，妇女青年问题、文化，以及非洲在全球环境中的位置。

第三部分重点回顾目前应对现有挑战所积累的经验教训，具体反映在非洲各国发展计划以及区域和大陆框架中。

章末主要总结《2063年议程》相关影响和启示。

3.1 过去50年的非洲（1963—2013年）：追求政治统一与经济解放

3.1.1 泛非主义、去殖民化、政治解放与民族独立

泛非主义在19世纪初出现，成为一代代非洲民众奋起斗争、赢得解放、恢复人格尊严、反对奴隶制、殖民主义以及一切形式的种族主义和种族剥削的重要武器。泛非主义倡导非洲民众拥有共同的历史和命运，坚信非洲拥有源远流长的文化和文明，是人类发展的摇篮。泛非主义的各种理念和倡议相互汇聚，促成1963年非统的成立，而泛非主义也被明确作为该组织的主要目标写入《非洲统一组织章程》第二条。

要实现非统的目标，首先需要协调非洲各国在所有领域所制定的相关策略。非统要求制定政治和社会经济议程，并在以下五个主要领域加以实施：去殖民化；促进和平与安全；促进民主、人权和善政；促进国际关系与合作及区域一体化。然而，政治议程占主导地位，特别是去殖民化

问题、民族解放和反对种族隔离的斗争。

> **《非统组织章程》第二条**
> - 促进非洲国家的团结统一；
> - 协调和加强合作与努力，为非洲民众实现更美好的生活；
> - 捍卫各国主权、领土完整和民族独立；
> - 消除非洲一切形式的殖民主义；
> - 基于《联合国宪章》和《世界人权宣言》，在适当时候促进国际合作

非统成立之初只有32个非洲国家获得独立，此后先后又有24个国家获得独立，其中11个国家得到非统的直接援助。今天，除了仍然受到直接殖民统治的几个岛：查戈斯群岛（英国）、海伦娜岛（英国）、加那利群岛（西班牙）、亚速尔群岛（葡萄牙）、马德拉斯（葡萄牙）、留尼汪岛（法国）、拉马约特岛（法国）、休达岛和梅利利亚岛（西班牙），以及其他难以摆脱的殖民影响，非洲大陆在去殖民化和废除种族隔离制度方面已经取得了显著成就。

促进非洲联盟建立的发展态势

非统的成立并非一帆风顺，其曾经经历的挑战影响到非统实现其政治团结和经济解放的使命。从一开始，成员国就对其所要争取的非洲统一的性质有着不同的看法①。非洲早期领导人把不同的意识形态作为各自的国家愿景，因此，在促使非统②成立期间的审议过程中，在非洲团结的目标和促进并实现这些目标的方法等问题上都存有争议。

分歧具体表现为两个阵营：蒙罗维亚集团和卡萨布兰卡集团③。主要问题在于，非洲大陆政治统一是作为近期目标，还是长期目标，要通过巩固新近独立的民族国家，以及建立次区域集团作为基础而逐步实现。蒙罗维亚集团敦促立即实现大陆统一，而卡萨布兰卡集团则主张采取更渐进的办法，且后者占了上风，影响了非洲统一组织（非统）及其章程的确立。

《非洲统一组织章程》并未实现大陆统一的清晰远景和战略，这一事实对其架构、内部机构和总体表现均有不利影响。因此，非统决策机构通过的某些决议和战略并未得到充分执行。

1974年，在非统在摩加迪沙举行的首脑会议上，非洲领导人认真审查了非统的成绩，并敦促在执行非洲经济共同体（AEC）进程期间进行必要的改革。由于挥之不去的挑战和不断变化的环境，最终非统和非洲经济共同体合并成为非洲联盟。

非洲联盟

非统面临的主要挑战，特别是在政治领域，是其严格遵守不干涉成员国内政的原则，坚决服从成员国的利益，及其持续不断的财政困难。1999年的《苏尔特宣言》是促进该组织进行改革的重大努力。

《非洲联盟组织法》纳入了非统和非洲经济共同体的具体目标，并在其原则下引入新的内

---

① 《紧抓21世纪：非洲互查机制（APRM）最佳做法和经验教训》，非洲经委会（2011）。
② 《紧抓21世纪：非洲互查机制（APRM）最佳做法和经验教训》，非洲经委会（2011）。
③ 《紧抓21世纪：非洲互查机制（APRM）最佳做法和经验教训》，非洲经委会（2011）。

容，包括：非洲公民更多地参与联盟活动；联盟有权根据大会关于战争罪、种族灭绝罪和危害人类罪等严重情况的决定对会员国进行干预。此外，还有"会员国有权要求联盟进行干预，以恢复和平与安全；会员国之间和平共处，享有和平与安全的权利；以及促进联盟框架内各成员国自力更生"。所有这一切有助于非盟更好地发挥其作用。

非盟已有能力建立诸多重要机构，如泛非议会、非洲法院、人权和人民权利委员会、和平与安全理事会及经济、社会和文化理事会。它不仅加强了非洲民众，包括散居海外非裔侨民的参与，而且增进了与区域经济合作组织之间的联系。最重要的是，各成员国已经就非盟"由非洲民众推动，在国际舞台上充满活力，统一、繁荣与和平的非洲"的远景达成共识。

基于上述远景，非盟在政治和社会经济领域制定了诸多框架和战略，这些框架和战略正得以巩固并构成了非洲联盟《2063年议程》。然而，政治团结的核心问题或应该采取的形式，依然悬而未决；不过，通过建立区域经济共同体，从底层建设的战略已经被广泛采纳。

3.1.2 追求经济解放

非洲国家起初一直致力于国家建设，推进非洲大陆解放，反对种族隔离，在南部非洲国家尤其如此。另外，也有人认为，非洲国家不太重视在独立的非洲国家里促进民主，提升国家治理能力。

其实，经济解放依然是泛非运动的主要目标之一。非统从成立初期便不断加强各个领域的相关合作，并建立可行的大陆框架，从而促进区域一体化，并在政治、经济和社会方面重组非洲大陆。例如：（一）授权经济和社会委员会（1964年）负责处理社会经济事务，建立大陆自由贸易区和共同市场；（二）设立教育和文化、科学、技术和研究以及保健、卫生和营养各委员会；（三）通过《关于非洲统一组织在经济和社会领域的责任和作用的备忘录》（1970年），明确了在非统成立前发起的《联合国发展十年》所确立的非洲优先事项；（四）在非统成立十周年之际，通过了《非洲合作、发展和经济独立宣言》（或《非洲经济章程》）为1975年通过《建立非洲技术合作方案的非洲公约》铺平了道路；（五）1976年的《非洲文化章程》旨在使非洲民众从不利的社会文化条件中解放出来，促进"非洲主义"，以及通过《金沙萨宣言》，规定到2000年建立以区域经济共同体（REC）为支柱的非洲经济共同体（AEC）。

然而，展望非洲长期发展，最重要的努力是非洲大陆领导人从20世纪70年代末开始商议和制定各种经济发展战略和框架。在此期间，非洲正努力应对影响许多非洲国家的严重经济和政治危机，因此有必要制定相关战略，以摆脱这些危机。

独立后的15年内（1960—1975年），整个非洲经济表现相对较好；非洲的国内生产总值平均增长率为4.5%；出口增长率为2.8%；农业增速为1.6%，制造业为6%。然而，到20世纪70年代末，严重的经济危机困扰着大多数非洲国家。20世纪80年代起，非洲国家的经济、社会和政治问题已经达到危险级别。非洲国家未能实现并维持经济增长，以满足其不断扩大的人口日益增长的需求。许多国家面临严重的国际收支问题、债台高筑，非洲国家基本上只能天天应对危机，采取自保战略。世界石油危机更是雪上加霜。正是在这一时期，非洲的人均收入水平逐渐与其他地区拉大了差距（见下图）。

在应对危机方面，存在两种不同的方法和设想：（一）非洲自我驱动及内部构想的远景和计划；（二）外部驱动的远景和规划。这两种方法对问题的诊断和解决也各不相同。非洲本土提出的倡议

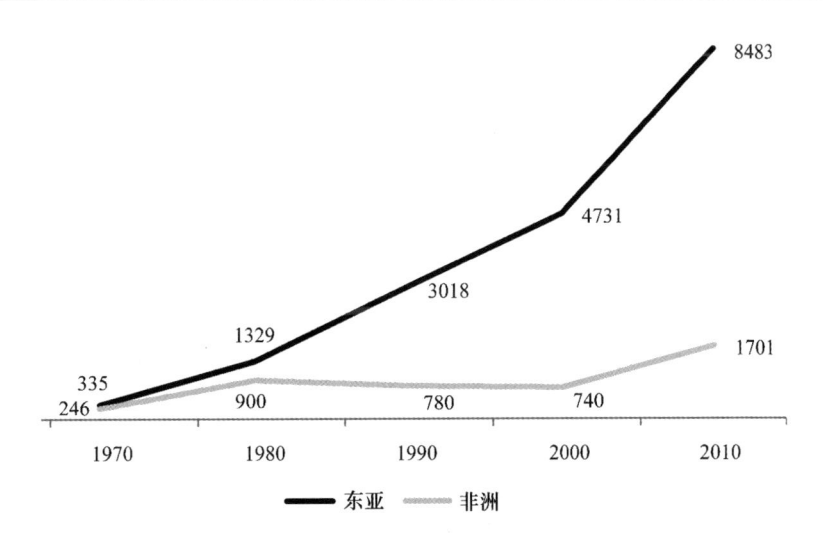

```
                                                    8483
                                          4731
                                  3018
                          1329                          1701
                  335             900      780    740
                  246
                  1970   1980    1990     2000   2010
                         ━━ 东亚      ─── 非洲
```

非洲和东亚人均名义国内生产总值（1970—2010）（美元）

在很大程度上将非洲大陆问题的责任归咎于外部力量和因素（如殖民主义、不平等的国际关系等），而外部驱动的报告和规划（主要是布雷顿森林机构）则将其归咎于非洲国家的"国内政策"。

最后，20世纪90年代之前，在更为广泛的冷战的全球背景下，非洲本土提出的倡议受到控制非洲经济和政治系统的外部力量的排挤。不过，毕竟非洲自身经济政策落后，治理体系存在缺憾，因此非洲国家也理应对这种情况承担部分责任。

非洲促进经济增长和转型[①]倡议

为应对20世纪70年代末的危机，非统于1979年与非洲经委会合作制定了应对危机的愿景和规划，即《蒙罗维亚宣言》（Monrovia Declaration，1979年）。随后，《蒙罗维亚宣言》相关战略被纳入《拉各斯行动计划》（Lagos Plan of Action，1980年）和《拉各斯最后文件》（Final Act of Lagos，1980年）。上述三项战略远景明确了非洲未来的发展路径，为促进非洲大陆的发展提供了切实的行动计划，并通过相关政治决议，促进经济合作和一体化进程。（见附件1概述）

非洲经济增长和转型倡议——1979年至今

- 《蒙罗维亚宣言》（1979年）
- 《拉各斯行动计划》（1980年）
- 《拉各斯最后文件》（1980年）和《阿布贾条约》（1991）年
- 非统组织：非洲经济复苏优先方案（1986—1990年）
- 《非洲社会经济转型结构调整替代框架方案》（AAF-SAP）——1989年
- 《非洲人民参与发展和改革章程》（阿鲁沙，1990年）
- 非统组织关于非洲政治和社会经济局势及世界发生的根本变化的宣言（1990年）
- 非统组织重新启动非洲经济和社会发展：《开罗行动议程》（1995年）
- 非洲发展新伙伴计划（NEPAD）

[①] 阿卜杜拉·布赫贾（Abdalla Burja）（2004）泛非政治和经济发展远景，从非统到非盟：从《拉各斯行动计划》（PLA）到非洲发展新伙伴计划；《紧抓21世纪：非洲互查机制（APRM）最佳做法和经验教训》，非洲经委会（2011年）。

上述各项倡议表明，为确定大陆的远景和行动计划，非洲已做出相关努力，应对非洲大陆面临的经济、社会和政治挑战，特别是独立后十五年及以后爆发的危机。这些内生框架旨在为非洲大陆的未来开辟可替代的道路。减贫、工业化、农业、科学和技术、结构转型、一体化与合作等问题仍是所有倡议的核心。

不幸的是，许多倡议仍未完全实施。具体原因多种多样，如：能力不足；政治意愿缺失；资源匮乏；外部干预等。其实，一个重要的原因是，这些规划主要由技术官员制定，未充分调研民意，因而未能激发非洲普通民众的积极参与。

外部驱动的举措

20 世纪 80 年代至 90 年代初，以布雷顿森林体系为支撑，由外部驱动的举措的重点是名为"撒哈拉以南的加速发展——行动议程"的《世界银行报告》（*World Bank Berg Report*，1981 年）。该报告为随后的《结构调整方案》（*Structural Adjustment Programs*）奠定基础。该方案由于对非洲大陆的社会经济发展产生了不利影响而在非洲国家广为诟病。在很多情况下，负债累累的非洲国家已无力关心其他事情。

根据《结构调整方案》的规定，非洲国家只能使本国货币贬值，提高利率，取消国家补贴，缩减服务投入，减少政府在经济活动中的作用，削减国家补贴，裁减公共部门，从而形成"极简主义国家"。通过缩小经济领域的国家参与，使非洲新兴经济体与更成熟的经济体进行竞争，《结构调整方案》加剧了增长缓慢态势、去工业化和对原材料出口的依赖。据报道，1980—1989 年间，非洲国家实际 GDP 增长率平均为 1.32%。到 1990 年，非洲的人均收入约为亚洲的一半，拉丁美洲的四分之一。虽然事态发展不能完全归咎于《结构调整方案》，但它的确承担了很大一部分责任。

因此，在 20 世纪 80—90 年代，非洲大陆的各个国家继续支持彰显胆识和富有远见的社会经济转型远景和计划，而在国家层级，相互竞争的外部议程占据了主导；在国家层级，许多非洲国家所遵循的行动方针与非洲大陆所制定的战略并不一致。这些经验为《2063 年议程》提供了至关重要的经验教训，证明了确保将《2063 年议程》充分纳入国家和区域规划的重要性，强调只有强有力的政治领导，才能确保在国家和区域两级履行非洲大陆相关承诺。

3.1.3 结论

从上述对 1963 年非统成立以来非洲政治和社会经济发展的简要分析中，可以得出以下结论：

1）对政治统一、一体化、民族尊严和经济解放的不懈追求

如上所述，从后殖民时代早期到现在，非洲一直在努力实现政治统一和经济解放。面对巨大困难，非洲大陆锐意进取，不断创新，努力适应新的挑战并制定适合时代的新战略。《2063 年议程》应放在寻求非洲大陆政治统一和经济解放这一不懈追求的大背景中加以审视。

2）实现经济和政治解放的幻想

自 1963 年以来，非洲大陆和区域组织的不懈努力主要集中于实现泛非主义的目标，其中之一就是追求民族尊严、政治和经济解放。然而，尽管取得了值得肯定的进步，但这项任务的完成也并非易事，政治和经济议程相关事业仍然任重而道远。由于部分非洲领土依然受到直接殖民占领，反对殖民主义及其残余的斗争尚未完全结束，同时需要通过全面实施和巩固《非洲和平与安全架构》以实现和平和保持安全稳定。虽然近几十年来非洲经济增长强劲，很多非洲民众依然深

陷贫困，且失业问题依然普遍存在。

同时，尽管近年来非洲取得一定的发展，但民主、人权和治理能力依然存在挑战。另一方面，需进一步优化国际关系相关战略，加强合作，促进成员国共同发声，从而在国际舞台上收获更多利益。需进一步加快区域一体化步伐，让非洲民众掌握自己的命运。

3）面对新挑战，重新点燃非洲团结精神

非洲民众及其政治领导人在寻求摆脱大陆殖民主义、种族隔离，包括"前线国家"不畏牺牲做出努力的一个重要特点是相互团结、意志坚定和牺牲精神。为使非洲大陆成功面对新时代的挑战，需要再次点燃这种精神，尤其是在非洲的年青人中。

4）进行一致行动的坚定政治决心

如前述分析所示，非洲并未放弃处理其政治和经济议程的大胆倡议，所缺乏的只是执行一致行动的坚定决心。事实上，大陆规划、协议和框架还不能快速转化为国家层面的行动。因此，为谋取成功，《2063年议程》应纳入国家和区域计划和框架。

范式转变的要素

● 促进公民有效参与公共政策进程，政府问责，提升国家、区域和大陆各级治理的公开性和透明度。这些要素被日益公认为非洲大陆全面转型的先决条件。

● 非洲应该众国同声，让渡部分主权以促进发展，增强合力。《2063年议程》的一个重要特点是，它寻求改变非洲在全球政治经济中的地位，从其历史上的"被动客体"转变成为积极而充满活力的践行者。这意味着要为非洲争取权力，使其能有底气为非洲大陆发声。与此同时，还应积极跟进联合国、国际货币基金组织和世界银行等全球主要治理机构的改革，战略性地参与到八国集团、二十国集团和金砖四国集团等政治平台，积极参与全球议程谈判，如多哈回合贸易谈判，气候变化谈判和《2015年后发展议程》。

● 对交付成果实施问责，帮助非洲大陆公民从大陆和区域倡议中获得切实利益。摒弃过时的行事方式，即不再仅仅提出非洲大陆拟订却未能在区域和国家一级执行的倡议。《2063年议程》必须以成果为导向，对执行方案进行问责，而非简单地制定规范。

5）模式转变的当务之急

如今，非洲大陆正处于关键时刻。经过几十年的缓慢增长，非洲大陆各个角落重新燃起了对美好未来的期望。在过去的几十年里，非洲的政治和经济制度显著趋同；所有国家都以多元民主和市场经济为模式。过去分裂非洲并成为政治团结和经济一体化瓶颈的意识形态紧张局势已然消散。

然而，要实现非洲大陆对更加美好未来的向往，非洲就必须以不同的方式行事，并进行模式转变。而要谋求转变，关键要素包括公民的参与，在国际事务中共同发声，恪尽职守确保改革效果。这些要素为《2063年议程》的制定奠定基础。第五章将详细阐述成功实施《2063年议程》的关键驱动因素和促成因素。

要解决非洲今天面临的问题和挑战（下文将详细讨论），并使非洲大陆走上积极发展的轨道，模式转变至关重要。

3.2 今日非洲：《2063年议程》的进展、挑战和影响

在过去15年中，非洲取得了令人瞩目的成就。在整个地区，经济增长已扎牢根基（且这种增长不仅仅源自于原材料出口），出口和外国直接投资均有所增长。若保持目前增长态势，预计收入将在22年内翻一番。此外，政治稳定、和平与安全以及施政改革也改变了非洲的政治格局。妇女和青年在决策中的发言权逐渐增强。随着援助的减少，非洲也越来越多地通过出口收入、贸易和汇款为自身发展筹措资金。

然而，积极发展态势与重大挑战并存，而上述非洲总体正向发展的态势掩盖了各地区和国家之间的明显差距。

以下是对当今非洲的评估，包括在努力实现非盟"由非洲民众推动，在国际舞台上充满活力，统一、繁荣与和平的非洲"的远景，以及第二章概述的非洲七个愿景方面取得的进展和面临的挑战。

3.2.1 基于包容性增长和可持续发展的繁荣非洲

在这一愿景下，2063年的非洲将是一个繁荣的大陆，那时候民众拥有较高的生活水平，受过良好教育，熟练掌握劳动技能，各经济体已实现经济转型，农业生产高效，生态系统健康和谐，环境得到切实保护，整个大陆能有效抵御气候变化。

以下评估了非洲实现包容性增长和可持续发展基础上实现其繁荣愿望的四个关键参数，从中可以看出非洲的基本状况：

- 社会和人类发展：贫穷、不平等、就业及收入、卫生、教育、社会保障和权益保护、人口统计和城市化
- 经济转型和创造就业：经济增长、私营部门发展、工业化、制造业、贸易和投资；
- 农业与蓝色/海洋经济：农业生产力和产量；
- 环境和自然资源管理：生物多样性、森林、野生动物、土地、荒漠化和气候变化。

非洲社会和人的发展

近年来，非洲在社会和人类发展领域表现良好。贫困程度持续下降，收入持续增加，卫生和教育成效均有所提升。人类发展指数（HDI）以每年1.5%的速度增长，目前已有15个非洲国家人类发展水平处于中高水平[1]。然而，在人类发展水平低的43个国家中，有34个（占79%）来自非洲，且没有一个国家属于较高水平类别。这表明，尽管非洲大陆在全球范围内取得了值得肯定的进展，但仍落后于其他区域。

据报道，收入和福利的改善对非洲人类发展产生了积极影响[2]。某些国家的收入和社会福利（享有医疗卫生和教育机会）有所改善，而另一些国家（如资源丰富的国家），收入的增长速度高于医疗卫生机会和教育机会覆盖面的改善，在这些国家，经济增长和收入改善还不够广泛，也不能尽快转化，以促进人类发展。只有少数几个国家中，（医疗卫生和教育等）社会成果的改善

---

[1] 《2014年非洲经济展望》。
[2] 《2014年非洲经济展望》。

速度高于收入的增长。经济增长的桎梏一旦消除，对社会资本的投资有望实现加速回报。

贫穷、不平等、收入和饥饿

基于关键指标，非洲的贫困率在一代人中首次下降，生活贫困线以下（即每天低于1.25美元）人口比例从1990年的56.5%下降至2010[①]年的48.5%。此外，一些国家已经或接近实现到2015年贫穷减半的千年发展目标。然而，贫穷状况在其他一些国家已经恶化。总体而言，由于不平等加剧及受到（经济、政治、社会和环境）冲击的影响，所取得的成果仍然十分脆弱，不可逆转。

尽管取得了上述进展，非洲仍然是贫困最为集中的大陆。事实上，生活在贫困线以下的非洲民众的数量已经从1990年的2.9亿人上升至1999年的3.76亿人和2010[②]年的4.14亿人。非洲大陆在全球贫困中所占的份额从1990年的15%上升至2010年的34%。非洲大陆在解决深度贫困问题方面也未取得明显进展；1990年至2010年期间，非洲极端贫困人口的平均人均收入几乎保持不变。

人们普遍认为近年来经济的快速增长并未能使非洲贫困相应大幅减少，而很多非洲民众的生活条件也未能得到改善。一个关键因素是经济增长的结构。例如，埃塞俄比亚和卢旺达在减贫方面所取得的重大进展主要集中于农业部门，而安哥拉、尼日利亚和赞比亚等国经济增长则主要集中在采掘业，国家之间情况差别巨大。

排斥和性别不平等是贫困的主要根源[③]。据报道，非洲是世界上仅次于拉丁美洲的第二大不平等地区；2000年至2009年的基尼指数为43.9，而拉丁美洲和加勒比地区为52.2[④]。然而，非洲取得的进展比其他地区更快，20世纪90年代至21世纪初性别不平等现象出现了显著下降。

妇女获得土地、所有权和控制权的不平等是许多非洲国家不平等的一个主要因素；解决非洲的不平等问题需要处理妇女获得土地所有权和控制权的问题[⑤]，只有改变非洲妇女贫穷的面貌，《2063年议程》才可能取得成功。

非洲进步小组（Africa Progress Panel，2014年）的预测显示，在一代人之内消除贫穷虽极具挑战，但并非没有可能，因为前景更大程度上取决于政府所推行的政策，而非过去的趋势。

另一方面是非洲贫穷与饥饿之间的关系问题。1990年至2013年，非洲饥饿率降低了23%[⑥]。不过，各国表现各不相同：2013年，4个国家（加纳、安哥拉、马拉维和卢旺达）成功实现了千年发展目标；6个国家基本实现目标；29个国家取得了一定的进展。降低体重不足儿童的患病率仍然任务艰巨。总体而言，非洲仍然远未达到千年发展目标中关于饥饿的目标。解决饥饿问题的主要挑战包括：农业部门表现欠佳；气候变化和干旱；大小冲突；以及最近爆发的疾病（如埃博拉）。

因此，脱贫战略应涵盖基础广泛的经济增长、创造就业机会，和在教育和医疗卫生服务覆盖面方面切实加大投资力度，创建社会资本，减少排斥行为和机会不平等。如《2015年后非洲共

---

① 《2014年非洲千年发展目标报告》。
② 《2014年非洲千年发展目标报告》。
③ 在获得收入、经济机会、生产性资产（土地）和公共服务（教育和卫生）的使用方面所表现的不平等。
④ 《2014年非洲千年发展目标报告》。
⑤ 《2014年非洲千年发展目标报告》。
⑥ 《2014年非洲千年发展目标报告》。

同立场》（Common African Position on Post 2015）所言，要解决贫困问题，非洲各国必须优先推行结构改革，促进以人为中心的发展。

> 孤立和获得经济和社会机会的不平等阻碍了人权，阻碍了改善生计和发展经济扩张所能提供的技能，例如，受教育机会不平等和进入劳动力市场的障碍，使得生活在农村或城市低收入地区的青年、妇女和残疾人无法在需要熟练劳动力的生产部门从事有利可图的工作。这会将年轻人锁定在低生产率、低报酬的低技能工作周期中，从而加剧了贫困。在15—24岁的年轻人中，只有51%的人从事有薪的工作。而缺乏不断增长的熟练劳动力反过来又降低了国家竞争力和无法吸引能够促进经济多样化和技术进步的投资机会。

> **非洲的一些政策措施与饥饿问题**
> ● 经济多样化和结构转型是关键，加速、包容和多样化的增长和有效的分配政策将有助于实现雄心勃勃的减贫目标；
> ● 非洲各国政府需要优先考虑结构改革和以人为中心的发展；
> ● 宏观经济稳定和经济增长模式是加速减贫的重要因素，与财政、货币和汇率有关的政策必须与部门减贫目标相一致；
> ● 能够解决不平等问题的国家也成功地实现了加速增长和减少了贫穷——高度的不平等缓解了高增长对减贫的影响；
> ● 有必要投资于社会保护方案——非洲的社会保障目前只覆盖了20%最贫穷的人口，而中亚的这一比例为50%，拉丁美洲和加勒比地区为55%；
> ● 必须制定战略，以解决非洲贫困的以下问题：（一）农村贫困占主导地位；（二）贫穷女性化；
> ● 失业是一个巨大的挑战，2013年非洲在全球失业中所占份额最大。因此，创造体面的就业机会是政策上的一项优先事项。

社会保障

正如欧洲、拉丁美洲和亚洲的经验所表明的那样，社会保障可以在确保增长在减少贫困和不平等方面发挥重要作用。此外，通过社会保障，可以解决不平等问题，通过促进内需，带动增长，使增长更具包容性。同样重要的是，要强调社会保障既是一项人权，也是经济和社会的需要。

在非洲，由于非正规经济和农村部门的主导地位，以及非正规就业人数的增加，以就业为基础的缴费式社会保障体系最多只能覆盖10%的就业者。这导致了社会保障覆盖率在劳动力市场的巨大缺口。另一方面，非洲国家已经建立了诸多非缴费制社会保障战略/计划，包括现金转移、公共工程项目和为穷人和弱势群体提供的一系列安全网络，其中包括34个国家的123个现金转移计划，和500多个公共工程项目保护计划。社会性保障计划从2010年的21个增加至2013年的37个，数量在三年内几乎翻了一番[①]。此外，几乎所有非洲国家都有安全网络计划——在抽样

---

① 报道源于《非洲千年发展目标报告》，2014年。

调查的 48 个国家中，45 个国家有条件地进行实物转让，13 个国家拥有有条件现金转账，39 个拥有无条件实物转账，37 个拥有无条件现金转账，39 个拥有公共工程项目[①]。

减少贫困和不平等的努力已产生显著成效。有些措施已经产生相当广泛的影响，如埃塞俄比亚生产安全网计划（PSNP）已惠及 150 万户家庭，共计 800 万人。其他国家也有类似的经验，包括毛里求斯、南非、纳米比亚、卢旺达（普惠性医疗卫生保障覆盖 90%的人口）、加纳、尼日利亚、塞内加尔、肯尼亚、莫桑比克和坦桑尼亚。（贝宁、布基纳法索、马里、尼日尔等）几个国家还提供紧急救助食品。

在非洲大陆层面，非洲联盟通过了《社会政策框架》（SPF），旨在鼓励成员国扩大覆盖范围，向贫困和弱势群体提供最低限度的一揽子服务。社会保障计划针对的是非正式经济和农村劳动者，因为绝大多数劳动力从业于社会保障覆盖率低的非正式经济和农村部门。

然而，目前的措施还远远不够，原因在于[②]：（一）资金不足：国内生产总值中只有 2%用于社会保障，而全球平均水平为 4%，且在大多数非盟成员国，这一比例还不到 2%；（二）覆盖面有限——只有 20%的非洲公民受益于社会保障，包括老年人养老金和补助金；（三）许多项目体系涣散、由捐助者推动，项目本身内部脱节，实施方法缺乏系统性；（四）现有社会保障制度的效力和效率有限。

加大社会保障力度的措施
- 通过创新保险计划降低非洲非正规经济工人和农民面临的风险；
- 在洪水、干旱、作物歉收等紧急情况时保护和建立生产性资产；
- 通过现金转移和其他支持措施保护和建设人力资本；
- 合理规划的社会保障计划通过向地方经济注入资金，在地方经济增长和创造就业机会方面产生红利和溢出效应，并增强社会凝聚力。

为增强社会保障，非洲国家应采取双管齐下的战略：

- 首先，作为消除贫穷的保障，非洲国家应建立最低级别和最低限度的社会保障一揽子计划，以改善儿童和家庭，尤其是在非正规经济和农村部门从业的劳动年龄妇女和男子，以及老年人获得基本医疗卫生服务和基本收入保障的机会。平均而言，成员国应将国内生产总值（GDP）的 5%划拨专项，确保上述最低社会保障一揽子计划的设立和实施。许多国家都有财政空间以落实此类战略措施。
- 其次，通过扩大以非正规经济和农村部门家庭经济单位为对象的缴费型社会保障制度，逐步确保人人享有达到保障水平的社会保障福利。

教育发展和技能提升

非洲需大幅优化其人力资本，以实现《2063 年议程》所构想的经济转型。这一转型要求从

[①] 报道源于《非洲千年发展目标报告》，2014 年。
[②] 在国际层面，主要伙伴为发展中国家制定了社会保护政策：《欧盟改革议程》（2012 年）、《世界银行非洲社会保护战略》（2012—2022 年）和《劳工组织社会保障准则》等政策措施激发了 20 国集团和经合组织等其他国际机构落实政策并开展工作。

低生产率部门向高生产率部门过渡，对提高非洲经济体在全球知识经济中的生产力和竞争力至关重要。反过来，这又将促进提高非洲公民收入、减少贫困和改善整体福利。

非洲最近增长表现良好，主要原因在于非洲收获了与宏观经济政策改革、政治稳定、商业环境改善和初级商品出口有关的"低挂果实"[1]。尽管相关态势对经济增长的快速启动至关重要，但从长远来看，它们本身并不足以维持并扩大增长[2]。非洲大陆需要大幅提高人力资本的质量和数量，铸就关键能力，拓展技能，以便在全球知识经济中利用新的就业机会和技术机会。改善人力资本也将有助于各国做好准备，在瞬息万变的世界中更好地利用机遇并降低风险。

教育在经济增长和转型中的关键作用在最近的研究中得以证明[3]。两者之间存在显著的正相关性，每增加一个教育年，可获得5%到12%的回报率，与中等教育相比，高等教育的回报率更高。亚洲四小龙的经济增长轨迹与它们的人力资本之间密切相关。在着力建设人力资本的过程中，非洲国家应批判性地审视其各级教育制度，使其适应当今（和未来）全世界知识驱动经济的发展，展示非洲振兴价值观和现身世界舞台的需求。

本部分分析了在下述方面取得的进展和面临的挑战：基础（小学和中等）教育和高等教育，包括科学和技术的发展。

基础（初等和中等）教育

尽管起步水平较低，与世界其他地区小学入学率相比，非洲各国依然取得了令人瞩目的进步。非洲大陆净入学人数在1990—2011年期间上涨了24%[4]。此外，性别不均等问题也有了较为明显的改善。失学儿童从1999年的4000万下降至目前的2200万。背后的主要推动力就是各个国家实施的免费普及初等义务教育政策。

然而，低完成率以及教育质量和相关问题仍然是主要关切问题。与其他区域相比，非洲虽取得一定的进展，但仍有许多不足之处。非洲学前教育覆盖率为17%，南亚为48%，东亚为57%，拉丁美洲为70%。

此外，非洲人口转变缓慢，意味着非洲大陆在今后几十年中必须大力扩大基础教育，以跟上人口增长的步伐，而其他区域则需调整资源配置，扩大基础阶段后教育，并提高各级教育质量[5]。

虽然小学的高入学率提高了很多非洲国家的识字水平，非洲大陆平均识字率仅达到50%。一般而言，小学教育完成率高的国家，青年的识字率也往往较高。由于教育完成率低，质量差，教育系统和就业市场要求之间不相匹配，以及为非洲不断增长的青年人创造就业机会的迫切要求，许多非洲国家已开始推行技术和职业教育和培训（TVET）。

高等教育

对高等教育的投资[6]将确保非洲国家产生建设现代竞争性社会和经济所需的关键人力资本库（工程师、医生、会计师、律师等）。高等教育通过产生新知识，培养接入全球知识库、并将知识适应于本地使用的能力，从而直接促进经济的发展。

---

[1] 《非洲2050年——充分发挥非洲大陆的潜力》。
[2] 《非洲2050年——充分发挥非洲大陆的潜力》。
[3] Barro and Lee（巴罗和李）《1950—2010年世界教育成就新数据集》。
[4] 《2014年非洲千年发展目标报告》。
[5] 《非洲2050年——充分发挥非洲大陆的潜力》。
[6] 大学、学院和理工学院

> **教育面临的挑战**
> - 虽然免费初等教育是一个积极因素,但在许多情况下,学习材料的费用使贫困家庭负担不起上学费用。由于资源短缺和巨大需求,利比里亚等冲突后国家在改善初等教育方面面临严峻挑战。
> - 小学结业率普遍较低;有数据的国家中28%国家的结业率低于60%。此外,结业进度也很慢。一个关键问题是,在扩大教师准入方面,一些国家聘用了许多不合格的教师,使教师和专业发展成为主要关注点;
> - 尽管在教育机会方面取得了进展,但据估计,每三名儿童中,就有一名儿童因没有达到阅读和数学基本能力而辍学。低质量的初等教育对青年人的就业前景产生重大影响,这反过来又使代际贫困长期存在。因此,需要制定特殊计划以解决辍学问题。
> - 在小学阶段,男女生之间的教育差距虽已明显缩小,但仍然存在,尤其在农村和城市贫困地区,农村地区仅有23%的贫困女孩完成了小学教育。

> **加速实现教育千年发展目标的经验教训**
> - 加快私营部门参与教育;
> - 加强科学技术和创新(STI),以扩大入学机会,提升教育质量;
> - 解决低完成率的根本原因,并采取补救措施;
> - 提升教育管理和规划能力。

大多数非洲国家在刚刚赢得独立后的一段时间里将高等教育视为"公益"事业,因而高等院校可以直接从政府获得预算支持。但是,20世纪70年代末到80年代(即结构调整的时代)的危机导致政府对教育部门拨款减少。这与同时期激增的入学率共同导致了非洲高等教育经费的严重不足。加上非洲国家普遍存在的冲突与经济不景气状况,非洲大陆高等院校入学率有所降低,其中一些大学原可与世界上最好大学相媲美[例如乌干达的马凯雷雷大学(Makerere University),尼日利亚的伊巴丹大学(University of Ibadan)]却迅速衰落。

目前对高等教育的需求已经迅速扩张。例如,学生人数从1991年的270万增加至2006年的930万,预计到2015还会增加到1800万到2000万[1]。据估计非洲目前有800多所大学和1500所高等学校[2]。私立大学迅速扩张,从1960年的7所增加到1990年的27所,据估计2006年高达22%的高等私立大学教育是由私营部门出资建设运行[3]。高等教育中私立学校的重要性可从以下数据窥见一斑:乌干达(7所公立,27所私立院校);索马里(40所大学全部为私立院校);南非(21所公立院校,87所私立院校);加纳(6所公立院校,42所私立院校);尼日利亚(36所联邦院校,37所州立院校,45所私立院校)[4]。高等教育中私立院校的增长有助于满足不断增

---
[1] 奥卢布贝米罗·杰格德(Olugbemiro Jegede)(2012年)《非洲高等教育现状》。
[2] 奥卢布贝米罗·杰格德(Olugbemiro Jegede)(2012年)《非洲高等教育现状》。
[3] 奥卢布贝米罗·杰格德(Olugbemiro Jegede)(2012年)《非洲高等教育现状》。
[4] 奥卢布贝米罗·杰格德(Olugbemiro Jegede)(2012年)《非洲高等教育现状》。

长的高等教育需求，但也暴露出在质量和标准方面存在的问题。

整个非洲大陆对高等教育投资一直很大，联合国教科文组织 2010 年科学报告指出，非洲高等教育投资额平均占国内生产总值的 4.5%，接近全球发展中国家的平均水平。同样，学术研究也出现了类似的激增，2008 年有 11142 篇同行评议文章。

尽管高等教育入学率有所增长，高等教育领域的公立和私立机构也迅速增加，但非洲的人力资本存量相对较少，且质量并不稳定。由于高等教育薄弱，在竞争激烈的全球经济中，非洲国家有可能面临被边缘化的风险。因此非洲教育需要长期的投资，既要振兴高等教育，又要支持科学、工程和技术英才中心的发展，扭转人才流失的局面。

《非洲联盟第二个教育十年》阐明了振兴高等教育的具体战略。

高等教育面临的挑战

● 资金不足：过去几十年中，入学人数激增，但资金减少，导致教育质量和相关性下降。入学人数从 1991 年至 2005 年，增加了两倍（8.7% 增长速度）。而与此同时，公共融资下降，使生均年度经费从 1981 年的 6,800 美元降至 2005 年的 980 美元。

● 随着经费的减少，整个学科领域内，教师职位填补率只有 70%，有些甚至低至 30%—40%。

● 领导和管理不力，在资金质量和科研不断下降的情况下，机构质量保证机制要么不到位，要么很薄弱。

● 鉴于大多数学生继续就读于"软"学科，2004 年只有 28% 的学生攻读科学和技术专业，许多高等教育院校的课程设置的相关性值得怀疑。在非洲，只有 0.3% 的预算用于研发，这一事实使得情况更加复杂。

● 所提供的教育与就业市场所需能力之间存在不匹配问题，导致稀缺教育资源的浪费和失业现象。

非盟第二个教育十年：高等教育

● 通过统一学位结构，鼓励学者、研究人员、工作人员和学生更大程度地流动，承认不同地区的资格认证；

● 设立非洲高等教育和科研站，着力提升机构内部和国家质量保证体系，促进针对解决非洲问题的高水平相关研究和研究生培养；

● 效仿其他大陆，在非洲推行开放和远程学习，为非洲教学提供机制保障，使非洲高等教育入学率从目前的 6%（面授模式）大幅提高至 50% 以上；

● 有效利用信息和通信技术辅助教学和专业交流，以在整个非洲大陆形成、获取、生产并传播知识、技能和能力；

● 在非洲大陆各地区建立英才中心，以发展稳健的研究生课程，强化科研基础，提升全球竞争力。

非洲大陆已取得进展，具体体现在：(1) 迄今为止已有 20 个国家签署了经修订的《阿鲁沙

公约》，该公约旨在增强泛非合作，促进学术资质相互认可（即非盟协调战略的法律文书）；（2）建立了泛非大学（PAU），旨在通过以科学技术和创新为重点的培训和研究，促进非洲高等教育发展，满足非洲发展的需求；（3）非洲联盟委员会（AUC）的姆瓦利姆·尼雷尔非洲联盟奖学金计划已于2007年启动，该计划旨在帮助非洲青年进入一流大学学习深造；（4）已建立非洲质量评级机制（AQRM），支持高等院校发展高质量文化并积极投身文化建设。

在国家和区域层面所采取的上述措施及其他措施，反映出非洲决策者已经认识到高等教育对非洲大陆发展的重要性。然而，教育发展依然速度缓慢，改革力度需进一步提升，以确保所有非洲国家都能迅速获得参与全球竞争所需的技能和能力。

要夯实其人力资本基础，非洲需扩大学前教育入学率，大幅提升基础教育、中等教育和高等教育的毕业率，并提升全民的识字能力。为助力非洲实现快速工业化和经济转型，急需确保高质量教育的覆盖面，至少实现中学教育的普及，尤其注重女童的入学率和学业完成比率，确保更多的女童和妇女参加STEM科目的学习。

《2063年议程》行动领域

- 投资幼儿教育；
- 通过提高所有人接受初等教育的机会，以培养关键技能，解决辍学问题和改善教育质量问题；
- 提高技术和职业技能发展的质量和相关性，以满足尖端行业的需要，以及对大多数参与非正规经济的人员进行培训的需要；
- 通过扩大接受教育机会、提高教育质量和相关性振兴高等教育；
- 为知识和创新驱动型经济创建人力资本；
- 利用区域和大陆资源，显著扩大人力资本的形成规模。

要促进生活改善，建设具有竞争力的经济体，整个非洲大陆在人力和技能方面依然存有差距，而要缩小这一差距，非洲国家需要积极笃定的领导和长期的投入。高等教育是研究和发展的支柱，在此方面，非洲的发展明显滞后。尽管南非和尼日利亚能够在技术开发，包括在航空空间研究方面发挥全球作用，许多非洲国家的研发能力依然不足，且研发人员以男性为主。与欧洲各国相比（芬兰3.5%，瑞典3.9%），大多数非洲国家研发投入占国内生产总值的百分比在0.3%至1%之间，而美国（2.7%）、日本、新加坡和韩国均在2%—3%[1]。然而，2003年，非洲科学技术部长承诺在五年内将研发投入至少提高1%，这表明非洲决策者已充分认识到这一短板。

健康

近来西非爆发了埃博拉，不过最近几十年里非洲许多国家在医疗卫生方面还是取得了巨大的进步。然而当前状况也表明，非洲大陆仍然面临诸多挑战。与千年发展目标有关的健康目标方面值得肯定的进展如下所示[2]：

---

[1] 西蒙·E.（Simon, E.）（2008）《非洲国际科学统计现状》。
[2] 《2014年非洲千年发展目标报告》。

- 儿童死亡率：5岁以下儿童死亡率急剧下降的目标已经实现；整个大陆5岁以下儿童死亡率已经从1990年每1000名新生儿中有145人的死亡率，下降到2012年每1000名新生儿80人的死亡率，降幅达到44%。年度进展也很明显，从1990的1.4%提升至2000—2012年期间的3.8%。然而，非洲的这些进步还不足以保证到2015年实现大陆千年发展目标（MDG）。
- 孕产妇死亡率：据统计，孕产妇死亡率由1990年每100000名中有870名产妇死亡下降到2013年的470人，降幅明显，达到47%。另据报道，2010死于妊娠和出生并发症的妇女人数较1990年下降了一半。然而，非洲大陆为还未能实现其预定目标。原因在于社区卫生服务覆盖不足，尤其是在农村地区，青少年生育率高，而业务熟练的助产士数量相对有限。
- 艾滋病毒和艾滋病：由于政府意志坚定，积极采用及抗逆转录病毒药物等措施，艾滋病毒的流行趋势和成人中艾滋病的传播已呈现逆转趋势。艾滋病毒流行率在1995年至2012年间从5.89%下降至4.7%，且2010年至2011年间，接受抗逆转录病毒药物治疗病患人数从48%提升至56%。然而，大约2500万携带艾滋病毒和患有艾滋病的非洲民众仍然生活在非洲南部、东非，中非和西非地区。

医疗卫生的特点与短板
- 非洲大陆人口占世界人口的12%，但患病率却高达25%，70%艾滋病毒携带者和艾滋病患者生活在非洲，5岁以下死亡人口中有50%生活在非洲。非洲高昂的疾病负担正在严重阻碍经济增长。一个明显的例子是目前西非的埃博拉疫情，预计疫情对利比里亚、几内亚和塞拉利昂经济增长的抑制将达到2.5%—4%。
- 大多数医疗卫生系统资金严重不足，卫生系统亟待加强。虽然53个国家签署了《阿布贾宣言》，承诺将划拨15%的预算用于卫生部门，但多数国家尚未达到这一目标。一些已经实现这一目标的国家依然依赖捐助资金，不具有可持续性。
- 传染病作为导致死亡率和发病率的原因在世界其他地区都有所下降，但由于环境治理不善、供水和卫生系统薄弱，及对基本家庭卫生做法了解不足，此类疾病仍然是非洲最常见的死亡原因。
- 随着城市化和生活方式的改变，预计与心血管和呼吸系统疾病以及糖尿病有关的死亡人数将显著增加。
- 疟疾本不致死，但依然引发死亡，且影响了疫区的社会和经济发展。全球人均国内生产总值分布显示，疟疾与贫困之间有着显著的相关性。非洲抗击疟疾的综合控制年均花费约为30亿美元，折合每个非洲人约4.02美元，但非洲必须应对发展中的这一重大挑战。

大陆卫生倡议
- 产妇医疗卫生："妇女在怀孕期间零死亡。所有育龄妇女应充分享受综合性医疗卫生和生殖卫生，及住院分娩的服务"；
- 儿童健康："非洲应朝着大陆五岁以下儿童零死亡的目标前进"；
- 孕产妇、新生儿和儿童保健：为确保持续护理，特别是围绕孕产妇、新生儿和儿童健康的护理保健，将进一步努力，促进服务一体化，尤其是在初级保健一级；

> - 艾滋病毒/艾滋病："实现艾滋病毒/艾滋病零发病率和零死亡率"；
> - 结核病："一个无结核病的非洲大陆（零死亡、零感染或零结核病痛）"；
> - 疟疾："与全世界携手，实现无疟疾的非洲"
> - 非传染性疾病；
> - 被忽视的热带疾病；
> - 传染病（突发公共卫生事件）：非洲各国政府应依靠多部门协同和强有力的伙伴关系，积极努力建立一个有能力预防、检测、控制、消除和应对因人类和动物疾病而引发的流行病和其他公共卫生风险的大陆；
> - 医疗卫生融资："非洲所有区域随时提供高质量的医疗卫生服务"。
> - 疟疾：由于治疗、护理和预防措施的改善和提升，疟疾的发病率、流行率和死亡率在过去十年内有所下降。但是，疟疾医治负担仍然巨大，尤其是5岁以下儿童不断感染疟疾，负担尤其严重。例如，在2012年，据估测共计627000例疟疾病例中有90%出现在非洲南部、东非、中非和西非，其中77%是5岁以下儿童。

大陆层级正在采取各种举措，解决非洲大陆医疗卫生方面的问题和挑战。

展望未来，需考虑采取以下行动：

1）致力于实现财政可持续的卫生保健系统，确保民众享有平等服务；卫生保健系统应与各地区医疗卫生优先事项相协调，由各国及地区规划并提供资助，具体包括：

- 国家拥有医疗卫生资金的所有权和医疗卫生的管理权，包括增补国内资金；
- 利益攸关方积极提供医疗卫生服务所需资金；
- 盘活资源，特别是地方和国际资源，为医疗卫生提供资金；
- 确保捐助政策和捐助资金符合国家政府和地方优先事项。

非洲大陆必须积极探索机会，以有效改变目前医疗卫生融资的现状。在国家层面设立医疗卫生专项众筹资金，动员企业承担相应社会责任，或者通过税收方式加以筹集。

发展援助的不断减少及其不可预测性迫使非洲为其民众寻找国内资源。非洲通过普及医疗保险，促进医疗公平的同时，还需调用促进医疗卫生发展的内部资源，鼓励公私合营为医疗卫生提供融资和服务。需要发展特定文化和背景的（社区）医疗保险计划，以保证服务的覆盖面，尤其要确保弱势群体享受应有的服务。需不断增加投资，最大程度发挥卫生系统的作用，改善全社会医疗卫生的各个决定要素。

服务效益仍将是医疗卫生政策的重要组成部分，其流程需要不断改进，以确保服务效率，减少浪费。应在各级建立问责机制，以确保权利享有者有效监督责任承担者在履职尽责和资源监管方面是否积极作为。

2）基于非洲大陆人口状况，2063年非洲卫生议程呼吁关注青少年健康需求和老年人慢性身体机能退化性疾病。非洲人口中老年人占比已由6%上升至13%。非洲北部地区的情况则更为严峻，一些国家的老龄人口比率高达总人口的25%。在重点关注有效解决老年人三级医疗卫生服务需求的同时，非洲千年卫生议程也需要照顾到青少年的医疗卫生需求。

> **健康政策措施**
> - 积极应对和减少非洲大陆高水平的传染性和非传染性疾病;
> - 采取先发制人的措施,遏制由生活方式的改变而引发的慢性疾病的增长;
> - 加强卫生系统,建设技术能力,推行卫生改革,包括在卫生系统下放权力,以促进普及卫生服务覆盖面;
> - 制定可持续的融资战略,确保人人享有普遍的基本卫生医疗服务;
> - 通过可持续的社会政策,如发展健全的医疗保险制度,以取代大多数非洲国家目前的补贴制度,确保全民享受医疗卫生服务。

3) 生活方式不断变化,特别是放弃传统的高纤维饮食转而形成高糖和精制饮食习惯,加之城市化中心迅速发展的进程中,人们逐渐养成吸烟等习惯,城市压力也日益增加,所有这些都将预示着非传染性疾病的危险因素将聚集显现。因此,目前虽对初级医疗卫生有所重视,但仍不足以应对可能存在的各种挑战,因此,非洲国家应制定政策,将非传染性疾病纳入初级医疗卫生保障,提升二级和三级医疗卫生服务的技术能力。此类投资不仅涉及资金支持,还需要政策制定者、项目管理者和卫生保健工作者们掌握新的技能。

要改善非洲公民的医疗卫生,还需采取全面性战略和多方位的方法,解决相关问题,如提升业务水平和医疗卫生设施的覆盖范围,赋予妇女权力,改善营养,提升基本服务覆盖范围及教育质量等问题,而不是采取狭隘的纵向办法,但迄今为止的相关努力都是以此为特点。

卫生和非洲领导人疟疾联盟(Health and the African Leaders' Malaria Alliance)发起的《阿布贾宣言》明确提出要坚定不移,改善非洲健康状况,维持发展势头,要在非盟领导下动员整个非洲大陆共同应对西非埃博拉疫情。进一步采取行动,推进履行先前改善孕产妇、新生儿和儿童健康状况相关承诺,积极将性健康和生殖健康及权利融入计划生育和艾滋病毒/艾滋病服务,以促进艾滋病毒/艾滋病、结核病、疟疾和孕产妇、新生儿和儿童保健方案之间的协同增效作用。

人口趋势

自 1950 年以来,非洲人口数量和增长均呈上升趋势,从约 2.29 亿人口增长至 2014 年的 12 亿,意味着非洲人口从占世界人口比例由 9.1% 上升至 15%。预计该比例到 2034 和 2100 年将分别增长至 19.7% 和 35%。在此期间,非洲人口的增长将远远快于世界其他地区的增长。

各国和各地区的人口分布格局各不相同,多年来人口的地域分布也将会发生变化。东非是当下人口最多的地区;到 2100 年,西非将取代东非成为人口最多的地区。中非现在和未来将一直会是非洲大陆人口最少的地区。

非洲人口呈现年轻化的特点,2014 年非洲人口平均年龄约为 20 岁,而世界人口平均年龄为 30 岁。到 2050 年,非洲人口的平均年龄将增加到 25 岁,而全球平均年龄将攀升到 38 岁。非洲 0 至 14 周岁儿童占总人口的比例预计将从 2000 年的 42.2% 下降至 2050 年的 30.6%,在此期间,非洲 15 至 64 岁工作年龄人口的百分比在同时间段内预计将从 54.5% 增至 62.8%,预计 2100 年将达到 63.7%。

非洲大陆正在经历快速的城市化进程(见下一节)。非洲的移民非常密集,形式多样。首先,农村向城市的移民有助于快速的城市化;其次是签证数量有限的国家之间的人口流动;还有些非洲青年走出非洲大陆寻求发展；另外，由于内战、干旱、水资源匮乏和自然灾害等因素，很多人被迫流离失所。农村向城市的迁徙在多个方面给社会发展带来了诸多挑战，如购置土地、享受基础设施和基本服务以及就业。

非洲正在经历复杂的人口变化，包括城市化快速发展、劳动力迅速增加、年龄结构变化不定，对非洲大陆的人口发展和结构转型具有深远影响。关键问题是非洲如何利用这些动态因素，确保它们不是妨碍而是促进其经济增长和结构转型。

将快速城市化转变为机遇，需要对非洲城市的发展和管理采取新的政策方针。要充分利用年龄结构变化造成的青年人口膨胀的人口红利，实现经济、社会和环境效益，可以采取以下具体方式（见文本框）。青壮年人口年龄不断增长，而生育子女的数量却比前几代人更少，许多国家可能会出现劳动适龄人口激增的情况。当工作年龄的成年人相对于儿童和老年人而言人数更多时，劳动年龄人口的抚养负担就会降低，而同样收入和资产所需抚养的人就更少。工作人数增加了，为增强经济所进行的技术和技能投资加大了，应对未来人口老龄化所需的财富也会不断积累，这将为节省医疗和其他社会服务开支，提升教育质量以及提升经济产出提供机会。

城市化和人类居住方面的优先行动

● 由于城市人口的迅速扩大，住房和服务供应持续不足，改善住房/房产供给及消除贫民窟成为主要优先事项。必须改进法律、体制、监管体系，提升相关能力。

● 着力筹措资金，促进城市发展：必须满足现有及预期的在扩大基础设施、相关设施、住房、创新融资方式等方面的需求。目前，有些好的做法依然显现，如共享土地价值；创立城市发展基金；设立城市债券市场；提高创收效率等等。

● 促进空间规划和服务供给：快速增长的城市人口需要获得水、卫生、电力、运输、废物处理等方面的基本服务。这些领域都需要强调可持续性、低碳绿色增长的创新战略。

● 加强城市经济的生产基础：城市中心对非洲国家的国内生产总值作出重大贡献，有助于减少贫穷和创造就业机会。因此，非洲的城镇将成为非洲大陆转型的主要驱动力。需要制定切实可行的政策并设立相关机构，以确保潜力得以实现。

● 改善管理制度、治理效能和立法框架：过去几十年中许多国家采取了重大举措，但这些措施在应对快速城市化方面尚未发挥效力。

● 确保城市安全、减少灾害风险：建立安全的城市社区及无毒品、无犯罪的城区，降低气候变化相关风险。

所有努力都必须付诸于行动，从而为青年创造更多的机会，使其有能力充分参与经济和公共生活，并逐步形成健康的行为方式。非洲人口发生巨大变化，加之生活方式由传统向现代深度转型，若辅以恰当有效的人口和发展政策，经济必然随之转型。

城市化与人类居住区

如上节所述，2063年的非洲将迎来城市的快速发展——预计到2063年[①]，总计25亿人口中

[①] 《非洲城市议程框架》2014年2月，非洲住房和城市发展部长级会议第五届会议，乍得恩贾梅纳。

将有超过三分之二的人口生活在城市中心。从人口、空间和结构角度来看，这将具有深远影响。因此，城市问题是《2063年议程》的一个重要问题。非洲需充分利用城市化变革所产生的变革力量，因为城市化将为经济发展、进入出口市场及融入全球价值链，为社会和人类发展提供至关重要的契机。

据估计，非洲城市化的年均速度为3.2%。与此相关，非洲大陆人口将在20年内翻一番，40年内增加两倍。非洲城市人口将从4亿增至8亿多，略高于总人口的50%[1]。到2063年，预计高达62%的非洲人口将分布在城市中心，38%的人口居住在农村地区[2]。

然而，与其他区域不同的是，到2050年，非洲农村人口将持续增加，而城市和农村人口增长的问题也亟须解决。因此，非洲的城市化议程必须在日益城市化、农村人口绝对增长的框架内解决人类居住区的动态问题。

城市人口的快速增长会产生多重影响，涉及空间规划、住房覆盖面、基本服务、创造就业机会以及经济和社会发展等诸多方面。然而，建造可容纳三倍于当今城市人口的住房将成为巨大的挑战。

未来数十年，城市中心将成为非洲经济增长和经济转型的重要引擎。城市化进程和城市中心将通过提高生产力、工业化、发展制造业和提升附加值促进社会经济发展。非洲中产阶级的发展壮大（主要在城市中心）将刺激面向消费者行业的发展。

然而，技能提升、就业、服务和资金支持将至关重要，亦是城乡之间相互联系的纽带。城市中心也将是促进区域一体化的关键，作为一体化联系的中间节点，促进货物、服务、资本和人员互联互通。

未来几十年中，非洲快速的城市化进程将可能影响到非洲大陆发展的方方面面。有必要制定适当的政策以应对挑战，挖掘与该趋势相关的效益和机遇。

经济增长、结构转型和创造就业

保持高经济增长率，同时实现非洲经济的结构转型和更具包容性的就业机会的增长，是实现《2063年议程》经济繁荣愿景的核心。

下文简要陈述了相关进展和挑战，涉及经济增长、就业、贸易与投资、私营部门发展和金融服务以及工业化和制造业。

经济增长、就业、贸易和投资

过去20年中，非洲的一个突出特点是非洲大陆在经济方面的表现（见文本框）。不过，如前所述，许多非洲国家所经历的强劲经济增长并未转化为大多数非洲人民的福祉，这主要是因为初级商品（主要以原材料形式出口）部门就业密度低（创造就业机会的能力差）[3]。

就业方面：（一）2012年，非洲劳动力达到4.19亿，就业率占劳动适龄人口的65.5%（不包括马格里布阿拉伯联盟国家）；妇女和青年的就业率低于平均水平；（二）创造的就业机会质量差、工资低，劳动力转换工作岗位的机会有限。如今，非洲约75%的劳动力从事不稳定职业，主要从业于非正规经济部门。近年来，非洲的贸易表现有所改善，但以初级商品为主，并受到大

---

[1] 《非洲城市议程框架》2014年2月，非洲住房和城市发展部长级会议第五届会议，乍得恩贾梅纳。
[2] 《非洲城市议程框架》2014年2月，非洲住房和城市发展部长级会议第五届会议，乍得恩贾梅纳。
[3] 联合国非洲经济委员会（ECA）和非洲联盟委员会，2010。

宗商品价格上涨的持续推动。

> **非洲经济的亮点**
>
> - 非洲国家是近几十年来世界上增长最快的国家。2002—2008年，非洲的年经济增长率平均为5.6%，在2007—2008年全球粮食危机和燃料价格上涨之后，2009增长率年短期下降到2.2%，随后于2010年反弹至4.6%，2012达到5.0%。不包括马盟（UMA）国家，非洲其他地区2013年的平均增长率为5%；预计2014年和2015年分别达到5.8%和5%—6%。
> - 非洲所有地区共享这一积极增长，但各次级区域之间也存有差异。尽管少数不依靠出口石油和矿产的国家经济表现出色，但多数情况下，初级商品出口一直是经济增长的主要驱动力。2013年，非洲大陆总体国内生产总值达到2.5万亿美元，但也仅大体相当于巴西或俄罗斯的国内生产总值。
> - 在过去十年中，非洲人均收入至少翻了一番，从958美元（2004年）增至1878美元（2012年），但各国差异很大。值得注意的是，1970年，非洲人均收入与东亚持平。而40年后，到2010年时，东亚的人均收入却是非洲的5倍。
> - 非洲国家提升了各自的宏观经济管理水平，这从非洲大陆过去10年稳定的宏观经济发展便可见一斑。非洲的总体通胀率由20世纪90年代的22%下降至过去10年的2.6%。外债总额由占国内生产总值的82%下降至59%；预算赤字由占国内生产总值的4.6%下降至1.8%。
> - 在过去十年中，非洲国内生产总值中投资占比达到23%，结束了20世纪80年代和90年代长期的衰退和停滞，但仍比印度低10个百分点。
> - 私营部门投资在国内生产总值中的相对份额有所下降，但总值有所上涨。汇款账目显示，过去几年面对经济和金融危机，非洲经济显示出其经济的复原能力；各项来款可继续支持许多非洲民众维持生活，享受教育和医疗卫生服务。对中高收入非洲国家而言，私人投资是发展资金的主要来源。2010—2014年，私人投资平均占外部资金流动总额的70%。

非洲贸易的主要特点是：（一）非洲在全球出口份额中的占比也由1970年的4.99%下降至2010年的3.33%，而同期以东亚为例，却从2.25%上升到17.8%。（非洲经济委员会2013）；（二）进口方面，燃料进口占非洲进口的17%以上，其中90%以上是精炼石油产品[①]。非洲还将继续采购粮食、服装和家庭用品等基本消耗品，且主要从非洲大陆以外地区采购；（三）农业用粮对非洲十分重要，但由于相关贸易高度集中于有限的原材料商品（咖啡、可可、茶、棉花、花生、棕榈油、菠萝、香蕉、鱼类和贝类），该领域依然面临若干挑战；全球市场价格随时可能波动；不公平的全球贸易惯例，以及高度发达国家和生产力较高地区的激烈竞争；（四）非洲（不包括北非）仍然是国际贸易成本最高的地区之一，略低于东欧和中亚。内陆国家的贸易成本甚至更高；在全球出口成本最高的前20个国家中，非洲有11个。这一情况因业务流程漫长，港口容量有限，贸易融资渠道有限等因素而愈加复杂。

---

① 联合国非洲经济委员会（UNECA）基于联合国贸易和发展会议（UNCTAD）数据生成的分析报告。

私营部门的发展和金融服务

随着各国继续放开市场,提升创业精神,优化法律和体制架构,提供激励和保障,以及鼓励公开竞争,非洲的私营部门正在迅速发展,但与其他大陆相比,私营部门仍处于初级阶段。

非洲金融部门的发展仍落后于世界其他地区。商业银行主导金融部门,而资本市场(证券交易所)发展不足,银行间市场交易有限。仅有3.5%的非洲市场购置保险,这表明在非洲,作为未开发的资金来源,保险公司有着巨大的商机。随着人口、收入和中产阶级的增长,尽管非洲养老金行业发展迅速,资产价值估计高达3790亿美元[1],但尚未完全融入非洲大陆的金融体系和经济发展中。总体而言,家庭和企业缺乏融资渠道,特别是小型企业和妇女依然是发展的主要制约因素。

工业化与制造业[2]

工业化和制造业是非洲结构转型的关键,这将有助于价值增长及高薪工作和收入的增加,并使非洲在全球价值链中占有更大的份额。在独立后最初的几十年里,许多非洲国家采取了由国家主导的进口替代工业化的方式。这一战略实施之初,制造业产量提升,就业机会增多。然而,到70年代中期,该战略遇到了问题,纸币面额虚高、宏观经济失衡、通货膨胀和购买关键投入的外汇短缺,最终导致生产率下降,亏损成为常态。布雷顿森林机构的稳定规划(结构调整方案)致使部分产业倒闭或被迫出售、各地制造业能力和就业下降,贫困形势恶化,社会经济不平等加剧。很多人认为,结构调整方案实施便意味着非洲去工业化的开始,而当时东亚各国却通过出口主导的工业化/制造业开启了他们的经济转型之路。

非洲私营部门面临的挑战

● 非正规部门相对规模较大且不断增长,并成为妇女就业的主要领域。"非正规部门的就业占当地非农就业的比例由1985—1989年的40%上升到2000—2007年的61%"。

● 微型和小型企业在正规和非正规部门占据主导地位。"尽管许多国家有大型企业,但在新兴经济体和发达经济体的经济发展中发挥关键作用的中型企业要么没有,要么数量很少"(UNCTAD,2013)。规模相对较小的非洲企业错失采取最佳规模经营的机会,未能从需要具有竞争力的规模经济中获益。

● 正规经济体和非正规经济体之间、小公司和大公司之间以及国内和国外公司之间互不联系或联系有限,妨碍了技能基础的扩大、创新能力的提升和国民经济中横向和纵向联系的建立。

今天,非洲的制造业面临着诸多挑战,例如:缺乏适宜的政策和技能;某些国家的劳动法僵化刻板;电力供应不足;非洲大陆内部繁琐而昂贵的交通运输(联合国非洲经济委员会,2013年)。

生产率低、竞争力差,以及与全球价值链的联系不畅也阻碍了制造业的发展。近年来,非洲的竞争力有所提高,但仍落后于世界其他地区。即使南非这一最具竞争力的非洲经济体,在144个国家中排名仅位居第54,第二大竞争力国家毛里求斯排名第55[3]。非洲竞争力低下,而具体反

---

[1] 《华尔街日报》,http://online.wsj.com/articles/pension-funds-hold-substantial-cash-for-private-equity-investment-in-africa。
[2] 经济转型的国家有:巴西、智利、印度尼西亚、马来西亚、新加坡、韩国、泰国和越南。
[3] 世界经济论坛:《2012—2013年全球竞争力报告》。

映就是非洲在全球贸易中较低份额的占比（4%）。

基于上述分析，非洲需采取以下政策措施，以确保工业发展并促进制造业和私营部门的发展：

● 工业化和商品多样化：在《拉各斯行动计划》，《非洲发展新伙伴计划》/《非盟关于非洲生产能力倡议》及其后续文件《非洲矿业展望》和《雅温得手工和小规模采矿展望》等相关政策文件的基础上再接再厉。

● 加速私营部门的发展。将非盟私营部门论坛（AU Private Sector Forum）作为非盟架构和投资环境基金（Investment Climate Facility）的组成部分，以此为基础，在若干前沿方面进行能力建设，以便：（1）克服市场和体制方面的弊端，推行可持续的商业行为；（2）加强和扩大创新能力及价值链在区域和全球的竞争力；（3）加大对传统公共领域的投入，例如，针对信息和通信技术、运输（公路、航空和海运）和电力产业等基础设施市场的投资。

● 非洲有潜力通过提供特定技能或产品直接融入全球价值链和市场，而无需进行全行业建设。但是，要利用这些机会，需制定适宜的政策、机构和治理架构，以确保非洲不仅单纯参与全球价值链，而是要参与价值链的高端而非低端。

非洲制造业的特点

● 制造业占国内生产总值的比重由12%以下降至11%左右（UNCECA，2013）。

● 非洲在世界产出和全球出口中的份额、制造业在国内生产总值中的份额、制造业在出口总额中的份额均比20世纪70年代水平有所下降；在过去十年中，尽管非洲的国内生产总值增长率高达5%—6%，情况并未改观。

● 非洲在全球产出中的份额在1970年（2.75%）和2010年（2.7%）之间略有下降，而东亚却增长了两倍多：分别为1970年的9.82%和2010年的20%。

● 1980年至2010年期间，非洲制造业占国内生产总值的比重下降了1%—10%，而东亚的制造业份额则保持在31%以上。

● 2010年，非洲制造业产品在货物出口总额中所占份额为18%，而通过出口型工业实现经济转型的国家却约为87%。

● 2010年，非洲中高技术制造业产值占制造业总产值的25%，实现工业转型国家的相应数字却超过85%。

来源：《2013年非洲经济报告》

● 益处[①]：为促进工业化、制造业和增加值，加快结构转型，非洲需从其巨大的矿产资源潜力中获得更多的增值。不断上涨的商品价格促使矿业公司在勘探方面投入大量资金。新技术将使非洲偏远地区的采矿业在经济上可行，也将改变依赖矿产的国家的面貌，其中部分国家受益于全球重要矿物的转变，而另一些曾极度依赖采矿和矿产收入的国家，需要实现其产业部门的多元化。

---

① 据估计，非洲拥有世界上30%的矿产储量，包括40%的黄金、60%的钴、72%的铬和65%的钻石。

资源管理水平欠佳的国家中，政治不稳定，形势脆弱易受外部影响已成趋势。矿产或石油资源产生巨大收入，这往往会使决策者单纯关注当地的产出，而忽视了实现出口多样化和增值措施的重要性。许多非洲经济体依然极易受到商品出口波动和全球市场巨大价格波动的影响。

最近，在几个非洲国家发现的矿物有望将进一步扩大相关国家的财政空间和公共开支。必须将产生的财富进行二次投资，尤其是通过以下方式发展人力资本，提升工业/制造能力，改善社会和经济基础设施：（1）确保非洲对资源开发整个过程拥有自主权，强化相关收入监管举措；（2）提升透明度，将自然资源所获财富投资于促进经济创新的知识生产；（3）与外部伙伴谈判，争取更为有利的条件；（4）充分整合自然资源相关部门，融入国家发展规划。

农业、粮食和营养

在过去十年中，许多非洲国家经济快速增长，令人瞩目。然而，非洲大陆依然面临重大挑战，如粮食供给缺乏保障和营养不良。失业问题，尤其是青年和妇女失业问题，在农村地区尤为严重。

非洲的农业/农村人口为5.3亿人，预计到2020年将超过5.8亿。其中约48%的人口直接依赖农业以满足经济和生计需要。非洲和其他地方的证据表明，农业发展状况是推动社会经济转型的核心，特别是在传统的经济边缘化地区和农村人口集中的地区。

非洲拥有世界耕地的60%，农业发展潜力巨大，可以成为推动非洲大陆经济增长和转型的主要引擎。非洲拥有养活自己和世界所需的一切，包括肥沃的土地、拥有丰富水资源的耕地，还有长期从事土地耕作的经验丰富、辛勤劳作的农民。农业部门收入平均占非洲国内生产总值的37%，占出口总值的40%，占非洲劳动力的65%以上。小农耕作、雨水供养和自给自足的模式仍主导着非洲农业。目前，非洲农业只有3.5%实现灌溉，而尽管非洲拥有巨大而丰富的土地资源，非洲的农业产出仅占世界农业产出的10%。

全球主要趋势和因素

- 由于非洲人口增长率高、农业生产力低下且不断下降、政策扭曲、机构薄弱和基础设施落后等原因，非洲已成为粮食净进口国，目前的粮食进口占非洲粮食需求的近四分之一，因此，世界上营养不良的人口中，有四分之一生活在非洲。需要采取紧急措施，缓解粮食保障不力和营养不良问题。必须执行明确且积极的政策，促进可持续的粮食安全。
- 现有的专门知识和传统正在受到环境变化的挑战，气候变化要求重新考虑农业系统，因此，正在提出新的适应和提高复原力方案；
- 市场全球化引发产品竞争。产品必须受部分出口国的支持，由先进技术支持，或打造规模经济，而这些都是非洲普通农民难以达到的条件。这种情况的结果是，价格竞争阻碍了非洲农产品的竞争力，特别是来自小农的农产品，而要提高竞争力，必须采取有效措施。
- 新的绿色能源的探寻导致对主食和土地需求的增加，特别是对生物燃料生产的需求。缺乏适宜的政策、管理框架、透明度和问责制，简单冒险式的探寻将使穷人和农村/农业人口进一步陷入贫困。

尽管过去十年中非洲经济增长强劲，但农业生产的年平均增长率不足4%，远低于《非洲农

业发展计划》设定的 6% 的目标。由于人口增长率高、城市化迅速、收入增长和大量中产阶级的出现，非洲的粮食需求依然高于国内供应量。尽管非洲的粮食产量从 1963 年的约 1.3 亿吨大幅上升至 2011 年的 5.8 亿吨，但以谷物进口为例，已经由 1963 年的 500 万吨增加至今天的 5000 万吨以上。

由于贫困家庭将其收入的 60% 以上用于食品消费（联合国非洲经委会，2009 年），非洲人均每日热量摄入量为 2500 大卡（高于 1963 年的 2000 多大卡）。此外，始于新千年第一个十年后半期的世界粮食价格居高不下的状况致使非洲贸易条件恶化（UNECA，2009），对援助的依赖性增加。

就生产力而言，非洲（不包括阿拉伯马格里布联盟国家）平均化肥使用量为 11 公斤/公顷，而其他发展中地区为 167 公斤/公顷，亚洲为 250 公斤/公顷；非洲大陆继续遭受土壤养分的严重耗竭，主要是水土流失和养分淋失。许多非洲国家的土壤退化严重，在世界上榜上有名，而其中约 20% 的非洲农田严重退化；多达 75% 的农田易受侵蚀和土壤养分流失的影响。

此外，非洲（不包括阿拉伯马格里布联盟国家）的机械化率最低，机动设备用电量仅占农业电力的 10% 左右，而其他地区为 50%。尽管 1970 年至 2010 年，耕地面积从 1.32 亿公顷扩大至 1.84 亿公顷，但农业人口平均耕地面积在同一时期却由人均 0.59 公顷下降至 0.35 公顷（Africa Agriculture Status Report，2014）。

尽管拥有巨大的淡水资源和大型的河流和湖泊（刚果、尼罗河、赞比西、尼日尔和维多利亚湖），非洲却是世界上第二干旱的大陆，仅次于澳大利亚。非洲的年供水量为 $4008 m^3$，尽管远远超过 $1700 m^3$ 的水资源供应力的底限，但水资源分布不均。大约 75% 的非洲人口所使用的地表水仅占非洲大陆可再生水资源总量的 15%（Africa Water Vision 2025）。一些国家，如所有非洲之角的国家都接近或低于水资源供应力底限。为应对这一现状，非盟委员会与联合国非洲经济委员会和非洲开发银行共同发起了"2025 年非洲水资源展望"。除其他目标外，该活动将着力优化水资源开发，促进水资源的公平和可持续利用和高效管理。

为解决非洲粮食和农业问题，非洲联盟制定了若干非洲大陆框架和宣言，特别是《非洲农业发展综合方案》（CAADP，2003 年）、《马普托宣言》（Maputo Declaration，2003 年）、《苏尔特宣言》（Sirte Declaration，2004 年）、《阿布贾粮食安全首脑会议宣言》（Abuja Food Security Summit Declaration，2006 年），以及为《2063 年议程》的进一步发展提供了坚实基础的《关于加速农业增长和转型的马拉博宣言》（Malabo Declaration on Accelerated Agricultural Growth and Transformation）。如今也已制定将《马拉博宣言》转化为具体成果的执行战略和路线图，然而，至关重要的是，必须建立有助于打破失败循环的机制，将政治承诺转化为实际行动并切实履行相关承诺。

营养方面，世界上营养不良人口的四分之一生活在非洲。过去几十年里，非洲营养不良的人数一直不断增加。自 20 世纪 70 年代初以来，非洲日益成为粮食净进口国，目前进口的粮食占其粮食需求的近四分之一。造成这种情况的原因很多，而且各国有所不同，但共同的问题包括人口高增长、农业生产力低下和水平下降、政策扭曲、体制不健全和基础设施薄弱。事实上，对非洲而言，粮食安全是一个国家安全问题，需要采取紧急措施减少粮食不安全和营养不良。为此，非洲国家需执行明确而积极的政策，以实现可持续的粮食安全。

*蓝色/海洋经济*①

非洲的水体拥有丰富的动植物群和海洋生态系统，包括各种鱼类和其他水生生物、珊瑚礁；各个水体同时也是许多非洲人维持生计的源泉，包括水、食物、发电和运输。沿海地区和湖盆不仅成为主要旅游景点，也成为包括石油和天然气在内的重要矿产来源。海洋经济为710万渔民创造了就业机会（海洋渔民270万人，内陆渔民340万人，水产养殖业100万人），其中59%以上从业者是妇女。

非洲的海洋和沿海资源包括横跨大西洋和印度洋、地中海和红海的总长度超过2.6万海里的海岸线。然而，倾倒有毒废物、非法贩运、石油泄漏、海洋环境恶化、跨国有组织犯罪等问题严重威胁到非洲的海洋和湖泊，而这些问题因气候变化的加剧也已变得更加复杂，最显著的是海洋温度上升和海洋酸化，导致海洋碳汇能力减弱，渔业资源丧失和水体规模缩小，比如乍得湖（UNEP，2002）。作为回应，非盟制定并启动了《2050年非洲综合海事战略》，以战略性、协调和可持续的方式解决上述问题。

亟需制定一个框架文件，界定非洲的蓝色经济，从而帮助协调大陆层级的活动，向成员国，特别是小岛屿国家提供支持，使有直接增长潜力和创造就业机会的部门从中受益，例如海洋和淡水水产养殖；促进科技发展及可持续性的创新管理，以及共享水资源的协同管理和养护。

环境、自然资源和气候变化

非洲自然资源：生物多样性、土地、森林和湿地

非洲自然资源对非洲广大人口起着至关重要的作用，他们直接或间接依赖非洲大陆的生物多样性、森林和土地以谋求生计。这些自然资源还通过旅游业、农业、伐木业和其他活动对经济发展作出直接贡献。

具体包括：

• 非洲具有丰富的生物多样性：物种、生态系统和遗传资源的多样性和丰富性。全球20个植物多样性中心中，有5个位于非洲。非洲有200多万平方公里的保护区，约占非洲陆地总面积的6.6%，低于世界自然保护联盟建议的10%。这些国家公园和保护区集中在保护（大象、黑白犀牛、狮子等）大型哺乳动物的热带草原栖息地，尤其是东非和南非。

• 在非洲，土地不仅是维持生计的来源和生产生活的基础，在许多国家的文化、政治和社会组织中还占据着核心地位。

• 森林在非洲经济、社会和文化福祉中具有特殊的地位。它们是粮食、能源、建筑材料、就业、当地贸易和对外贸易以及文化特性的重要源泉。森林还具有重要的环境服务功能，包括控制水土流失、调节气候变化，保护湖泊和湿地，以及淡水系统。

然而，非洲大陆的自然资源——生物多样性、土地和森林——正面临着越来越多的挑战：

• 栖息地丧失是生物多样性丧失的主要因素。有证据显示，农业动植物遗传资源有加速侵蚀的趋势，农业动植物的基因一致性日益增强，这意味着重大流行疾病造成食物损失的风险增加。

• 土地：土地主要特点有土地分配不均，小农户被大型投资项目推向边缘地区，土壤严重退化，森林砍伐伴随着洪灾和间歇性干旱。近来，大型投资商（主要是外国投资者）对生物燃料、矿物和石油的争夺，还有最近为国外消费生产粮食而进行的对非洲土地的争夺，都缺乏合理的安

---

① 这里所说的"蓝色经济"，是指由海洋、湖泊、河流、滩涂驱动的可持续、公平的经济增长。

排以确保增值的实现、社会和环境的可持续性,也不能保证与经济具有强有力的前后向联系。

- 土地退化和荒漠化对非洲43%的地表造成了严重影响,并给非洲带来了严重的环境和社会经济后果。
- 过去20年中,由于粗放式农业做法、无管制和不可持续的木材采伐和非法商业伐木,非洲大陆每年损失400多万公顷森林。

需要采取的政策措施:

- 《非洲自然和自然资源保护公约》《非洲水资源展望》《非洲土地政策框架》为实施必要的可持续土地管理、保护野生动物和生态系统、适应和缓解方案,以及通过气候智能农业和能源开发,向低碳经济过渡奠定了基础。
- 土地问题是一个关键问题,因此需要纳入执行非盟、非洲开发银行和联合国非洲经委会非洲土地政策框架指导方针以及《非洲大规模土地投资指导原则》的内容中,以确保公平获得土地,可持续管理土地和水资源,保护国家公园和世界自然遗产。须进一步强化企业的社会和环境责任,要求其遵守并承认可持续自然资源管理在发展进程中的中心地位,包括社会重建、减贫、增加妇女的经济机会、保障房地产保有权、加速农业发展现代化、预防冲突和促进冲突解决。

气候变化

气候变化是一个全球性的威胁,具有严重的、跨部门的、长期的,且在某些情况下不可逆转的影响。尽管非洲工业化程度比较低,对全球气候变化的影响也较低,但联合国政府间气候变化专门委员会在其2007年的报告中称,非洲是最易受气候影响的大陆之一。此外,该委员会最近的报告(2014年)十分明确地指出,非洲生态系统已经受到气候变化的影响,且预计未来所受影响将更加巨大。

气候变化的影响包括普遍而严重的极端事件,如热浪和寒潮、沙尘暴、狂风、洪水、干旱、降雨大幅波动、以及破坏传统作物周期的降水模式均会降低农业及工业原材料的生产力,影响出口收入,同时会造成动植物病虫害的增加。非洲环境压力不断加剧,造成的人口流离失所、自发的大规模移民、土地侵蚀和难民问题也严重影响了非洲脆弱的和平与安全。海平面上升,沿海城市增多以及沿海资产的侵蚀将严重影响非洲的主要城市。然而,非洲也面临巨大的机遇,可以建设成为经济持续高速增长的强劲经济体,同时降低气候变化所带来的巨大风险。

非洲的农业极易受气候变化的影响,气候变化不仅对生产和生产力产生不利影响,而且对人们的日常生活带来不便,包括种什么、什么时候种、养什么、在哪里生活、定居模式、总体福利、态度和预期。但是,依据目前农业管理和做法,农业也是温室气体排放的一个主要来源;全球温室气体排放中约24%是通过肠道发酵,及牧草上的粪肥、合成肥料、水稻种植和生物燃烧所产生的(*Africa Agriculture Status Report*, 2014)。而粗放的农业实践所引发的土地利用的变化则使得问题更加复杂。

减少和控制灾害风险

受其地理位置影响,加之技术发展水平低下,非洲仍然极易受灾害影响[①]。非洲大多数的灾害风险都与气候或水文气象灾害有关,即干旱、洪水和风暴。

---

① 非洲联盟、非洲发展新伙伴计划、非洲开发银行、联合国国际减灾战略》,2004年。《实施非洲减少灾害风险区域战略的行动纲领》。

发生率较低的灾害包括虫害、地震、山体滑坡、野火和火山爆发。气旋灾害主要影响马达加斯加、莫桑比克和印度洋部分岛屿。更为普遍的是疾病的爆发，如埃博拉病毒，这些疾病给民众的生命和生计造成了严重的影响。尽管非洲家庭在其历史文化中已然形成了强大的灾害抵抗能力，但面对诸如埃博拉之类的疫情，相关能力还是受到了挑战。

《非洲减灾战略》（*The African Strategy for Disaster Reduction*）和《实施非洲减少灾害风险区域战略的行动纲领》（*Programme of Action for the Implementation of the Africa Regional Strategy for Disaster Risk Reduction*，2006—2015）为实现全面和稳健的减灾目标和为非洲融资机制能力的建设奠定了基础。

3.2.2　一个建立在泛非主义理想和非洲复兴愿景之上的政治统一的一体化非洲大陆

基于这一愿景，到 2063 年，非洲将成为一个拥有主权、独立和自力更生的大陆——实现全面的经济和政治一体化的、团结和强大的非洲。

政治团结

如前所述，由于坚持不干涉成员国、服从国家利益、缺乏有效的架构和资源，非统在很大程度上处于瘫痪状态，无法引领大陆统一；而非盟则建立了强有力的机构/组织，制定了健全规范的框架，以解决民主、治理和人权、宪政、促进区域一体化和经济发展、和平与安全等方面的问题。

从 3.1 节的分析可以清楚地看出，零敲碎打实现大陆统一的想法并未取得成效。50 年后，统一非洲的远景依然渺茫；此外，要实现非洲大陆统一，是采取非洲合众国、联邦，还是其他形式，依然悬而未决。

《2063 年议程》为当下非洲领导人、知识分子、政策制定者、普通男女以及青年提供了一个绝无仅有的机会。人们可以就问题进行辩论，达成共识，并最终形成决议。而在磋商期间，非洲民众，尤其是青年人的声音，显示出强烈的意愿，即迅速实现非洲大陆的统一。但非洲目前的政治领导层在多大程度上会优先考虑实现大陆统一，依然不甚清晰。

区域一体化

非统成立之时，便将区域一体化确定为主要目标之一，但由于其成立的环境，该组织自然更关注政治问题，重点将去殖民化列入其日程。不过，到了 20 世纪 70 年代中期，非统还是采取了具体步骤，推动社会经济发展和一体化进程，并于 1976 年决定在 2000 年之前建立非洲经济共同体（AEC）。

如今，非洲拥有 55 个国家，却是世界上最支离破碎的大陆，这是殖民主义遗留的问题。人口少，经济产出少，市场有限，竞争力不足，商品和服务在生产和销售环节缺乏规模经济成为许多非洲国家的共同特点。

《拉各斯行动计划》和 1980 年的《拉各斯最后文件》将区域/经济一体化作为非洲自力更生、经济增长和转型的关键支柱，10 年后，即 1991 年，又签署了《阿布贾条约》，推动实现一体化进程并"建立非洲经济共同体，并将其作为非洲统一组织的一个组成部分"以"促进经济、社会和文化发展以及非洲的经济一体化"。《阿布贾条约》的构想是：从各区域建立经济共同体开始，在 34 年的时间内建立非洲经济共同体。

目前，共有八个官方承认的区域经济共同体（RECs）：西非国家经济共同体（ECOWAS）、东部和南部非洲共同市场（COMESA）、南部非洲发展共同体（SADC）、中部非洲国家经济共同体（ECCAS）、东非政府间发展组织（IGAD）、萨赫勒—撒哈拉国家共同体（CEN-SAD）和阿拉伯马格里布联盟（AMU）。

要促进区域一体化，急需采取的措施是建立大陆自由贸易区：快速建立非洲自由贸易区（CFTA），并通过共同的对外关税计划（CET）向大陆关税同盟过渡；增加对市场和贸易基础设施的投资；促进/加强多方利益相关平台的建立；加强/简化协调机制，以促进非洲在与农业有关的国际贸易谈判和伙伴关系协定方面形成共同立场。

促进非洲内部贸易（BIAT）行动计划包括七个关键的集群：贸易政策；贸易便利化；生产能力；贸易和基础设施；贸易融资；贸易信息；要素市场和一体化区域经济共同体。行动计划包含短期、中期和远期措施，以协调成员国和非盟机构分担责任，推出实质性成果。非洲自由贸易区及其快速追踪体系的建立，将促进非洲内部贸易的显著增长，并帮助非洲更有效地将贸易作为经济增长、创造就业、减贫和可持续发展的引擎。

非洲自由贸易区将有助于提升非洲经济体抵御外部冲击的能力；通过利用巨大的非洲大陆市场所融合的大型经济体，提高非洲工业产品的竞争力；通过地缘专业化转型，提升多样化的深度和广度，助推非洲大陆的能力转型，从而使非洲各国能在非洲大陆内部满足其进口需求；通过减少非洲国家间农产品贸易的保护壁垒，促进粮食安全。

作为向大陆自由贸易区（CFTA）迈出的一大步，非洲各国商定启动三方自由贸易协定（FTA），吸纳了东南非共同市场（COMESA）、东共体（EAC）和南共体（SADC）的26个成员国/伙伴国，涉及人口6.25亿，国内生产总值（GDP）1.2万亿美元。自贸协定吸纳了半数的非盟成员国，合计国内生产总值达到整个非洲大陆的58%。三方自贸协定将成为非洲大陆最大的经济集团，也是2017年建成的大陆自由贸易区（CFTA）的起点。

非洲内部贸易

在发达国家和发展中国家的经济发展中，贸易一直发挥着至关重要的作用。最近一段时间，"亚洲四小龙"和中国的崛起在很大程度上归因于贸易的影响。贸易对上述国家的收入、就业和减贫均产生了巨大影响。事实上，通过贸易，在短短几十年里，中国已帮助3亿多人口摆脱贫困。然而，在非洲的发展中，贸易尚未发挥出这种作用。

- 非洲内部贸易额已从2000年的320亿美元增加至2011年的1300亿美元。尽管如此，非洲内部贸易在总贸易中所占的份额在过去半个世纪里没有明显提升，仍然保持在12%。
- 例如，在2007—2011年期间，非洲内部出口占商品出口总额的平均份额为11%，而亚洲发展中国家为50%，拉丁美洲和加勒比为21%，欧洲为70%[1]。
- 非洲近年来经济的惊人增长并未转而促进非洲内部贸易，而是促进了与外部伙伴的贸易，其中，非洲与新兴经济体的贸易增长尤为迅速（UNCTAD，2010）。
- 从积极的方面来看，非洲内部贸易呈现多样化，且更青睐制造业商品，这表明非洲内部贸易潜力巨大，因而非洲应进一步加快工业化和结构转型。
- 2012年，工业产品约占非洲内部贸易总额的60%，初级产品和石油产品占18.5%，其次是农业和食品，占17.9%，服务业贸易仍然很低，仅为4.3%。

---

[1] 联合国贸易和发展会议（UNCATD）2013。

- 然而，非洲国家间在内部贸易上具有不均衡性，例如，2007年至2011年期间，非洲内部出口贸易中9个国家（贝宁、吉布提、肯尼亚、马里、卢旺达、塞内加尔、多哥、乌干达和津巴布韦）的贸易额占出口总额的40%。
- 进口方面，同期非洲11个国家至少有40%的货物是从非洲内部国家进口，除中非经济共同体（ECCAS）外，每个经济共同体（REC）所进行的非洲贸易中，有很大一部分都流向了自己所在区域，这表明这些共同体的形成对非洲内部的贸易产生了积极的影响，例如，在2007年至2011年期间，南共体（SADC）在非洲的贸易有78%流向南共体区域。
- 对许多非洲国家而言，相对于区域伙伴而言，其贸易成本、制造业关税成本和非关税贸易成本均高于世界其他国家[1]。在非洲，准备进出口相关文件[2]和结算付款均相对昂贵。非洲仍然是国际贸易成本最高的区域之一，略低于东欧和中亚[3]。

扩大贸易和投资的关键政策措施：首先必须涉及扩大经济生产能力和竞争力，此外还应包括：

1. 扩大和深化非洲内部贸易。除其他通行方式外，还应消除关税和非关税壁垒，具体包括：基础设施不足、港口能力有限、融资渠道有限、供应链潜力探索不足、生产能力不足、治理问题和政治/安全不稳定；

2. 根据亚的斯亚贝巴首脑会议（2014年）的决定，加快建立非洲自由贸易区，除其他通行方式外，还包括：商定加快建立非洲自由贸易区和过渡到具有共同对外关税（CET）计划的大陆关税同盟，增加对市场和贸易基础设施的投资，促进/加强多方利益攸关方平台，加强/精简协调机制，以促进非洲在与农业相关国际贸易谈判和伙伴关系协定方面形成共同立场。

基础设施、联通性和能源

基础设施

非洲的经济基础设施缺口仍然是其发展和提供基本服务的主要制约因素。非洲大陆各国间连通性的缺乏阻碍了国家之间的联系，并致使各国难以从国家、区域和全球机遇中获益。非洲基础设施不足使其经济增速每年至少降低2%。

铁路是其他发展中国家常见的廉价运输方式，然而非洲铁路发展缓慢。现有的铁路基础设施陈旧，技术标准低，过去几十年中铁路部门鲜有投资。然而，正如规划中的连接蒙巴萨和乌干达以及卢旺达的布塔雷的铁路路线所示，情况似乎正在改变。

非洲的公路通行率仅为34%，而世界其他地区的发展中国家为50%。公路运输成本也很高。道路基础设施十分重要，但发展不平衡，且大部分集中在城市地区。非洲农村地区依然无法享受有效的公路运输服务。横贯非洲大陆的公路网络建设延期，严重阻碍了非洲大陆的互联互通。今天，约25%的跨非洲公路（TAHs）路段仍未完工。

海运和非洲内部贸易受到船队老化、运费高昂和内陆运输条件落后的制约。另外，大陆和非洲岛国之间连通不畅也是一个制约要素。港口能力有限，设施相关问题突出，加之港口效率低下，从起锚到港口装卸货物所需的一系列操作（所谓的"停留时间"）均被拖延，从而导致贸易

---

[1] 联合国非洲经委会，2013年：《促进贸易：非洲视角》，亚的斯亚贝巴：非洲经委会。
[2] 联合国非洲经委会根据联合国亚洲及太平洋经济社会委员会世界银行国际贸易成本统计数据进行的分析。
[3] 联合国非洲经委会，2013年：《促进贸易：非洲视角》，亚的斯亚贝巴：非洲经委会。

运输周期拉长。

非洲的航线网络相对规模较小，连通性较低；"非非洲航空公司占非洲大陆内部市场的80%"①。航空运输正蓬勃发展，而非洲市场正以前所未有的速度增长，然而非洲大陆航空公司并未从中获益。非洲拥有超过10亿人口，拥有近年来最具活力的经济体。如今，非洲大陆是全球增长速度第二的大陆，发展和转型也十分迅速。航空运输在促进区域间和区域内一体化方面发挥着重要作用，它提升了非洲各地区之间的通达性。航空运输使得非洲大陆多个城市和国家之间相互连通，进而节省了旅行时间和成本。如若没有航空互联，旅行将十分困难。航空服务的扩展对促进旅游业和贸易也发挥着重要作用；国际航空运输协会（IATA）的统计数据显示，非洲的航空部门可以提供670万个就业机会，并通过相关经济活动贡献678亿美元。

然而，根据非洲航空公司协会（AFRAA）的估计，非洲航空公司在世界运输总量中所占份额仅为3%，非洲航空公司在欧洲和中东航线上的运力份额已由2002年的58%下降至2012年的22%，使非洲成为唯一一个外国航空公司在本地航空运输中占绝大比例的大陆。

由于未充分执行《亚穆苏克罗决定》，非洲航空公司的市场份额正在被外国航空公司所吞噬，这导致非洲航空市场和空域的分散，以及空中连通的困难。由于航空公司在非洲的运营成本高于世界平均水平，航行和其他服务费用都很高，因此需要协调努力，集中力量降低行业成本。为了使航空业成为《亚穆苏克罗决定》所界定的非洲政治、经济和社会一体化的驱动力，非洲国家应积极努力，充分落实这一决议。

应对非洲基础设施挑战所需的政策措施包括：

1. 发展基础设施和相关服务，以及可预测/透明的法律制度。这涉及全面实现《非洲基础设施发展方案》（PIDA）。特别是在信息和通信技术部门，需要：制定相关政策和战略，为非洲带来变革性的电子应用和服务；改善基础设施，特别是非洲内部地面宽带基础设施；确保网络安全，使信息革命成为为生物和纳米技术行业提供服务的基础。此外，要优先考虑非洲互联网交换系统（AXIS），构想将非洲转变为电子社会的非洲电子化转型，以及适用于《非洲基础设施发展方案》（PIDA）和电子设备核心部件的制造。

2. 扩大和升级区域一体化的财政空间。推动区域一体化的同时，非洲经济体在实体和金融部门的相互依存度也在日益增强，且货币和财政自主权从单一国家转移到大陆机构。需要制定有效的办法以管理相关进程：应对影响非洲大陆各国的冲击；在未来非洲货币联盟内解决结构性盈余和结构性赤字国家的问题。此外，区域贸易倡议的重点需朝发展生产能力转移。

3. 执行《亚穆苏克罗决定》中关于航空业全面自由化以实现"开放天空"的决议；

4. 扩大非洲的铁路和公路网络，提升港口设施和其他运输基础设施，以加强连通性，刺激贸易和经济增长，创造就业机会；启动切实可行的融资规划和融资项目。

能源

非洲能源状况的特点是产量低、消费低，虽有大量的未开发能源，却高度依赖传统生物能源。非洲大陆的能源资源包括：原油储量估计超过1300亿桶，约占世界储量的9.5%；天然气约为15万亿立方米，约占世界储量的8%；约占世界总探明能源储量的4%（其中95%在南部非洲发现）；水力资源的年发电量超过1800亿千瓦时；地热能量利用潜力预计超过15000兆瓦；

---

① 莫·易卜拉欣基金会（Mo Ibrahim Foundation,），2014年：《区域一体化：联合起来竞争——事实与数字》。

太阳能和风能潜力巨大。由于靠近赤道，非洲每年的平均太阳辐射量也居全球首位。非洲的生物能源潜力巨大，特别是考虑到新能源作物的生产和十年内第二代特型纤维素生物燃料（lingo-cellulosic）的实验成功。

尽管拥有丰富的能源资源，非洲大陆仍面临着巨大的能源挑战，包括发电能力不足和效率低下、成本高、能源供应不稳定、不可靠、现代能源获取率低、能源基础设施不足，以及由于依赖矿物燃料发电而缺乏利用丰富资源的体制和技术能力，非洲的平均电价约为 0.14 美元/千瓦时，而东亚为 0.04 美元/千瓦时。此外，为应对停电，一些国家已引进集装箱移动柴油机组用于应急发电，费用约为 0.35 美元/千瓦时，而租赁此类设备的花费在许多情况下占国内生产总值的 1% 以上（UNECA，2011）。

今天，大多数非洲国家已制定了能源计划和政策，其目的在于：实现能源安全，实现从传统能源向现代能源和清洁能源的过渡，确保大多数公民获得电力供给，并提高可再生能源在总能源生产中的比重。对于严重依赖石油资源的国家，技术变革和新能源的快速发展会降低石油对相关国家的重要性。

加速非洲从传统能源向现代能源的过渡，确保获得清洁且负担得起的能源是发展的当务之急。在非盟的主持下，19 个非洲国家最近签署了《非洲清洁能源走廊》（*Africa Clean Energy Corridor*）计划。该计划倡导促进东非和南部非洲地区的可再生能源发展。预计到 2030 年，相关地区电力联营体的能源项目将从目前的 12% 提高到至少 40%。

信息和通信技术

信息和通信技术行业是非洲发展最快的产业，且在信息流动、国内和国际贸易、电信网络和服务、公共服务、人力资源开发、创新和技能提升等方面均有大幅增长。尽管起点不高，但今天的非洲在利用尖端技术方面潜力巨大，且产业相关投资正在迅速增长。

例如，在移动通信领域，2011 年，非洲成为仅次于亚洲的第二大移动通信市场，拥有约 6.2 亿个移动基站。目前，移动电话行业产值占非洲国内生产总值（GDP）的 3.5% 左右，雇员超过 500 万人。非洲互联网用户的平均比例约为每 100 人中有 12 个用户，但各国之间差异很大。加大信息和通信技术部门的投资，显然回报率巨大，且有可能彻底改变市场和服务的覆盖范围。

3.2.3　一个善治、民主、尊重人权、正义和法治的非洲

2063 年非洲愿景设想的非洲大陆，是一个拥有善治文化、民主价值观、两性平等、尊重人权、正义和法治的大陆。

自独立以来，非洲国家的政治制度发生了巨大的变化，而这一转变是由一系列现实情况和发展趋势所决定的。

具体而言，包括：（一）走向更广泛的政治多元化、权力下放和民间组织的发展，以及人权、诉诸司法和法治的渠道；（二）非洲国家在发展进程中作用的演变。

民主、治理、人权和法治

政治治理、人权和法治

回顾非洲大陆治理和民主的发展过程，可以看出，后殖民时期非洲争取民主和人权的斗争——所谓的第二次解放浪潮——基本上发生在非洲本土，由非洲民众推动并获取成功。许多次

名噪一时但如今几近忘却的非洲法语国家举行的"全国会议"为相关国家推行多党制铺平了道路,同样,所谓的"阿拉伯之春"也在突尼斯这块非洲土地上拉开了帷幕。

> **非洲治理和民主——重要里程碑和相关文件**
> - 承认《联合国宪章》和《世界人权宣言》;
> - 1981年非统签署《公民权利和政治权利国际公约》;
> - 通过(1981年)并签署(1986年)《非洲人权和人民权利宪章》;
> - 在冈比亚班珠尔设立非洲人民权利委员会;
> - 1990年2月非统参加成员国的选举观察活动;
> - 2002年非盟签署《非洲民主选举原则宣言》,重申《世界人权宣言》(UDHR)规定的民主选举普遍原则;
> - 2005年通过《关于政府违宪更迭的宣言》;
> - 2007年1月通过《非洲民主、选举和治理宪章》,并于2012年2月生效;
> - 建立非洲互查机制,并将其作为非洲施政的重要文件。这一非洲本土文件将问责制文化上升为治理制度,并在非洲各国推行;
> - 制定区域一级的做法及文件,包括:
> - 南共体:民主选举原则和准则(2004年);议会选举规范和标准论坛(2001年);《性别与发展议定书》(2008年);选举委员会论坛(2001年);
> - 西非经共体:《民主和善治议定书》(2001年)及其补充议定书;
> - 东非共同体:《选举观察和评价原则》(2012)和《善治议定书》;
> - 东非经共体:《布拉柴维尔宣言》(*Brazzaville Declaration*)(2005年);

非洲的民主化进程始于非统的建立,此后一直持续推进。但在20世纪60年代独立十年之后的许多年里,除少数例外情况,非洲总体上在治理方面存在缺陷,表现为机构薄弱、领导层玩忽职守、政治空间狭窄,民主进程缺乏包容性。非洲很多国家并未成功推广民主制度,也未能推动民主进程。军事政变、一党制国家、自上而下的独裁制度、侵犯人权等均是明证。在1960年到1990年之间,没有一个反对党通过投票选举反转上台,而执政党悉数"赢得"了所有选举。

然而,从20世纪80年代末开始,内外部因素相互融合,预示着非洲治理格局发生了显著的变化。尽管一些挑战依然存在,但大多数非洲国家已大幅改善政治问责制、公共服务和行政管理将权力下放给地方治理机构。而与此同时,定期竞争性选举的文化正在逐步扎根。

自2000年以来,非洲的政治治理有了很大的改善,通过举行自由公正的选举,非洲的民主取得了巨大进步。

强大的民主有助于曾经被边缘化的群体在政治进程中发挥越来越大的作用[1]。例如,在一些国家,妇女参与政治的程度有所提高,新的宪法、法律和体制框架正在加强妇女在政治和选举中

---

[1] 《2014年非洲经济展望》。

的作用，年轻选民在选举观察和监督中扮演重要角色的可能性也越来越大。

2005年通过了《关于政府违宪更迭的宣言》。尽管自2010年以来已有5名领导人被迫离职，但非洲自2010年以来因违宪而被罢免的领导人数有所下降。近来，非洲多位前国家元首在任期结束后自愿离职①，这一现象清楚地反映了非洲大陆民主和治理体系的日趋成熟。

2014年易卜拉欣非洲治理指数（Ibrahim index of African governance）显示，2009年至2013年，非洲大陆的总体治理有所改善。这一总体趋势的主要驱动力是民众参与和人权以及人类发展。性别和权利方面也呈现出积极趋势，不过最大进展依然是政治参与度。

治理和民主的挑战
- 民主质量仍然不容乐观：民主规范的内部化及其适用方面存有不一致性。令人遗憾的是，未经审判的拘留、任意逮捕、酷刑、强迫失踪和法外处决依然很普遍；
- 诉诸司法和司法系统的独立性是一个普遍关注的问题；
- 机构普遍存在薄弱环节，特别是在国家、区域和大陆各级的人权领域；
- 人权和法治领域的进展仍存有很大的改进余地，据报有许多侵犯人权的案件，包括集会和结社自由及言论自由受到限制、法院缺乏独立性、拘留（超长期限和隐匿踪迹）和程式化工作的滥用，以及对妇女的暴力行为；
- 虽然选举对民主建设至关重要，但选举并不是万能药，应该积极寻求创新模式，确保公民在施政中的发言权和红利；
- 民间组织的参与及其对民主的贡献往往因其能力和资源、竞争、内部治理、代表性和合法性而受阻；
- 由于中央、省市和地方各级公共机构和行政管理不善，许多国家的决策和服务受到损害，众多公民得不到政府的服务。

在非洲大陆和区域层级，关键政治治理和民主问题的规范和标准制定方面取得了值得肯定的进展。制定了一系列关于治理和民主的规范、标准，并设立相关机构，而且，民间组织和非国家行为体在非洲大陆的治理和社会经济发展中的作用也日益得到巩固。尽管取得了显著的成就，但成果是脆弱的，仍然存在一些挑战。

应对这些挑战，非洲需要有远见和变革性的政治领导，同时要有充满活力的公民参与其中，这些对于实现《2063年议程》的理想至关重要。

经济治理

过去10年来，非洲的经济治理取得了稳步进展，这直接关系到非洲国家经济效益的可持续性②：

- 过去十年52个有数据的非洲国家中，41个国家在国内资源调动和公共行政方面有所改善，例如通过议会账户委员会（PACs），公共机构的预算透明度和问责制有所改善。

---

① 例如：博茨瓦纳3个、尼日利亚6个、佛得角3个，等等。
② 《2014年非洲经济展望》。

- 打击腐败方面正取得一些进展,但是根据"透明国际"的数据显示,五分之四的非洲国家低于世界平均水平。
- 许多非洲国家的商业环境显著改善。2013年,商业环境最好的国家中包括几个非洲国家(毛里求斯、卢旺达、博茨瓦纳、南非)。
- 非洲处理非法资本外流方面正在取得适度进展,这将加强国内资源调动,加强包容性增长,创造就业机会,维持目前的增长业绩。

特别重要的是非洲和国际社会为改善采矿业和采掘业的治理而采取的举措。非洲自然资源需要得到有效管理,以提高透明度,打击非法资源外流和对非洲自然资源的不可接受的开采。在这方面,需要支持非盟成员国以充分实施《非洲矿业远景》。

综上所述,过去几十年来,非洲大陆在政治和经济治理方面均取得了重大进展,但仍然面临诸多严峻挑战。

非洲国家在发展进程中的作用

克服发展落后所带来的挑战一直是独立后非洲国家的一项长期优先任务,因此,非洲国家多年来在发展进程中发挥了核心作用。

选举方面的进步

- 1960—1970年期间,非洲大陆平均只举行了28次选举;1980—1990十年期间平均举行了65次选举;2000年至2005年期间,非洲大陆举行了约41次选举。
- 2011年举行了15次总统选举;2012年和2013年各举行了5次。
- 2014—2015年,有18个国家将选举产生领导人,这些国家总人数占非洲大陆人口的一半,超过6亿。
- 现在大多数选举是无暴力选举。
- 到2011年,有至少18个的非洲国家被视为民主国家,而1991年只有4个。

然而,非洲国家促进发展和改善人民福祉的努力并未取得全面成功,这在一定程度上解释了非洲大陆作为全球最不发达的一个地区的地位。非洲国家参与的发展进程包括20世纪60年代得到国家发展规划支持的进口替代工业化政策试验,以及体现在20世纪80年代的《拉各斯行动计划》中的通过国家主导的内向型集体自力更生战略。这些策略赋予非洲国家在发展进程中的主导作用,把非洲定位于积极努力,力图在所有发展方面制定并执行政策的角色。最终结果是非洲国家负担过重,效率低下。

随着20世纪80年代和90年代由布雷顿森林机构(国际货币基金组织和世界银行)发起的结构调整计划(SAPs)的出现,国家在发展进程中的作用受到了严重质疑。然而,今天,人们一致认为,国家治理效能不足,可持续经济和社会发展也无从谈起。随着改革的逐步推行,非洲国家越来越包容非国家的其他行为体,包括民间组织和私营部门参与推进非洲大陆的发展。

发展型国家的特征
- 远景设定、有能力的领导和发展的意识形态、有能力的（但不一定是威权）领导层是建设发展型国家的主要依靠。
- 国家相对自治，特别是在制定和执行政策方面（国家不考虑竞争性的社会力量而制定政策的能力，以及服务于国家权力管理者所认定的国家最高利益的能力）。
- 国家机构能力，尤其是一个强大而称职的政府机构。
- 有效的国家发展规划。
- 经济活动和资源的协调（经济活动的有效协调包括创造有利于投资的宏观经济环境、对金融机构的有效监督和监测、激励私营部门的财政政策、国内资源调动和有效的公众财务管理系统）。
- 支持民族企业家——有意识地努力扩大和培育资产阶级，因为这将促进工业化和私营部门主导的经济增长。
- 努力扩大民众的能力。
- 和平、政治稳定、法治和政府事务的可预测性。

巩固非洲和平与安全的措施
- 促进签署和执行基于现有非盟机制的独立的监测机制，并促进和支持"智库、民间团体和其他利益攸关方定期评估签署、落地和执行情况。
- 在国家和区域一级优先重视和深化对强有力的机构发展的支持，以便有效地解决冲突的根源，例如治理不善、国家机构薄弱而导致的贫穷、不平等、边缘化和排斥等问题的固化，以及与国家合法性和法治相关的问题。
- 通过建立有效的人民监督机制和程序，提升安全机构的专业化水平，在国家一级实现非军事化政体，以深化问责制度。
- 加强各级关于民主治理、和平与安全的大陆框架的执行能力，从而加速实现可持续和平、稳定与发展。
- 确保社会各阶层积极参与促进和平、安全与稳定的努力；和平和稳定并非各国政府和国际组织的专有义务。
- 鼓励民间社会组织、宗教人士和机构、妇女、私人部门和其他参与者，包括社区和宗教领袖积极参与，巩固国家基础设施基础，以期促进和平进程中的包容性。
- 确保非洲应急部队（ASF）按计划在 2015 年前拥有全面行动能力。同时，非洲危机快速反应能力（ACIRC）应在尽可能短的时间内充分发挥作用。
- 找到一个持久的解决办法，为非盟领导的行动，特别是经联合国安全理事会同意开展的行动提供可持续资金。
- 加强非盟与联合国之间的战略伙伴关系，确保两个组织都能更好地应对非洲大陆不断变化的和平与安全挑战。
- 加强联盟预防冲突和调解机制之间的协调，特别是智库与特使及代表之间的关系；确保相关机制的人力、财力和物力保障。

> - 继续努力解决冲突和暴力的根源，包括与消除贫穷和促进非洲社会平等机会有关的根源。
> - 找到解决安全与发展之间关系的创新办法，将法治、善政和促进人权列为优先事项。
> - 建立协同增效机制，为实现和平，维持和平和建设和平提供更为优化的整合性框架。

越来越多的人认为，非洲国家的作用在于提供必要的环境，使各种社会参与者能够有效地在其政治发展中发挥各自的作用；因此，各利益攸关方所关心的是，要在非洲不断出现呈现发展态势的国家，领导层要具有变革思想和远见卓识，有决心应对非洲参与式民主与发展所面临的相互交织的挑战。

非洲国家经济需呈现多样化，要从原材料出口国转向技术先进的制造业、增值和工业化。这种转变需要国家发挥积极作用，以便将资源和投资引向经济的生产部门，而这些单靠市场力量是无法实现的。非洲国家应采取积极的工业、制造业和技术政策来推动非洲大陆的转型。国家甩手不管，任其发展的做法是无法实现这种转变的。

3.2.4 和平安全的非洲

基于这一愿景，非洲将成为一个远离冲突的大陆，基层社区之间和谐相处，国家之间和国家内部的战争彻底消除，并建立了预防和解决冲突的机制。多样性（种族、宗教、经济、文化等）将是财富增长和经济增长提速的原动力，而不是冲突的根源。

非统自成立之初就认识到确保非洲大陆和平、安全与稳定的重要性，因此设立了调解和仲裁委员会以及国防委员会，后来又设立了预防、管理和处理冲突的中央机关及其机制。因此，和平与安全从一开始就是非洲领导人关切的核心所在。

几十年来，许多非洲国家努力与治理缺陷作艰难斗争，具体表现在治理体制薄弱、政治空间狭小和进程不具包容性等。这些挑战与种族问题，加上外来因素，特别是冷战，使非洲和平与安全局势尤其不稳定。非洲大陆成为众多国家间冲突的战场，冷战结束后，国内冲突才在频率和强度上超过这些冲突。

独立后几十年的许多武装冲突都是由外部利益推动的，其根源是经济因素。例如，鼓励矿产丰富的地区在外部势力的支持下脱离联邦，以方便他们获得相关资源（例如，20世纪60年代刚果民主共和国的沙巴）[①]。冲突之后，留下的只有一塌糊涂和管理缺失的国家，动荡不定和发展停滞等问题今天依然存在于非洲大陆。

非洲冲突和动荡不安所造成的可悲后果是数百万人，特别是妇女和儿童被迫流离失所，性暴力成为战争武器，童子军更是普遍现象。早在殖民时代流离失所就已存在，如今依然存在。今天，近340万难民和540万国内流离失所者，加上无国籍者，2014年非洲被迫流离失所者总数达到1100万。

非洲的冲突还导致资源从关键发展规划中转移到其他领域。例如，在某些国家（如安哥拉、莫桑比克、苏丹）冲突持续了20多年，在这期间，这些国家资源的转移有很大一部分原因是战

---

① 艾基德·R.（Egide, R.）（2005年）《非洲的被迫移民：对发展的挑战》。

争。非洲的区域和次区域组织，非统/非盟和区域经济共同体（REC）在和平与安全问题上付出了巨大的努力，却以牺牲加快非洲大陆的经济发展和一体化为代价。同样，非洲与世界其他地区的交流，一般都是以呼吁国际社会承担非洲大陆大小冲突所付出的代价，或者向非洲领导层施压，要求其提升治理能力。

然而，在过去几十年中，尽管南苏丹、中非共和国和刚果民主共和国东部等地区的一些原有冲突依然棘手，新的冲突也不断出现，但非洲大陆的冲突数量在显著减少。与此同时，部分国家经济持续增长，违宪政府更迭越来越少，民主选举渐成趋势，许多国家在打击腐败方面取得进展。

同样重要的是，尽管非洲仍在寻求国际社会在冲突处理方面的支持，但在过去的十五年里，非洲大陆通过非洲联盟已成功建立了精细的和平与安全架构（APSA）。该架构涉及冲突预防、冲突处理、冲突后重建与发展，旨在解决非洲面临的所有挑战和和平与安全问题。

非洲和平与安全架构（APSA）是非洲治理架构（AGA）的有益补充，二者共同为非洲各国巩固善治成效、安全与和平带来了巨大希望，且将促进《2063年议程》所构想的非洲的实现。

然而，尽管已取得上述重大成就，非洲大陆仍然面临着巨大的挑战，特别是自2010年以来冲突的增加，以及有可能恶化升级为内战的暴力活动和民间抗议[①]。立场差异、对稀缺资源的争夺、特立独行的行为和相互对立的目标均可能导致冲突的发生。因此需要建立解决冲突、减少冲突升级和尽量减少威胁的机制，以及解决国内/国际和跨边界冲突的替代性争端解决机制。

恐怖主义和暴力极端主义、贩毒、海盗、非法武器扩散、人口贩运和走私以及洗钱等新出现的跨国犯罪也构成了越来越多的威胁，其他威胁还包括：城市化、社会排斥和失业率的上升；跨国界和边界资源（如水、石油、天然气和矿物）冲突，以及气候变化和其他因素（如人口增长）的影响正在引发的新的资源冲突。

> **非洲和平与安全的重大威胁**
> - 倾向于诉诸暴力或坚决通过对抗方式解决实际或预感的异见，或有关社区内资源分配的争议；
> - 预防暴力冲突的民主治理机构缺乏公信力和合法性；例如法治、民主权力的获得和财富的有效分配；
> - 公民及青年的对抗和行动呈现新特点和新形式，跨越了历史上确立的国家边界，使国家一级的反应失效；
> - 中心少数族群与较大人口群体（城乡人口及代际人口之间）的文化、政治、社会和经济差距；
> - 武器的便捷交易、获取和流通；
> - 在地方一级，特别是在脆弱和易受冲突影响的地区，未能综合考虑多种社区的个性特征；
> - 国家能力有限，腐败滋生，问责不力，有罪不罚，所有这些限制了政府服务的提供。

---

① 塞内加尔达喀尔举行的第三次非洲民主、人权和治理问题高级别对话（2014年10月30日至31日）。

非盟有关和平、安全和治理的文书和决定，为应对当前和平与安全面临的挑战提供了坚实的框架，但对相关文书和决定的执行力度严重不足。在此方面，十分有必要谨慎和系统地执行非盟和区域经济共同体通过的文书和决定①。

针对持续存在的被迫流离失所问题，非盟制定了具有里程碑意义的文件，例如：（一）1969年《非统关于非洲难民具体问题的公约》；（二）2009年第一个此类的法律文书——《非盟保护和援助非洲境内流离失所者公约》。然而，被迫流离失所依然严重，而旷日持久的难民状况也继续困扰着非洲大陆的许多地区，因此急需采取紧急措施来解决问题的根源，并为受影响的地区找到持久的解决办法。

要预防和有效处理冲突，就必须提升治理能力，推行功能性民主。非洲发生的大多数冲突都是由于问责不力、透明度不足和包容性不强等治理制度方面存在的缺陷，以及应对贫困和不平等问题努力不足等。显然，解决贫困和治理能力欠缺的问题任重而道远，但有助于减少冲突，加强个人、社区和国家的和平与安全，并有力助推《2063年议程》所构想的非洲大陆社会经济转型的实现。

3.2.5 一个具有强烈文化认同、共同遗产、价值观和道德准则的非洲

《2063年议程》再次确认非洲是人类文明的摇篮，非洲的文化特性、价值观和道德观是非洲重新登上国际舞台的关键因素。根据该议程，到2063年，泛非主义价值观和理想的成果将随处可见，文化繁荣昌盛，基于美德和非洲传统家庭价值观的工作伦理盛行，社区和社会凝聚力将得以巩固。

文化是界定和理解人类状况的一个基本因素。文化影响着人们的思维和行为方式，可以被视为人类和社会为周围世界赋予意义及确定自己在世界中位置的方式。文化表现在诸多方面，如语言文字、思想和意识形态等习俗和传统、信仰和宗教、礼仪和仪式、定居模式、艺术和音乐、建筑和家具、服饰和时尚、游戏、形象等。简言之，任何象征或代表一个民族的价值观、规范、观念和利益的东西都属于文化范畴。

非洲文化、遗产和价值观面临的威胁

● 奴隶贸易和殖民时代的文化统治导致非洲民众的人格解体，非洲的历史因此而被篡改，非洲的价值观被系统地诋毁和打击，非洲本土语言也被官方要求用殖民地的语言加以取代。非洲伟大的学者和作家们积极努力，为重新审视和恢复非洲在世界历史上被扭曲和模糊的地位做出了重大贡献；

● 非洲在新闻媒体、音乐和艺术等方面正加速融入西方全球文化，而在这一过程中，教育系统发挥着关键作用。虽然这些努力有利于丰富非洲文化遗产，但也可能成为侵蚀的根源，并最终取代非洲的价值观和道德观；

● 文化遗产：尽管非洲拥有丰富的文化遗产，但在世界文化遗产保护名录中，非洲的遗产项目有限，这有可能会加速这些文化遗产的流失，并最终给非洲乃至整个世界造成损失；

● 语言：语言是一个民族文化的核心，若不切实利用非洲土著语言，就不可能更快推动非洲社会经济转型的实现。非洲文化和遗产所面临的主要威胁是将非洲语言边缘化的教育制度；

---

① 关于施政与和平与安全的高级别会议和务虚会

> ● 对非洲种族、宗教和文化多样性的管理不善，常常导致冲突的发生，而非洲大陆的进步与和谐也为此付出了巨大的代价。近来，这种现象愈演愈烈，突出表现为宗教极端主义势力的抬头助长了暴力和社会动乱，如尼日利亚北部的博科圣地（BokoHaram）恐怖组织和乌干达的圣灵抵抗军（LRA）。

文化在发展过程中起着核心作用。1982年在墨西哥城举行的世界文化政策会议和随后的《联合国文化十年宣言（1988—1997年）》，使全球进一步认识到文化在发展进程中的中心地位。文化可以创造就业机会，探掘有价值的商业和经济价值资源，从而促进经济的发展。文化也是加强社会凝聚力的一种工具。

《2013年联合国创意经济报告》提出"文化多样性对可持续发展的重要性"，认为"对身份、创新和创造力的投资有助于开拓新的发展道路……（相关途径）一经培育，便可助推包容性社会发展和包容性经济发展，提升环境可持续性以及和平与安全"①。

创意经济是经济增长和全球贸易的主要贡献者。2013年《创意经济报告》称，2011年全球创意商品和服务贸易总额达到创纪录的6240亿美元。2002年至2011年间，创意经济的全球年平均增长率为8.8%。

> **非盟文化遗产政策及措施**
> ● 非洲文化复兴运动
> ● 非洲语言行动计划（1986）
> ● 非洲联盟文化和创意产业行动计划
> ● 重启《非洲百科全书》编撰工作

尽管非洲部分领域取得了发展，但文化对非洲发展的贡献依然远远低于其预期潜力。今天，创意产业在非洲逐渐得到认可：据估计，尼日利亚的诺莱坞公司（Nollywood）年收入在2亿—3亿美元之间，是仅次于农业的第二大用人企业，也是全球第二大影视企业。非洲时装设计师们正在借鉴非洲大陆丰富的文化遗产，并将其与现代潮流相融合，已在国内外取得成功。正因为如此，时装和服装业显然已成为充满活力的产业，小型企业更是如此。类似的增长趋势在皮革、鞋类和各类珠宝等非洲时尚潮流中也有明显体现。音乐、电视和电影的迅速发展，以及时尚和生活方式的转变均反映了人们，尤其是非洲的年轻人对非洲身份认同的信心越来越足。

由于非洲中产阶级的崛起，非洲文学和艺术的重要性与日俱增，在内罗毕、肯尼亚、南非和尼日利亚等地正在建立新的艺术市场。非洲本土艺术市场要不断扩大也许并不容易，但未来几十年内还是有巨大的增长潜力。值得注意的是，早期非洲作家开创的所谓"本土"或"区域民族"语言文学正在蓬勃发展。

---

① 引用于"概念注释：非洲再想象创意中心（ARCH）"。《2063年议程》（2014年）中提升身份认同、发展遗产及艺术和文化章节。

跨境沟通语言（vehicular cross-boarder languages）是一种强有力的工具，可以用来促进非洲的发展和一体化的实现，促进人员和货物的流动。事实上，这些语言不受人为殖民边界所限。例如，在西非，讲曼廷卡语的人可以自由交流和穿行在大多数西非经共体成员国，讲富尔德语的人从西非到中非没有任何语言障碍，讲斯瓦希里语的人可以在中非和东非自由活动。考虑到所有这些情况，非洲联盟的官方语言机构——非洲语言学院（ACALAN）一直在与成员国合作开发跨境沟通语言，使之不仅与前殖民地语言配合应用于社会所有领域，而且对执行《非洲2063议程》作出有意义的贡献。

非洲文化多样性有助于国家和区域特性的展现，更广泛地促进泛非主义，推动建设包容性社会。加大力度宣传文化价值观及其具体实施方式，有助于实现和平，解决冲突。

文化具有改变社会、强化社区、培养认同感和归属感的强大力量。在这方面，青年的力量不容小觑，他们可以成为传统与现代之间的桥梁。年轻人极其渴望获得新知，善于运用信息和通信技术，从而超越国家疆界的限制，因此他们可以成为社会变革的有力推动者。然而，必须努力培养非洲青年的自豪感并加深其对非洲丰富遗产的理解。投资创意产业可以为年轻人提供发展的潜在机遇，为非洲青年传播非洲文化遗产，彰显文化多样性提供渠道，也将增进人们对非洲文化多样性的了解和尊重，有助于在非洲大陆形成和平与进步的文化。

宗教在非洲社会的文化生活中发挥着核心作用，宗教团体也是非洲社会的一个重要组成部分。人们普遍认为，非洲是一个宗教大陆，非洲民众有宗教信仰，然而现如今，其他社会中宗教信仰并不普遍。因而，宗教和宗教表达在非洲身份建构和社会架构与交流中发挥着深远的作用。但非洲的文化、遗产和价值观正受到宗教极端主义等多种力量的威胁。

尽管非洲文化遗产受到种种威胁，但非洲民众的价值观在非洲大陆和海外侨民中均有稳定而坚实的基础。非洲的复兴和自信对非洲的进步至关重要。如今，人们强烈意识到，必须利用非洲的文化遗产，促进非洲大陆的社会经济转型，结束冲突，促进善治和民主化进程。

非洲所有文化均承认并颂扬辛勤工作、勤俭节约、照顾亲友及悲贫悯弱等善行美德。然而，必须认识到，在许多非洲社会中，这些积极的美德与某些社会鄙俗并存，这一点在限制妇女的继承权、获得土地和其他生产性资源的权利、女性割礼和早婚等社会习俗中尤为明显，因此，尽管非洲文化、遗产、价值观和伦理是力量的源泉，也是值得推崇的事业，但在2063年前，在迈向"我们想要的非洲"的征途中，必须首先摒弃鄙俗陋习。

3.2.6 一个依靠人民和民众潜力，尤其是妇女和青年潜力，并关爱儿童的非洲

根据《2063年议程》的这一愿景，非洲大陆所有阶层不论性别、政治派别、宗教、族裔、地域、年龄或其他因素，均可平等参与，且有机会和渠道享受社会发展成果，获得社会和政治话语权。

两性平等和赋予妇女权利

非洲在减少两性不平状况等方面取得了重大进展：

- 政治参与：非洲大陆女性议员占21%，是全球唯一一个十年内女性政治参与率翻一番的区域（涨幅达64%）。卢旺达是全球女性议员占比最高的国家。
- 教育：非洲失学女童的人数从2000年的2400万人大幅下降至2013年的900万人。此外，2012年，近一半的非洲国家在小学入学率方面实现了性别均等。

然而，上述进展尚未对减少男女不平等状况产生充分影响，特别是在获得和控制经济资源方面，以及在劳动力市场参与或生殖权利（产妇死亡率和生育率）方面。非洲的弱势工作中（即工资低和工作条件恶劣的工作），妇女仍然占绝大多数；国际劳工组织将2012年84%的女性从事的工作岗位归为弱势岗位，而男性从事此类岗位的仅有70.6%。

非洲大陆，女性在议会中代表席位方面并未取得较大进展。主要原因在于，在许多非洲国家，女性在一些重要的议会委员会中通常只占少数席位，且主要负责起草法案，为相关法案的正式通过做初期工作。

性别不平等是非洲在千年发展目标和减贫方面表现不佳的最重要的结构性根源之一。妇女获得更好的教育机会，特别是中学后教育，有助于改善家庭生计和人类发展。总体而言，与性别不平等程度较高的国家相比，非洲性别不平等程度较低的国家中妇女高等教育的入学率反而更高。但即便如此，妇女在科学、技术、工程和数学专业的入学率依然很低。

总体而言，妇女在社会中的辅助作用仍然是社会发展和经济转型的主要障碍。男性政治精英继续垄断权力，缺乏政治意愿，社会经济挑战依然存在，不认可无偿照料和家务劳动，父权制传统和信仰依然牢固，这些因素继续限制妇女正式并有效地参与施政、和平与安全，以及非洲的发展进程。如果妇女所代表的社会中充满活力的力量受到限制，无法充分发挥其潜力，非洲大陆将无法实现《2063年议程》的宏伟目标。针对妇女和女童进行投资，鼓励其融入劳动力市场，推迟结婚和生育，丰富女童受教育机会，推行计划生育，保障性健康和生殖健康权利，所有这些被认为是"亚洲四小龙"经济成功的驱动力。

此外，还需引进非洲性别发展指数或类似发展指数机制，以确保充分监测并跟踪两性平等方面的进展。

青年的参与和赋权

非洲人口结构年轻化明显。2010年非洲15—34岁的人口有3.64亿，15—24岁的人口有2.09亿，分别占非洲总人口的35.6%和20.2%。因此，非洲青年人数处于激增状态，与成年人口相比，青年群体在非洲可谓"非常庞大"。

然而，非洲大陆的青年人面临诸多挑战：

- 教育：入学机会尤其是中等和高等教育不足。
- 就业：据估计，马拉维和卢旺达的青年失业率低于5%，加纳、赞比亚和津巴布韦的青年失业率超过20%，毛里求斯、博茨瓦纳、莱索托、纳米比亚、斯威士兰、阿尔及利亚和南非的青年失业率超过30%[①]。
- 健康：青年是受艾滋病毒/艾滋病、疟疾和肺结核三种主要疾病影响最大的群体。酗酒和吸食禁用药物也带来了新的挑战，导致青年精神障碍、残疾和意外事故等。
- 贫穷：青年人的贫困率居高不下。据估计，71%的青年人每天平均生活费用在2美元以下。
- 暴力与冲突：青年人数的增加值得多方关切。有迹象表明，非洲各国冲突高发与其青年人口迅速增长之间存在密切关联。

---

① 《区域概况：非洲青年》，2011年联合国。

> **应对青年问题的大陆倡议**
> - 《非盟第二个十年的教育》(2006—2015)
> - 《非盟(2009—2018)青年发展和赋权十年计划》
> - 《非盟青年志愿者方案》
> - 参与决策的制定(非洲青年议会、马诺河联盟青年议会、青年论坛、出席非盟首脑会议、部长会议和专家协商会议)

某些区域和非洲大陆已采取相关举措,以解决青年问题,而这些措施可进一步扩大并加以改善。"人口红利"是劳动力规模增加和赡养比率下降的结果,可促进城市中被激发的经济增长并增加国民储蓄,进而促进社会发展。收获人口红利为非洲创造了机遇,使非洲能够在科学、技术和创新方面发展青年的技能,以提高其全球竞争力。

非洲儿童的状况

非洲的年轻一代,尤其是非洲儿童是《2063年议程》的根基。然而,尽管制定了保护儿童的立法和政策,成千上万儿童的权利依然受到侵犯。在非洲许多地方,儿童权利面临着巨大的阻碍。

- 最近的研究表明,全球有近2.5亿儿童在工作,其中超过1.5亿儿童,包括非洲儿童,正在危险的条件下工作。这些儿童在种植园和矿山备受剥削,或将成为家庭佣工。
- 撒哈拉以南非洲每分钟有8名5岁以下儿童死亡,每30秒就有一名儿童死于疟疾。大多数非洲国家的五岁以下儿童死亡率超过每千名新生儿中100人死亡的比例。5岁以下儿童死亡病例中有三分之二死于可预防疾病,主要包括肺炎、疟疾、腹泻病、麻疹和艾滋病毒/艾滋病。此外,据世卫组织统计,营养不良是每年350万儿童死亡的直接或间接原因。
- 撒哈拉以南非洲婴儿出生体重普遍偏低的比例最高,从7%到42%。纯母乳喂养率低,辅食补充不足及喂养方式不当。
- 非洲缺乏清洁用水和卫生设施,因此而造成的儿童死亡率相当于每四小时就有一架大型喷气式飞机坠毁所造成的死亡比率。
- 许多非洲儿童仍然无法有效接受教育或从中受益。撒哈拉以南非洲有3300万小学适龄儿童没有上学,其中1800万是女童。
- 儿童受到来自家庭成员、学校教师和警察多种形式的暴力侵害。
- 武装冲突中儿童受到严重影响,他们被招募、绑架和性虐待。而且许多儿童是冲突所造成的被迫流离失所的受害者。
- 许多儿童被迫接受童婚或女性割礼。非洲的童婚率全球最高,其中童婚率最高的地区集中在非洲西部和撒哈拉以南非洲地区。最近的研究表明,三分之一的女孩在18岁之前结婚。非洲28个国家里,女性割礼的现象十分严重。总体而言,妇女在社会中的辅助作用仍然是社会发展和经济转型的主要障碍。
- 非洲人口中约40%身患残疾,包括10%—15%的学龄儿童,但据估计,残疾人入学率不超过5%—10%。
- 非洲许多地区,由于文化规约限制,儿童被剥夺了参与权和言论自由的权利。

> **优先倡议——适合儿童生长的非洲**
> - 没有童工和贩卖儿童的非洲;
> - 非洲儿童身体健康和营养状况良好;
> - 向所有人提供免费、义务和呵护儿童的教育;
> - 没有暴力侵害儿童行为的非洲;
> - 儿童免受武装冲突的影响
> - 儿童参与成为现实;
> - 包容性非洲;
> - 对所有儿童进行出生登记。

非洲亟待提升针对青年人,尤其是儿童的投资,因为非洲能够实现的最高回报率是通过对年轻一代的投资而实现。

3.2.7 一个作为强大、团结、富有活力且有影响力的国际事务参与者和合作伙伴的非洲

基于这一愿景,非洲将成为一个强大、富有活力和影响力的全球参与者和伙伴,在世界事务中发挥更大的作用。

2013年5月26日至27日,非盟大会第21次例行会议就非洲在世界上的地位发表了以下声明:"我们努力的目标是让非洲在全球治理体系中政治、安全、经济等领域拥有其应有的地位,以实现非洲复兴,并确立非洲的引领地位"。

本节围绕全球治理、全球公域、伙伴关系和发展融资等四个关键参数,在全球范围内审视非洲今天的状况。

全球治理

全球治理对非洲十分重要,因为全球机构和论坛上作出的决定会直接影响到非洲民众及整个非洲大陆的福祉。然而,迄今为止,非洲在全球机构的治理中一直处于边缘地位,尤其是在国际和平与安全、经济、环境和贸易问题以及其他领域中。

> **非盟——非洲在世界的地位**
> - 继续与一切形式的种族主义和歧视、仇外心理和相关的不容忍现象作全球斗争;
> - 团结被压迫国家和人民;
> - 推动促进和维护非洲利益的国际合作,互惠互利,符合泛非主义愿景;
> - 继续共同发声,集体行动,在国际舞台上寻求共同利益,彰显非洲立场;
> - 重申我们致力于非洲在全球化进程和国际论坛,包括在金融和经济机构中发挥积极作用的立场;
> - 共同倡导改革联合国和其他国际组织,特别是联合国安全理事会,以纠正历史上形成的非洲作为唯一没有常任理事国的地区的不公正现象。

- **国际和平与安全**：在可预见的未来，国际和平与安全对非洲而言依然是关键的优先事项。联合国安理会的决定对非洲大陆和平与安全更是有着直接的影响。例如，联合国安理会在2011年通过的决议中有一半以上针对非洲。然而，非洲大陆并不属于非洲安理会常任理事，安理会的非洲成员国没有否决权，对非洲而言，促进安理会的改革是当务之急。
- **全球经济治理**：布雷顿森林机构对几乎所有非洲国家的经济事务都产生了巨大影响，然而，尽管非洲在布雷顿森林机构的管理层面有了一定的参与度，但这并不符合，也不能反映非洲大陆的重要性。
- **全球贸易谈判**：欧盟在世界贸易谈判中代表27个欧洲国家，而非盟却不是世贸组织成员国，这削弱了非洲在世贸组织谈判中的集体话语权，必须予以纠正。

还有许多其他领域有必要进行全球治理改革；总体而言，非洲国家继续强调，全球挑战与为应对相关挑战而设立的全球治理体系之间极度不相匹配。

全球公域

全球公域是指不属于任何一个民族国家政治能力范围的资源领域或地区，包括公海、大气、南极洲和外层空间①。这些资源被视为人类的共同遗产，科学的进步使人们能够获取和利用其资源。其中一个关键领域就是外层空间，它对非洲的经济、安全和社会均十分重要。

全球经济正在向以知识为基础的经济转变，外层空间是其关键领域之一。据估计，每年天基产品（space-based）市场接近三千亿美元。尽管非洲拥有的在轨卫星不足1%，但非洲大陆对空间产品和服务的需求却居全球高位。地球轨道卫星超过1000颗，其中约45%属于美国，而属于非洲的不到1%，因此非洲的空间能力受到严重制约②。

非洲经济日益依赖空间发展。天基产品包括：通信技术（语音和数据/图像）；国防/军事；经济—金融交易（电子银行等）；全球导航卫星系统提供导航定位；利用天基技术进行灾害管理及应对气候变化；医疗卫生相关需求。

然而，非洲的空间能力正在逐步提高，一些国家已经建立国家航天局等重要的战略机构，管理其各自空间计划。该方面的新兴国家包括：阿尔及利亚、尼日利亚、南非、埃及、摩洛哥、塞舌尔、肯尼亚、加纳和埃塞俄比亚。许多国家还参与了各种空间技术计划。非洲大陆也有一些组织参与开发空间技术及其地面应用，这有助于非洲提升其在空间探索、星座计划、地球观测、导航定位、卫星通信和教育等方面发展的能力。

外层空间为非盟成员国的发展提供了机遇，帮助成员国共同开发并共享有利的基础设施和数据，集体管理共同关切的问题和项目，如应对疫情暴发，管理自然资源和环境，处理危险和灾害，提供天气预报服务（气象学），缓解气候变化，提升气候适应性，管理海洋和沿海区域，保障农业及食品安全，维护和平，以及避免及应对冲突等。

非洲空间计划

- 非洲资源管理（ARM）卫星系统；
- 非洲区域卫星通信组织（RASCOM）；
- 非洲参考大地测量网（AFREF）计划；

---

① 联合国环境方案。
② 穆罕默德·S.（Mohammed. S）（2012）《空间不稳定的代价：对非洲最终用户的影响》。

虽然空间技术为非洲大陆共同解决社会经济发展的问题提供了独有的机会，但这些技术往往原理复杂，资本密集，具有很高的财政风险。此外，地理和/或人口规模往往是有效及高效实施某些空间计划的决定性因素。因此，十分有必要确立一个非洲大陆共同方案，这种方案以协调和系统的方式，共同分担成本、分享专业知识和有益的基础设施（包括数据）、共同减少风险，集体管理战略方案。在这一方面，非盟政策部门部长级会议和执行理事会已呼吁非盟委员会制定一项共同的空间政策和战略，作为非洲促进社会经济发展的民用空间议程的一个大陆框架。

委员会目前正在通过非盟成员国工作组确定空间政策文件和战略草案，其中概述了非洲雄心勃勃的高级别目标，即为提升非洲生活质量，为非洲民众创造财富，动员非洲大陆发展必要的机构和能力，以利用空间技术实现社会经济效益。

发展维持非洲空间计划所需的人力资本依然存有关键缺口。委员会同意设立泛非大学，指定南部非洲地区作为空间研究所的中心来解决这一问题。该研究所将利用非洲大陆顶尖大学的成果，并通过围绕空间主题区域创建区域知识卫星校园。

在《2063年议程》背景下，非洲国家迫切需要在正在进行的相关倡议的基础上再接再厉，加强其在空间科学和技术方面的能力，以促进非洲大陆的转变；非洲需要发掘其开发外层空间和捍卫自身利益的技术能力。

伙伴关系

为进一步维护非洲大陆的利益，非洲联盟建立了一系列战略伙伴关系，例如：非洲—欧洲联盟伙伴关系（JAES：非洲—欧盟联合战略）、非洲—南美洲伙伴关系（ASACO：非洲—南美洲合作论坛）、非洲—中国伙伴关系（FOCAC：中非合作论坛）、非洲—日本伙伴关系（TICAD：非洲发展问题东京国际会议）、非洲—美国伙伴关系、非洲—阿拉伯国家联盟伙伴关系（非洲—阿拉伯论坛）、非洲—印度伙伴关系（AIFS：非洲—印度论坛首脑会议）、非洲—土耳其伙伴关系（非洲—土耳其合作首脑会议）及非洲—韩国伙伴关系（韩非论坛）。

战略伙伴关系不同于传统的发展合作，后者以捐助者和受援国关系为前提；而非洲的战略伙伴关系是以"双赢"和共同发展的方式，围绕解决非洲大陆所面临的挑战，和为非洲和非洲民众实现社会经济发展而建立的结构性伙伴关系。通过实施工业化和技术转让、基础设施建设、贸易和投资、社会投资以及大陆或区域的可持续和包容性增长政策、方案和项目，有望获得转型效益。

由于非盟在经济和政治方面的重要性日益增强，不仅非洲的伙伴希望加深与非盟的关系，一些潜在的伙伴也要求与非盟建立类似的关系。

非洲对其伙伴的重要性体现在以下方面：
- 确保战略伙伴的石油和天然气供应保障；
- 为战略合作伙伴矿产资源供应提供安全保障；
- 非洲庞大基础设施市场的工程总承包（EPC）合同；
- 消费品和工业品市场的不断增长；
- 多个行业中具有吸引力的投资领域。

尽管欧盟、日本、中国和印度等合作伙伴的财政承诺意义重大，但商定的行动计划的总体执行水平是：低至零（非洲—南美洲、非洲—阿拉伯国家联盟、非洲—土耳其）；意义微乎其微（非洲—韩国）；基本低于目标，但在技术转让/职业教育与培训机构（TVET）潜力方面表现良好（非洲—印度）；注重基础设施和资源部门投资，但在技术转让方面十分有限（非洲—中国）；

三 过去50年和今天的非洲

非洲对前五大战略伙伴+巴西①的重要性（2013年数据四舍五入，除非另有说明，金额单位为亿美元）。

基本项目	欧盟	美国	日本	中国	印度	巴西
人口（nb.居民）	5.05亿	3.17亿	1.27亿	13.88亿	12亿	2.025亿
国内生产总值（名义）	173710	168000	50000	97250	18700	22420
全球外国直接投资存量	欧元52.06（2012）	28000	10000	5310	924（2010）	1810（2010）
全球官方发展援助/援助提供②	欧元505	190	106（2012）	71	12	12
贸易						
从非洲进口	欧元1800	500	120—130	1131	230（2011）	154.3
对非洲出口	欧元1000	350	90—100	853	430（2011）	122.2
双向贸易	欧元1620（2001）到2800（2013）	294（2000）到850（2013）	90（2000）到240（2010）	106（2000）到1980（2012）	60（2004）到660（2011）	49（2000）到276（2003）
非洲在伙伴国石油进口中的份额	石油（8%），天然气（21%）	18%	—	33%	20%	—
非洲在伙伴国贸易总额中的份额	2%—4%	1%—2%	1%—2%	4%—6%	6%—8%	5%—7%
伙伴国占非洲贸易总额的份额	38.27%（2011）	11.46%（2011）	2%—3%	16%—18%（2011）	5.2%（2011）	5.32%
非对称贸易协定	EBA《除武器外一切商品》	《非洲增长与机会法案》AGOA	—	零关税/最不发达国家	零关税/最不发达国家	—
投资						
伙伴国对非洲国的外国直接投资存量	欧元2500（2012）	610（2012）	60—70	213	140	10—20
非洲国外国直接投资总额中非洲占比	4%—5%	<1%	<1%	4%—6%	15%	1%—2%
官方发展援助						
伙伴国对非洲的官方发展援助	欧元180（2012）	120（2012）	23（2010）	12（2008）③	0.43	0.22（2010）

① 不属于战略伙伴关系的巴西仅用于比较参照；但是，包括巴西在内的南美洲也是一个战略伙伴。
② 对中国，印度和巴西的估计。
③ 来源：Brautigam（2011）。

续表

附加亮点	2012年，基础设施信托基金（ITF）获得80笔捐赠款，使得当年基础设施的投资达到65亿欧元；2012年来自欧盟的汇款：600亿欧元	2013年，对20个国家的千年挑战公司（MCC）投资达60亿美元；美国总统奥巴马宣布了80亿美元的非洲电力和贸易计划	非洲开发银行为非洲中小企业部门提供500项贷款；第五次东京会议决定为非洲提供320亿美元的官方发展援助和商业融资承诺，强有力的后续机制	2013年，中国公司的工程（EPC）合同总额共计400亿美元；基于中国—非洲发展基金（CAD），为30个非洲国家，61个项目共计投资23.85亿美元；为12个非洲国家在石油和天然气方面投资	在15个非洲国家的石油、天然气及矿产资源（OGM）投资；为78所技术职业教育与培训（TVET）和其他技能英才中心提供强有力的支持
改进领域	工业化提升和技术转让伙伴关系	石油行业以外的贸易和投资；其他未开发的机会	投资与贸易；技术转让	中国在非洲业务中的本地内容；技术转让；工业领域的合资企业	工业化与中小企业发展；政府和社会资本合作（PPP）机构

南美与非洲的战略伙伴关系虽然不强，但巴西在石油、天然气及矿产资源（OGM）和基础设施方面的双边合作力度很大

工业化、中小企业、农业和卫生

在整体社会基础设施、农业和私营部门方面表现良好，在经济基础设施方面表现良好（非洲—日本）；在社会整体基础设施方面表现良好/千年发展目标、政治治理和区域稳定、私营部门发展以及经济基础设施和工业化方面表现良好（非洲—欧盟）；尽管通过《非洲增长与机会法案》（AGOA）、千年挑战公司（MCC）、非洲电力公司等项目，且双方已达成强有力的合作关系或合作潜力巨大，但成效依然微乎其微（非洲—美国）。

因此，非洲战略伙伴关系下开展的一系列活动，对非洲社会经济和转型的总体影响尚未完全发挥。

诸多挑战制约了非洲战略伙伴关系的维系，其中包括：

- 缺乏伙伴关系相关政策和战略框架，即缺乏基于个别伙伴专门从事数量有限的具有实际转型效益的活动的战略；
- 非盟层级的技术能力、程序和知识差距，以及财政资源方面的挑战，限制了非盟为执行商定的行动计划作出贡献的能力；
- 战略伙伴关系准完整架构（quasi-totality）的监测/后续跟踪、审查、报告和评价机制薄弱；

非洲的战略伙伴已经向非盟、区域经济共同体和成员国作出了若干财政承诺，提供了技术援助相关的一揽子支助计划（涉及贸易和投资、工业化、区域一体化、社会和可持续发展以及和平与安全方面），这些承诺和计划都有待进一步充分利用。

日本 2017—2013	中国 2015—2013	印度 2011—2014	欧盟 2014—2017/20
320 亿美元	200 亿美元 50 亿美元	54 亿美元	305 亿欧元 非洲、加勒比和太平洋国家集团（ACP-wide）

上表中财政承诺和一揽子技术援助可以从以下 4 个层面支持《2063 年议程》：

- 直接支持国内资源调动进程；
- 提供融资支持；
- 直接资助《2063 年议程》相关项目和计划；
- 为《2063 年议程》项目提供技术援助和技术转让支持。

在《2063 年议程》的背景下，非洲需逐步解除部分影响甚微的伙伴关系，或适当调整合作方向，以确保其有助于执行《2063 年议程》和实现非洲大陆的转型。

在双边和全球两个层面开展符合国家自主权的国际合作和发展伙伴关系十分重要，有助于通过提供资金和技术转让提升非洲自身能力，实现《2063 年议程》。在这方面，正如《里约+20 成果文件》所议定的内容，非洲的战略伙伴关系应包含"发达国家伙伴有义务通过有效的技术转让，促进非洲实现可持续发展"相关内容。

发展融资

2012 年非洲国内生产总值达 2 万亿美元，人口超过 10 亿。若非洲是一个国家，就国内生产总值而言，基于上述指标便可把非洲大陆列为全球第八大经济体和第三大人口大国。此外，非洲国家比 20 年前更加富裕，如按人均收入 1000 美元以上计算，有 23 个非洲国家属于中等收入国家。然而，就非洲大陆各个国家而言，非洲国家的发展依然有赖于外部资源资金的支持。

更糟糕的是，目前捐助方仅为非盟委员会提供了96%的项目资金，形势不容乐观。非洲需转向内部，调动国内资源，为加速改革、一体化、和平、安全、基础设施、工业化和民主治理提供资金，并加强非洲大陆的机构设置。

融资发展格局的变化

过去十年中，非洲融资发展的格局在行动者、动机和融资工具等方面发生了巨大变化。原本主要以发展援助委员会捐助者为基础的发展合作已经演变为多极系统，其行为者构成如下：

- 符合发展援助委员会规范和准则的，受"华盛顿共识"约束的传统发展伙伴，其援助组织和出口信贷机构，主要包括经合组织国家；
- "非传统"的捐助者。主要包括新的和正在出现的伙伴，他们对广泛的南南合作行动者进行了重组。主要包括：金砖国家（BRICS：巴西、俄罗斯、印度、中国和南非）；薄荷四国（MINT：墨西哥、印度尼西亚、尼日利亚和土耳其）和马来西亚等国；
- 由石油收入丰富的海湾合作委员会国家（GCC）领导的阿拉伯国家及其多边组织；
- 按照"华盛顿共识"和联合国系统运作的发展金融机构（DFIs）；
- 私人慈善组织，包括基金会和国际非政府组织；
- 私营部门（银行和企业）。不同于其他发展融资行动者，其动机是获取商业利益；
- 侨民汇款虽不被视为发展融资，但由于经常出现在国际收支统计的账户记录中，因此许多情况下也成为重要的外部资源流。

上述新的国际融资带来了新的机遇，但也让非洲（包括非盟、区域经济共同体和非盟成员国）面临了新的挑战。

为有效执行非洲发展议程，各方必须从所有融资机制中充分调动所需资源，以加强有关机构执行《2063年议程》的能力。

援助实效的持续挑战

尽管有《巴黎宣言》《阿克拉行动议程》和《促进有效发展合作的釜山伙伴关系》，非洲的发展合作依然由捐助国、优先事项和利益所驱动。因此，目前非洲各种形式的发展合作并不能为其社会经济转型带来实质效益，反而使非洲经济持续依赖，粮食仍旧缺乏保障，工业基础依然薄弱，人类发展指数继续保持最低平均值。

《2015年后发展议程》和第三次发展融资国际会议（FfD3）

《2015年后发展议程》和《融资意义》（Financing Implications）：随着千年发展目标（MDGs）的完成，联合国启动了《2015年后发展议程》相关进程。该议程将于2015年9月在联合国大会期间启动。

《2015年后发展议程》由国家主导，从主要群体到民间组织利益攸关方的各阶层均广泛参与其中。知名人士高级别小组会议（HLP）的召开更是给议程提供了咨询意见。其他相关活动还包括，由联合国大会的公开工作组制定了可持续发展目标，设立了审查可持续发展融资的政府间专家委员会，开展了联合国大会关于技术促进和其他有关倡议的对话。非洲已明确表明，将通过制定全面的非洲共同立场（CAP），确保对2015年后进程的相关投入。

第三次发展融资国际会议（FfD3）：第三次发展融资国际会议（FfD3）定于2015年7月在埃塞俄比亚的亚的斯亚贝巴举行。预计这次会议将加强指导并决定今后几十年发展融资和伙伴关系框架的共同承诺和机制。会议将评估之前所取得的进展,并明确在实施其前两项框架(《2002年蒙特雷共识》和《2008年多哈宣言》)所作出的承诺,及在设定的具体目标方面所需应对的挑战。预计审查将包括外部发展融资机制(官方发展援助、外国直接投资、组合投资和以侨民资源为基础的投资潜力,如汇款能力),发展中国家的国内资源调动工作和国际社会的有关援助(包括税费、资源收益、非法资金流动、国内储蓄和资本市场)以及其他促进发展和发展融资的因素,如增长和贸易业绩、技术转让和能力建设。

《2015年后发展议程》和第三次发展融资国际会议的成果,将对非洲大陆的发展融资需求,尤其是非洲大陆低收入国家(LIC)的发展融资需求产生重要影响。《2015年后议程》和第三次发展融资国际会议也将影响非洲社会经济转型议程和非洲大陆、区域和国家层面相关方案和项目的实施。因此,《2063年议程》的改革需求以及相关融资和伙伴关系要求,将成为非洲国家在《2015年后发展议程》和第三次发展融资国际会议(FfD3)谈判中各自立场的关注焦点。

呼吁进一步重视各种新型融资和国内资源调动

在此背景下,非洲已达成共识,即《2063年议程》必须更多地依靠国内资源的调用。非盟谨记这一目标,在此方面启动了一系列研究(见下表)。

目前大陆层级国内资源的调动

倡议	亮点
奥巴桑乔领导的替代资金来源高级别小组(OBASANJO-LED HLPASF)关于非盟稳定资金来源的建议(2012年7月)	● 报告评估了通过对私营部门活动征税来调动资源的潜力:保险费(费率为1%);国际旅行(非洲大陆以外的旅行为2.5美元,非洲大陆内的旅行为1美元);旅游和招待费(每次停留1美元);进口税(对从非洲大陆外的国家进口的货物征收0.2%的税额);短信费(例如,每条手机短信5美分); ● 影响研究具有结论性特点; ● 提案最初只是提议,如今已经启动两种类型的征税:每次入住酒店收取2美元的招待费;对往返非洲的机票征收10美元的旅行税
姆贝基领导的(MBEKi-LED GROUP /UN-ECA)联合国非洲经济委员会非法资金流动:"为什么非洲需要追察、制止和获取非洲的非法资金""非法资金流动问题高级别小组背景文件",非洲经委会,2012年	● 这项研究审视了非法资金流动带来的挑战,并围绕下面问题提出相关解决方案:(1)来源国和目的地国的共同责任;(2)制止、跟踪和遣返所涉资金的全球治理体系
3. 非洲发展新伙伴计划协调机构/联合国非洲经委会相关研究:"调动国内财政资源执行非洲发展新伙伴计划国家和区域方案——非洲放眼未来"(2014年1月)"	● 研究评估了国内资源调动(DRM)的潜力:非法资金流动、汇款、养老基金、主权财富基金、银行、股票市场; ● 建议设立2个基于国内资源调动(DRM)的机构:(1)非洲基础设施发展基金(AIDF);(2)非洲信用担保(Africa Credit Guarantee); ● 支持非洲发展新伙伴计划协调机构(NPCA)项目实施的非洲信用担保基金(ACGF)
非洲开发银行领导的非洲50年基金(AfDB-LED AFRICA50 FUND),支持非洲基础设施发展方案(PIDA)的私募股权基金(2013年)	● 非洲开发银行(AfDB)提出的旨在通过指向外汇、养老基金、非洲主权基金及其他主权财富基金的国内资源调动,建立50亿—100亿美元私募股权基金的倡议

一个国家的国内资源涵盖从国内金融资本到人力资本,再到社会资本和自然资源。然而,在《2063年议程》融资的背景下,国内资源调动指的是家庭、国内企业(包括金融机构)和政府产生的储蓄和投资。

与调动外部资源(通过外国直接投资、援助、贸易和债务减免)相比,国内资源调动拥有更大的国内政策自主权,更符合国内需求,对发展具有更大的影响等优点。它不受与外国直接投资和外国援助有关的不利因素的影响,这些不利因素往往与外国投资者的目标(例如,利润最大化的某些部门,如 OGM 和电信对农业部门的损害)和捐助者(与援助挂钩的部门和技术,和有条件的援助)。但这也给许多非洲国家带来了明显的挑战,使得吸引外部资源似乎成为更便利的选择。

因此,虽然国内资源无法满足《2063 年议程》所有财政需求,但有可能为《2063 年议程》筹措 70% 至 80% 的资金。《2063 年议程》的其余需求将通过包括国际金融市场、外国直接投资、官方发展援助在内的传统机制得到适时资助,而利用官方发展援助时需符合非洲优先发展事项。

非洲当前国内资源调动计划

对绝大多数非洲国家政府、区域经济共同体和非洲联盟及其组织等大陆机构来说,发展融资依然是一项巨大挑战。因此,大陆治理体系的三个层面分别启动了一系列国内资源调动(DRM)的举措。

国家层级,越来越多的国家越来越依赖于通过重新分配、支出控制和更强大的收入管理权力,加强财政资源管理,以满足其更大比例的发展融资需求。这些举措先于替代性发展融资工具,如以银行业为主导的地方金融市场,以及试图将国家契约性储蓄体系(保险和养老金部门)重组为一个更加健全的管理体系的保守的尝试。许多非洲国家还出现了小额信贷机构(MFI)国内网络。

地区层级,地区发展银行扮演了十分重要的角色[阿拉伯马格里布联盟新投资银行;西非国家经济共同体投资和发展银行(EBID)];中非发展银行(BDEAC);东非发展银行(EADB);优惠贸易区(PTA 银行)——与其他区域金融机构合作的关键区域机构[如 BOAD、西非发展银行、非洲再保险公司(Africa Re)];而区域经济共同体(RECs),如协助建立非洲贸易保险公司(ATI)的东南非共同市场(COMESA),和计划设立西非经共体投资担保机构的西非经共体,也在考虑想办法填补金融市场缺口。

非洲大陆层级,非洲 50 年基金(Africa 50 Fund)可谓非洲发展融资进程中的一个重要里程碑,其目标在于利用国内资源为基础设施优先项目提供资金支持。非盟批准的非洲信贷担保机构(ACGA)和非洲投资银行(AIB)是两个主要的大陆发展融资机构,有助于加强非洲大陆的发展融资结构。

然而,在国家、区域和大陆层面,无论是产品(私人股本和公共股本、风险管理、增长资本,广义上还包括中小企业和工业项目的长期融资),还是市场和机构(私募股权基金、投资银行、资产管理公司、证券交易所、债券市场、衍生品市场等)方面,仍然存有巨大的融资缺口。

3.3 国家、区域和大陆各层级应对非洲发展挑战的经验和教训

前面章节表明,非洲虽然取得了巨大进展,但非洲大陆在社会、经济和政治等领域也面临着重大挑战。非洲国家通过其国家、区域和大陆计划,为应对相关挑战作出了巨大努力。因此,审视这些计划并确定其中的优先事项至关重要。其原因在于,《2063 年议程》虽然是非洲社会经济转型的长期战略框架,但也必须以非盟成员国以及区域和非洲大陆各个组织当前和未来的现实为

基础。

本部分简要介绍了主要优先事项、资金缺口,以及通过审视33个国家的计划、若干区域性框架以及大陆框架获得的主要经验和教训,为《2063年议程》的制定提供了相关信息。

国家、区域和大陆各层级的优先事项

国家层级的优先事项

长期远景和3—5年中期计划的实例详见下表。

国家	时间范围	远景宣言
肯尼亚	2030年远景	具有全球竞争力和高质量生活的肯尼亚
乌干达	2035年远景	将乌干达由农业国转变为现代化的繁荣国家
坦桑尼亚	2025年远景	以和平、稳定、团结、善政、法治、富有弹性的经济和竞争力为基础的高质量生活
卢旺达	2020年远景	到2020年成为中等收入国家
布隆迪	2025年远景	可持续和平与稳定;对标千年发展目标,履行全球发展承诺

从以上所列国家中期计划来看,以下重点领域出现频率最高:
- 包容性经济/财富创造;
- 人力资本开发;
- 就业;
- 治理/公共部门改革;
- 性别平等及妇女和青年/社会保护;

关注领域/目标	频次
包容性经济增长/财富创造	27/27
人力资本开发	26/27
就业	25/27
性别、妇女和青年/社会保护	22/27
治理/公共部门改革/能力	26/27
环境/可持续发展	19/27
基础设施	18/27
科学技术和创新	10/27
和平与安全	5/17
文化、体育和艺术	2/17

另外,还涉及以下方面相关问题:科学、技术和创新;文化、体育和艺术。和平与安全则较少被列入所列成员国的国家规划中。

区域层级优先事项

在区域层级,《阿布贾条约》呼吁建立非洲经济共同体,并于1999年通过了的《苏尔特宣言》,从而设立了最低一体化方案(MIP)。该方案尽管允许不同区域采取不同的发展速度,但也为所有区域经济共同体的核心工作提供了共同的基点。结合最低一体化方案(MIP)中八个一体化优先领域(人员、货物、服务和资本的自由流动;和平与安全;能源和基础设施;农业;贸易;工业;投资和统计),区域经济共同体结合成员国需在区域层级加以处理的集体发展优先事项,制定了相关战略规划。细致分析区域规划①可以看出,区域经济共同体正在实现最低一体化方案(MIP)的所有目标,只是因区域各具特殊性,各自强调程度有所不同。

除最低一体化方案(MIPs)外,某些区域经济共同体正在努力完成其他领域的优先事项,例如:政治一体化、经济和货币一体化、能力发展、协调提供基本社会服务的政策——卫生、教育和社会保护以及电力的互联互通。

以下是部分区域经济共同体的远景陈述:

区域经济共同体	远景陈述
东部和南部非洲共同市场(COMESA)	建立一个完全一体化、具有国际竞争力的,经济繁荣,和平共处,政治和社会稳定,人民生活水平较高的区域经济共同体
萨赫勒—撒哈拉国家共同体(CEN-SAD)	集体安全与可持续发展;维护和巩固和平、安全与稳定
东非共同体(EAC)	实现一个繁荣、竞争、安全和政治上统一的东非
中部非洲国家经济共同体(ECCAS)	一个和平、繁荣和团结的地区;经济和政治统一,具有包容性发展且人民可自由流动的空间
西非国家经济共同体(ECOWAS)	建立基于善政的无国界、和平、繁荣及具有凝聚力的区域,民众有能力通过创造可持续发展和环境保护的机会,获得并巩固其巨大的资源
东非政府间发展组织(IGAD)	促进联合发展战略;逐步协调社会、技术和科学领域的宏观经济政策;协调贸易、海关、运输、通信、农业和自然资源政策
南部非洲发展共同体(SADC)	南部非洲民众可以实现经济福祉、提高生活水平和生活质量、拥有自由和社会正义以及和平与安全的区域性共同体

大陆层级优先事项

《非盟组织法》确定了12个优先领域,为非洲发展政策、非洲矿业发展计划、非洲矿业远景、非洲治理结构和非洲水资源展望等大陆框架的制定奠定了基础。详细分析相关框架②,可以看到如下大陆层级优先领域:

- 农业:粮食安全与农村发展;
- 人力资本开发:健康、营养、科技和创新驱动型教育;
- 社会发展:社会保护、获得/参与/丰富妇女、青年、边缘化和弱势群体的经济、社会和治理机会;
- 工业化和制造业:工业政策框架/机制;农业增值;加强对自然资源的控制;创造就业的

---

① 《区域计划述评》(草案),《2063年议程》技术股;战略规划、政策、监测、评估和资源调动部门;非洲联盟委员会,2063年5月。
② 大陆框架审视(草案),《2063年议程》技术部门,战略规划、政策、监测、评估和资源调动部门,非洲联盟委员会2063年5月。

制造业；企业与区域/全球价值链的联系；进一步发展非洲内部贸易；科学、技术和创新驱动的工业化；

- 一体化：人员、货物、服务和资本的自由流动；共同的货币联盟；（公路、铁路、海运、航空、语音、电子等）基础设施互联互通；
- 治理：政治治理、善政的国家、民主、人权、宪政与法治/司法及人道主义事务；
- 和平与安全：待命部队；冲突替代机制。

《2063年议程》结论及经验教训

基于相关分析，可以得出如下结论和教训：

1. 国家层级，成员国在规划处理的部分关键优先事项上具有较强的一致性。多数成员国规划中反映的优先事项包括：包容性经济增长/财富创造；人力资本发展；就业；治理/公共部门改革；性别平等、妇女和青年/社会保护。

2. 然而，某些领域是部分成员国所特有的，反映特有的国情和利益。例如，摆脱内战/国家冲突的成员国往往更加重视和平与稳定以及冲突后重建；岛屿国家注重与蓝色经济有关的问题；而内陆国家则追求与交通运输、基础设施的区域一体化有关的问题。

3. 在区域层级，虽然区域经济共同体被视为非盟框架的执行部门，但区域经济共同体的优先领域并不总是与非洲联盟委员会战略框架的优先领域相一致。

4. 另外，国家和区域两级的远景陈述有力地证明了非洲国家的雄心壮志，清晰地表明其要达到与世界其他区域国家相同发展水平的决心。事实上，这些远景从本质上证实并反映了第二章所概述的非洲对2063年的期望。

因此，《2063年议程》必须以国家规划、区域和大陆框架所反映的当前优先事项为出发点，并将国家和区域远景陈述中所反映的预期目标纳入考虑之中。

3.4 《2063年议程》的结论和问题

正如上述分析，非洲的命运在过去15年里发生了显著的转变。其命运的转变也反映在对非洲大陆的看法上。例如，《经济学人》杂志在2000年某期中曾将非洲描述为"绝望的大陆"。十年后的2011年，该杂志却将非洲称为"正在崛起的大陆"，而2013年3月再次将非洲描述为"充满希望的大陆"。

政策制定者和非洲普通公民不应被这种对非洲大陆局势的轻率分析所迷惑，并被误导产生虚假的自我满足感。尽管如此，相关分析依然反映出人们对非洲大陆的看法已经发生了变化，反映出非洲所走过的道路，表明非洲大陆必须紧抓机遇，扭转过往在诸多领域的失败表现，也为非洲公民指明了一条新的发展、繁荣与和平的道路。

今天的非洲正处于谋求重大转变的历史关头，非洲大陆各国无论是自行还是集体采取的行动，都将决定后代的命运。

- 今天，非洲联盟在体制上拥有更为完善的组织模式，且已经在非洲大陆和平与安全方面取得了重大进展。
- 尽管在选举方面偶尔出现倒退或遭遇困难，非洲民主和善政正在得以巩固；非洲大陆多数民众生活在比20年前治理得更好的国家中。

- 尊重人权及言论和结社等基本自由的情况有所改善。
- 在经济可持续发展、两性平等、卫生和教育方面取得了重大进展。在治疗和护理，更加有效控制流行病方面，以及集体应对艾滋病毒和艾滋病方面均取得了良好的成果。
- 以区域经济共同体和非洲发展新伙伴计划为基础的一体化和繁荣的非洲的远景魅力不减。
- 非洲的经济表现大有改观，增长持续攀升。
- 随着非洲巨大的矿产、天然气和石油资源的发现，以及非洲民众潜力的释放，非洲经济转型的前景将更加美好。

上述成果让大家满怀希望，但非洲依然需要作出积极的政策承诺，认识到挑战依然艰巨，应对不足，将可能制约《2063年议程》愿景的实现。

不过，挑战虽然艰巨，但机遇与之并存。

基于本章前几节相关分析，附件1概述了实现《2063年议程》各个愿景需要关注的主要行动领域。相关数据已成为《2063年议程》设定目标、优先领域和指标的基础信息。下文第4章中将详细阐释相关目标、优先领域和具体指标。

四 《2063年议程》：目标、优先领域、指标和指示性战略

引 言

对非洲过去50年的分析和对非洲大陆当今所处位置的评估均显示出，非洲取得了显著的进步，但同时面临诸多深层次的挑战。与此同时，非洲大陆在应对挑战，实现经济加速增长及社会经济转型方面依然拥有巨大的机遇和潜力。

> **新兴大陆的机遇**
> - 2000年至2008年期间，约三分之一的非洲国家的国内生产总值增长率超过6%。且其中仅有24%的增长与自然资源开采有关。
> - 非洲大陆实现收入翻番的平均时间是22年，而在某些国家该数字仅需十多年时间（11—13年）。
> - 非洲拥有巨大的市场，可实现非洲内部及与外部世界之间的贸易往来。非洲有52个人口超过100万的城市（与西欧大致相同），到2030年，城市人口所占比例将超过50%，中产阶级人数赶超印度，且拥有可自由支配的消费能力。
> - 经济、安全和政治方面的稳定性有所加强。宏观经济稳定，民主改革稳步推行，冲突明显减少。
> - 非洲将很快拥有世界上最大的劳动力市场，到2035年，当年劳动力人口将增加1.63亿人，赶超中国，占全球劳动力人数的25%。
> - 尽管目前非洲内部贸易仅为11%（某些区域达到25%），但泛非公司的发展以及在区域和大陆层级所采取的有力措施将会使这一状况得到显著改善。东南非共同市场/南共体/东共体三方自由贸易区即将启动，拥有潜在人口达6.25亿，包括26个国家（几乎占非洲大陆的一半）在内，国内生产总值合计为1.2万亿美元（占非洲大陆国内生产总值的58%），这将大大促进非洲内部贸易和人员、货物、服务和资本的自由流动。
> - 非洲拥有世界上60%的潜在耕地，非洲大陆因而可以成为农业强国，同时也有利于保护非洲的生态系统、独特的野生物种和遗传资源。
> - 平均而言，非洲各国政府将20%的财政预算投入教育领域（经合组织国家为11%）。是将人口红利和预计的劳动力增长转化为经济增长和转型的催化剂，还是将其转变为引发非

洲内乱的导火索，教育和技能培养将发挥至关重要的作用。
- 2000年，移动电话普及率为2%，如今已上升至78%，预计到2015年将达到85%。
- 预计2010年至2030年，15至64岁的劳动年龄人口占总人口的比例将由54.5%增至62.8%，到2100年将达到63.7%。人口增长有望转化为企业/非洲私营部门的市场驱动力。相对于儿童和老龄人口而言，劳动年龄人口的膨胀意味着较低的抚养负担，有利于腾出资源，补给养老和发展人力资本。
- 预计到2035年，非洲将进入城市化时代，届时50%的人口将生活在城市地区；到2100年城市人口将达到12.6亿，约占全球预计城市人口的四分之一。鉴于这一人口增长趋势，在创建智能城市方面，非洲不应被排除在外。
- 不断增长的城市人口和未来最大的劳动力市场，为非洲提供了成为全球一强和未来前沿市场的机遇。

非洲大陆要克服挑战，抓住机遇，实现第二章中提出的非洲长期远景，就需要彰显胆识、富有雄心的行动议程。本章主要介绍实现《2063年远景》的行动纲领，涉及如下几个方面：
- 理念方法；
- 《2063年议程》的基础；
- 目标、优先领域、指标和指示性战略；
- 《2063年议程》旗舰计划要点。

4.1 理念方法

《2063年议程》所采用的方法首先要认同非洲大陆的多样性，进而在现有举措的基础上加快实施步伐。

4.1.1 非洲多样性的认同

必须强调，虽然《2063年议程》提供了总体框架，但要切实执行，需要具体国家采取具有针对性的具体行动，也就是要认识到非洲大陆的多样化特质：
- 沿海国家与内陆国家——后者在外部连通方面面临挑战，但在基础设施互联互通投资方面可以获得明显效益；
- 最不发达国家与中等收入国家；
- 自然资源和矿产丰富国家与自然资源和矿产贫乏国家；
- 拥有良好农业条件的国家和农业较不发达的国家；
- 刚摆脱冲突的脆弱国家，生产能力低下，基础设施短缺，宏观经济环境不稳定，与没有冲突并从其经济持续投资中获益的国家；
- 与其他发展中国家/新兴市场国家一样，岛屿发展中国家面临类似问题和挑战，但必须应对各种突出的综合风险，如气候变化引发的海平面上升、与陆地邻国和市场的隔绝、人口密度高等问题；与之相比，非洲大陆上其他国家则可以联合起来共抗风险（见文本框）。

非洲小岛屿国家大事记

成员国：佛得角、科摩罗、毛里求斯、马达加斯加、圣多美和普林西比、塞舌尔。

先天优势：上述国家拥有经济和文化财富，拥有世界上最珍贵的部分生物资源、海洋和沿海生态系统，且均以其物种多样性和独特性而名声在外。此外，相关国家还具有强大的社会资本，表现为：亲属关系网络；独特的传承，强烈的认同感和社区意识。

主要挑战：像其他岛屿发展中国家一样（见1994年《巴巴多斯行动纲领》；2005年《毛里求斯战略》；2014年《萨摩亚途径》），相关国家面临多重困境：农民入城速度加快，污染和非法资源开采；限于地理面积较小，产品和服务的专业化规模程度不高，易受以下因素影响：气候变化、债务/国内生产总值比率高、国内市场有限；过度依赖国际贸易，易受全球发展的影响；收入不平等程度高；人口密度大，某些资源过度使用，公共行政和基础设施成本高昂，包括运输和通讯；普遍贫穷和政治不稳定（例如马达加斯加）。

《2063年议程》相关问题：虽然相关国家最为宝贵的资产是海洋和有限的人力资本，但《2063年议程》奉行三管齐下的战略，而所有相关战略均与海洋有关：

1）全面开发人力资本，并赋予其充分而有效地为国家和区域发展作出贡献的能力；

2）有利于具有直接增长潜力、创造就业机会和减贫的部门，例如在海洋和淡水中的水产养殖；

3）加强科学、技术和创新，促进可持续管理和协作，提升海洋资源管理和养护（海洋保护区（MPAs））；

4）发展在国家管辖范围以外地区和深海获取全球公域的能力；

5）加强非洲对专属经济区以外（公海）资源分配和利用决策的参与。

尽管不同国家面临共同的挑战，例如高贫困水平、文盲率、疾病及高儿童、婴儿和产妇死亡率，上述不同类别的国家依然有着迥异的条件和特点，而这些条件和特点决定了相关国家所追求的发展道路和战略。

因此，有理由将《2063年议程》视为共同的愿景，基于该愿景，非洲国家将各自或集体制定共同但经过调整的发展道路，从而实现一体化、统一和繁荣的大陆的愿景。

每个国家和区域均必须确定政策和战略的最佳组合，以实现预期的目标和里程碑。必须确保有效的监测和跟踪系统，并建立相互学习借鉴的制度。

此外，在实现预期里程碑和目标方面，成员国、区域和大陆机构之间也将承担不同的责任。在《第一个十年执行计划》中，为确保行动的一致性和统一性，对相关责任作出了更为详细的规定。

4.1.2 现有政策及措施

《2063年议程》将通过连续的十年执行计划逐步推进实施。短期内，《2063年议程》将强调加快实施已通过的主要大陆框架和主要旗舰方案，快速推进区域一体化进程。此外，非洲国家将加快推进治理、民主、人权、和平与安全等相关法律框架、议定书和类似文书的本土化进度。

这一举措将有助于推进非洲的长期发展，展示向前推进的势头，进而彰显《2063年议程》的影响力和可信度。

4.2 《2063年议程》制定基础

《2063年议程》以《基本法案》《非盟远景》《50周年宣言》和《非洲愿景》为基础，同时注重相关计划和框架所反映的各国、各区域及非洲大陆优先事项。

4.3 目标、优先领域、指标和指示性战略

> 《2063年议程》的目标与非洲愿景相关联（详见下表）：
> - 根据《非盟远景》、7项《非洲愿景》和《50周年宣言》，确定了20项目标。
> - 相关目标还考虑到《非洲共同立场》（CAP）和《2015年后可持续发展目标》所设目标和优先领域。
> - 相关战略总体上反映出成员国/区域计划、大陆框架、非洲经委会/非盟关于非洲的《经济报告》[①]、《2014年非洲转型报告》和《2050年非洲展望》及其他相关文件所列战略。
> - 确定目标和优先领域时，参考了多轮协商的结果，考虑到现有大陆和区域倡议，同时融合了对成员国长期计划和远景的审核意见。

在此情况下，本章所述《2063年议程》目标、优先事项、指标和指示性战略可视为非洲的发展目标或《非洲的千年发展目标》，各国应以此为基础，表达相应的政治和财政承诺。

附件3和附件4详细罗列了国家和区域/大陆层级各自愿景的目标、优先领域、指标和指示性战略。下表为总体摘要。

《2063年议程》的愿景、目标和优先领域概览

愿景	目标	优先领域
一个基于包容性增长和可持续发展的繁荣非洲	公民拥有较高的生活水平、生活质量和幸福感	• 收入、职业和体面的工作； • 贫穷、不平等和饥饿； • 包括残疾人在内的社会安全和保障； • 现代宜居的住所和优质的基本服务
	公民接受良好的教育，以科学、技术和创新为驱动的技术革命	• 教育和科学、技术和创新（STI）驱动的技术革命
	国民身体健康，营养健全	• 健康与营养
	经济转型	• 可持续的包容性经济增长； • 教育和科学、技术和创新（STI）驱动的生产制造业、工业化和附加值； • 经济多元化和适应力； • 旅游/接待
	生产力较高和高产的现代化农业	• 农业生产力和产量

[①] 《2013年非洲经济报告》充分利用非洲大宗商品实现增长、就业和经济转型以及《2014年非洲经济报告》。

续表

愿景	目标	优先领域
一个基于包容性增长和可持续发展的繁荣非洲	发展蓝色/海洋经济，促进经济增长	• 海洋资源与能源； • 港口作业和海上运输
	环境可持续，适合气候条件的经济体和地区	• 可持续自然资源管理； • 生态多样性保护、遗传资源和生态系统； • 可持续性消费和生产模式； • 水资源安全； • 气候适应性和自然灾害应对和防范； • 可再生能源
一个建立在泛非主义理想和非洲复兴愿景之上的政治统一的一体化非洲大陆	非洲一体化（联邦或邦联）	• 一体化非洲的框架和机构
	非洲大陆金融和货币机构的建立和运行	• 金融与货币机构
	世界一流的基础设施遍及非洲	• 通信和基础设施互通互联
一个善治、民主、尊重人权、正义和法治的非洲	确立民主价值观、具体做法、人权、正义和法治等普遍原则	• 民主和善政； • 人权、公正和法治
	各级机构卓有能力，领导具有革新思想	• 机构与领导力； • 参与式发展和地方治理能力
一个和平稳定的非洲	和平、安全与稳定得以维持	• 保持稳定，维护和平和安全
	建立稳定和平的非洲大陆	• 非盟确保和平与安全的体制结构； • 防御、安全与和平
	全面运行的非洲和平与安全架构	• 全面运行的非洲和平与安全架构支柱
一个具有强烈文化认同、共同遗产、价值观和道德准则的非洲	非洲文化复兴得以凸显	• 泛非主义价值和理想； • 文化价值和非洲文化复兴； • 文化遗产、创意艺术和相关企业
一个依靠人民和民众潜力，尤其是妇女和青年潜力，并关爱儿童的非洲	社会生活各个方面充分实现性别平等	• 妇女和女童权利提升； • 针对妇女和女童的暴力和歧视
	提升青少年的权利与参与度	• 青年赋权和儿童权利保障
一个作为强大、团结、富有活力和影响力的国际事务的参与者和合作伙伴的非洲	加强非洲在国际事务及和平进程中的伙伴作用	• 非洲在国际事务中的地位和角色； • 伙伴关系
	非洲自主融资，推动经济发展	• 非洲资本市场； • 财政制度和公共部门收入； • 发展援助

4.4 《2063年议程》旗舰计划

2014年1月24日至26日，非盟执行理事会巴赫达尔（埃塞俄比亚）部长级务虚会审议了《2063年议程》框架，并商定了加强非洲资源可持续管理和加快转型与发展的行动。

具体而言，会议同意通过快速跟踪《2063年议程》所确定方案的实施，大力推动非洲的增长和转型。此外，2014年6月在马拉博举行的非盟首脑会议上，执行委员会授权非盟委员会继续探讨并筹备具体行动，以执行相关方案和倡议（EX.CL/Dec.821（XXV））。

非洲政治领导人同意的《2063年议程》旗舰计划如下：

1. 综合高速列车网：旨在连接所有非洲首都和商业中心，以便于货物、劳务要素和人员的流动，缓解现有和未来系统的交通拥堵。

2. 泛非电子大学：旨在通过向多个站点的大量学生和专业人员提供更多机会，发展相关高质量的开放、远程和电子教学，加快人力资本开发、科学技术创新；确保非洲学生在世界任何地方和任何时间都能获取大学教学资源。

3. 制定商业战略：旨在帮助非洲国家获得附加价值，从商品中获取更高收益，融入全球价值链，促进以增值和本地内容开发为基础的纵向和横向的多样化，并将其作为整体政策的一部分，促进充满社会活力、和环境可持续的商品部门的发展。

4. 设立非洲年度论坛：每年定期召集非洲政治领导人、私营部门、学术界和民间团体，讨论事态发展和制约要素，以及为实现《2063年议程》愿景和目标所应采取的措施。

5. 到2017年加快建立大陆自由贸易区：旨在显著加速非洲内部贸易增长，更加有效地通过贸易推进增长和可持续发展。到2022年使非洲内部贸易翻一番，促进非洲在全球贸易谈判中的共同发声，赢取政策空间，并在商定的时限内建立相关金融机构，包括：非洲投资银行和泛非证券交易所（2016年）；非洲货币基金组织（2018年）；非洲中央银行（2028—2034年）。

6. 非洲护照与人员自由流动：非洲共同护照旨在加速实现大陆一体化。人员自由流动是非洲一体化的支柱，是非洲内部贸易加速增长的动力。该方案旨在修改非洲现行法律，原因在于虽然各国在政治上承诺到2018年降低边界限制，以促进成员国之间签发签证，实现所有非洲公民在所有非洲国家的自由通行，但按照现行法律法规，公民自由通行仍然受到限制。

7. 到2020年禁枪：旨在履行非统成立50周年之际举行的非盟首脑会议的承诺，"不把冲突的负担留给下一代非洲民众"，"到2020年结束非洲的所有战争"和"使和平成为所有非洲民众的日常，非洲大陆摆脱战争，结束社区间和内部冲突，终止侵犯人权、人道主义灾难和暴力冲突，防止种族屠杀"。

8. 大英加水电项目：旨在促进非洲能源生产。非洲的水电潜力仍未得到实质性开发，目前开发的水电仅占7%；非洲的水电利用率仍居世界末位。英加水电站的优化开发将生产43200兆瓦的电力（PIDA《非洲基础设施发展方案》），以支持目前的区域电力联营及联合服务，将非洲从传统能源供给源转变为现代能源供给源，并确保非洲公民能够获得清洁和负担得起的电能。

9. 泛非电子网络：旨在提升服务。泛非电子网络涉及诸多利益攸关方，设想通过政策和战略为非洲带来变革性的电子应用和服务；改善基础设施，尤其是非洲内部宽带地面基础设施；提升网络安全，依靠信息革命提升服务水平。此外，还有非洲互联网交换系统（AXIS）。非洲电子化转型旨在将非洲转变为电子化社会，因此《非洲基础设施发展方案》（PIPA）和电子设备的零部件制造业需要优先考虑。

10. 外层空间：旨在加强非洲利用外层空间以促进其发展。外层空间对非洲所有领域的发展至关重要：农业、灾害管理、遥感、气象预报、银行和金融，以及国防和安全。非洲获得空间技术产品已不再是奢侈之举，需加快获得相关技术和产品的速度。卫星技术的新发展使非洲国家极易获得相关技术。布拉柴维尔航空航天技术会议强调，需制定可行的政策和战略，以开发非洲空间产品的区域市场。

11. 非洲单一领空：该项目旨在为非洲提供独立的非洲航空运输市场，以促进航空运输。

12. 非洲大陆金融机构：非洲大陆金融机构是调动资源和管理金融部门的重要机构，发展相关机构有利于加速非洲大陆一体化进程和社会经济发展。

上述旗舰项目将有力推进非洲大陆的大范围变革，有利于非洲大陆更广泛的领域从中受益。相关方案将成为《2063年议程》第一个十年执行计划的基础。

五 《2063年议程》成功的关键因素、潜在风险和缓解策略

为确保《2063年议程》实现非洲公民所期望的加速增长、广泛的结构改革和可持续发展，首先必须明确成功的最关键要素，进而付诸实施。相关因素包括政治、经济、社会、环境、技术、法律和体制，可直接或间接促成或引发革命性变革，促进2063年非洲愿景的实现。

此外，在今后50年里，可能出现新的不可预见的风险和威胁（即可能对非洲的未来产生破坏性影响的因素）和/或发展机遇，而如今我们已知的风险、威胁和机遇中，有些还可能呈现出新的态势。在此方面，了解全球趋势，以及相关趋势可能对非洲产生的影响至关重要。

5.1 成功的关键因素

1. 领导和政治承诺。这是决定非洲未来和决定《2063年议程》成功与否的关键因素。非洲今天在加速经济增长、转型和可持续发展方面的领导力方面面临挑战，且比争取摆脱殖民主义的斗争更为复杂，更具难度。在政治、商业、工业、科学、宗教、教育和文化等多个领域，都需要有卓有远见的领导。世界各地的经验表明，政治领导层必须卓有远见，笃定不移，积极有为，方能取得成功。

2. 能力发展状态。有效、负责且以发展为导向的机制，高效强大的政府部门，明确务实的发展愿景和规划，支持企业家阶层和建立公众信任的公共政策的制定，以及基于透明法律和规则的治理结构对于实现《2063年议程》均至关重要。在结构转型取得成功的情况下，国家在这一过程中发挥了关键作用。需进一步提升国家能力，加强机构建设，以激发私营部门的活力，动员民众，围绕共同发展议程形成全国共识，投入足量资源，确保目标的实现。最重要的是，非洲国家必须对民众的需求负责并积极做出回应。

3. 参与、包容和公民赋权。所有利益攸关方有效参与《2063年议程》的构想、设计、执行、监测和评估是成功的关键要素。因此，《2063年议程》须确保充分的参与性，要调动所有利益攸关方——整个非洲大陆必须参与其中，以重新点燃勠力同心改变非洲大陆命运的精神——尤其要调动妇女和青年的参与热情。公民权利获得保障，民众整体反应积极，社会和经济转型便可能成为现实。海外侨民的积极参与可以成为非洲发展变革的主要推动力之一；通过投资、专业知识和普遍的政治、文化和社会团结，有助于促进非洲的经济独立。

4. 成果导向的，具有可测量、可跟踪、可监测的具体目标的实施方法。《2063年议程》在提供总体框架和共同目标和指标的同时，综合考虑了非洲的多样性，确定了发展轨迹，解决了与多样性相关的问题。

5. 振兴战略规划并确保国家计划、区域倡议和《2063年议程》之间的有效衔接。基于一系列短期、中期和长期的整合性大陆、区域和国家规划，可进一步优化经济管理，促进整体性和综合性（跨部门和物理空间）的发展，进而确保《2063年议程》的实现。国家规划、区域发展倡议和《2063年议程》之间的相互协调也是《2063年议程》取得成功的关键。虽然执行规划的最终责任在于各国政府，但在规划周期的所有阶段，包括在确定优先问题、确定目标、制订计划、执行以及监测和后续行动方面，需要各方的协调和相互配合。

6. 使《2063年议程》成为非洲复兴的组成部分。非洲复兴要求转变态度、价值观和思维方式，融入泛非主义、自尊、勤奋、创业和共同富裕等思想。因此，弘扬自律、专注、诚实、正直的价值观和勤奋工作的精神，是实现《2063年议程》的关键所在，也是其不同于以往的大陆框架并确保议程成功实施的原因。《2063年议程》为非洲提供了机遇，帮助其摆脱"总是提出新想法，但并未取得重大成就"的症结。

7. 非洲掌控自己的全球话语权。非洲需掌握其全球化话语权和形象，以确保其反映非洲大陆的现实、愿景和优先事项，以及非洲在世界上的地位。在此方面，《2063年议程》重申，面对包括跨国公司在内的持续的外部干涉，分裂非洲大陆的企图，以及对某些国家的不当施压和非法制裁，非洲必须团结一致。

5.2 风险、威胁和缓解策略

非洲大陆面临的现有和新的威胁包括：面对不断变化的全球需求和人口结构，对非洲资源的争夺；非洲大陆事务中不当外部影响；非洲承受气候变化影响方面不成比例的负担；以及大量非洲资源和资本的非法外流。

具体而言，关键的风险/威胁包括：

1. 冲突、不稳定和不安全：过去50年中，很多非洲国家经历了不同程度的冲突和不安全局势，其原因包括：（1）缺乏健全的治理和民主；（2）种族、宗教等多样性的管理不善；（3）对稀缺资源（土地）的激烈竞争；（4）经济管理不善；（5）自然灾害和人为灾害。尽管与独立后的几年相比，许多非洲国家如今更加稳定和强大，但国家脆弱所带来的威胁依然存在，且极有可能蔓延至邻国。若处置不当，可能会产生负面影响，破坏稳定。

2. 社会和经济不平等：非洲的收入不平等程度很高，有些国家达到60%。过去几十年来，非洲经济增长强劲，财富越来越多地集中在少数人手中，而流向大多数人口的财富数量有限。加之城市青年失业率居高不下，贫困普遍存在，使社会和经济不平等成为政治、社会和经济风险的主要诱因。

3. 有组织犯罪、毒品贸易和非法资金流动：过去十年中，国际贩毒集团将西非作为通往欧洲的主要过境路线。据联合国毒品和犯罪问题办事处估算，每年至少有50吨、价值约20亿美元的可卡因从拉丁美洲经西非转运。在某些国家，毒品贸易已然腐蚀了政府官员和军队。非洲海盗活动的泛滥也与国家的脆弱性密切相关。如今，海上海盗活动主要来自非洲的两个地区：非洲之角和几内亚湾。与贩毒类似，海盗活动也严重影响了地方经济。例如，肯尼亚的旅游业受到海盗活动的严重影响，政府被迫采取非常措施。非法资金流动更是将非洲发展急需的资金转移到世界其他地方。

4. 多样性管理不善：宗教极端主义、种族主义和腐败问题：自非统成立以来，非洲在充分认识到其（经济财富、发展阶段和文化）多样性的同时，积极争取广泛团结，并在共同的价值观和历史基础上取得了成功。然而，宗教极端主义、种族主义和腐败问题使群体之间产生了明显的经济和社会裂痕，为处理多样性问题带来了更为严峻的挑战。

5. 人口红利利用不力：未来 50 年里，非洲最大的单一资产，也是潜在的致命弱点，是庞大的青年人口。1994 年，非洲总人口为 6.97 亿（占世界人口的 12.5%）；20 年后，到 2014 年，非洲人口达到 12 亿（占世界人口的 15.1%），预计到 2060 年将达到 27 亿（接近世界人口的三分之一）。非洲 15 至 29 岁青年人口也将达到全球青年人口的 28%（12 亿）。在许多非洲所谓的脆弱国家中，近四分之三的人口年龄在 30 岁以下。非洲需推行相关战略及政策，挖掘潜力，将潜在的威胁和风险转化为机遇。各国政府必须全面行动，扩大教育和培训，创造就业机会，防治疾病，加大对社会和环境负责的投资。

6. 非洲疾病负担的升级：与其他发展中国家相比，受制于公共卫生系统投资不足，地理位置（主要是热带地区）、贫穷、营养不良和卫生条件差等多种因素，非洲面临着不成比例的沉重疾病负担。未来，非洲还可能出现新的病毒和疾病。

7. 气候风险和自然灾害：在今后许多年里，气候变化将继续对非洲发展产生不利影响。2007 年，政府间气候变化专门委员会（IPCC）宣布，非洲是最易遭受气候变化并受气候变化影响的大陆之一，各方面的多重压力和非洲大陆的低适应力共同作用，加剧了这一状况。非洲的备灾和防灾能力有限，每一次自然灾害都造成人类生命和财产损失。此外，土地掠夺和公地私有化风险依然很大，这将加剧其应对气候风险的脆弱性。

8. 外部冲击：非洲国家一直遭受并依然难以抵抗全球市场力量变化的影响。在 50 年内，全球经济环境的变化，如商品价格暴跌、金融危机或政治、社会和环境领域的其他发展态势，都有可能使非洲的发展轨迹偏离预定轨道。

然而，这些威胁和挑战可以通过采取集体战略和有效的公共政策、对策和行动来加以缓解，并转化为机遇，以应对非洲面临的最具破坏性的经济、社会和环境变化。

克服风险和解决脆弱性的几个方面：

- 利用非洲社会的复原力——农业社区显示出在最困难的环境中抵御风险和创造生计的强大能力；通过民间组织，社区能够管理自己的事务、处理争端和保护弱势群体；非洲妇女在建立和平和重建生计中的作用不断增强。基于诸如此类不同形式的复原能力，非洲有可能应对风险。

- 在共同体、成员国、区域和大陆各层级之间建立相互联系的伙伴关系和机构，有助于吸收具有破坏性的变化，降低相关社区和国家的脆弱性。最为重要的是，要铸就区域经济共同体的能力，从而找到解决脆弱性驱动因素的区域性解决方法。

- 促进经济多样化，提升气候恢复以及备灾和防灾能力。《2063 年议程》已然清晰构想，要缓解非洲所面临的风险，最为关键的机制包括：农业和采矿部门的价值提升，非洲经济体的多样化，摆脱对以农业为基础的出口依赖和对某种或某两种主要商品的依赖。

- 建设人力资本，促进技术革命。《2063 年议程》优先考虑帮助公民接受技术革命、科学、技术和创新为依托的良好教育，帮助其享受优质医疗服务。此举有可能将人口和疾病负担的风险转化为人口红利，并实现非洲大陆的经济转型。

这些战略和其他相关战略将使非洲更好地面对下文将要详细探讨的全球大趋势和力量。

5.3 国际趋势和驱动力量

《2063年议程》是在非洲和世界快速变化之际推行实施的。这些变化的主要驱动力来自非洲内（内生）和非洲外（外生）的不同力量。考虑到政治、人口、经济、社会动态以及社会利益和关切点的转变，2063年相关变化的驱动力量也将不同于今天。

五十年是较长的一段时间，而要有效确定可能对非洲发展轨迹和转型产生重大影响的大趋势也确实不易。不过，根据利益攸关方围绕《2063年议程》进行的磋商中所强调的威胁和机遇，结合资料梳理，可以确定以下几大趋势：

民主化、个体的崛起和赋权

技术和教育机会的迅速扩大正在催生智能、移动、互联、无边界和有见识的公民，这在人类历史上前所未有。非洲的信息和通信技术宽带普及率由2010年仅有的7%实现迅速增长；而非洲的平均互联网用户比例约为每100人中有12名互联网用户，且各国之间差异明显。将互不相连和快速增长的数字经济联系起来，将为增长和转型创造巨大的机遇，从而重塑非洲的经济和社会格局。此外，它还将对民主和治理实践产生重大影响。

民主和参与性治理结构正在世界很多地方延伸，非洲更是如此。面对这些要求，公民积极回应，正努力创造有利的环境，为自己争取权力和自由，释放其创造力和活力，从而促进增长，加快转型。

气候变化和低碳经济

气候变化可能会对非洲产生严重、普遍、跨部门的长期影响，且相关影响在特定情况下是不可逆转的。政府间气候变化专门委员会（IPCC）估计，非洲的平均气温每上升3至4摄氏度所产生的影响将是全球在本世纪末全球气温上升平均值（2至4.5摄氏度）的1.5倍。这一变化，加之其他因素，将迫使非洲鱼类迁移到欧洲水域。

气候变化引发的不断恶化的环境压力会导致人口流离失所、自发的大规模移民、土地侵占和难民问题，给非洲脆弱的和平与安全造成威胁。

据预测，海平面上升和沿海地区的侵蚀将严重影响非洲的主要城市，包括阿比让、阿克拉、亚历山大、阿尔及尔、开普敦、卡萨布兰卡、达喀尔、达累斯萨拉姆、吉布提、德班、弗里敦、拉各斯、利伯维尔、洛美、罗安达、马普托、蒙巴萨、路易斯港和突尼斯。非洲的小型岛屿也十分脆弱，极易遭受气候变化的影响。

总体而言，诸如热浪、寒潮、沙尘暴、强风、洪水、干旱、较大的降雨变化和模式等极端天气事件日益普遍和严重，有可能会破坏和干扰传统作物生长周期，降低农业和工业原材料生产力，影响出口收入，增加动植物病虫害。

自然资源枯竭与需求转移

滥伐森林导致环境严重退化，收入减少，产生了负面社会和环境后果，包括：非洲大陆许多地方生态系统恶化，对土壤肥力、水资源供应和生物资源造成负面影响，燃料木材和建筑材料也因此而严重短缺。

对自然资源储量的多寡加以管理，会影响非洲的发展、和平与安全议程，而非洲面临的挑战和机遇主要包括：
- 水资源短缺：引发冲突和危机；
- 争夺非洲巨大的可耕种土地资源；
- 矿物加工技术——提高资源开发效率（产出率）；开发低品级矿石的利用方式；
- 蓝色/海洋经济，包括深海采矿和开发非洲海洋遗产；

人口与城市化

按照目前的增长速度，到2063年，非洲人口将达到26亿，比印度和中国的人口还要多。发达国家的人口正在呈现老龄化，这为发展中经济体，特别是非洲，以其较年轻的人口填补这一差距铺平了道路。因此，鉴于预计到2063年非洲将有12亿青年人口，非洲完全有能力在未来数年收获人口红利。

非洲的城市化率（3.23%）居世界之首，拥有4亿城市人口，未来20年中城市人口将成倍增长，达到15亿。然而，2010年，非洲大陆城市人口中约有61.7%生活在贫民窟，居全球最高。非洲今天的特大城市，即开罗和拉各斯郊区，人口分别达到1900万和1500万，紧随其后的是50年后即将成为特大城市的：高登（约翰内斯堡和茨瓦内）、西开普（开普敦）、罗安达、阿克拉、喀土穆、达喀尔、布拉柴维尔、金沙萨、亚的斯亚贝巴、马普托、达累斯萨拉姆和内罗毕。

新技术与创新

可能影响非洲的科学技术包括：
- 农业生物技术——利用基于基因的技术，提高农业生产力，改善农场管理，生产更多抗旱、抗水涝和抗病虫害的品种，从而最大限度降低农用化学品、杀虫剂及农业用水居高不下的成本；
- 健康和健康创新系统——开发研制新药剂、疫苗、核医学、诊断工具，以应对新出现的疾病，攻克无法治愈的疾病；
- 可再生能源和新技术：在能源多样化的推动下，经济加速增长对能源的巨大需求有所增加；碳排放被依法征税并实施监管；能源安全；推行智能电表和电网，实现清洁且负担得起的电力供应。
- 信息和通信技术、机器人技术和自动化：相关技术均有可能在未来几十年内见证世界的迅速变化。

全球金融结构的变化

世贸组织和多边贸易自由化谈判中提出的问题表明，全球贸易和金融规则即将发生变化，这将导致金融一体化程度的提升——资本得到有效利用，保障措施得以推行，以应对经济突然停滞和资本流动逆转。

全球政治和经济权力转移

欧洲和美国与非洲的双边贸易协定：结束对非洲的优惠计划［包括《非洲增长与机会法案》"（AGOA），以《经济伙伴关系协定》（EPA）取代《除武器外一切商品》（EBA），结束《科托努协定》（*Cotonou Agreement*）］将影响非洲发展的轨迹。

对非洲的援助政策也可能发生改变。到2063年，随着欧洲对非洲的援助对象逐渐减少，非洲和欧洲之间的相对收入差距也在下降，因而对非洲的援助可能会减少为零。

为有效应对这些大趋势，将潜在的风险转化为机遇，非洲需要投资建设信息库，充分了解不断发生的巨大变化，预测可能发生的情况，并制定适当及时的政策和战略。

非洲尤其需要：

- 确保非洲大陆上自由普遍存在和充分的连通性；应对因赋予个人权力而给政府架构和进程带来的越来越多的挑战；
- 非洲的科学和技术达到世界前沿水平；
- 管理自然资源收入；处理非法资本流动问题，发展创新性发展融资，例如主权财富基金，包括基于可耗尽自然资源的代际基金；
- 将生物技术纳入非洲本土的动植物基因研究，确保包括转基因生物在内的生物技术不会轻易破坏非洲遗传资源的多样性、数量和质量；
- 加大力度投资改造和扩大非洲制药产业，包括核医药，使非洲摆脱传染病；
- 加强各国和区域金融市场，促进资源调动，扩大获得金融服务的机会。

六 "实现目标"
——实施、监测、评估、融资、沟通和执行能力

6.1 引言

自非统成立以来,已经启动了多项大陆框架和倡议,包括《拉各斯行动计划》和《拉各斯最后文件》、非洲经济共同体(《阿布贾条约》)、非洲结构调整方案替代框架、非洲发展新伙伴计划,以及涵盖(经济、社会和文化等)几乎所有领域的若干部门框架。这些举措的执行情况总体上低于预期。第三章总结了相关经验教训。

过往的经验,以及对国家和区域计划的审视、现有大陆框架以及与大陆利益攸关方团体的磋商中吸取的主要教训均表明,以下是成功执行《2063年议程》的先决条件:

- 作为《2063年议程》的基本内容,应在大陆、区域和国家各层级建立明确的协调机制,确保强有力的执行和监测/评价安排。
- 通过鼓励所有利益攸关方积极参与,明确其各自在国家、区域和大陆各层级在《2063议程》的执行、监测和评估工作中的作用和责任,促进有效参与和相互包容。
- 制定由非洲推动和管理的资源调动战略,以确保执行《议程》所需资金。
- 通过《2063年议程》传播战略,动员非洲侨民参与意见征集,分享观点,报告进展情况。
- 适当利用现有机构/架构,如区域经济体、大会、执行理事会、科学技术委员会、非洲联盟委员会和其他非盟机构,而不是在执行/监测和评估中设立新的机构/架构。
- 将区域经济体牵头的各区域作为"实现目标"的枢纽。
- 将国家规划及区域和大陆框架作为成员国和区域经济体接受《2063年议程》并避免重叠的基础,以确保连续性。
- 振兴、加强和发展现有的国家/区域规划系统和进程,将其作为使国家/区域规划与《2063年议程》相协调的机制,包括对规划的持续的政治承诺。
- 确保在大陆一级设立协调中心,确保所有利益攸关方得到充分代表。

区域经济共同体和《2063年议程》
- 支持会员国将其远景/计划与《2063年议程》保持一致
- 协调会员国执行、监测和评估《2063年议程》
- 领导执行《2063年议程》下的区域项目
- 向《2063年议程》指导委员会提供执行进度和监测与评估报告
- 在《2063年议程》组织结构中代表该区域

基于这些经验和教训，本章介绍了"实现目标"的几个方面：
- 执行、监测和评估工作；
- 利益攸关方关系；
- 《2063年议程》融资；
- 伙伴关系；
- 能力发展；
- 《2063年议程》传播战略。

6.2 执行、监测和评估工作

6.2.1 目标和原则

执行、监测和评估工作的目标是：
1. 确定所有关键利益攸关方，并分配各自需执行的任务；
2. 确保各利益攸关方及时完成所分配的任务；
3. 为集体执行/实现《2063年议程》的目标提供平台。

除了6.1中提出的问题外，协商、审读国家/区域计划和大陆层面框架的基本原则还包括：政府辅助作用；问责制和透明度；参与/包容；一体化；多样性；利用现有机构和系统；以及协调政策和制度。

政府辅助作用

《2063年议程》的实施分为三个层次，每一层都应被赋予其可以最有效、最高效完成的任务。在此背景下：

- 由政府领导的国家层级将负责执行《2063年议程》所要求的关键活动；
- 区域层级——区域经济共同体将作为区域一级执行工作的支点。它们将对《2063年议程》成果框架进行适当调整，使其适应区域现实，促进/协调成员国执行议程，并在区域一级制定/实施监测和评估框架。
- 大陆层级的非盟机构，特别是非洲联盟委员会，将负责制定宽泛的成果框架，并对区域经济共同体的具体工作进行监测和评估。

问责制和透明度

为确保所有利益攸关方充分发挥作用，实施框架应做到：
1. 成果驱动：应为每个利益攸关方制定现实/可衡量的目标，并设立监测和评估框架，以要求各方严格对照目标行事；
2. 证据导向：所有与确定优先次序/重点领域、资源分配等有关的决定，都应以客观界定的标准为基础，以确保所有利益攸关方彼此趋同/相互接受，建立非洲信息库，收集并统计数据，确保规划顺利执行并对各项规划实施监督。

参与/包容和一体化

要实施任何计划或方案，一开始必须鼓励关键行为体积极参与。而能否成功，关键要政府出面领导和协调，确保所有主要利益攸关方参与并积极融入，从而加强相关方面对《2063年议程》目标和宗旨的认识、了解和接受，凝心聚力，促进目标的实现。

通过如下方式及途径，确保所有利益攸关方的有效参与和广泛融入：

1. 国家层级：政府牵头，并得到民间社会组织、商业和服务协会、妇女和青年团体、社区团体的支持（如国家规划系统所述）。
2. 区域层级：区域经济共同体、商业/服务和专业协会；
3. 大陆层级：非盟首脑会议、执行理事会、常驻代表委员会、非盟委员会/非盟机关和机构、专门技术委员会（STC）、商业/服务/专业协会和侨民参与议程的执行、监测和评估工作；

多样性

《2063年议程》提供了总体框架和一系列共同目标和指标，同时也考虑到了非洲的多样性，确定了具体发展轨迹，解决了与多样性相关的问题。

利用现有机构和系统

《2063年议程》以现有的国家/区域规划系统和进程为基础，成为各国/区域规划对接《2063年议程》的参照机制。必要时，可以在现有机构（如区域经济共同体、非洲发展新伙伴计划、泛非议会等）的任务和优势的基础上，进一步凝练并形成适用于《2063年议程》的执行监测和评估的机构和系统。另外，《2063年议程》以现有基础设施和系统为基础，综合考虑了非洲大陆发起的各种政治和社会经济倡议的成败经验。

政策、制度和程序的协调

要认识到非洲的多样性，但要保持进程的完整统一，就必须确保某些领域的普遍性。需要协调的重点领域包括成果框架的具体指标和目标。

6.2.2 《2063年议程》的执行、监测和评估中利益攸关方的关系

"实现目标"的关键利益攸关方涉及大陆、地区和国家三个层面。相关利益攸关方在《2063年议程》的执行、监测和评估方面发挥着特定的作用。

主要利益攸关方按相对层级排列如下：

大陆层级

由非盟机构和大陆一级的协调机制组成，包括：

首脑会议

非盟首脑会议的主要职责包括：批准《2063年议程》及相关的一系列十年计划；为《2063年议程》的实施、监测和评估提供广泛的政策指导。

执行委员会

主要职责包括：通过《2063年议程》部长级委员会工作程序，提供战略协调；就成果框架向大会提出建议，并核准监测和评估报告。

《2063年议程》部长级委员会

该委员会是执行理事会下设委员会，由双重身份成员组成，包括：非盟委员会主席、非洲发展新伙伴计划协调署、区域经济共同体、非洲开发银行、联合国非洲经济委员会和其他适当的非盟机构的首席执行官等。

主要职责包括对《2063年议程》的规划、实施、监测和评估等方面实施业务层面的监督，

并作为《2063年议程》的技术协调部门对非盟委员会进行直接监督。

《2063年议程》非盟委员会/技术部门

在非洲联盟委员会主席的领导下，该部门负责下列工作：

1. 协调并促进《2063年议程》成果框架（尤其是十年执行规划）的制定/分析相关技术事项；
2. 制定大陆框架，推进《2063年议程》的实施；
3. 对区域经济共同体的监测和评估报告进行分析评审；
4. 制定/执行资源调动和传播战略；
5. 编制进度/年度报告等其他工作。

总体上，该部门是《2063年议程》部长级委员会的秘书处。

地区层级

区域经济共同体

主要职责包括：

1. 在各区域/国家协商《2063年议程》实施进程初期，发挥领导作用；
2. 参与监督《2063年议程》大陆一级工作的执行；
3. 调整/协调《2063年大陆长期/中期十年计划》；
4. 向成员国发布规划编制指南；
5. 协调区域规划的编制/实施；
6. 综合区域监测和评估报告，领导《2063年议程》的资源调动。

国家层级

成员国

各成员国有不同的规划体系相关法律及程序，但一般而言，在政策制定、计划编制、计划执行、监测和评估以及资源调动等专题领域中，国家和次国家（地区、省、州和地方）两个层级均有参与。

主要职责

在政府的领导下，国家和国家以下各级利益攸关方在专题领域/专题组内履行职能。在国家层级，政府、私营部门、国家级协会等通过国家规划框架将：

1. 调整国家远景/计划，使其与《2063年议程》及《十年执行计划》保持一致；
2. 领导/协调资源调动和资源分配工作；
3. 领导/协调《2063年议程》所推动的国家中期规划的执行，也会参与目标/指标的制定、监测和评估。

在次国家层级，由地方政府领导，民间社会团体（营利团体和非营利团体）协助，跨部门团体参与：

1. 调整国家远景，使其与《2063年议程》相一致；
2. 基于《2063年议程》编制中期规划；
3. 基层目标、指标的制定和监测评价。

6.3 《2063年议程》融资需求及战略

《2063年议程》融资需求

《2063年议程》的所有七个愿景的实现均需要资金的支持。不过，要推进社会经济转型议程，在以下方面需要大量的资金投入：区域一体化；基础设施；以科学、技术和创新为基础的工业化和地方资源加工；农业、粮食安全和环境可持续性；非洲内部贸易；健康和营养；受教育程度和科学、技术、工程和基础数学教育、研究和英才中心（center of excellence）；包括支持妇女和青年创业的包容性和可持续增长。其他需要融资的领域包括：和平、安全、人权和区域稳定；文化认同；对低收入的支持；非盟及其各机关、区域经济共同体和成员国的能力建设。

《2063年议程》融资需求的类型涵盖从公共和私营/商业来源的赠款到商业融资，包括：赠款、技术援助资金、社会影响资金、优惠贷款、基于市场价格的商业贷款、股权和其他市场类金融工具，外国直接投资和私营部门投资组合式投资（债务、债券、股权和其他证券）。

《2063年议程》融资战略

《2063年议程》融资挑战包括：

● 首先，调动一个稳定、可预测的财政资源基础，且该基础总体上仅依靠国内财政资源便可实现。

● 其次，在多个层次市场机制失效的区域背景下，《2063年议程》的融资不仅涉及调动国内财政资源，还涉及在《2063年议程》框架内，利用和协调这些资源进行生产性投资和项目实施。换言之，非洲不仅需要资金，还需要一种更有效、更具包容性的手段，将所筹资金（包括金融机构和市场、金融工具和金融服务）输送到利用率最高的地方，以及在市场机制未能有效分配所需资源的地方。

● 再次，由于市场机制失效，筹集到的财政资源并不能保证分配至优先领域的个人、社区、中小企业、基础设施和工业项目，因此为上述各方提供积极的资金支持将纳入《2063年议程》融资进程。

因此，《2063年议程》的融资战略将围绕三个层面进行阐述：（一）国内资源调动；（二）将资源转化为投资；（三）资金获得。

融资和国内资源调动和调解战略

为《2063年议程》提供资金所需的财政资源类型以及调动相关资源的战略如下：

《2063年议程》融资战略 国家层面		
潜在资金来源	所需额外资源的调动	实现方式
政府投资预算	预算再分配和/或增加税收、关税、消费税收入	签署《2063年议程》相关协议
政府支出预算	预算再分配和/或增加税收、关税、消费税收入	签署《2063年议程》相关协议
众筹	面向相关目标群体的众筹活动	营销、渠道有效性
非法资本流动	监管、监督和执行	高效的国家机构国际合作

续表

《2063年议程》融资战略
国家层面

潜在资金来源	所需额外资源的调动	实现方式
碳信用	国际"清洁能源发展机制"市场建立者的主张	完成减排项目
外商直接投资	定向投资促进和/或区域投资促进项目	《2063年议程》协议
私人投资（小型公私合作（PPP））	公私合作下的项目开发、结构规划、营销和财务结算	强大的公私合作框架条件
私人投资（公私合作）	公私合作下的项目开发、结构规划、营销和财务结算	强大的公私合作框架条件
侨民基金	通过债券、共有基金或直接参与项目或业务	可靠的牵头金融机构宣传/营销活动
小额信贷	货币金融机构的规模扩大（即资本化增强）与货币金融机构在治理、管理和运营领域的能力相结合	吸引投资者进入货币金融机构技术援助、信贷额度
发展金融机构相关设施	发展金融机构（DFIs）的规模扩大（即资本化增强）与其能力建设相结合	与发展金融机构（DFIs）就《2063年议程》达成协议
商业银行融资	通过培训或基于相关机构的建议提升能力，和/或通过银行资本化不断提升自身水平	《2063年议程》银行协议；吸引投资者进入银行资本市场；信贷额度、技术援助
贸易金融	（1）通过培训/基于相关机构的建议和/或通过银行或其他贸易金融公司的资本化提高能力；（2）非洲进出口银行（Afreximbank）的资本化；（3）非洲开发银行延长信贷额度	同上
信贷/投资保险	扩大区域保险/再保险（非洲再保险/保险公司）的规模（即提升资本化），使之与管理新风险的能力相结合（OGM、航空、气候变化）	吸引投资者入资公司
政治风险保险（PRI）服务	扩大（非洲再保险，ATI保险，ICIEC保险公司）的规模（即提升资本化），使之与管理新风险的能力相结合（OGM、航空、气候变化等）	吸引投资者入资公司
非洲信贷担保机构（ACGA）提供担保服务	非洲机构投资者（银行、中央银行、养老金、保险等）、非洲各国政府	可行性+投资备忘录+巡回宣传+可靠赞助商
非洲投资银行服务	非洲机构投资者（银行、中央银行、养老金、保险等）、非洲各国政府	可行性+投资备忘录+巡回宣传+可靠赞助商
非洲50年基金	非洲机构投资者（银行、中央银行、养老金、保险等）、非洲各国政府	可行性+投资备忘录+巡回宣传+可靠赞助商

《2063年议程》融资战略
地区/大陆层面

潜在资金来源	所需额外资源的调动	实现方式
非洲联盟委员会运营/项目预算	参照奥巴桑乔领导的非盟替代资金来源问题高级别小组（HLPASF）或同等成员国捐款的相关报告，对非洲私营部门公司征税	执行委员会执行提案
区域经济体运营/项目预算	区域经济体预算再分配和/或成员国额外捐款	执行委员会决议
私人资源（来自小型公私合作）	小型公私合作下的项目开发、建构、营销和财务结算	强大的小型公私合作框架条件

续表

《2063 年议程》融资战略
地区/大陆层面

潜在资金来源	所需额外资源的调动	实现方式
衍生收入或专利收入	专利的成功商业化	成功的研究
手续费收入	出售服务	优质服务
海外侨民债券融资	海外侨民投资者债券认购	债券结构、成功的营销和分销；可靠的做市商
区域债券融资	区域债券认购	债券结构、成功的项目营销和分销；可靠的做市商；区域扶持框架（法律、政策）
区域证券交易所融资	区域性股票或配股认购	成功的项目或公司营销和巡回宣传；可信的做市商；区域扶持框架（法律、政策）
发展金融机构设施	将发展金融机构的规模扩大（即增强资本化），使之与资本化相结合	《2063 年议程》发展金融机构相关协议
商业银行融资	通过培训或咨询服务和/或通过银行资本化扩大获得资本投资	《2063 年议程》银行相关协议；吸引投资者入资银行资本；信贷额度、技术援助
贸易金融	（1）通过培训/咨询服务和/或通过银行或其他贸易金融公司的资本化提高能力；（2）非洲进出口银行（Afreximbank）的资本化；（3）非洲开发银行延长信贷额度	同上
信贷/投资保险	扩大区域保险/再保险（非洲再保险/保险公司）的规模（即提升资本化），使之与管理新风险的能力相结合（天然气及矿产资源（OGM）、航空、气候变化）	吸引投资者入资公司
政治风险保险（PRI）服务	扩大（非洲再保险，ATI 保险，ICIEC 保险公司）的规模（即提升资本化），使之与管理新风险的能力相结合（天然气及矿产资源（OGM）、航空、气候变化等）	吸引投资者入资公司

获得融资

获得金融资源和金融中介工具并不能保证真正获得资金。因此，应考虑采取下列便利融资措施：

1. 制定（政策、法律、监管和机构相关）"框架条件"，实施产业针对性发展项目（公私合作/基础设施、中小企业融资/银行和小额信贷）；

2. 设立相关的项目开发基金（PDF）、可行性缺口补助（VGF）、资本化基金及混合方案，帮助提升需求方的资金储备能力——包括可靠性，及公司和项目的投资资金储备；

3. 建立信息基础设施（信息金融基础设施——国家评级、分析师、公司治理标准、会计准则、征信所和抵押品登记处等）；

4. 发展大型基础设施和工业项目的财务咨询、金融架构和金融谈判方面的专业知识和技术能力；解决中小企业融资的市场失效问题（中小企业生命周期融资、特定行业融资）；

5. 部署就位风险分担/增强抵御能力设施。

《2063 年议程》融资及国内资源调动（DRM）战略的实施

《2063 年议程》融资和国内资源调动（DRM）战略的实施将涉及以下活动时间表：

- 确定非盟层面和外部利益攸关者在执行《2063 年议程》融资和国内资源调动战略方面的机构职责；
- 《2063 年议程》融资和国内资源调动战略的推广和本土化调整；
- 确定实施国内资源调动战略所需的资源；
- 《2063 年议程》融资和国内资源调动，监测和评估和结果框架的详细解读；
- 围绕三个相互关联的战线开始实施国内资源调动工作：（一）政策、知识和能力建设战线（有利环境战线）；（二）资金调动和中介战线（供应方战线）；（三）融资便利化战线（需求方战线）。

《2063 年议程》融资和国内资源调动战略的实施将涉及关键利益攸关者之间的相互分工。一方面是非洲联盟委员会（AUC）、非洲发展新伙伴计划协调署（NPCA）、非洲开发银行（AfDB）和联合国非洲经济委员会（UN-ECA）、区域经济体（REC）；另一方面是成员国、私营部门组织［金融部门参与者、私营部门组织（PSO）和民间团体组织（CSO）］。

6.4 《2063 年议程》相关伙伴关系

如前所述，非盟与传统伙伴和新兴伙伴建立了若干个战略伙伴关系。然而，对这些伙伴关系的管理存在不同程度的缺陷和不足。

在管理高潜力战略伙伴关系方面，大多数缺陷是由于缺乏非盟伙伴关系政策和战略以及非盟层级在财政、技术和协调能力方面的不足而造成的。

为最大限度利用非盟的战略伙伴关系，应考虑以下三个层次的行动：

一、拟定一个全面的非盟政策框架，围绕两三个核心干预领域，为所有高潜力伙伴阐明伙伴关系战略

非盟战略伙伴的潜力可根据三套标准进行评估：（1）与《2063 年议程》及其十年执行计划保持一致；（2）资金提供的规模/范围、成果文件或行动规划中所载的技术援助、贸易和投资、工业化与技术转移、农业扶持计划与社会投资；（3）可交付成果的"智能"属性。

二、最大限度地发挥非洲在伙伴关系中的潜力

非洲需要通过以下方面，最大限度地发掘非洲在伙伴关系中的潜力：

1. 阐明战略伙伴关系政策；
2. 由非盟成员国捐款，设立战略伙伴关系基金；
3. 为提升非盟委员会管理伙伴关系的能力，在战略、治理、技术、后勤和财政方面提供支持；
4. 非盟明确了非洲各种大陆层级方案［包括非洲基础设施发展方案（PIDA）、非洲农业发展综合方案及《非洲农业工业和农业综合企业发展倡议》（CAADP/3ADI）、《加速非洲工业发展行动计划》（AIDA）/非洲生产能力倡议（APCII）/以资源为基础的非洲发展战略（RADS）/非洲矿业远景（AMV）、促进非洲内部贸易（BIAT）］的实施模式，以促进与其战略伙伴，尤其是

欧盟的务实合作；

5. 加强非洲各利益攸关方在伙伴关系进程中的参与和协调作用：非洲联盟（AUC）、非洲发展新伙伴计划协调机构（NPCA）、非洲开发银行（AfDB）、区域经济共同体（RECs）、成员国、社会保障组织（PSO）、民间团体组织（CSO）和其他非盟（AU）机构。

三、深化伙伴关系的转型效益

有必要通过各相关方自行调整，对接《2063年议程》优先事项（即工业化和技术转让、非洲内部贸易和出口发展、私营部门和中小制造企业发展、外国直接投资和合资企业以及金融资源调动），深化所有主要战略伙伴关系的转型效益。

要实现转型效益，可以通过严格对比，确定优先次序和发掘牵引力所在的领域（即通过工业化实现的经济转型；通过真正的技术转让，即私营部门发展改革和综合商业论坛，包括通过非洲内部贸易和出口发展以及中小企业发展而实现的对非洲外国直接投资/合资企业的支持，实现基础设施、制造业、农业、石油、天然气和采矿服务业等领域的发展；包容性和可持续增长；自然资源管理的透明度、当地资源开发和矿产资源选矿）。

这将确保各种伙伴关系聚焦于《2063年议程》所推动的优先事项，并保持相关伙伴关系按需求发展并与议程保持一致。

6.5 《2063年议程》的能力建设

在非洲独立后时期，各国不断努力提升非洲的人员和机构能力，取得了显著成果。如今，非洲大陆可以因拥有丰富的技能储备、机构和各层级政策来推动其发展而自豪。

然而，对照《2063年议程》的宏伟目标和具体目标，以及在非洲大陆所期望的变革的背景下，缺乏足够和必要的能力仍然是关键的制约因素。一个关键的障碍是，要实现其在全球经济、政治、科学和技术领域占据应有地位的长期战略目标，非洲在能力建设、发挥和保持方面依然缺乏综合性的解决方法。

6.5.1 需要全面有效的能力

非盟/非洲发展新伙伴计划能力发展战略框架（CDSF）提供了一种基于以下关键要素的综合性的能力发展方式：具有变革思想的领导、公民转型、基于证据的知识和创新、利用非洲潜在的技能和资源、能力开发人员的能力，以及成果的综合规划和执行。这些要素与第五章中确定的关键成功要素相互一致。

6.5.2 《2063年议程》的能力类型和需求

《2063年议程》涉及大陆、区域、国家、部门、次国家和地方各级的多个行动者。全面实现《2063年议程》需要在三个关键领域发展各部门和各层级的能力：

一、个人（人的能力）：一般包括：技能、培训、表现、价值观、态度、动机、职业操守、人际关系和沟通技巧。培养相关技能有助于提升对方案/项目、政策和战略进行概念抽象、设计、开发、实施、监测和评估所需的能力，从而实现《2063年议程》。《2063年议程》在促进社会经济转型和加速区域一体化方面要想成功，就必须有大量非洲国家不断努力，基于本国情况适当调整，以对接议程。个人能力还应通过沟通、协商和协作，促进集体行动，共同执行《2063年议程》。

《2063年议程》呼吁提升非洲的竞争力，使其从商品依赖型经济转变为以制造业/工业、增值、有效参与全球价值链以及科学技术为驱动力的经济。在此项努力中，至关重要的是要有能力在非洲密切关注的所有相关领域进行谈判，特别是在贸易、气候变化、经济伙伴关系及其他相关领域。此外，《2063年议程》还要求在生物技术、基因工程、空间探索和深海采矿等新的科技前沿领域具备相应能力。非洲急需一大批训练有素的工程师、医生及广泛的技能领域的技术人员，以建设非洲的基础设施，管理非洲的工厂、护理中心和医院，并推动非洲大陆在所有领域的发展。

在政策和规划层面，《2063年议程》需要一种新的规划文化和思维方式，包括远见、务实的思维、参与制定和执行、确保对计划的所有权和对实现既定目标的承诺。在建设规划文化的同时，还必须对所做的工作进行定期监测和报告，并建立一种评价文化。强有力的监测和评估框架是《2063年议程》区别于早期大陆层级的框架（即《拉各斯行动计划》《阿布贾条约》和《非洲发展新伙伴计划》）的特点之一。这种监测和评估框架除其他要素外，需要建立一种评价文化，在这种文化中，所有利益攸关方都有权，并被鼓励对所做的工作进行自我评价，青年、妇女、民间组织、媒体和私营部门不仅参与各自的监测工作，而且还参与监督政府项目。

二、机构/组织能力：鉴于非洲国家的发展水平各不相同，执行《2063年议程》要求负责实现快速结构转型和增长的机构能够有效且稳步协调地采取行动。这将需要一种反复学习、再学习、且富于灵活性的反复推进的方法，同时需要与所确定任务相关的机构能力。

作为各个机构能力的组成部分，必须在《2063年议程》执行过程的每个阶段建立横向和纵向的联系和反馈回路。大陆和地区的倡议和规划应与国家层级的行动相互联系，并由国家层级的行动提供信息，反之亦然。有可能需要进行全系统的体制改革，以保证大陆和区域治理及发展机构之间以及与国家层级机构之间的可持续的相互联系，确保将《2063年议程》优先事项纳入各级主流规划。作为国家建设的组成部分，治理和公共部门管理改革是有效执行《2063年议程》的关键，其重点是关键公共部门相关机构以及私营部门和民间团体组织的能力。

鉴于民间团体组织和私营部门在执行《2063年议程》方面发挥着重要作用，应优先加强其能力。

三、有利的政策、法律和监管环境。《2063年议程》的执行不仅需要制定政策及必要的法规和条例，而且还需要具备执行相关政策和法规的能力。过去50年中非洲的发展经验表明，通过制定大陆和区域行动计划和框架，设立任务明确的机构，非洲对已明确的挑战作出了迅速反应，但其执行能力以及政策和法规的执行机制却往往出现缺失或未能发挥作用。

6.5.3 《2063年议程》主要利益攸关方和能力需求

在大陆和区域两级，《2063年议程》设想优先发展非洲联盟（AU）机构和八个正式承认的区域经济共同体［包括东南非共同市场（COMESA）、南共体（SADC）、西非经共体（ECOWAS）、东非共同体（EAC）、东非政府间发展组织（IGAD）、中部非洲国家经济共同体（ECCAS）、萨赫勒—撒哈拉国家共同体（CEN-SAD）和阿拉伯马格里布联盟（AMU）］。

6.6 《2063年议程》的传播战略

执行非洲大陆以往的战略和框架过程中遇到的主要问题之一是未能有效利用沟通工具。一个强有力的框架，如《2063年议程》，需要有强有力的传播战略作为后盾，以便激励非洲社会各阶层和散居海外非洲民众采取积极行动。

因此，已制定与非盟总体传播战略相关联的《2063年议程传播战略》。

传播战略将：

- 确保非洲民众持续关注、参与、支持并掌握议程及其执行情况；
- 确保基于最新和最确切的信息进行广泛宣传。宣传将针对非盟成员国、工作人员、机关和机构；区域经济共同体；非洲大陆和散居国外的非洲公民及相关机构，包括私营部门、民间组织等；以及非盟的伙伴。
- 由非盟下设部门和机构（包括非洲发展新伙伴计划和非洲互查机制）、区域经济共同体、成员国、密切合作者（非洲开发银行和联合国非洲经委会）和伙伴具体执行议程；
- 举行咨询会议、辩论宣传、讨论、研讨会、社区论坛、歌曲、诗歌、戏剧、学校教育、《2063年议程》执行认证、非盟俱乐部、志愿服务等相关活动；
- 融合广播和电视节目、互联网和社会团体、纪念品和用品以及体育活动；
- 出版时事通讯；准备宣传物品，如CD、DVD、帽子、钢笔、T恤衫、钥匙夹、包、手镯、日记、镀金别针、围巾、领带；以及品牌宣传、广告牌横幅、传单、宣传会议和讲习班及其他宣传活动。

下表列出了2063年议程传播战略的关键要素

意义	• 支持《2063年议程》的战略目标
总体目标	• 确保公众对《2063年议程》的持续性关注、支持和主人翁参与
具体目标	• 在与《2063年议程》有关的事件和活动中保持最广泛的公众意识和媒体参与； • 借助《2063年议程》活动的高质量信息，广泛接触特定目标和普通大众； • 确保所有非盟语言（阿拉伯语、英语、法语和葡萄牙语以及斯瓦希里语和西班牙语）在沟通交流、关键信息和信息内容方面保持一致； • 促进关于《2063年议程》的辩论、讨论、对话和启发宣传行动，并将其纳入学校课程； • 激励各利益攸关方的参与和反馈； • 在所有利益攸关方中有效宣传《2063年议程》的远景； • 鼓舞和激励非洲公民和侨民团结一致，支持《2063年议程》（为《2063年议程》和泛非主义注入热情）； • 制定传播战略，促进落实、监测和传播有关《2063年议程》相关目标的信息
目标受众	• 内部：非盟成员国、工作人员、机关和机构；非洲互查机制；区域经济共同体； • 外部：非洲公民；非洲侨民；非洲机构；私营部门；民间团体；媒体；学者和知识分子；非洲专业人士；双边和多边伙伴；社会网络和运动（扶轮社……）；战略发展伙伴； • 艺术和文化活动家（复兴）；体育和文化娱乐名人和其他知名人士和舆论领袖
标志和视觉识别	• 根据非盟品牌规则制定标志和视觉标识，包括徽标

续表

意义	●支持《2063年议程》的战略目标
关键信息	●《2063年议程》口号:"团结、共享繁荣与和平" ●关键信息: √和平相处的一体化和繁荣的非洲; √和平相处的统一繁荣的非洲; √实现非盟远景的、以民众为中心的战略; √非洲大规模、大胆推行工业化的议程; √实现非洲大陆繁荣的社会经济转型和一体化; √加快发展和技术进步; √为谋求每个非洲人的福祉,吸引非洲所有民众的包容性参与等
时间表	●每五年审核一次
沟通渠道	●工作坊、相关事件和活动、社区论坛、歌曲、诗歌、戏剧、学校教学、符合《2063年议程》的认证、非盟俱乐部、志愿者、广告、广播和电视节目、报纸、互联网和社会团体、纪念品和用品、体育活动等
战略实施	●成员国:准备和出版时事通讯;促销品——CD、DVD、帽子、钢笔、T恤衫、钥匙扣、袋子、手镯、日记、镀金别针、围巾、领带等。 ●非盟:为促进《2063年议程》目标的实施,制定传播战略;为会议准备标牌、广告横幅、传单、组织策划宣传会议和工作坊、为各种会议准备PowerPoint演示文稿等。 ●非盟机关和机构部门:准备咨询会议;推广项目,在合适场合使用《2063年议程》标识。 ●外部公民和机构:准备广播和电视广告、脱口秀和辩论;新闻发布会;开放适度的媒体社交媒体渠道;广告牌、横幅、传单、不同主题领域(农业、工业化等)的讨论。 ●主要行动参与者:非盟委员会(主席团、非盟战略政策规划、监督、评估与资源动员司(SP-PMERM)、信息和通讯司(Directorate of Information and Communication,DIC)、非洲发展新伙伴计划、非盟机构(包括执行理事会和常驻代表委员会)、区域经济共同体、成员国、非洲开发银行和联合国非洲经委会

附 录

附录1 非洲经济增长和转型倡议要点

《蒙罗维亚宣言》（*The Monrovia Declaration*，1979年）：1979年的《蒙罗维亚宣言》为可持续发展提出了以下构想：非洲将"高度自给自足，各国民主发展进程中将公平地转化所有的劳动和付出；非洲将团结一致，在世界事务中展示更大有分量"（非统，1979年—2002年，非洲会是什么样子？）

《拉各斯行动计划》（*The Lagos Plan of Action*，1980年）：《拉各斯行动计划》以帮助非洲摆脱20世纪80年代的危机而开辟的另一条发展道路的关键原则为基础，包括：以自力更生作为发展基础；追求财富公平分配；扩展公共部门；扩大非洲国家间经济合作和一体化。该计划强调农业发展、工业化、矿业开发、人力资源和科学技术，启发并促成了随后的诸多大陆倡议。

《拉各斯最后文件》（*The Final Act of Lagos*，1980年）和《阿布贾条约》（1991年）：拉各斯特别法案的目标是到2000年实现非洲共同市场。非洲领导人非常重视经济一体化，因为没有经济一体化，非洲小国就无法实现实质性的发展，也无法化解当前面临的危机。因此，10年内，基于《最后文件》形成了1991年建立非洲经济共同体的《阿布贾条约》。该条约分析了34年来一步步促成非洲经济共同体的详细过程。显然，它是在《蒙罗维亚宣言》（1979年）、《拉各斯行动计划》（1980年）和《拉各斯最后文件》（1980年）的基础之上形成的。

《非洲经济复苏优先方案（1986—1990年）》：非统国家元首会议于1985年7月通过了经济复苏方案。该方案为期5年，被视为加速执行《拉各斯行动计划》和《拉各斯最后文件》、化解非洲债务负担和改善非洲大陆粮食状况的一种手段。联合国大会于1986年通过了该方案，并更名为"联合国非洲经济复苏和发展行动纲领——1986—1890"（UNPAAERD—1986—1890）。

非洲社会经济转型结构调整方案替代框架（AAF-SAP）——1989年：非洲社会经济转型结构调整方案替代框架（AAF-SAP）是在影响非洲国家的持续经济危机和布雷顿森林机构引入结构调整方案（SAP）的背景下制定的。其建立的思想基础是，通过将脆弱的非洲各经济体与全球体系相互联系，结构调整方案（SAPs）将使非洲的危机永久化，从而对其产生不利影响。为宣传非洲社会经济转型结构调整方案替代框架（AAF-SAP），非洲做出了大量努力。然而，尽管该框架得到了大力支持，但依然被边缘化，像早期一些倡议那样并未加以实施。

《非洲民众参与发展和转型宪章》（阿鲁沙，1990年）：《宪章》的基本要旨是发展进程民主化，因此更加以人为中心，这与结构调整方案（SAPs）正好相反。结构调整方案（SAPs）并不民主，是未经协商便强加给非洲国家的安全方案。事实上，《非洲民众参与发展和转型宪章》的发布彰显了对抗结构调整方案（SAPs）的新的努力。

非统《关于非洲政治和社会经济状况及世界正在发生的根本变化的宣言》（1990年）：该宣言源于对持续不断的危机和不断恶化的经济局势、日益增多的冲突以及非洲与世界其他地区之间关系的关切。《宣言》标志着摒弃旧的行事方式，进而试图解决两个问题：（一）致力于将民主作为首选政治制度；（二）承认需要处理政治冲突，宣扬民主，并将这种需求作为经济发展的先决条件，为建立非统冲突预防、管理和解决机制奠定基础。

非统重新启动《非洲经济和社会发展：开罗行动议程》（1995年）：与之前的倡议相似，《开罗行动议程》主要针对非洲持续的经济危机而制定，同时对非洲国家未能执行以前的框架表示关切。重新开启《拉各斯行动计划》（LPA）的同时，《开罗行动议程》强调：实现民主、治理、和平与安全；粮食安全；人力资源开发和能力发展；结构改革；资源调动和有效利用；经济合作与一体化。

非洲发展新伙伴计划（NEPAD）：新伙伴计划融合了非洲复兴千年伙伴关系（MPA）和欧米茄计划，并于2001年7月在卢萨卡获得批准。非洲发展新伙伴计划是非盟的一个社会经济旗舰方案，其主要目标包括：消除贫穷、促进可持续增长和发展、将非洲纳入世界经济并加速妇女赋权。与之相似，部分非盟成员国在2003年自愿发起了非洲互查机制（APRM），作为一种自我监测机制，旨在通过分享经验促进政治稳定、经济增长、持续发展和区域一体化。非洲发展新伙伴计划和非洲互查机制（APRM）目前正在纳入非盟系统，成为协助成员国实现社会经济发展的更广泛的改革计划的组成部分。

附录2 《2063年议程》的普遍性问题和行动领域摘要

愿景	《2063年议程》普遍性问题和行动领域摘要
	通过确保广泛分享增长的益处，提高非洲民众生活水平： √减少及消除贫困，增加收入，创造就业机会，减少不平等现象； √提供宜居的居住地，扩大获得基本生活必需品的机会； √提供社会保护和保障
一个基于包容性增长和可持续发展的繁荣非洲	建设非洲的人力和社会资本： √投资以科学、技术和创新为基础的技术革命， √加强非洲大陆的卫生保健系统，加大资金支持力度，加强社会保护和安全网络。 非洲经济转型： √重振制造业、工业化及价值提升，实施商品战略，最大限度发掘利用非洲大陆丰富的资源； √发展私营部门； 要充分利用非洲拥有世界60%可耕种土地的巨大禀赋，必须从根本上改变非洲农业，使非洲大陆摆脱粮食不安全和地方性饥饿问题： √提高产量和生产力； √可持续地开发其蓝色/海洋经济的巨大潜力；可持续地管理非洲的自然资源； √对非洲大陆的土地、森林、淡水和海洋资源实行可持续管理； √通过扩大和有效管理国家公园和保护区，将不同层级的生物多样性纳入发展进程，保护生物多样性，包括森林、物种、野生动物、野生和湿地、遗传资源和生态系统（陆地和海洋）； √通过逐渐适应和适当的缓解措施应对气候变化的影响

续表

愿景	《2063年议程》普遍性问题和行动领域摘要
一个建立在泛非主义理想和非洲复兴愿景之上的政治统一的一体化非洲大陆	加快大陆政治统一进程： √就大陆政治联盟的形式达成共识； √制定所需的法律文书； √文书的快速采用； 应加快区域和大陆经济一体化进程，以满足持续增长、贸易和服务交流、资本和人员自由流动的需求： √大陆自由贸易区（CFTA）的快速实现； √通过加快实施公路铁路网（PIDA）改善非洲的互联互通，发展非洲航空运输，其他运输及海洋运输； √加快发展非洲区域和大陆能源库； √扩大信息和通信技术（ICT）的覆盖面
一个善治、民主、尊重人权、正义和法治的非洲	巩固和加强已取得的民主成果，在深化尊重人权及正义、加强和深化民主进程的质量方面实现民主红利。 √加强和深化民主进程的质量； √加强对人权和法治的尊重； √全面执行关于治理、人权、法治和民主进程的大陆文书和规范； 建立强大的不断发展的国家： √改革公共部门机构，确保国家、地区和地方机构具有活力，有能力负责并提供公共服务； √提供各种服务； √完善公共财政管理； 促进在所有部门和各级政府出现富有远见和担当作为的领导班子
一个和平稳定的非洲	确保国家一级的和平与安全： √建立调解和解决冲突的各类架构； √多元化管理机制； √加强治理，民主原则，尊重法治； √非洲大陆普遍相对稳定，但需要作出更大和更协调一致的努力，以确保非洲部分不稳定地区实现和平与安全。 非洲大陆一级： √全面实施非洲和平与安全架构（APSA）； √确保非洲和平与安全方面的国内融资； √发掘非洲所需的资产，以确保其利益； √制定针对冲突根源和新出现的安全威胁的应对战略
一个具有强烈文化认同、共同遗产、价值观和道德准则的非洲	快速实现非洲复兴： √鼓励年轻人从内心接受并欣赏泛非主义和非洲文化； √建设非洲的创意产业，使其对非洲增长和转型做出重大贡献； √保护非洲文化、语言及其他遗产资产
一个依靠人民和民众潜力，尤其是妇女和青年潜力，并关爱儿童的非洲	非洲妇女： √加强、深化并巩固政治席位成果； √充分实现男女平等； √加强经济赋权； 非洲青年： √创造成长和自我实现的机会； √解决青年人在获得教育、医疗卫生和培训机会方面的关切

愿景	《2063年议程》普遍性问题和行动领域摘要
一个作为强大、团结、富有活力和影响力的国际事务的参与者和合作伙伴的非洲	√ 制定赋予青年权力、创造就业机会和支持初创企业的战略； 非洲儿童 √ 确保儿童安全； √ 满足儿童早期发展相关需求，包括教育、健康和营养； √ 切实落实《非洲儿童权利宪章》； 非洲在全球治理中的地位： √ 改革联合国安理会； √ 改革全球金融机构的治理，特别是布雷顿森林机构； √ 加强非洲在世贸组织和贸易谈判中的集体代表权； √ 加强非盟地位，以充分代表非洲大陆； 非洲伙伴关系： √ 审查和改革伙伴关系，使之成为助力实现《2063年议程》远景的更具战略性的工具； 非洲发展融资 √ 制定国内资源调动战略，逐步取消官方发展援助； √ 确保区域和国内两级为非洲机构和项目提供持续的资金支持

附录3 《2063年议程》国家层级成果汇总表：目标、优先领域、指标和指示性战略

愿景1：一个基于包容性增长和可持续发展的繁荣非洲

目标	2063年目标	2063年指标	2063指示性战略
1.1 公民拥有较高的生活水平、生活质量和幸福感	1.1.1 收入、职业和体面工作	1. 人均收入至少达到2013年水平的10倍，平均为17000—20000美元； 2. 失业率保持在6%以下； 3. 将从事弱势工作的成年人数量减少75%； 4. 将青年失业率降至6%以下； 5. 到2030年，农村失业率降低50%，到2050年彻底消除； 6. 从2025年起，每年有20%的非正规部门学成人员进入中小型企业	• 制定/实施审慎的宏观经济和部门政策，促进私营部门的竞争性增长； • 提升经济的生产能力，尤其是中小制造企业； • 全面执行《瓦加杜古+10》（经修订的《就业和减贫行动计划》）； • 制定/实施各项政策，提高非正规部门的企业增长能力，包括提高生产力； • 制定和使用脆弱性指数，以提高岛屿国家维持生活水平的能力； • 提供/促进中小企业和大型企业之间创造就业机会的过渡政策； • 促进非洲各经济体中劳动密集型产业的多样化； • 通过教育和卫生领域的发展，为农村流动人口进入城市就业市场做好准备； • 推动政策制定，吸收农村劳动力从事非农业生产活动； • 提高非正规部门的工人生产力； • 通过采用促进性别平等的方式，增加非正式部门以及中小型企业获得融资、投资和市场的机会； • 促进妇女进入高生产率的工作岗位，为其提供平等的就业机会和社会保护； • 承认、重视、减少和重新分配无报酬的看护工作和家务劳动，包括制定有利于家庭的，负担得起的儿童保育政策；支持照顾老年人、病人和艾滋病毒携带者、残障人士的救助政策；推行产假和陪产假政策； 通过职业培训、在职培训和学徒培训，为青年提供进入就业市场的技能； • 增加非正规部门、中小企业获得融资、投资和市场的机会； • 提供基于技能/产出的可持续性青年就业方案

目标	2063 优先领域	2063 年指标	2063 指示性战略
	1.1.2 贫穷、不平等和饥饿	1. 到 2035 年根除各种类型的贫困； 2. 将下列收入差距降低 50%：（1）城市和农村地区；（2）男性和女性；（3）最高和最低 20% 的人口之间的收入差距； 3. 到 2035 年消除饥饿	• 全面实施非洲农业发展综合方案（CAADP）； • 全面实施《瓦加杜古＋10》（经修订的《就业和减贫行动计划》）计划； • 制定相关政策和方案，确保民众平等（机会）获得自我提升的资源、食物和更好的营养； • 促进包容性和自我推进的农村发展政策； • 加快制定确保所有人都能获得负担得起的优质食品的政策； • 实施赋予妇女经济权力的战略； • 制定/实施营养方案，尤其是针对穷人、妇女、儿童和边缘化群体的方案； • 为穷人和边缘化人群提供自我提升的培训/方案
	1.1.3 包括残疾人在内的社会安全和保障	1. 所有公民都能以负担得起的费用获得社会保障； 2. 到 2030 年，所有社会弱势群体（包括残障人士）都能得到社会保护； 3. 所有公民都免于恐惧和匮乏； 4. 所有公共设施和服务都将残障人士纳入服务对象	• 执行《联合国社会保护底线倡议》和《国际劳工组织社会保护规范》； • 执行《非洲社会政策框架》； • 执行《非洲大陆关于残障人士的计划的相关行动计划》； • 执行《非盟家庭行动计划》； • 执行《关于加强非洲裔家庭促进包容性的亚的斯亚贝巴宣言》； • 执行《联合国残疾人公约》； • 制定/执行可持续的国家社会保障和保护政策，尤其是针对弱势群体、边缘化群体、妇女和青年的政策； • 提升执行社会安全和保障政策的机构和人员的能力； • 制定和执行保护和照顾老年人的政策； • 促进社会各阶层的社会企业家精神； • 确保为社会保护方案提供可持续的资金支持
	1.1.4 现代宜居的居住地和优质的基本服务	1. 到 2035 年，所有城市和小岛屿国家的所有定居点均实现可持续性； 2. 到 2035 年，所有 200 万及以上人口的城市均已建成快速公共交通系统/2023 年前完成相关准备工作； 3. 到 2020 年，小岛屿国家的所有定居点均通过频繁、高效和有效的（酌情）陆空和海上快速运输系统实现互联互通； 4. 到 2045 年，消除城市贫民窟； 5. 到 2035 年，至少 75% 的家庭都能拥有住房；到 2063 年，实现所有家庭均有住房； 6. 到 2013 年，没有安全饮用水的人口比例降低 95%； 7. 到 2013 年，无法使用改良卫生设施的人口比例降低 95%； 8. 电力供应覆盖率较 2013 年至少提升 50%； 9. 到 2063 年，所有公民均可负担得起公共交通； 10. 到 2035 年，农村地区的所有乡村道路得以改善； 11. 到 2025 年，所有公民均可以使用高速互联网和语音通信设施； 12. 到 2063 年，100% 的城市垃圾可以重新循环利用	• 发展/优化监管框架，扩大基础设施，培养公民能力，使其能更好地负担得起水、卫生、电力、交通、电话和互联网服务等基本生活必需品； • 实施《非洲水远景》计划； • 建立水、电和公共交通的关税制度，解决交叉补贴和低收入人群的需求； • 推进管理由农村向城市增长极（包括城市设计、城市改造）转变的能力； • 制定政策/方案，加快提供负担得起的住房，包括资助和消除贫民窟； • 制定 21 世纪及以后民众定居相关国家政策； • 制定相关政策/法规，发展伙伴关系，以创建可持续的智能城市； • 为小岛屿国家在运输系统投资方面的私营、公私伙伴关系制定/执行政策和方案； • 通过公共财政和其他融资机制，加快建设城市公共交通系统； • 制定/实施消除贫民窟规划，包括为个人提供资金支持； • 为农村住房重建提供资金来源； • 提升人类居住区发展相关人员的能力； • 制定国家住房政策； • 促进住房抵押贷款机构的发展； • 促进房地产开发公司的创建； • 进一步发掘房地产市场，加快房屋交付； • 扩大和改善获得用水和卫生设施的机会； • 为所有家庭提供负担得起的、可持续的能源/电力供应； • 加快建设负担得起的城乡交通； • 进一步制定相关政策，确保所有人都能接入互联网； • 制定/实施促进工业城市废物回收利用的政策

续表

目标	2063 优先领域	2063 年指标	2063 指示性战略
1.2 公民接受良好的教育,以科学、技术和创新为驱动的技术革命	1.2.1 教育和科学、技术创新驱动的技术革命	1. 到 2025 年,识字率达到 100%; 2. 到 2030 年,各级教育的性别差距降至零; 3. 到 2035 年,儿童教育入学率达到 100%; 4. 至少 70% 的人口接受各级优质教育; 5. 到 2023 年,合格教师的数量至少增加 30%,重点是 STEM(科学、技术、工程和数学)学科; 6. 到 2020 年,普及初中教育,入学率达到 100% 7. 到 2025 年,普及高中教育,入学率达到 100% 8. 至少 70% 的高中毕业生继续接受高等教育 9. 到 2040 年,大学/理工学院授予的学位中有 10% 是计算机科学和信息技术专业; 10. 到 2040 年,大学/理工学院授予的所有学位中有 30% 属于工程科学; 11. 到 2040 年,大学/理工学院授予的所有学位中有 10% 属于生物/健康科学和生物技术; 12. 大学授予的学位中有 10% 是基础科学; 13. 到 2030 年,所有无法接受高等教育的中学生都可以免费接受技术职业教育与培训(TVET); 14. 到 2023 年,至少 70% 的公共教育机构的教育质量得以改善	• 扩大以科学、技术和数学为重点的中小学教育设施; • 以农村地区和弱势儿童为重点,扩大接受优质幼儿教育的机会; • 通过提高培训能力和教师激励措施,增加各级合格教师的数量,确保其拥有相关的知识、技能和态度,以及有效教学的动力; • 加强 STEM 的学习基础设施,以确保妇女和女童获得更多的奖励、机会和高质量的学习; • 审查技职教育机构的课程和学习环境,确保其遵守性别平等相关原则,并与《2063 年议程》保持一致; • 制定/采用各级教育课程,促进自力更生、创造力、创业精神和全球公民意识; • 扩大获得以科学、技术和创新为导向的优质且负担得起的教育的机会,包括幼儿教育,尤其是各级教育阶段所涉及的女童; • 加强科学、数学和技术教育,并将其作为工业化和经济繁荣的主要投入方向; • 加快批准和实施大陆和区域内相互承认学历的公约; • 制定替代机制,为教育调动更多财政资源,以支持政府供资; • 建立大陆认证机构,监测并确保整个非洲的高质量标准; • 在非洲建立一系列高质量的职业技术培训中心,结合全球经济趋势,加快建设与劳动力市场相契合的国家职业技术培训系统; • 提升非洲大学的研究能力,推行高质量的研究生教育,以促进研究和原创知识的生产; • 推广泛非大学,将卓越人才培养作为非洲大学的典范,建立覆盖整个非洲大陆的英才中心网络; • 为计算机、工程和生物科学、技术和创新研究建立世界一流的研究实验室; • 在高等教育体系中培养科学、技术和创新专业培养人员的能力; • 制定/实施管理高等院校的方案,以确保优质教育; • 制定培育研究和创新文化的政策; • 增加对教育机构研究和发展项目的财政支持; • 为教育机构制定/执行信息和通信技术政策; • 制定/实施监测科学和技术发展的制度; • 在公共部门政策中引入相关创新概念; • 制定和实施提高技术和专业能力的战略; • 促进创新创业计划,以支持技术革命
1.3 国民身体健康,营养健全	1.3.1 健康与营养	1. 到 2063 年,普及优质医疗卫生和服务; 2. 到 2030 年,彻底消除传染病; 3. 到 2030 年,将艾滋病毒/艾滋病、疟疾、结核病的死亡人数减少到零; 4. 到 2023 年,将 5 岁以下感染疟疾儿童死亡人数减少 80%; 5. 获得抗逆转录病毒(ARV)药物的机会达到 100%; 6. 到 2030 年,将登革热和基孔肯雅热的病死人数减少到零(非洲岛国); 7. 到 2030 年,将孕产妇和 5 岁以下儿童死亡率降至零; 8. 到 2030 年,消除所有被忽视的热带疾病;	• 执行拟议的《非洲卫生战略》; • 执行拟议的《非洲营养战略》; • 加强卫生系统,增加获得负担得起的优质护理和服务的机会; • 在提供医疗卫生服务方面引入信息和通信技术支持; • 建立/扩大医疗卫生系统能力,以应对埃博拉等新出现的紧急卫生事件; • 制定/执行防治传染性和非传染性疾病的方案; • 发展卫生部门的人力资源; • 促进卫生部门可持续性融资的政策; • 促进有助于获得均衡饮食的政策; • 促进营养监测和干预方案; • 制定/实施促进健康生活方式的计划,以减少心血管疾病、高血压、糖尿病等疾病的发病率;

续表

目标	2063优先领域	2063年指标	2063指示性战略
		9. 人均寿命达到75岁； 10. 到2030年，消除一切形式的营养不良	• 制定/推动消除登革热和基孔肯雅热的方案； • 加快推进卫生工作者的培训和部署工作； • 确保普遍享有性健康和生殖健康权利，包括降低产妇死亡率和消除可预防的孕产妇病，并制止艾滋病毒/艾滋病的蔓延； • 制定/实施相关政策和方案，扩大优质基础卫生服务，包括提供高质量、有效且负担得起的药品的服务； • 为医疗卫生服务培养人力和财政资源能力； • 扩大和改进（包括采用）公共卫生教育政策和方案； • 制定/实施促进健康生活方式的方案，尽可能降低心血管疾病、高血压、糖尿病等的发病率； • 引入信息和通信技术，助力卫生服务
1.4 经济转型	1.4.1 可持续的包容性经济增长	1. 愿景实施期间国内生产总值年均增长不低于7%； 2. 最底层的五分之一的贫困、边缘化和弱势群体对GDP的贡献至少是2013年水平的5倍； 3. 地方私营部门占国内生产总值的比例不低于50%	• 促进宏观经济稳定； • 制定/实施增加储蓄和投资的政策； • 制定政策，提高储蓄和投资率，以促进加速发展；宏观稳定；有效的金融体系/制度和市场；公共部门储蓄，包括有效管理和战略性使用资源收益；私营部门的盈利能力； • 改善营商环境，合理化/最小化监管，鼓励发展和提升创业能力； • 促进区域间/区域内贸易，并将其作为增长的渠道； • 发展基础设施，支持经济转型； • 在包容性增长和可持续发展的基础上，优化促进社会和经济转型的人力资源和基础设施
	1.4.2 STI（科学、技术和创新）驱动的生产制造业、工业化和附加值	1. 2013年，制造业在GDP中的价值贡献至少增长5倍，制造业至少吸收劳动力市场50%的新生劳动力； 2. 90%以上的农业经济作物在当地加工（增值）； 3. 到2035年，劳动密集型制造企业在制造业总产值中的份额增加5倍； 4. 到2063年，技术驱动型制造企业在制造业总产出中所占份额达到50%； 5. 到2035年，所有主要商品均有商品交易所； 6. 行业内所有公司均在当地证券交易所上市； 7. 该行业每家公司至少50%的股份由当地人持有； 8. 小规模和个体采矿经营者在行业产出中所占份额至少达到30%； 9. 至少实现80%的附加值（本地企业）； 10. 到2023年，国内研发支出占国内生产总值（GDP）的比例达到1%	• 实施促进非洲内部贸易（BIAT: Boosting Intra-African Trade）行动计划，并将其作为制造业/工业部门增长的渠道； • 为制造业的增长和发展创造有利环境； • 培养与区域/大陆/全球价值链相联系的中小型工业的能力； • 设计/实施降低竞争性制造业投入（能源/电力、水、运输）成本的方案； • 对制造业的产品/工艺研发（R&D）进行投资； • 对制造业、采掘业和服务业的科学、技术和创新/技能进行投资； • 鼓励采用现代工作方法提高生产力； • 实施促进非洲内部贸易（BIAT）相关政策； • 提高国家资源潜力数据的水平/质量； • 引入创新的税收制度/许可证制度，以适应经济环境，实现资源收益的最大化； • 培养各国的协议谈判能力； • 制定/实施法律法规，提升上游、下游和边流/本地企业； • 促进石油/天然气/矿业公司在当地上市； • 在基础设施、技术、融资/营运资本和市场等领域提供促进小型/个体采矿公司的立法/政策； • 扩大/集中职业技术教育，为采掘业培养人力资源； • 推动从采掘业获得并管理更大份额收益的相关政策的实施； • 为证券交易所的正常运行制定框架文件并推动实施

续表

目标	2063 优先领域	2063 年指标	2063 指示性战略
1.4 经济转型	1.4.3 经济多元化和适应力	1. 多元化指数至少提高 80%； 2. 旅游业对国内生产总值的贡献较 2013 年至少增加 5 倍； 3. 创意艺术对国内生产总值的贡献较 2013 年至少增加 10 倍； 4. 到 2050 年，金融服务至少占国内生产总值的 20%； 5. 用于支持生产部门和社会连通性增长的新建信息和通信技术平台增加 10 倍； 6. 25% 的新业务来自研究和创新产出 7. 研究、开发和创新差异的人均支出至少与全球平均水平持平	• 实施促进非洲内部贸易行动计划（BIAT）； • 实施《非洲旅游战略》； • 实施《非洲创意艺术发展行动计划》； • 执行拟议的《非洲商品战略》； • 在经济结构转型的背景下，制定/实施国家长期经济多样化计划（包括旅游业、蓝色经济、知识驱动产品和服务）； • 设计/实施应对经济冲击的主动预警系统； • 建设采用反周期措施缓解经济波动的能力； • 制定国家研究发展政策/战略，包括短期/中期科学、技术和创新规划； • 为制造业、采掘加工知识驱动的产品/服务建立世界一流的科学、技术和创新基础设施； • 发展人类科学、技术和创新能力； • 为企业家精神推动的科学、技术和创新文化提供有利环境； • 加强知识产权和监管体系； • 提供税收、监管环境等方面的激励措施，鼓励私营部门在科学、技术和创新方面进行投资，促进其发展
	1.4.4 旅游/接待	1. 旅游业对国内生产总值的实际贡献至少增加 5 倍； 2. 生态友好型沿海旅游业增长 5 倍，其中至少 20% 的公共收入用于资助当地社区发展规划； 3. 非洲内部的旅游业增长 10 倍	• 全面实施《非洲旅游战略》； • 创建/培育非洲旅游组织
1.5 生产力较高和高产的现代化农业	1.5.1 农业生产力与产量	1. 全要素生产率至少是 2013 年水平的 6 倍； 2. 至少建立 10 条农产品价值链； 3. 增加本地粮食作物产量，使其具有足够的竞争力，到 2040 年至少取代 70% 的进口粮食； 4. 农业国内生产总值的 100% 来自商业农业生产者； 5. 从 2013 年起，研究成果每年至少助力提升 5% 的农业生产率	• 有能力制定农业科学议程，并全面实施，到 2025 年生产并传播农业全要素生产率翻番所需的知识和技术； • 提高农业机构有效且高效执行农业计划的能力，并以具体证据切实提升政策质量； • 提高农业数据的质量，以支持部门规划，并建立跟踪和报告农业部门业绩的机制； • 制定/执行政策，对农业生产所需的土地、劳动力、水和资本等自然资源进行准确估价，以确保它们在生产过程中得以最佳利用/组合； • 加快设立农业商品交易所； • 为投资和营运资金需求提供资金支持； • 加快推行相关政策，为提高生产力提供所需的必要技能、知识和技术； • 为各国、区域和全球市场制定/执行支持创办农业企业/培育企业家的相关政策； • 制定/执行准确评估农业生产所需自然资源（土地、劳动力、水和资本）的相关政策，以确保其在生产过程中得以最佳使用/组合； • 通过对农业加工和（灌溉、道路等）基础设施进行投资，促进有助于农业增值的政策； • 促进确保农业和粮食市场更高效运行的政策，包括降低市场参与成本，增加进入区域/大陆和全球市场的机会； • 有效利用充满活力的小型、中型和大型合资农业加工和农业企业的繁荣局面，吸引相关价值链中一批年轻有为，掌握技能的非洲男女企业家。

续表

目标	2063 优先领域	2063 年指标	2063 指示性战略
1.6 发展蓝色/海洋经济，促进经济增长	1.6.1 海洋资源与能源	1. 渔业部门的实际增加值为 2013 年水平的 5 倍； 2. 生态旅游对国内生产总值的实际贡献至少翻两番； 3. 到 2020 年，沿海旅游业增长 20%，其中至少 10% 的公共收入将用于资助社区发展项目； 4. 至少建造四个大型水产养殖展馆； 5. 海洋生物技术和海底自然资源对国内生产总值的贡献至少提升至 2013 年实际水平的 4 倍； 6. 至少 10% 的可再生能源来自波浪能	• 对非洲岛国：提供政策/激励和积极的监管环境，以建立新的企业，其平台基于：（一）深海海水应用；（二）海洋碳氢化合物和矿物勘探和开采；（四）海洋生物技术；（六）水产养殖开发； • 制定/实施支持海洋资源业务增长的研发政策； • 为蓝色/海洋经济企业开发技能和技术平台； • 制定/执行政策和方案，增加对公海监测的研究和开发，特别是在生态系统组成部分跨越国家管辖区和公海的地区； • 制定/执行相关政策，降低陆地和海洋引发的海洋环境污染； • 对自然蓝色资本以及增长或增值潜力进行经济评估； • 制定/实施相关政策，支持在专属经济区实施海洋空间规划和综合适应性海洋政策/治理； • 为海洋空间的可持续发展制定/执行规划政策； • 将蓝色/海洋资本的估值纳入国民经济核算体系； • 执行非洲综合海事战略； • 制定/执行海洋能源业务增长方案； • 提升相关能力，为海洋企业搭建技术平台； • 开展有助于海洋企业发展的相关研究
	1.6.2 港口作业和海上运输	1. 航运/港口运营服务对国内生产总值的贡献至少翻两番； 2. 各地或区域经济体国家拥有的航运公司运载力至少达到年货物运载吨位的 40%； 3. 到 2020 年，船舶呼叫的平均时长至少减少 30%； 4. 到 2020 年，港口货物清关的平均时间至少减少 50%	• 实施非洲综合海洋战略； • 制定/实施港口业务和海上运输提升政策； • 建设提升港口业务和海上运输的能力； • 开展相关研究和开发，进一步提升海运业务
1.7 环境可持续，适合气候条件的经济体和地区	1.7.1 可持续消费模式	1. 所有公司均获得可持续性发展认证，每年向股东报告可持续性发展相关做法； 2. 所有家庭/社区、政府均了解并采取可持续性生活方式，包括水、电、房屋设计/施工； 3. 改革国民收入账户，以充分反映可再生和不可再生自然资源财富的变化	• 制定/实施包括环境法律法规、绿色采购在内的政策和标准，以促进可持续性生产和消费实践； • 通过提高认识和知识传授，促进可持续性生产模式和消费生活方式的推广； • 建立基层机制/搭建相关平台，交流分享环境宣传和赋权相关经验； • 建立/实施可持续性认证计划； • 在学术机构建设国家级环境统计能力，开发新的环境课程/技术； • 制定/实施可持续性监管框架； • 推动《京都议定书》的本土化对标实施； • 推动《关于持久性有机污染物的斯德哥尔摩公约》的本土化对标实施； • 推动《蒙特利尔臭氧消耗物质议定书》的本土化对标实施。

续表

目标	2063 优先领域	2063 年指标	2063 指示性战略
1.7 环境可持续，适合气候条件的经济体和地区	1.7.2 生物多样性保护与可持续自然资源管理	1. 森林和植被覆盖率恢复至 1963 年的水平； 2. 制止并扭转土地退化和沙漠化；生物多样性减少和自然栖息地损失至少降低 90%； 3. 扩大和保护国家公园和保护区，达到世界自然保护联盟的建议标准，即至少保护 10% 的陆地面积，17% 的陆地和内陆水道，并增设保护区，如社区土地、保护区和走廊	• 在迄今尚未签署《非洲自然和自然资源保护公约》的国家完成签署工作，并制定执行机制，作为国家发展政策、战略和规划的组成部分； • 针对包括偷猎和贩运在内的野生动物犯罪，制定严格的惩罚性法规，并在没有任何偏见（政治、经济、社会和种族）的情况下执行相关法规； • 减少人口对受威胁物种和生态系统的依赖，从而取缔所有形式的濒危物种交易（国内和国际）； • 将非洲独特的生物多样性（包括野生动植物和野生土地）的经济、社会、文化、教育和生态价值纳入发展决策进程和经济增长指标，包括国民经济核算体系中； • 培育有效的生物多样性保护能力，包括国家公园和保护区的管理能力； • 在社区、国家一级建立强有力的自然资源治理体系，包括重振公共用地管理； • 将《非洲土地政策框架指南》及《非洲大规模土地投资指导原则》在各国结合当地情况调整实施，以确保形成可持续的土地管理做法及健全的产权和保有权，优化（本地和外商投资）企业社会和环境； • 对小岛屿国家： √扩大海洋保护区，保护非洲独特的水生生物多样性和生态系统； √促进海岸带和海洋资源的可持续利用和管理，以建设具有气候适应性和可持续性的社区； √建立海洋遗传资源库，拯救受威胁的物种并复原退化的生态系统
	1.7.3 水资源安全	1. 用水需求满意度较 2013 年提高 100%； 2. 到 2030 年，雨水灌溉农业和灌溉农业较 2013 年增加 60%； 3. 至少 90% 的废水被回收用于农业和工业用途	• 在水资源综合管理的范围内制定/优化国家框架，以便有效地收集、分配和使用水； • 促进和支持区域流域管理框架的制定和实施； • 采用新技术，提高用水效率/开发新水源
	1.7.4 气候适应性与自然灾害	1. 到 2035 年，至少 90% 的农民、牧民和渔民采用适应气候变化的生产系统； 2. 到 2035 年，因农业、生物多样性丧失、土地利用和毁林而造成的排放量较 2013 减少 90%； 3. 到 2035 年，将自然灾害、人为灾害和气候极端事件造成的死亡和财产损失至少降低 60%； 4. 到 2025 年，所有非洲城市均达到世卫组织的环境空气质量标准（AAQS）	• 制定和实施低碳生产系统相关政策/法规； • 在发展成果和进程的规划、预算编制和监测中纳入主流/综合气候恢复能力； • 开展气候变化研究，包括检测和归因； • 促进/支持气候智能农业，包括非洲农业发展综合方案（CADDP）下的农业； • 优化沿海和海洋生态系统综合管理系统中气候恢复能力相关做法； • 促进发展节能、低碳的公共交通系统； • 加强国家、区域和大陆收集、分析和评价与气候有关的数据和气象信息的能力； • 加强洲际合作，处理与气候变化有关的缓慢呈现事件，如海平面上升和荒漠化； • 促进/支持减少灾害风险、应急和协调应对灾害的政策和方案； • 《联合国气候变化框架公约》本土化对标实施
	1.7.5 可再生能源	1. 到 2063 年，将（风能、太阳能、水力、生物和地热等）可再生能源在总能源生产中的份额提高至 50%； 2. 所有城市建筑均通过能源智能认证； 3. 到 2063 年，所有城市公共交通均使用可再生和低排放燃料	• 制定和执行促进能源部门可持续增长的政策、战略和法规； • 促进节能技术的开发和推广，提升清洁能源的使用率； • 确保为宣传教育、接受和使用可再生能源技术提供资金

愿景2：一个建立在泛非主义理想和非洲复兴愿景之上的政治统一的一体化非洲大陆

目标	2063优先领域	2063年指标	2063指示性战略
2.1 非洲一体化（联邦或联邦）	2.1.1 联合非洲的框架和机构	1. 到2050年，各国均本土化对标实施非洲一体化所有相关议定书和条约； 2. 到2063年，非洲内部贸易由2012年的10.1%提高至60%； 3. 与非洲岛国之间的贸易至少占非洲内部贸易的5%； 4. 到2023年，各区域经济体（REC）均对标实施促进人员、货物和服务自由流动的所有相关协定。	• 签署/通过关于建立区域/大陆自由贸易区、关税同盟、共同市场和货币联盟的条约和议定书 • 依照通过的议定书/条约，审查各国宪法/法律法规； • 设定本土化对标实施所需的法律/行政程序； • 制定/实施本土化对标实施过程中的传播战略； • 本土化对标实施所有有助于区域经济体内人员自由流动的协议； • 全面实施促进非洲内部贸易（BIAT）行动计划； • 制定/执行促进与非洲岛屿国家贸易往来的相关政策
2.2 非洲大陆金融和货币机构的建立和运行	2.2.1 金融和货币机构	1. 到2060年，设立所有相关金融和货币机构	• 促进各国签署批准所有条约、议定书和文书
2.3 世界一流的基础设施遍及非洲	2.3.1 通信和基础设施互联互通	1. 到2020年，协调、批准并本土化实施区域通信方式一体化有关的所有条约/议定书； 2. 到2030年，完成所有公路的互联互通；到2025年，完成航空、海运、电子通讯的互联互通；2040年，完成铁路的相互连通； 3. 到2063年，完成非洲高速列车网络的国内贯通； 4. 到2020年，"开放天空"全面运行； 5. 到2030年，互联网服务访问量翻两翻； 6. 到2040年，信息和通信技术对国内生产总值的贡献增加两倍； 7. 到2025年，宽带接入达到50%； 8. 到2020年，移动设备普及率达到100%	• 实施/执行与非洲高速列车网络（AHSTN）国内贯通相关的所有法律、财务和运营要求； • 构建非洲高速列车网络所需的技能、研发和融资能力； • 全面实施非洲基础设施发展方案； • 制定/实施智能走廊战略； • 签署并实施与航空运输自由化和全面执行《亚穆苏克罗开放天空宣言》所有相关条约和议定书； • 实施大容量炼油厂和油气管道战略； • 制定/实施可再生能源发电政策；• 筹备/实施地热项目； • 执行首脑会议关于非洲生物能源政策框架和指导方针的决定 • 加快建设有利的环境和治理能力（范围、域名和数字）——为使非洲成为强大、团结的全球参与者和伙伴，需要强有力的大陆合作：国家层面（1）制定/实施综合电子战略；（2）制定/实施发展数字经济的政策；（3）促进关键信息和通信技术机构相互协调一致的政策；（4）支持数字经济的发展；（5）支持青年和妇女在数字领域的创业；（6）制定/实施以各国本土（土著）语言制作内容，以非洲统一的新的数字表达为主要方式的方案；（7）促进实施相关法律，以确保整个大陆网络的安全性和可靠性。 • 邮政和信息技术基础设施的发展：国家层面（1）建设宽带基础设施；（2）建立邮政信息和通信技术网络；（3）促进农村和服务不足地区获得信息和通信技术基础设施；（4）制定/实施利用大陆数字红利的战略：促进区域和大陆数字广播网络的发展； • 电子应用和服务：国家层面（1）加强移动增值服务和应用行业；（2）加强消费者协会和大陆集团用户群体；（3）在非洲汇款研究所（AIR）设立邮局； • 能力发展：国家层面（1）促进数字扫盲；（2）提高邮政及信息和通信技术部门的研发能力；（3）利用非洲侨民在信息和通信技术发展方面的技能和专门知识； • 资源调动：大陆层面设立并运行非洲信息和通信技术发展基金； • 工业化：国家层面（1）鼓励建设信息和通信技术装配和制造工厂；（2）促进软件的开发和生产；（3）促进业务流程外包的发展；（4）促进技术园区和孵化器的创建；（5）为大陆集团的所有部门提供微型工厂；（6）促进设立大型区域市场以吸引投资； • 研发（R&D）：大陆层面建立区域或共同研究中心，设立项目和网络

愿景 3：一个善治、民主、尊重人权、正义和法治的非洲

目标	2063 优先领域	2063 年指标	2063 指示性战略
3.1 确立民主价值观、具体做法、人权、正义和法治等普遍原则	3.1.1 民主和善政	1. 到 2030 年，独立的民主机构将毫无畏惧地履行其职能； 2. 到 2020 年，各级选举实现自由、公平和透明； 3. 到 2030 年，所有公民均有权追究领导人的责任，使其免于对政府的恐惧； 4. 言论自由和结社自由，以及充满活力和负责任的新闻界；到 2025 年，让公众知晓其权利和义务，并确保政府守土有责； 5. 对政府的不民主/违宪变革零容忍成为常态	• 审查/调整国家法律/宪法，体现《非洲民主、选举和治理宪章》（ACDEG）和其他区域/大陆文书中关于消除有罪不罚、裙带关系和腐败问题的相关大陆规范； • 采纳非洲互查机制（APRM）； • 制定/实施社会化方案，包括修改学校课程设置，强化民主价值观和相关实践； • 提升国家治理机构的能力； • 颁布规范政治融资的法律，保证所有政党具有公平的竞争环境； • 执行选举观察小组的建议； • 规范现行宪法/法律，保障结社自由和相关利益攸关方参与国家发展进程决策的权利； • 制定/实施传播战略，以加强结社自由和参与发展进程的权利； • 设立制裁/纠正发展进程中侵犯结社/言论自由行为的机制
	3.1.2 人权、司法和法治	1. 到 2030 年，独立的法院/司法机构将无顾忌、无偏袒地执行司法； 2. 消除腐败和有罪不罚现象； 3. 到 2030 年，所有人都能负担得起并公正及时地诉诸司法； 4. 到 2040 年，遵守法治和程序规范成为准则	• 审查/调整国家法律/宪法，体现《非洲人权和人民权利宪章》（ACHPR）、《世界人权宣言》和其他相关文书所载的大陆规范； • 制定/执行尊重人权和法治的社会化方案； • 制定/实施关于遵守民主价值观/实践的传播战略； • 设立无顾忌、不偏袒的制裁侵犯人权行为的制度，并规范相关程序； • 建立尊重种族多样性、促进宗教宽容和制裁种族歧视的制度
3.2 各级机构卓有能力，领导具有革新思想	3.2.1 机构与领导力	1. 到 2030 年，（地方、地区/大陆和国家）各级国家政府均有能力确定优先次序，制定/实施发展计划； 2. 政府机构称职、专业、态度中立，且有能力在 2030 年之前为公民提供有效和高效的服务	• 建设国家机构发展管理方面的能力，包括监测和评估； • 促进为公共机构提供高效和有效服务的政策和方案； • 全面执行《非洲公共行政价值观和原则宪章》
	3.2.2 参与式发展与地方治理	1. 到 2030 年，在基于国家长期远景的社会契约框架内，决策过程中的参与性和包容性系统根深蒂固； 2. 有十足能力应对自然灾害风险； 3. 到 2020 年，实现地方冲突零发生； 4. 到 2025 年，所有地方政府均具备充分的行政和工作能力，拥有适当的财政权力； 5. 地方社区享有开发自然资源的公平份额，并在 2025 年之前利用其造福大众； 6. 地方社区的文化、价值观和规范受到尊重和保护	• 加快制定相关政策，促进利益相关者参与地方治理； • 采取措施，确保财政和行政职能的充分下放和合理配置，并为市政当局和地方政府机构建设相关能力； • 制定/执行预防和管理冲突的政策； • 制定/执行地方政府权力下放和赋权政策

愿景 4：一个和平稳定的非洲

目标	2063 优先领域	2063 年指标	2063 指示性战略
4.1 和平、安全与稳定得以维持	4.1.1 保持稳定、维护和平与安全	1. 签署/采用非洲和平与安全文书； 2. 到 2025 年，建立有效机制，解决暴力冲突的根源/结构性根源； 3. 到 2025 年，建立预防和解决冲突的地方和国家机制； 4. 巩固和平文化	● 全面执行关于维护和恢复和平与安全的亚太安全协定（APSA）； ● 在地方和国家两级制定/执行预防和解决冲突的机制； ● 将主流和平教育纳入各级学校课程设置
4.2 建立稳定和平的非洲大陆	4.2.1 非盟和平与安全的体制结构	1. 到 2020 年全面禁枪； 2. 到 2030 年，有能力、专业且尽职的安全服务到位； 3. 到 2025 年，在民主实践、法治和正当程序范围内实现民众对安全部门的管理	● 签署、批准并在各国对标实施和平与安全规范性框架； ● 在地方、国家和大陆各级帮助非洲民间社会组织培养处理预防冲突和建设和平的能力
	4.2.2 防御、安全与和平	1. 到 2025 年，安全部门在实现和平和维护和平方面得到充分培训	● 各国对标调整实施非洲共同防御和安全政策
4.3 全面运行的非洲和平与安全架构（APSA）	4.3.1 全面运作和功能完善的非洲和平与安全架构（APSA）支柱	1. 全面履行为非洲和平与安全机构提供资金的义务； 2. 国家安全机构/机制装备精良、卓有能力，可参与非洲大陆相关任务； 3. 建立自给自足的国防工业	● 全面实施非洲和平与安全架构（APSA）

愿景 5：一个具有强烈文化认同、共同遗产、价值观和道德准则的非洲

目标	2063 优先领域	2063 年指标	2063 指示性战略
5.1 非洲文化复兴得以凸显	5.1.1 泛非主义的价值观和理想	1. 到 2030 年，针对中小学的教育课程设置中至少有 80% 的内容是非洲土著文化、价值观和语言的相关课程； 2. 到 2020 年，将设立侨民事务/关系机构，充分利用并发挥其对经济发展的贡献； 3. 到 2030 年，非洲侨民融入国家民主进程； 4. 到 2020 年，实现海外侨民的双重国籍	● 执行《非洲文化复兴宪章》； ● 执行《关于协调文化政策和方案的阿尔及尔宣言》； ● 通过关于向海外侨民提供双重国籍的法律； ● 执行非洲侨民问题全球首脑会议——《南非约翰内斯堡宣言》； ● 设立国家一级的侨民关系机构； ● 通过相关法律，向侨民提供双重国籍； ● 通过相关法律，将海外侨民纳入国家选举/治理体系
	5.1.2 文化价值与非洲文化复兴	1. 至少 90% 的市民欣赏创意艺术； 2. 75% 以上的高等院校提供至少 3 种当地语言及文学课程； 3. 2025 年，多民族语言用于国家行政程序中； 4. 职业道德和基于业绩的奖励文化牢固确立； 5. 传统的家庭价值观（家庭、社区、社会凝聚力）受到尊重和得以夯实；	● 全面执行《非洲文化复兴宪章》； ● 建设泛非文化机构的能力； ● 执行非洲语行动计划； ● 制定/实施文化保护和促进战略，包括将文化融入学校教育

续表

目标	2063 优先领域	2063 年指标	2063 指示性战略
5.1 非洲文化复兴得以凸显	5.1.2 文化价值与非洲文化复兴	6. 到 2035 年，所有高中生至少有两年的时间接触母语外的其它主要非洲语言； 7. 为发展泛非主义精神，到 2035 年，非洲历史成为从中学到高等教育的必修/核心课程	
	5.1.3 文化遗产、创意艺术和相关企业	1. 所有印刷品和电子产品及媒体中的本地内容至少增加 60%； 2. 到 2035 年，所有技术和职业培训和教育机构均有关于文化艺术品创造、保护文化资产技能培养和微型文化企业管理相关培养项目； 3. 创意艺术、民俗、民族语言/文学繁荣发展，有助于民族文化的发展和保存； 4. 到 2035 年，完成民族口述史的发现和保存工作； 5. 到 2020 年，建立代际文化对话机制； 6. 所有经确认的国家文化宝藏/遗产都将被检索、保护、归档和估价	• 全面实施《非洲文化和创意产业行动计划》； • 批准所有以保护和促进文化表现形式多样性为重点的，内容恰当的国际公约； • 制定/实施保护创作者权利的政策，以支持创意产业的发展； • 促进文化驱动型企业的创建； • 培养文化从业者的能力； • 编制文化产品清单，以方便保存； • 建立代际文化对话论坛； • 通过和批准与促进文化交流有关的区域和大陆条约和议定书； • 设立管理文化适应/调整相关国家论坛/框架； • 批准所有注重保护和促进文化表现形式多样性的内容恰当的国际公约； • 制定相关措施，打击文化物品交易，包括：加强区域合作、信息互通和追查罪犯，将其移送司法机构，包括从目的地国引渡； • 鼓励自力更生，促进非洲解决非洲问题

愿景 6：一个依靠人民和民众潜力，尤其是妇女和青年潜力，并关爱儿童的非洲

目标	2063 优先领域	2063 年指标	2063 指示性战略
6.1 社会生活各个方面充分实现性别平等	6.1.1 妇女赋权	1. 妇女享有平等的经济权利，包括到 2025 年，拥有和继承财产、签署合同、登记和管理企业以及拥有和经营银行账户的权利； 2. 确保到 2025 年，90%的农村妇女能够获得生产性资产，包括土地、信贷、投入和金融服务； 3. 到 2030 年，地方、区域和国家各级以及司法机关的所有当选官员中女性占比达 50%； 4. 到 2030 年，政府和私营部门管理职位中女性占比至少达到 50%	• 全面执行《消除一切形式的歧视妇女公约》； • 充分执行《非洲人权和人民权利宪章》和《非盟两性平等庄严宣言》所载的《非洲妇女权利议定书》； • 制定/促进有助于妇女和青年获得生产性资产（包括融资）的政策； • 制定/实施机制，跟踪妇女在获得生产性资产/技能、参与各级治理和提高公共和私营部门职位方面实现平等的进展情况
	6.1.2 针对妇女和女童的暴力和歧视	1. 将所有环境（私人、公共和冲突局势中）中针对妇女和女童的暴力行为降至零； 2. 到 2025 年，结束所有针对妇女和女童的有害的社会规范和习俗，以及那些助长对妇女和女童实施暴力和歧视的社会规范和习俗； 3. 到 2020 年，消除阻碍妇女和女童接受优质教育、医疗卫生和社会服务的所有障碍； 4. 到 2030 年，消除针对妇女和女童一切形式的政治、社会、经济、法律或行政歧视	• 执行《消除一切形式的歧视妇女公约》（CEDAW）。制定/执行国家战略，促进妇女、青年、儿童、弱势群体、边缘化者和残疾人的权利； • 消除针对妇女和女童一切形式的基于性别的暴力和有害做法，特别是童婚、早婚和逼婚以及切割女性生殖器官； • 确保教育系统为年轻一代提供高质量的教育，培养关键的一般性能力、技能和态度，从而形成终身学习和创业的文化； • 通过基于能力的就业、可持续生计和责任公民意识培训，促进技能学习； • 消除性别不平等，确保整个教育系统的两性平等、女童和妇女赋权

续表

目标	2063优先领域	2063年指标	2063指示性战略
6.2 提升青少年的权利与参与度	6.2.1 青年赋权与儿童权利保障	1. 到2020年，青年失业率降低25%；到2025年，青年失业率降低50%；到2050年，降低90%，尤其是女性青年的失业率； 2. 青年创业公司，包括所有创业公司中的女性青年：到2020年，占比达15%；到2030年达25%；到2063年达35%； 3. 到2025年，消除一切形式的青年非法移民； 4. 到2030年，所有青年（男性和女性）均有机会获得教育和培训机会、卫生服务以及参与娱乐和文化活动； 5. 到2035年，在地方、区域和国家各级的各级政治职务中，青年（男性和女性）比例至少增加一倍； 6. 至少有50%的青少年和儿童从事某项体育活动； 7. 到2020年，结束一切形式的暴力侵害儿童行为； 8. 到2020年，结束一切形式的剥削童工行为； 9. 到2020年，结束招募儿童兵现象； 10. 结束针对儿童的一切形式的歧视，尤其是限制儿童享受基本人权的歧视	• 制定青年技能发展和就业方案； • 促进青年企业/初创企业的发展； • 充分执行《非洲青年宪章》和2002年亚历山大青年就业问题首脑会议的建议； • 通过学徒计划和工厂安置，在教育机构和劳动力市场之间建立密切联系/鼓励和促进与工作有关的技能培训； • 促进青年志愿服务； • 充分执行《非洲儿童权利宪章》相关规定； • 鼓励和支持职业咨询服务，使青年人的技能经验符合劳动力市场的需求； • 执行非洲体育可持续发展框架； • 执行《非洲儿童权利与福利宪章》； • 加速执行《适合儿童生长的非洲行动计划》； • 执行阿尔及利亚关于支持孤儿、弱势儿童和儿童，包括感染艾滋病毒/艾滋病的儿童的战略的共同立场和行动计划

愿景7：一个作为强大、团结、富有活力和影响力的国际事务的参与者和合作伙伴的非洲

目标	2063优先领域	2063年指标	2063指示性战略
7.1 加强非洲在国际事务及和平进程中的伙伴作用	7.1.1 非洲在国际事务中的地位和角色	1. 非洲网络化空间研究和拓展的国家基础设施充分就位； 2. 有助于全球知识产权和专利存量的国家研发体系/基础设施已完全发挥作用； 3. 实际出口额较2013年增长20%	• 全面实施拟议的非洲科技创新战略； • 对国家规划/体系进行适当调整，使其与区域和大陆的全球发展/经济框架保持一致（如《2063年议程》，全球发展目标）； • 履行对区域/大陆和全球发展/金融机构的承诺
	7.1.2 伙伴关系	1. 全球合作伙伴关系下的所有承诺均得到遵守，全球伙伴关系不断扩大，以促进非洲的转型	• 执行非盟—非洲全球伙伴关系框架； • 执行所有相关的全球伙伴关系协定/框架
7.2 非洲自主融资，推动经济发展	7.2.1 非洲资本市场	1. 包括资本市场在内的国内资金源至少占发展资本的80%	• 建立资本市场运行的监管框架，包括一个运行良好的资本市场监管机构； • 为资本市场的发展/增长提供包括他国参与的财政激励； • 促进资本市场机构运营商的能力发展，使其效率/效益达到全球水平； • 推动制定相关政策，将国家资本市场与区域、大陆和全球资本市场相关联； • 促进基础设施市场发展； • 发展资本市场运行相关人力资源； • 保持稳健的宏观经济政策，加快资本市场的发展； • 制定/执行相关战略，加强中央银行在发展筹资中的作用。

续表

目标	2063 优先领域	2063 年指标	2063 指示性战略
	7.2.2 财政制度和公共部门收入	1. 自 2025 年，各级政府的税收和非税收入应至少达到当前支出和发展支出的 75%	●建立有效、高效、透明的国家税务机关； ●制定/实施相关政策，优化税收政策，公共收费政策以及公共企业利润最大化行为相关政策； ●发展基础设施能力，实现收入最大化和问责制； ●提供适当的激励措施，以获得税收并确保职员守土有责； ●建立有效的税收稽核制度； ●建设税收征收相关人力资源； ●通过教育宣传，让公众知晓其纳税义务/责任； ●制定扩大非正规部门征税范围的政策/框架； ●成立财政研究所，以激励新想法/评估现有政策
	7.2.3 发展援助	1. 到 2040 年，援助在国家发展预算中的比例降至零	●杜绝非法资本外流； ●加快制定相关政策，刺激生产部门增长所产生的税收收入； ●与采掘业投资者协商，合理收入分配/加快制定相关政策，最大限度增加国家从采掘业获得其应得的收入

附录 4 《2063 年议程》地区/大陆层级成果汇总表：目标、优先领域、指标和指示性战略

愿景 1：一个基于包容性增长和可持续发展的繁荣非洲

目标	2063 优先领域	2063 年指标	2063 指示性战略
1.1 公民拥有较高的生活水平、生活质量和幸福感	1.1.1 收入、职业和体面工作	1. 至少有 50% 的非洲国家在人类发展指数（HDI）表中被列为高级别类别； 2. 全球生活质量指数前 10 个国家中，至少有三分之一是非洲国家	●确保/促进成员国执行瓦加杜古 +10 行动计划（经修订的就业和减贫行动计划）； ●确保/促进会员国执行非洲卫生战略、非洲营养战略和第三个非洲教育十年战略/规划
	1.1.2 贫穷、不平等和饥饿	—	—
	1.1.3 包括残疾人在内的社会安全和保障	1. 至少 80% 的非洲国家为无法赚取足够收入的适龄劳动者提供基本收入保障，尤其针对患病、失业、生育和残疾等情况； 2. 所有非洲国家都为老年人提供基本收入保障	●促进/确保成员国执行非洲社会发展和保护政策
	1.1.4 现代宜居的居住地和优质的基本服务	1. 到 2030 年，区域城市管理研究和实践机构投入运营	●编写供非盟政策机构采纳的概念/框架文件； ●制定/实施行动计划

续表

目标	2063 优先领域	2063 年指标	2063 指示性战略
1.2 公民接受良好的教育，以科学、技术和创新为驱动的技术革命	1.2.1 教育与科学、技术创新驱动的技术革命	1. 到 2025 年，建立非洲教育认证机构； 2. 到 2023 年，实行大陆共同教育资格认证； 3. 到 2023 年，建成泛非虚拟大学； 4. 到 2023 年，非洲教育观察系统全面运行； 5. 到 2020 年，泛非大学稳固发展，拥有至少 25 个卫星中心； 6. 到 2023 年，至少有 50% 的成员国设立国家评估鉴定制度	• 为非洲教育认证机构、泛非虚拟大学和泛非大学制定/实施行动计划； • 制定/促进实施非洲第三个教育十年战略/计划； • 制定/实施改善成员国之间在创新创业领域合作和知识流动的框架； • 建立科学、技术和创新（STI）/教育数据库
1.3 国民身体健康，营养健全	1.3.1 健康与营养	1. 到 2030 年，实现区域经济共同体（REC）成员国的卫生专业人员通用认证和实践标准；到 2035 年，实现非洲大陆通用标准； 2. 到 2025 年，非洲疾病控制中心投入使用	• 为非洲疾病控制中心的建立而制定的概念/行动计划充分发挥作用
1.4 经济转型	1.4.1 可持续的包容性经济增长	1. 非洲在全球 GDP 中所占份额达到 15%	• 促进非洲加速工业发展战略的实施； • 促进非洲内部贸易行动计划（BIAT）的实施
	1.4.2 生产制造业、工业化和附加值	1. 到 2050 年，非洲在全球制造业产出中所占份额达到 10%； 2. 与全球价值链相关的工业化/制造业区域/大陆中心将于 2020 年前设立，并于 2025 年前全面运行； 3. 非洲矿产开发中心将于 2025 年建成并全面运行	• 促进各成员国在区域经济共同体内的产业政策的协调； • 开发/实施工业中心概念； • 制定/实施非洲矿产开发中心行动计划
	1.4.3 经济多元化和适应力	1. 到 2035 年，建立区域和大陆的技术、创新和竞争力中心，并为新业务创新想法； 2. 建立世界一流的区域/大陆研究中心，并提供重要的研究成果，从而实现农业、制造业/工业和自然资源开发的转型； 3. 到 2025 年，至少有 2 个地区性商品交易所投入运行；2035 年前，建立大陆商品交易所	• 为技术创新和卓越研究中心制定概念/制定/实施行动计划； • 形成区域/大陆商品交易所相关概念/促进概念的实施
1.5 生产力较高和高产的现代化农业	1.5.1 农业生产力与产量	1. 到 2030 年，建成世界一流的区域农业研究中心	• 实施非洲农业发展综合方案（CAADP）； • 实施非洲科学、技术和创新战略
1.6 发展蓝色/海洋经济，促进经济增长	1.6.4 海洋资源与能源	1. 到 2025 年，建成非洲蓝色/海洋经济中心； 2. 在区域一级协调各成员国的海事立法	• 执行非洲蓝色/海洋经济中心行动计划
1.7 环境可持续，适合气候条件的经济体和地区	1.7.1 可持续消费模式	未提及	未提及

续表

目标	2063 优先领域	2063 年指标	2063 指示性战略
	1.7.2 生物多样性保护与可持续自然资源管理	1. 到 2020 年,完成签署《非洲自然及自然资源保护公约》(ACCNNR); 2. 到 2020 年,《非洲保护自然和自然资源公约》的执行情况和《非洲土地政策框架指南》以及《关于在非洲进行大规模陆上投资的指导原则》完全纳入区域和大陆战略、方案和监测与评估框架; 3. 到 2025 年,制定协调和具有约束力的法律和监管框架,以确保公平和可持续地管理和养护跨边界自然资源,包括消除偷猎和濒危物种贸易,保护野生动物和迁徙路线,发展和平公园,扩大海洋保护区)	• 通过媒体、会议和非盟机构促进批准《阿克纳公约》; • 在国家一级促进和跟踪非洲土地政策框架指导方针,以及非洲大规模陆上投资指导原则的本土化,并确保将其纳入区域和大陆战略、方案和监测与评估框架; • 制定/促进成员国通过示范协定; • 非盟鼓励并领导区域经济共同体确定、协同并开发关键跨边界保护区,用于旅游、生态服务与维护和平; • 协助会员国颁布严格的政策,消除野生动物偷猎和贩运,并遵守《濒危物种贸易国际公约》; • 建立解决使用跨边界自然资源引发的冲突的机制
	1.7.3 水资源安全	未提及	未提及
	1.7.4 气候适应性与自然灾害	1. 到 2025 年,非洲气候基金(ACF)将着手解决非洲大陆的气候适应和缓解问题,包括技术开发	• 制定/执行设立非洲气候基金的行动计划
	1.7.5 可再生能源	未提及	未提及

愿景 2:一个建立在泛非主义理想和非洲复兴愿景之上的政治统一的一体化非洲大陆

目标	2063 优先领域	2063 年指标	2063 指示性战略
2.1 非洲一体化(联邦或联邦)	2.1.1 非洲一体化的框架和机构	1. 到 2018 年,免除非洲境内旅行的所有签证要求,并在 2025 年前实施非洲护照; 2. 到 2025 年,制定大陆政府法律框架草案; 3. 到 2055 年,建立非洲统一的大陆机构; 4. 到 2025 年,拥有完全立法权的泛非议会投入运行; 5. 到 2030 年,非洲法院投入运行; 6. 到 2023 年,地区法院将全部开始运行; 7. 到 2025 年,非洲共同市场建设完成; 8. 到 2017 年,建成非洲自由贸易区; 9. 到 2019 年,成立非洲关税同盟; 10. 到 2023 年,泛非统计研究所全面运行; 11. 到 2023 年,泛非知识产权组织全面运行; 12. 到 2023 年,非洲科学、技术和创新观察站力争全面运行; 13. 到 2023 年,非洲科学和创新理事会全面运行	• 制定/实施战略宣传战略/方案,加速通过和批准所有最低限度一体化计划条约和议定书; • 执行马拉博关于泛非知识产权组织(PIPO)的决议; • 实施马拉博关于建立非洲科学和创新理事会(ASIC)的决议。

续表

目标	2063 优先领域	2063 年指标	2063 指示性战略
2.2 非洲大陆金融和货币机构的建立和运行	2.2.1 金融和货币机构	1. 到 2025 年，成立非洲货币联盟	• 加快措施，确保一致性； • 促进批准和接受有关条约、议定书和文书
2.3 世界一流的基础设施遍及非洲	2.3.1 通信和基础设施互联互通	1. 到 2020 年前，建立区域电力联营（Regional Power Pools）；到 2035 年，建立大陆综合电力联营（比如，大英加水电站） 2. 到 2040 年，通过非洲基础设施发展方案（PIDA）完成非洲通信基础设施建设； 3. 到 2035 年，通过非洲基础设施发展方案（PIDA）完成非洲岛屿通信基础设施建设； 4. 到 2050 年，建成大陆高速列车网络； 5. 到 2025 年，建成大陆电视台/网络	• 实施非洲互联网统一域名（dot Africa）； • 为非洲岛国制定非洲基础设施发展方案（PIDA）； • 实施非洲基础设施发展方案（PIDA）监测和评估报告系统； • 制定/实施非洲综合媒体网络大陆框架

愿景 3：一个善治、民主、尊重人权、正义和法治的非洲

目标	2063 优先领域	2063 年指标	2063 指示性战略
3.1 确立民主价值观、具体做法、人权、正义和法治等普遍原则	3.1.1 民主和善政	1. 到 2030 年，70% 的成员国通过并实施《非洲治理宪章》； 2. 至少有 15 个非洲国家跻身全球民主善政指数前 50 名； 3. 到 2025 年，反映非洲岛屿国家脆弱性的治理矩阵框架到位	• 促进《非洲治理宪章》的实施； • 制定/执行制定非洲岛国治理指标的战略/行动计划； • 制定/实施宣传方案，以便相关区域/非洲大陆和全球机构采用非洲岛屿治理计算方法
	3.1.2 人权、司法和法治	1. 到 2020 年，至少 80% 的成员国充分执行《非洲人权和人民权利宪章》； 2. 所有成员国均执行非洲互查机制； 3. 所有成员国均遵守《非洲人权宪章》（ACHR）第 62 条的报告框架规定	• 促进《非洲人权和人民权利宪章》的执行
3.2 各级机构卓有能力，领导具有革新思想	3.2.1 机构与领导力	1. 区域经济体、非盟及所有非盟机构均有能力在 2017 年之前优先考虑、规划并执行其各自任务； 2. 在地区/大陆层面，称职、专业和中立的政府机构将在 2017 年之前为其客户提供服务； 3. 反映非洲岛国家脆弱性/独特性的国内生产总值/经济发展指标计算框架将于 2025 年前到位运行	• 拟订和促进采纳/签署《非洲公共行政价值观和原则宪章》； • 制定/实施发展非洲岛国经济/国内生产总值指标的战略/行动计划； • 制定/执行宣传方案，以便有关区域/非洲大陆和全球机构采用非洲岛屿经济发展/计算方法
	3.2.2 参与式发展与地方治理	1. 所有成员国均执行非盟关于善政的决议	• 筹备和促进采纳/签署《非洲公共行政价值观和原则宪章》

愿景 4：一个和平稳定的非洲

目标	2063 优先领域	2063 年指标	2063 指示性战略
4.1 和平、安全与稳定得以维持	4.1.1 保持稳定、维护和平与安全	1. 非洲待命部队和快速部署能力将在 2018 年前到位； 2. 到 2018 年，建成全面运行的"大陆早期预警系统"（Continental Early Warning System, CEWS）和区域经济共同体预警系统； 3. 智者和泛智小组全面运行并采取预防冲突的举措； 4. 到 2020 年，非洲逮捕令制度（African Warrant System）就位实施	• 全面实施非洲和平与安全架构（APSA）支柱内容； • 更新非洲和平与安全架构（APSA），以涵盖海盗、贩毒和人口贩运以及跨国犯罪活动； • 促进非洲内部及非洲与其他国际机构之间更加密切的合作
4.2 建立稳定和平的非洲大陆	4.2.1 非盟和平与安全的体制结构	1. 到 2020 年，全面禁枪	• 提高成员国和区域经济共同体对区域和平机制的认识
	4.2.2 防御、安全与和平	1. 到 2020 年，共同抵御和安全政策全面运行	• 促进非洲国防和安全政策的执行
4.3 全面运行的非洲和平与安全架构（APSA）	4.3.1 全面运行和功能完善的和平与安全架构（APSA）支柱	1. 自主融资，资助非洲和平与安全机构； 2. 装备精良、称职的区域和大陆安全结构/机制，以应对新出现的安全威胁； 3. 有能力、装备精良、专业的安全部队，具有大陆作战能力； 4. 建立自给自足的国防工业	• 促进全面实施非洲和平与安全架构（APSA）支柱内容的实施

愿景 5：一个具有强烈文化认同、共同遗产、价值观和道德准则的非洲

目标	2063 优先领域	2063 年指标	2063 指示性战略
5.1 非洲文化复兴得以凸显	5.1.1 泛非主义的价值观和理想	1. 到 2020 年，泛非文化研究所全面运行； 2. 到 2020 年，完成所有遗产项目； 3. 到 2018 年，完成《非洲百科全书》的编纂； 4. 自 2020 年起，每两年举办一次泛非文化节（音乐、舞蹈、电影、时装等）； 5. 到 2030 年，开始使用非洲通用语； 6. 自 2016 年起，每半年举行一次泛非大会和泛非妇女运动； 7. 到 2035 年，设立第六个非洲地区； 8. 到 2030 年，在达喀尔设立泛非秘书处	• 执行非盟首脑会议关于《非洲百科全书》项目的决议； • 规划/促进战略实施，加强非盟成员国与加勒比和拉丁美洲国家之间的关系； • 制定/实施非洲各国及非洲大陆散居海外侨民项目一体化框架； • 促进成员国批准关于《组织法》修正案的议定书，使散居海外侨民能够参与建立非洲联盟； • 促进成员国执行联合国大会关于奴隶制和跨大西洋贩卖奴隶行为受害者永久纪念碑的决议

目标	2063优先领域	2063年指标	2063指示性战略
5.1 非洲文化复兴得以凸显	5.1.2 文化价值与非洲文艺复兴	1. 非洲在创意艺术/美术（电影、文学、戏剧、音乐和舞蹈、时装）方面对全球产出的贡献至少达到15%； 2. 到2025年，成立区域/大陆电影、文学、戏剧、艺术、时装、口述传统协会； 3. 到2030年，绘制出所有非洲岛国的克里奥尔语种类地图	• 实施非洲大陆复兴战略运动； • 扩展非洲语言地图，覆盖非洲岛国的克里奥尔语
	5.1.3 文化遗产、创意艺术和相关企业	1. 到2025年，归还非洲文化资产和文物； 2. 到2025年，采用非洲遗产的框架就位运行； 3. 非洲遗产占世界遗产的比例至少达到2013年的10倍	• 落实关于文化产品清单报告的建议； • 制定/实施非洲遗产地大陆框架； • 制定/实施将非洲遗产地划分为世界遗产地的框架

愿景6：一个依靠人民和民众潜力，尤其是妇女和青年潜力，并关爱儿童的非洲

目标	2063优先领域	2063年指标	2063指示性战略
6.1 社会生活各个方面充分实现性别平等	6.1.1 妇女和女童赋权	1. 到2030年，所有非盟机构和区域经济共同体在入会、代表资格和职务晋升方面均实现性别平等； 2. 自2016年开始，每年一度的妇女赋权问题高级别小组正式运行； 3. 到2017年，成立非洲妇女发展基金会（Fund for African Women）	• 促进执行所有相关章程和政策，消除一切形式针对妇女的歧视行为； • 制定/执行基于性别平等的政策； • 制定/协调大陆性别观察站设立相关框架； • 促进在非盟委员会/非洲发展新伙伴计划中设立性别问题英才中心； • 实施非洲性别均等指数（African Gender Parity Index）
	6.1.2 针对妇女和女童的暴力和歧视	1. 到2030年，消除针对妇女各种形式的暴力和歧视	• 全面执行非盟大会关于性别平等的决议； • 促进《非洲妇女十年方案》的执行； • 对在消除/减少针对妇女和女童一切形式暴力行为方面取得进展的国家进行比较研究； • 制定保护和援助冲突局势中（包括肇事者实施迫害）妇女和女童的战略
6.2 提升青少年的权利与参与度	6.2.1 青年赋权	未提及	未提及

愿景 7：一个作为强大、团结、富有活力和影响力的国际事务的参与者和合作伙伴的非洲

目标	2063 优先领域	2063 年指标	2063 指示性战略
7.1 加强非洲在国际事务及和平进程中的伙伴作用	7.1.1 非洲在国际事务中的地位和角色	1. 到 2015 年，整个非洲共同发声； 2. 联合国安全理事会常任理事国席位及对多边/全球机构的代表/任命； 3. 非洲大陆、区域和各国科学、技术和创新中心拥有至少 15% 的世界专利； 4. 非洲在全球贸易/出口中的份额至少达到 10%； 5. 到 2030 年，非洲将收回其在全球公共领域（太空、陆地、海洋）的合法份额； 6. 到 2030 年，启动非洲太空开发； 7. 到 2036 年，某个非洲国家赢得世界杯； 8. 到 2035 年，建立联合海上专属经济区（CEMZA）； 9. 到 2030 年，建立拥有海事业务协调中心的标准化区域海事总部； 10. 到 2020 年，所有殖民地获得自由	• 实施非洲海洋战略； • 建立/实施全球宣传关系以提升非洲的形象； • 合理化/遵守区域/大陆/国际机构的任命程序，包括对非洲岛国的适当承认； • 实施非洲科学、技术和创新战略（STISA）
	7.1.2 伙伴关系	1. 到 2017 年，非洲全球伙伴关系平台建成并投入运行	• 全面落实对非洲全球伙伴关系建议的审核评估
7.2 非洲自主融资，推动经济发展	7.2.1 非洲资本市场	1. 到 2020 年，非洲汇款研究所（Africa Remittance Institute）全面运行； 2. 到 2030 年，非洲将设立一个综合资本市场，为非洲发展议程提供至少 30% 的资金； 3. 到 2025 年，非洲信用担保机制（ACGF））全面运行； 4. 到 2025 年，成立设有促进蓝色/海洋经济窗口的非洲投资银行； 5. 到 2035 年，成立非洲海事银行； 6. 到 2034 年，成立非洲中央银行； 7. 到 2030 年，设立泛非证券交易所	• 制定/执行批准与建立大陆金融/资本机构和市场有关的条约/协定/政策的战略
	7.2.1 财政制度和公共部门收入	未提及	未提及
	7.2.2 发展援助	1. 到 2030 年，对援助的依赖减少 50%；到 2035 年减少至零	• 制定/促进政策和方案的执行，以消除对援助的依赖

《2063年议程》第一个十年执行计划

执行摘要

过去50年（1963—2013年）整个非洲大陆致力于去殖民化、反对种族隔离和实现非洲大陆政治独立。在非洲统一组织（非统）/非洲联盟（非盟）领导开展的去殖民化进程的50周年（2013年5月）之际，非洲大陆再次致力于实现"由非洲民众推动，在国际舞台上充满活力、统一、繁荣与和平的非洲"的泛非远景。为了实现这一远景，非盟50周年首脑会议就社会和经济发展、一体化、民主施政、和平与安全等作为远景核心的8个领域发表庄重宣言。

为了实现该宣言，在非盟远景内，由非洲发展新伙伴计划规划和协调机构支持的非洲联盟50周年首脑会议（the Golden Jubilee Summit of the Union）指导非洲联盟委员会、非洲开发银行（AfDB）和联合国非洲经济委员会（UNECA）通过由民众驱动的进程制定非洲大陆未来50年的议程，即《2063年议程》。该议程概述了我们想要的非洲大陆。

七项愿景
- 愿景1：一个基于包容性增长和可持续发展的繁荣非洲；
- 愿景2：一个建立在泛非主义理想和非洲复兴愿景之上的政治统一的一体化非洲大陆；
- 愿景3：一个善治、民主、尊重人权、正义和法治的非洲；
- 愿景4：一个和平而稳定的非洲；
- 愿景5：一个具有强烈文化认同、共同遗产、价值观和道德准则的非洲；
- 愿景6：一个依靠人民和民众潜力，尤其是妇女和青年潜力，并关爱儿童的非洲；
- 愿景7：一个作为强大、团结、富有活力且有影响力的国际事务的参与者和合作伙伴的非洲。

2015年1月首脑会议通过了《2063年议程》框架文件，将其作为非洲长期社会经济和一体化转型的基础，并指示非洲联盟委员会编制《2063年议程》第一个十年执行计划（2013—2023年）。2015年6月，首脑会议通过了该计划。作为五个十年执行计划系列中的第一个计划，该计划成为非盟成员国、各区域经济共同体和非盟机构编制中期发展计划的基础。

《第一个十年执行计划》的内容

计划包括七个章节：

1. 基本情况：阐述了计划的背景、目的和依据以及筹备过程。它将该计划置于《2063年议程》的范围内，并强调其基础包括非盟远景、非盟50周年庄严宣言和非洲七大愿景，目的是为非洲在50年期的第一个十年内实现社会经济转型提供一个共同成果框架。

2. 第一个十年的目标和优先领域：分析七大愿景所涉及领域的发展现状，并为构成计划框架基础的目标和优先领域提供选择标准；最后，勾勒出 2023 年非洲的基本状况，届时非洲已实现所有既定目标和指标。

3. 第一个十年执行计划的内容框架：该部分简要列出 7 个愿景的每一个目标、每个目标的优先领域、2023 年具体目标（国家、区域和大陆层面）、关于大陆框架的 2023 年的指示性战略和关键进程行动/里程碑（例如非洲基础设施发展方案、非洲农业发展综合方案）。

4. 计划实施：提出了实施的原则（如多样性、辅助性、包容性、成果导向、利用现有机构），这些原则将指导所有利益攸关方实施第一个十年执行计划；确定了关键利益攸关方［包括国家/次国家、区域经济共同体和非盟委员会、泛非议会（PAP）、联合国非洲经济委员会（ECA）、非洲开发银行（AfDB）等］，以及它们的作用；制定了实施关键活动的时间表、政策指导方针，明确了与能力和沟通有关的问题。

5. 监测和评估：概述监测和评估的基本原理、成果框架结构、监测和评估的政策准则以及成功执行十年执行计划所需的知识和经验分享。

6. 十年执行计划融资需求及措施：明确了第一个十年的资金需求，确保资金到位的便利措施，提出了确保资金到位的措施安排。

7. 伙伴关系：概述了关于伙伴关系的提议，涉及非盟对伙伴关系的共同立场、使非洲从伙伴关系中最大化获益的措施，以及深化伙伴关系所带来的变革性惠益。

除七个章节外，还包含五个附件：

1. 第一个十年执行计划的检测和评估；
2. 非盟《2063 年议程》与可持续发展目标之间的联系/共性；
3. 旗舰项目/计划；
4. 成功的关键因素、潜在风险和应对策略；
5. 资金需求和潜在资金来源；

总而言之，该文件力求：确定优先领域、相关目标/预期成果和提供给利益攸关方的指示性战略；突出将带来速效、激发和维持非洲公民关注《非洲议程》的快速通道方案/项目；向所有利益攸关方分配实施、监测和评估计划的责任和义务，并概述确保资源和能力获取及公民持续参与计划执行所需的战略。

《第一个十年执行计划》的目标和优先领域

目标和优先领域的决定因素

《2063 年议程》是一份涉及 50 年规划的战略文件，因此有必要在其框架内为第一个十年执行计划确定优先事项。目标、目标相关优先领域及各优先领域相关指标在很大程度上受四个因素的影响：

1. 旗舰项目：第一个十年执行计划囊括了非盟峰会通过的所有旗舰计划和项目。在非盟首脑会议的支持下，非洲公民通过协商，起草了未来 50 年的框架文件，提出了 12 个方案/项目，希望在第一个十年执行计划通过前便立即着手执行这些方案/项目。

《2063 年议程》旗舰计划/项目

- 综合高速列车网络：通过高速列车连接非洲所有首都和商业中心，促进货物、要素服务和人员的流动，降低运输成本，缓解当前和未来系统的拥堵。

- 非洲虚拟大学和电子大学。通过同时覆盖多个站点的大量学生和专业人员，并发展相关高质量开放程度，开发远程和在线学习（ODeL）资源，增加非洲民众接受高等教育和继续教育的机会，为学生提供从世界任何地方和任何时间（每周 7 天，每天 24 小时）就读大学的保障。
- 制定商品战略。使非洲国家实现增值，从其商品中获得更高的收益，融入全球价值链，并促进以增值和当地内容开发为基础的纵向和横向的多样化。
- 设立年度非洲论坛。旨在每年召集非洲政治领导人、私营部门、学术界和民间组织，共商发展和制约因素，以及为实现《2063 年议程》愿景和目标而应采取的相应措施。
- 2017 年建立非洲大陆自由贸易区。借助到 2022 年非洲内部贸易翻一番的规划目标，大幅加速非洲内部贸易增长，更加有效利用贸易刺激增长和可持续发展，加强非洲在全球贸易谈判中共同发声，赢得政策空间，并在商定的时间框架内建立投资银行和泛非证券交易所（2016 年）；非洲货币基金组织（2018 年）；非洲中央银行（2028—2034 年）等金融机构。
- 非洲护照和人员的自由流动：修改非洲现行法律，原因在于虽然各国在政治上承诺到 2018 年降低边界限制，以促进成员国之间互签签证，实现所有非洲公民在所有非洲国家的自由通行，但按照现行法律法规，公民自由通行仍然受到限制。
- 大英加水电站项目的实施。英加水电站的优化开发将产生 43200 兆瓦的电力（PIDA《非洲基础设施发展方案》），以支持目前的区域电力联营及联合服务，将非洲从传统能源供给源转变为现代能源供给源，并确保非洲公民能够获得清洁且负担得起的电能。
- 泛非电子网络。泛非电子网络涉及诸多利益攸关方，设想通过政策和战略为非洲带来变革性的电子应用和服务；改善基础设施，尤其是非洲内部宽带地面基础设施；提升网络安全，使信息革命成为为生物和纳米技术产业提供服务的基础，最终将非洲转变成为电子社会。
- 2020 年禁枪。结束一切战争、国内冲突、基于性别的暴力和暴力冲突，防止种族灭绝。通过建立和实施非洲人类安全指数（AHSI），监测各项任务实施进展情况。
- 非洲外层空间战略旨在加强非洲利用外层空间以促进其发展。外层空间对非洲所有领域的发展至关重要：农业、灾害管理、遥感、气象预报、银行和金融，以及国防和安全。非洲获得空间技术产品已不再是奢侈之举，需加快获得相关技术和产品的速度。卫星技术的新发展使非洲国家极易获得相关技术。布拉柴维尔航空航天技术会议强调，需制定可行的政策和战略，以开发非洲空间产品的区域市场。
- 建立非洲单一航空运输市场：该旗舰方案旨在为非洲提供独立的非洲航空运输市场，以促进非洲航空运输。
- 建立非洲金融机构：非洲大陆金融机构是调动资源和管理金融部门的重要机构，相关机构的建立将有助于加速非洲大陆的一体化和社会经济发展。

2. 短期/近期国家和区域经济共同体发展优先事项：除区域经济共同体的战略规划外，还分析了成员国的国家规划。相关规划中优先发展事项的重点领域已列入《第一个十年执行计划》，这将确保其近期优先事项与 50 年框架文件所载优先领域相一致。优先领域包括：
- 可持续和包容性经济增长
- 人力资本开发
- 农业——增值和农业企业发展
- 创造就业机会，尤其是青年和女性

- 社会保障
- 性别——妇女发展和赋予青年权力
- 善政——包括有能力的机构
- 基础设施建设
- 科学、技术、创新
- 以制造业为基础的工业化
- 和平与安全
- 文化、艺术和体育

3. 大陆层级框架：非盟委员会（AUC）已制定出综合性大陆框架

非洲农业发展计划（CAADP）、非洲基础设施发展计划（PIDA）、非洲矿业愿景（AMV）、非洲科技创新战略（STISA）、促进非洲内部贸易（BIAT），非洲工业加速发展（AIDA）等，以支持非盟成员国的发展。某些成员国正在执行这些框架，为了确保政策执行的连贯性和一致性，必须将这些框架纳入《第一个十年执行计划》的优先领域中。

4.《2063年议程》成果框架：50年框架文件中涉及的2023年到期的所有目标必须纳入《第一个十年执行计划》。例如《非盟的决定/指示》和《非盟的行动计划/条约》。

《2063年议程》第一个十年的目标和优先领域

愿景	目标	优先领域
1）一个基于包容性增长和可持续发展的繁荣非洲	(1) 公民拥有较高的生活水平、生活质量和幸福感	• 收入、职业和体面工作； • 贫穷、不平等和饥饿； • 包括残疾人在内的社会保障和保护； • 现代化、宜居的住所和优质的基本服务
	(2) 公民接受良好的教育，以科学、技术和创新为驱动的技能革命	• 教育与科技创新驱动的技能革命
	(3) 国民身体健康，营养健全	• 健康与营养
	(4) 经济转型	• 可持续的包容性经济增长； • 教育和科学、技术和创新（SIT）驱动的生产制造业、工业化和增值； • 经济多元化和适应力； • 接待/旅游
	(5) 较高生产力和高产的现代化农业	• 农业生产力与产量
	(6) 发展蓝色/海洋经济，促进经济增长	• 海洋资源与能源； • 港口作业和海上运输
	(7) 环境可持续，适应气候条件的经济体和地区	• 可持续自然资源管理和生物多样性保护； • 可持续消费和生产模式； • 水资源安全； • 气候适应性和自然灾害应对和防范； • 可再生能源
2）一个建立在泛非主义理想和非洲复兴愿景之上的政治统一的一体化非洲大陆	(8) 非洲一体化（联邦或邦联）	• 非洲一体化的框架和机构

续表

	（9）非洲大陆金融和货币机构的建立和运行	● 金融与货币机构
	（10）世界一流的基础设施纵横遍及非洲	● 通信和基础设施互联互通
3）一个善治、民主、尊重人权、正义和法治的非洲	（11）确立民主价值观、具体做法、人权、正义和法治等普遍原则	● 民主和善政； ● 人权、司法和法治
	（12）各级机构卓有能力，领导具有革新思想	● 机构与领导力； ● 参与式发展和地方治理能力
4）一个和平而稳定的非洲	（13）和平、安全与稳定得以维持	● 保持稳定、维护和平和安全
	（14）建立稳定和平的非洲大陆	● 非盟确保和平和安全的体制架构
	（15）全面运行的非洲和平与安全架构（APSA）	● 全面运行且功能完善的非洲和平与安全架构（APSA）支柱
5）一个拥有强烈文化认同、共同遗产、价值观和道德准则的非洲	16）非洲文化复兴得以凸显	● 泛非价值观和理想； ● 文化价值观与非洲复兴； ● 文化遗产、创意艺术和相关企业
6）一个依靠人民和民众潜力，尤其是妇女和青年潜力的，并关爱儿童的非洲	（17）社会生活各个方面充分实现性别平等	● 妇女和女童权利提升； ● 针对妇女和女童的暴力及歧视
	（18）提升青少年的权利与参与度	● 青年赋权和儿童权利保障
	（19）加强非洲在国际事务及和平进程中的伙伴作用；	● 非洲在全球事务中的地位； ● 伙伴关系
7）一个作为强大、团结、富有活力且有影响力的国际事务的参与者和合作伙伴的非洲	（20）非洲自主融资，推动经济发展	● 非洲资本市场； ● 财政制度和公共部门收入； ● 发展援助

2023年的关键转型成果

第三章提供了计划框架，包括：愿景及其相关目标；目标及其相关优先领域；国家、区域和大陆各级的优先领域及其相关具体目标；指标及其指示性战略。以上内容共同组成《第一个十年执行计划》的成果框架，即到2023年该计划在国家、区域和大陆各级实现时，五个关键领域将实现转变——相关预期成果重点包括：

生活水平的提高

● 实际人均收入将比2013年高出三分之一；
● 饥饿发生率，特别是妇女和青年的发生率仅为2023年的20%；
● 求职者中至少有四分之一有工作机会；
● 每3个儿童中至少有1个能接受幼儿园教育，每一个中学适龄儿童都能上学，每10个不能接受高等教育的毕业生中有7个能参加TVET（技术职业教育与培训）课程；
● 截至2013年，营养不良、孕产妇、儿童和新生儿死亡人数将减少一半；可以自动获得抗逆转录病毒药物，艾滋病毒/艾滋病和疟疾造成的死亡将减少一半；
● 十分之九的人可获得安全饮用水和卫生设施；电力供应和互联网连接覆盖将扩大50%，城市中至少50%的废物被回收处理；

转型、包容和可持续经济
- 国内生产总值将以 7% 的速度增长，其中至少三分之一由国有企业产出；
- 到 2023 年，在实现商品附加值和农业要素总生产率翻番的基础上，将实现劳动密集型制造业；
- 蓝色经济增值初现端倪——渔业、生态友好型沿海旅游业、海洋生物技术产品和港口运营；
- 创意艺术企业对 GDP 的实际贡献将是 2013 年的两倍；
- 信息和通信技术普及率，及以绝对值计算其对实际国内生产总值的贡献将上涨至 2013 年的两倍；
- 将于 2023 年建成与全球价值链和商品交易所相连的区域工业化中心；
- 至少 17% 的陆地和内陆水以及 10% 的沿海和海洋区域将得到保护，30% 的农民、渔民和牧民将实施气候适应性生产。

非洲一体化
- 货物、服务和资本将实现自由流动；前往任何成员国的人员均可在入境点获得签证；
- 到 2023 年，非洲内部贸易量，尤其是农业增值产品的贸易量将增加三倍；
- 非洲关税同盟、非洲共同市场和非洲货币联盟将于 2023 年开始运行；
- 经过试运行阶段的非洲高速列车网络将在相连的两个城市之间运送第一批乘客；
- 向所有非洲航空公司开放非洲天空；
- 区域电网和英加水电站将投入运行，届时发电量将至少增加 50%，这将有助于推动非洲大陆的工业转型和提高人民的生活舒适度；
- 建立非洲教育认证机构和共同教育制度，届时非洲青年将可以在非洲大陆任何地方的任何大学进行学习和工作。

妇女、青年和儿童赋权
- 到 2023 年，消除与妇女拥有/继承财产或企业、签订合同、拥有或管理银行账户有关的所有障碍；
- 至少五分之一的妇女能够获得和管理生产性资产；
- 管理岗位、代表资格和职务晋升方面的两性平等将是非盟所有机构和区域经济共同体所依据的准则；
- 到 2023 年，各种形式针对妇女的暴力行为将减少三分之一；
- 到 2023 年，一切有害的社会规范和陋习都将结束；
- 非洲青年将具有流动性；15% 的新创企业源自青年人的创造力和才能；到 2013 年，青年失业率将至少降低四分之一；
- 到 2023 年，将结束一切形式的剥削童工、童婚、贩卖儿童和未成年人兵役现象。

全球背景下的非洲——善治、和平与文化中心
- 到 2023 年，非洲治理结构中所体现的民主价值观和文化将得以巩固；
- 非盟各成员国中至少有十分之七的人认为：选举自由、公正且可信；民主机构、进程和领导人守土有责；司法机构公正且独立；立法机构是国家治理进程中独立而关键的组成部分；
- 非洲互查机制将得到所有成员国的认可，并将对治理指标的制定产生积极影响；

- 到 2023 年，全面禁枪；
- 非盟所有成员国将建立地方和国家冲突预防和解决机制；
- 非盟所有成员国将为海外侨民制定双重公民方案；
- 2023 年非盟大会上将启动《非洲百科全书》编撰工作；
- 五分之一的理工大学将提供创意艺术和微型文化企业管理课程，以支持创意艺术企业的发展；
- 所有印刷品和电子媒体上的本地内容将增加 60%；
- 到 2023 年，至少 30% 的文化遗产将被搜集整理；
- 2023 年，建立非洲空间署（African Space Agency）；
- 2017 年，非洲全球平台将投入运行，助力非洲到 2023 年在全球出口中的占比至少提升 20%；
- 非洲投资银行、非洲担保机制、非洲汇款研究所和至少 2 个区域证券交易所将建成并开始运行；
- 国家资本市场将为发展筹资至少贡献 10%，同时，援助资金在国家预算中的比例将不超过 2013 年水平的 25%。

计划执行的监测与评价

十年执行计划确定的目标中涉及国家、区域经济共同体和大陆机构，特别是非盟机构。在《第一个十年执行计划》的执行、监测和评估中，所有利益攸关方均有其角色和责任。执行工作还涉及培养所有利益攸关方执行计划的能力，以及帮助公民了解计划执行的过程和预期结果。

关键利益攸关方在计划实施、监测和评估方面的责任要点

成员国将：
- 接受/融合《2063 年议程》和相关的《十年执行计划》，并将其作为制定国家愿景和计划的基础；
- 在执行《2063 年议程》时，利用国家规划系统，包括执行监测和评估的结构、方法、系统和程序、规则和条例、形式和格式；
- 协同各利益攸关方，制定关于设计和执行、监测和评估的政策准则；
- 确保立法机关采纳《2063 年议程》，并将其作为今后 50 年非洲社会、经济和政治发展的蓝图；
- 鼓励所有政党/个人候选人将《2063 年议程》作为其政治宣言的基础。

各区域经济共同体应：
- 采纳《2063 年议程》及其相关的《十年执行计划》，并将其作为制定区域远景和计划的基础；
- 作为协调中心，促进非盟成员国接受、执行、监测和评估与《2063 年议程》有关的所有大陆框架；
- 为成员国组织年度论坛，审核《2063 年议程》的区域执行情况（监测和评估）；
- 每年向非盟大会报告《第一个十年执行计划》的区域执行、监测和评估情况；
- 促进/协调/支持成员国为执行《十年执行计划》而调动资源和开展能力建设活动。

非盟机构：

- 非洲联盟委员会将成为《2063年议程》各项决议在拟订和接受后采取后续行动的机构。相关决议/政策将包括：《50年议程》；《十年执行计划》；《执行、监测和评估准则》；
- 非盟委员会（AUC）将在非盟机构和区域经济共同体之间就《2063年议程》的执行、监测和评估组织年度磋商；
- 非盟委员会/非洲发展新伙伴计划（AUC/NEPAD）将确保在每个十年执行计划的开始和中期审查时，制定政策和框架，评估各区域经济共同体和国家执行《2063年议程》的能力；
- 非盟委员会（AUC）将为非盟成员国实施《十年执行计划》资源调动提供一个大陆级框架/战略/平台；
- 泛非议会将就《2063年议程》的执行、监测和评估进展情况与非洲立法机构举行年度磋商；
- 经济社会文化委员会（ECOSOCC）每两年将与各成员国的《2063年议程》协调小组进行一次协商；
- 非盟委员会/非洲发展新伙伴计划（AUC/NEPAD）将跟踪大陆方案/项目的执行情况。

联合国非洲经济委员会（ECA）和非洲开发银行（AfDB）等大陆机构已被赋予与其任务相契合的职责。

实施《第一个十年执行计划》的能力建设

先前大陆层级框架的执行中所积累的经验和教训表明，必须在大陆、区域和国家各级对所有利益攸关方的能力进行培养。在此背景下，相关能力评估和发展计划正在拟订，该计划首先涵盖非盟的部分机构和区域经济共同体，随后将涵盖国家一级的机构和团体。

能力评估和发展研究成果的执行将有望深化发展管理人员的规划、监测和评估能力；加强发展管理方面的体制/组织效力；提供变革性和富有远见的领导和扶持政策，以及各级成功实施《第一个十年执行计划》所需的法律和监管环境。

沟通交流的作用

执行先前的非洲大陆战略和框架过程中遇到的一个主要问题是未能有效利用沟通工具。为确保《2063年议程》的成功执行，已制定了相关传播战略。

《2063年议程》的传播战略将促使非洲民众不断加深对该议程及其执行的认识，积极参与，支持并将其作为自己的分内事务。此举将确保民众广泛地接触最新的准确信息。它与非盟的总体传播战略相关联，针对所有非盟成员国、工作人员、机关和机构；区域经济共同体；非洲大陆和散居在外的非洲侨民及其机构，包括私营部门、民间组织等；以及非盟的伙伴。

《第一个十年执行计划》的融资

第一个十年规划的融资需求：《2063年议程》的资金筹措和资源调配战略概述了所需资源的关键领域、为每一种需求提供资金的潜在来源、在国家和区域/大陆各级实现资金供需匹配的运作过程以及相关部门为促进实现十年规划所需的具体安排。

附件5概述了各个愿景需要资金支持的领域和每项资金的潜在来源。表6.1基于附件5，简要介绍了第一个十年大陆/区域和国家两级需要扩大融资的领域。

第一个十年规划相关资金的来源：根据附件5，第一个十年执行计划的融资来源类型包括政府预算增加、社会事业的众包、公共和私人的纯商业融资/储蓄，包括国内资本市场、优惠贷款、基于市场价格的商业贷款、股权和其他市场工具、外国直接投资、私营部门的组合投资（包括债务、债券、股权和其他证券)。

国内资源调动（DRM）意味着每个国家平均为《2063年议程》至少贡献75%至90%的资金，即通过：（一）加强财政资源调配；（二）最大限度提高石油、天然气和矿产开采（OGM）、农业、海事、旅游业等自然资源的收益；（三）利用日益重要的非洲机构储蓄集中资源——养恤基金、中央银行外汇储备、主权财富基金和资本市场开发；（四）通过金融普惠，加强散户储蓄资金的调动；（五）遏制非法资金流动；（六）减少效率低下和治理/腐败导致的资金泄漏和浪费（涉及政府、基础设施服务、农业价值链等）。《2063年议程》还应通过外部融资机制，包括（1）外国直接投资（FDI）、官方发展援助（ODA）；（2）金砖国家、阿拉伯世界等新兴发展伙伴的金融合作；（3）外国直接投资（FDI）、公私合营等其他形式的投资伙伴关系，获得合理的融资；（4）利用侨民汇款和储蓄；（5）增加进入国际金融市场的机会。

2063年议程相关项目中资源的输送：应当指出，非洲不仅需要资金，而且还需要一种更有效且更具包容性的手段，将所筹资金（包括金融机构和市场、金融工具和金融服务）输送到利用率最高的地方，以及在市场未能成功分配所需资源的地方。

从这个角度来看，三个层面的金融中介工具和资源输送工具将被视为《第一个十年执行计划》的组成部分：

- 现有的商业金融中介工具，一方面包括商业银行、小额金融机构（MFI）、发展金融机构（DFI）、保险公司等机构。相关机构需要通过增加资本来扩大规模，并提高相关金融业务和项目融资专业领域的能力；另一方面，还涉及需要扩大、深化和区域化的证券交易所和债券市场。

- 将建立新的商业金融中介工具，如非洲50国基金、非洲信用担保基金（ACGF）、非洲投资银行（AIB）、非洲基础设施发展基金（AIDF）、侨民债券、侨民汇款证券化、非洲拥有的私人股本基金、非洲天使投资人网络（AAIN）、区域证券交易所、区域商品交易所。促进商业融资的其他进程包括：非洲内部投资促进、针对非洲投资者的公私合营（PPPs）和地方政府的资源调动（DRM）工具，例如用于基础设施服务的零售债券。

- 拟考虑的非商业融资渠道或中介工具包括非盟、区域经济共同体和成员国预算等现有工具，以及拟设立的非洲一体化基金（AIF）、非洲妇女基金、青年赋权和创业基金等新型工具；另外，还涉及为应对社会性或紧急事件所需的众筹基金。

融资便利化措施：在第一个十年执行计划期间，若与《2063年议程》资源调动战略（RMS）相契合，在国家、区域和大陆各级将采取下列便利措施。

- 为私营部门发展和行业相关/针对具体问题的扶持条件（金融行业发展、公私合作（PPP）/基础设施融资、大型工业项目融资、私募股权/风险资本市场开发、中小企业（SME）金融/银行和小额信贷）制定/实施通用"框架条件"（政策、法律、监管和体制框架）；

- 设立相关的项目开发基金、生存能力缺口基金、资本化基金、混合基金，以解决需求方准备不足的问题；

- 建设信息基础设施（国家评级系统、公司治理标准、信贷局和抵押品登记处等）；

- 金融咨询服务和专业金融服务方面（项目融资、资本市场、私募股权/风险资本、金融工程、风险管理和特定行业的金融服务）在非洲各地区存在显著差距，有必要发展相关领域的专业知识；

- 建立风险分担和担保机制，降低非洲证券投资的风险，提高对非洲中小企业（SME）贷款风险的抵御能力。

《第一个十年资源调动策略（RMS）》的执行安排：执行资源调动策略的机构安排仍在考虑之中。《2063年议程》执行框架内逐渐达成的共识是：

- 在《2063年议程》部长级委员会和非盟委员会（AUC）的指导下，非洲开发银行将成为促进、协调、监测和评估《2063年议程》资源调动策略的牵头机构；
- 除非盟（AU）和非洲开发银行（AfDB）外，在大陆一级实施资源调动策略（RMS）的可确定的主要利益攸关方包括：大陆一级的联合国非洲经委会（UN-ECA）；区域一级的区域经济合作组织（RECs）、区域发展金融机构（DFIs）和区域证券交易所。非洲发展金融机构（DFI）协会、非洲风险投资协会（AVCA）和非洲证券交易所协会等区域协会也将在执行过程中发挥重要作用。国家一级，政府和与金融部门有关的组织（证券交易所协会、银行协会、保险协会、货币金融机构协会等）以及其他非国家行为者将被赋予与自身业务相关，能力相契合的职责。

利用非洲战略伙伴关系

为支持非洲发展进程，非盟已建立一系列战略伙伴关系，包括：非洲—欧盟、非洲—美国、非洲—日本、非洲—中国、非洲—印度、非洲—阿拉伯国家联盟、非洲—南美洲、非洲—土耳其和非洲—韩国，且非洲对伙伴关系的需求日益增加。然而，相关伙伴关系中所包含的财政承诺和技术援助的全部潜力尚未得到非洲方面的充分利用。因此，今后，非盟需考虑以下三个层面的行动，以最大限度地利用其战略伙伴关系：

- 制定一个全面的非盟政策框架，围绕数量有限的，具有重大社会经济转型效益的干预措施，为所有高潜力伙伴阐明伙伴关系战略；
- 通过下述方式，最大限度发挥非洲充分利用其伙伴关系的潜力：加强对非盟委员会伙伴关系管理职能在战略、治理、技术、后勤和财政方面的支持；通过明确非洲各大陆方案的执行模式（非洲基础设施发展方案、非洲农业发展综合方案/非洲农业综合企业和农产工业发展倡议，非洲工业加速发展/基于资源的非洲发展战略（非盟）/非洲矿业远景，促进非洲内部贸易），加强与战略伙伴之间以成果为导向的合作；通过加强非洲各利益攸关方（非盟委员会、非洲发展新伙伴计划规划和协调局、非洲开发银行、区域经济共同体、成员国、私营部门组织、民间机构组织和其他非盟机构）在伙伴关系进程中的参与和协调；
- 通过各相关方自行调整，对接《2063年议程》优先事项（《2063年议程》旗舰项目、基于自然资源和科技创新的工业化和技术转让、非洲内部贸易和出口发展、私营部门和中小微企业发展、金融市场发展，支持2015年后社会和可持续发展议程及国内财政资源调动），深化所有主要战略伙伴关系的转型效益。

缩 略 词

AAIN		非洲天使投资人网络
AAQS		环境空气质量标准
ADEPI		INGA 网站开发和推广局
ACBE		非洲蓝色经济中心
ACDC		非洲疾病控制中心
ACGF		非洲信用担保基金（African credit guarantee facility/fund）
ACIRC		非洲立即应对危机的能力
ACPII		非洲—加勒比—太平洋（African Caribbean Pacific）
AfDB		非洲开发银行（Africa Development Bank）
AfDF		非洲发展基金
AGA		非洲治理结构
AIB		非洲投资银行
AIDF		非洲基础设施发展基金
AIF		非洲一体化基金
AIIGC		阿拉伯投资担保公司
AHSTN		非洲高速铁路网
AIDA		非洲工业加速发展
AMCEN		非洲部长级环境会议
AMDC		非洲矿产开发中心
APRM		非洲互查机制
APSA		非洲和平与安全架构
AIMS		非洲综合海事战略
AMU		阿拉伯马格里布联盟
AMV		非洲矿业远景
AWV		非洲水展望
AU		非洲联盟
AUC		非洲联盟委员会
AUNACDP		非洲联盟互不侵犯和共同防御条约
ARV		抗逆转录病毒

	续表
ASACOF	非洲—南美洲合作论坛
ASF	非洲待命部队
ASIC	非洲科学和创新理事会
ATAF	非洲税务行政论坛
ATI	非洲贸易保险公司
AVCA	非洲风险投资协会
BIAT	促进非洲内部贸易
BRVM	区域证券交易所
CAADP	非洲农业发展综合方案
CADSP	非洲共同防务和安全政策
CFTA	大陆自由贸易区
CEDAW	消除针对妇女歧视公约（Convention on Elimination of Discrimination Against Women）
CEN-SAD	萨赫勒—撒哈拉国家共同体
CDM	清洁发展机制
CER	减排认证（Certified Emission Reduction）
CFA：	非洲金融合作
COMESA	东部和南部非洲共同市场
CoSSE	南共体证券交易所委员会
CPCRD	冲突后重建中心
DAC	（经合组织）发展援助委员会
DBSA	南部非洲开发银行
DEG	德国投资发展署
DFI	发展金融机构
DRM	国内资源调动
EAC	东非共同体
EBID	西非经共体投资和发展银行
ECCAS	中非国家经济共同体
ECOSOCC	经济社会文化委员会
ECOWAS	西非国家经济共同体
EEZs	专属经济区
EIB	欧洲开发银行
EPSA	加强私营部门援助（Enhanced Private Sector Assistance）
EMIS	教育管理信息系统
ESA-IO	东非，南非和印度洋（East, Southern Africa and Indian Ocean）
FAO	粮食和农业组织
FDI	外商直接投资
FfD	发展融资

续表

GCC	海湾合作委员会
GDP	国内生产总值
GERD	国内研发总支出
GGWSSI	撒哈拉和萨赫勒国家绿色长城倡议
GIMAG	性别是我的议程（Gender Is My Agenda）
HCLA	地方当局高级委员会
HLF	援助实效问题高级别论坛
HLPASF	替代资金来源问题高级别小组
HSGOC	非洲发展新伙伴计划国家元首和政府首脑指导委员会
ICIEC	伊斯兰投资和出口信贷保险公司
IDEP	发展规划研究所（联合国非洲经济委员会）
IFC	国际金融公司
IFF	非法资金流动
IGAD	政府间发展管理局
ILO	国际劳工组织
IPPF	非洲发展新伙伴计划基础设施项目筹备设施
IPSAS	国际公共部门会计准则
ITF	基础设施信托基金
IWRI	国际水资源研究所
JAES	非洲—欧盟联合战略
JBIC	日本国际合作银行
JSE	约翰内斯堡证券交易所
JV	合资企业
KfW	德国发展金融银行
LIMIS	劳动力市场信息系统
MCC	千年挑战公司
MDGS	千年发展目标
MDTF	非洲农业发展综合方案多方捐助者信托基金
MFI	小额信贷机构
MIGA	世界银行多边投资担保机构
MINT	墨西哥、印度尼西亚、尼日利亚、土耳其
MNC	跨国公司
MoU	谅解备忘录
MS	成员国
MSME	中小微企业
NCA	非洲发展新伙伴计划协调机构
NAIPs	国家农业投资方案

续表

NEPAD	非洲发展新伙伴计划
ODA	官方发展援助
OECD	经济合作与发展组织
OGM	石油、天然气和采矿
OVP	孤儿和弱势儿童
PAP	泛非议会
PE	私募股权
PIDA	非洲基础设施发展方案
PPP	公私合营
PSC	公共服务委员会
PSO	私营部门组织
PTA Bank	优惠贸易区银行
RADS	基于资源的非洲发展战略（非盟）
R&D	研究与开发
RECS	区域经济共同体
RMS	资源调动战略
SACCO	储蓄信贷合作社
SADC	南部非洲发展共同体
SDGs	可持续发展目标
SDI	庄严宣誓索引（Solemn Declaration Index）
SE	证券交易所
SHaSA	非洲统一统计数据战略
SIDA	瑞典国际开发署
SMART	简单、可衡量、可实现、相关、及时（Simple Measurable Achievable Relevant and Timely）
SME	中小企业
SMMES	中小微企业
STC	专业技术委员会
STI	科技与创新
STISA	非洲科技创新战略
SPV	专用车辆
TICAD	非洲发展东京国际合作
TVET	技术职业教育与培训
UN	联合国
UNCBD	联合国生物多样性公约
UNECA	联合国非洲经济委员会
UNESCO	联合国教育、科学及文化组织
UNIDO	联合国工业发展组织

续表

UNSC	联合国安全理事会
VAT	增值税
WB	世界银行
WHO	世界卫生组织
3ADI	非洲农业综合企业和农产工业发展倡议

术语/名称表

术语/名称	定义/释意
非洲农业综合企业和农产工业发展倡议（3ADI）	2010年8月，联合国粮农组织和工发组织应非洲联盟请求，发起了该项目，旨在通过实施增加价值/促进农业产业转型和加强市场参与的政策，提高非洲农业产业部门的竞争力、生产力和增长
非洲疾病控制中心	2015年1月，非盟大会正式成立非洲疾病控制中心。大会建立了一个多国工作队，目的是在2015年6月前监督疾病控制中心的任务、范围、性质和法律框架的发展。协调办公室最初设在非盟总部。近来，部分西非国家暴发的埃博拉疫情凸显了建立该中心的紧迫性和必要性
非洲气候变化基金	2014年4月，非洲气候变化基金在非洲发展基金（AfDF）的赞助下正式设立。该基金还得到了德意志联邦共和国政府的初期财政支助。其主要目标是协助非洲各国政府、非政府组织、区域机构、科研机构等部门和机构，处理气候变化问题及其带来的挑战
非洲教育观察站	根据章程草案，非洲教育观察站成立后将由泛非发展教育研究所（金沙萨）、非洲女童和妇女教育国际中心（瓦加杜古），以及与非洲教育发展协会、教科文组织和儿童基金会以及其他机构协同组成。未来，该观察站将下设于非洲泛非教育发展研究所，其目标主要包括：建立非洲教育综合数据库；进行教育政策分析；建立预警系统，以触发教育发展和管理方面的政策转变；提供咨询服务和技术援助，促进教育信息管理系统的使用；搭建网络平台，分享教育方面的最佳做法
非洲矿产开发中心	该机构旨在支持执行非盟通过执行理事会关于非洲矿产资源开发和管理的决议而通过的《非洲采矿远景》[例如CL/第471（XIV）号决议]
非洲矿业远景	2009年，经非洲经济共同体/非洲经委会/非洲开发银行共同协商，非洲大陆的目标确定为"透明、公平和最优化开发矿产资源，以支持非洲大陆基础广泛的可持续增长和社会经济发展"。该目标将通过以下途径实现：建立选矿下游（制造业）、上游（采矿资本货物、消耗品和服务业）、边流（电力、物流、水、通信）联系；针对矿产资源开发，在国家、私营部门和民间组织之间建立互惠互利的合作伙伴关系，就成员国矿产资源和开发过程建设综合性知识库
非洲和平与安全架构	《非洲和平与安全架构》是促进非洲和平、安全与稳定的大陆框架，其基础是《关于建立非洲联盟和平与安全理事会的议定书》和《非洲共同防务与安全政策》。《关于建立非洲联盟和平与安全理事会的议定书》于2002年7月9日在南非德班召开的非盟大会上通过，并于2003年12月生效。《非洲共同防务与安全政策》于2004年2月28日在利比亚苏尔特经非盟大会通过，由非洲和平与安全理事会全面领导
非洲待命部队	该部队是依据《关于设立非洲联盟和平与安全理事会的议定书》第13条设立的和平与安全理事会的支柱之一，由来自西非经共体、南共体、中部非洲国家经济共同体以及非洲东部和北部地区的五个旅组成
非洲首脑会议	非洲联盟国家元首和政府首脑会议
大会决定	非盟国家元首和政府首脑会议及执行理事会会议通过的条例、指示、宣言、决议、意见等

续表

术语/名称	定义/释意
非盟政策机构	按等级顺序排列的政策机构包括：首脑会议（国家元首和政府首脑）、执行理事会（目前为成员国外交部长）和常驻代表理事会（目前为成员国驻联合国联盟大使，主体设在亚的斯亚贝巴）
非洲愿景	非洲联盟的集体远景被设定为"由非洲民众推动，在国际舞台上所展示的充满活力，统一、繁荣与和平的非洲"
非洲蓝色经济	非洲蓝色经济由与非洲海洋、海洋/海床、湖泊、河流相关的所有经济活动构成。蓝色经济活动包括：渔业、海洋/湖泊运输/航运、海底采矿、海洋旅游、潮汐能发电等
基础教育	幼儿至初中阶段教育
促进非洲内部贸易（BIAT）	非盟首脑会议于2012年1月通过了《促进非洲内部贸易》（BIAT）行动计划，以提供并确保从设想中的大陆自由贸易区和关税同盟中获得充分的潜力/利益。七个优先行动领域/政策涵盖贸易、贸易便利化、生产能力、与贸易有关的基础设施、贸易融资、贸易信息和要素市场一体化等方面
混合金融（Blending and Blended Finance）	混合融资："混合"是指利用赠款资金吸引私人资本参与基础设施项目和/或其他私营部门的发展活动（例如，吸引中小企业投资项目的股权投资者）。"混合"贷款可包括一系列工具的一个或多个要素，包括：技术援助、可行性研究、投资共同融资、股权参与和其他风险资本、贷款利率补贴、担保和保险补贴和/或奖励付款
创意艺术产业	经济活动一般涵盖以下领域：戏曲/戏剧、音乐、电影、创意写作、平面设计、摄影、视觉艺术等
多元化指数	多元化指数可简要描述生产和出口多样化导致的经济结构的变化
国内资源调动（DRM）	国内资源调动是指家庭、国内企业和政府产生的储蓄和投资。与调动外部资源（通过外国直接投资、援助、贸易和债务减免）相比，其优势在于更大的国内政策自主权和与国内需求更大的一致性。它不受与外国直接投资和外国援助有关的不利条件的影响，而这些不利条件往往与外国投资者的目标［例如，只关注OGM（石油，天然气和采矿）和电信等部门而损害了农业部门］和捐助者的目标（例如，附带条件的援助和有条件的援助）有关
执行委员会	非洲联盟执行理事会目前由非洲联盟成员国外交部长组成，是非盟下设的继非盟首脑会议之后的一个最高政策机构
快速通道计划/项目	相关计划/项目系优先执行项目/方案，其即执行和所产生的影响预计将激励并维持非洲公民对《2063年议程》事业的坚守。非盟政策机构确定并批准了12个此类方案，以纳入《第一个十年执行计划》中（详见文本框2.1）
基于发电的激励（GBI）	基于发电的激励（GBI）是VGF的替代方案，因为VGF不能激励足够多的项目开发商建造和运营最高效的发电厂（即通过预付款）。GBI通过其两个主要结构方案促进高效电厂的建设：（1）与开发商签署长期合同，约定上网电价；（2）保证付款安全的承购协议。这两种方案均能使金融界对资助有关项目产生一定程度的信心
基尼系数（Gini Co-effcient）	基尼系数用以衡量某个经济体中个人或家庭之间的收入或消费支出分配偏离完全平等分配的程度。洛伦兹曲线从最贫穷的个人或家庭开始，绘制了总收入的累计百分比与累计受助人数的对比图。基尼指数计算洛伦兹曲线与假设的绝对相等线之间的面积，以线下最大面积的百分比表示。因此，基尼系数0表示完全平等，而系数100则表示完全不平等
非法资金流（IFF）	广义的资本外逃包括合法资本和非法资本的混合，与之不同，非法资金流涉及非法赚取、转移或使用的，且未记录在案的资本。进口错开发票、资本账户限制、税基侵蚀逃税、利润转移和腐败是非法资本外逃的主要驱动因素
指数保险	指数保险是一种相对较新且具有创新性的保险提供方法，它根据预先确定的指数（如降雨量、地震活动、牲畜死亡率）支付保险金，用于支付因天气和灾难性事件造成的资产和投资损失，主要是营运资本损失，且不需要传统服务保险索赔评估员。指数保险除了作为储蓄动员工具外，还是有效的农民收入扶持工具

续表

术语/名称	定义/释意
非洲语言地图集	非洲语言地图集是显示非洲大陆上非洲语言空间分布的地图集
小额保险	小额保险是一种保护贫民免受（事故、疾病、家庭死亡和自然灾害等）风险的机制，其保费根据贫民的需要、收入和风险程度确定
新生儿死亡	新生儿死亡是指生命最初28天内发生的死亡
官方发展援助（ODA）	官方发展援助是"流向有经济发展或消除贫穷需求的发展中国家的官方资金，其利率往往较为优惠（利率或宽限期比市场贷款更为慷慨），赠款要至少为25%（固定贴现率为10%）
公私合营（PPP）	公私合营是通过调动私营部门的资金、专门知识和能力，支持政府进行基础设施建设。采用公私合营时，政府和私营部门之间建立长期关系（通常超过10年），且在与私营部门就绩效水平达成一致的情况下，共担风险，共享回报（互惠互利）
支柱评估	支柱评估是在具体保险项目中，基于委员会制定的标准，评估实体为每个支柱制定的体制，及控制、规则和程序。具体而言，欧盟支柱评估主要关注会计、内部控制、审计和采购领域所采用的标准和最佳做法
项目开发资金（PDF）	项目开发资金旨在满足基础设施/公私合营（PPP）项目进入银行融资风险程度衡量阶段（bankability）和投资准备阶段的过程中，涉及的高项目开发成本（预可行性研究、工程研究、可行性研究、商业计划和投资备忘录）。大型基础设施/公私合营项目的项目开发成本可占项目总投资的5%至10%
私募股权（Private equity）	私募股权向未在股票市场上市的企业提供股本。私募股权可以用于风险投资和业务发展；开发新产品和技术，扩大营运资本；实施收购；加强公司的资产负债表；在家族企业或管理层收购（MBO）/管理层收购（MBI）中以继承的形式进行企业内的传递和控制。广义而言，私募股权可分为三种类型：风险投资：投资新办企业；收购资本或杠杆收购（LBO）：通过内部管理（MBO：管理层收购）或外部管理（MBI：管理层收购）收购大小企业；夹层资本或次级债务：一种低于银行债务、高于杠杆收购（LBO）股权的资本
泛（PanWise）	"泛"是一个大陆级网络，将非洲智者小组或机构统一于"非盟小组智者"这一综合性概念，以促进非洲大陆的和平、安全与稳定
常驻代表委员会（Permanent Representative Committee）	常驻代表委员会是由非洲大使联职和非盟成员国其他全权代表组成的委员会，是非盟的一个政策机构，向非盟执行理事会提供报告
汇款证券化（Remittance Securitization）	汇款证券化通常指借款实体（如银行）将其未来应收款项抵押给海外特殊目的公司（SPV）。特殊目的公司发行债券。指定代理银行通过受托人管理的离岸托收账户引导借款银行的汇款流。托收代理人向投资者支付本金和利息，并将多余的托收款汇至借款银行。发展中国家（如巴西）的几家银行已能够通过未来汇款流动的证券化，从国际资本市场筹集更低廉、更长期的资金
区域经济共同体（RECS）	区域经济共同体是非洲联盟承认的8个区域经济共同体，包括：东部和南部非洲共同市场（COMESA）；萨赫勒—撒哈拉国家共同体（CEN-SAD）；东非共同体（EAC）；中非国家经济共同体（ECCAS）；西非国家经济共同体（ECOWAS）；政府间发展管理局（IGAD）；南部非洲发展共同体（SADC）和阿拉伯马格里布联盟（AMU）
区域工业化中心（Regional Industrialization Hubs）	这一概念尚待完善，其广义框架包括：学术、研究和开发、支持价值链的科学和技术从业人员的机构合作、企业发展和服务、创新和孵化、企业家精神、创造财富和就业机会、加强地区私营部门的知情推进
区域电力联营（Regional Power Pools）	区域电力联营旨在协调成员国的电力生产及其在区域经济共同体层面的共享/分配，以确保成员国在区域经济共同体范围内的最佳电力供应和使用
2063年议程的成果框架（Results Framework for Agenda 2063）	2063年议程的成果框架是一个矩阵式的框架，囊括七大愿景中每一项预期成果、每一个愿景下的相关目标、每一个目标下的优先领域以及国家、区域和大陆一级干预措施相关优先领域下的具体目标。图4.1以图形化/层级化的方式，展示了2063年议程成果框架。成果框架是制定执行战略的基础，也是在国家、区域和大陆各级监测和评估执行措施的参照点

续表

术语/名称	定义/释意
专业技术委员会（Specialized Technical Committee）	专业技术委员会是非盟部长级委员会，负责协调非洲大陆一级的部门政策、计划、方案和业绩。现有专业技术委员会涉及金融、经济、规划和一体化、教育、卫生、基础设施等方面
船舶呼叫时间（Ship Call Time）	又称船舶周转时间，是指船舶经历下列事件的时间总和：（1）船只在港口准备就绪所需的时间；（2）卸货/装货所需的时间；（3）完成卸货/装货后离港所需的时间
社会保障政策（Social Protection Policies）	非洲联盟非洲社会政策框架鼓励成员国采取最低限度的社会保障政策，包括：基本保健、社会保险、社会福利、就业保障和针对儿童、非正式工人、失业者、老年人和残疾人的非缴费性现金转移计划。各成员国应制订计划，按照上述方面执行其最低社会保障政策
道德保险（"Takaful" or Ethical Insurance）	是一种互助保险计划，成员将资金投入同一个保险系统，以保证彼此免受损失或损害
非洲互查机制（The African Peer Review Mechanism）	非洲互查机制发起于2002年，由非洲联盟在执行非洲发展新伙伴计划（新伙伴关系）的框架内设立。其目标主要包括通过经验交流及巩固有效和最佳的做法，包括查找不足和评估能力建设要求，促进政策制定，标准和做法的实施，从而实现政治稳定、经济高速增长、可持续发展和次区域和大陆经济的加速一体化
全要素生产率（Total Factor Productivity）	全要素生产率是某个经济体/经济部门产出的，无法以生产中的投入（如劳动力、土地、资本）解释的部分。因此，其水平取决于投入在生产中的利用率和比重。例如，全要素生产率翻一番，粗略而言就意味着在目前使用的劳动力、土地和资本数量相同的情况下，产出翻一番
转型指数（Transformation Index）	转型指数简要描述了导致经济结构变化的原因，包括：（1）生产和出口多样化；（2）出口竞争力；（3）生产率提高；（4）技术升级；（5）人类经济福祉（计算过程详见附件1《2014年非洲转型报告》）
风险投资（VC, Ventual Capital）	严格地说，风险投资是私募股权的子集，是指为启动、早期发展或扩展未经证实的业务而进行的股权投资。通常情况下，该业务是一种新型、有潜力（即高预期回报）但未经证实的（即高风险）业务理念。因此，风险投资尤其重视初创企业，而不是成熟企业
生存能力缺口融资（VGF, Viability Gap Funding）：	生存能力缺口融资计划采取一次性或延期拨款，或其他激励形式向以公私合营方式开展的基础设施项目提供财政支持，实现相关项目的商业可行性。事实上，很多项目的经济回报率很高，但财务回报可能无法满足追求利润的投资者。例如，一条连接几个村庄和附近城镇的农村公路通过将这些村庄与市场经济结合起来，可以产生巨大的经济效益，但由于收入低，很可能无法收取足够的使用费。在这种情况下，该项目不太可能获得私人投资。此时，政府可以投入并支付部分费用，使项目具有可行性。这种方法被称为生存能力缺口资金（VGF）
水分生产率（Water Productivity）	简单而言，水分生产率是指在（农业、矿业、能源等）任何经济体或部门的生产中，一立方米水所赚取的金钱

一 第一个十年执行计划的基本情况

1.1 背景

2013年5月，在非洲庆祝非洲统一组织（OAU）成立50周年会议上，非洲政治领导人总结了过去的成就和挑战，并发表了《50周年庄严宣言》，宣告非洲将再次致力于非洲大陆的社会经济和政治变革。基于此，大会要求制定一个前瞻性的50年大陆框架，即《2063年议程》。该框架的基础便是非盟的发展远景，即"由非洲民众推动、在国际舞台上充满活力的，统一、繁荣、和平的非洲"。

《2063年议程》由民众推动，是一项促进包容性增长和可持续发展的共同战略。历经18个月，经过非洲社会各阶层①的广泛磋商，该议程于2015年1月在埃塞俄比亚亚的斯亚贝巴在第24届非盟（AU）国家元首和政府首脑大会通过。

《2063年议程》着眼于非盟远景，并以协商形成的七大愿景为基础，包括：

1. 一个基于包容性增长和可持续发展的繁荣非洲；
2. 一个建立在泛非主义理想和非洲复兴愿景之上的政治统一的一体化非洲大陆；
3. 一个善治、民主、尊重人权、正义和法治的非洲；
4. 一个和平而稳定的非洲；
5. 一个具有强烈文化认同、共同遗产、价值观和道德准则的非洲；
6. 一个依靠人民和民众潜力，尤其是妇女和青年潜力，并关爱儿童的非洲；
7. 一个强大、团结、富有活力且有影响力的国际事务的参与者和合作伙伴的非洲。

为确保有效实施，非盟第二十四届大会请非盟委员会（AUC）最后确定《2063年议程》第一个十年执行计划，提请2015年6月非盟政策机构会议审议通过。

本文件介绍了《2063年议程》的第一个十年执行计划，以2015年1月通过的《2063年议程》框架文件为基础，旨在加速非洲的政治、社会、经济和技术变革，同时稳步推进争取自决、自由、进步和集体繁荣的泛非事业。文件涉及2013—2023年区间，是为实现"2063年我们想要的非洲"远景而制订的五个十年执行计划中的第一个。

1.2 计划的目的

制订该计划的目的是：

---

① 与下列利益攸关方团体举行了协商：私营部门；院士/智库；民间组织；规划专家；妇女；青年；媒体；区域经济共同体代表；前国家元首和政府首脑论坛；信仰团体；各部门相关部委；以及其他团体。

- 在通向 2063 年的发展进程中,为实现前十年的发展确定优先领域,制定具体目标,确定战略和政策措施;
- 实现非盟马拉博决议(Malabo Decisions)中的快速通道方案和倡议,为非洲经济和社会转型提供有力推动和重大突破;
- 向国家、区域和大陆各级的所有主要利益攸关方、海外侨民、发展伙伴、全球金融机构提供信息资源,阐明《第一个十年执行计划》的预期成果以及各方应发挥的预期作用;
- 为所有利益攸关方分配其在议程实施、监测和评估方面的责任;
- 概述确保资源供给、能力要求以及鼓励公民积极参与实施第一个十年执行计划所需的战略。

1.3 《第一个十年执行计划》的基础

正如其框架文件中所述,作为《2063 年议程》50 年发展规划的子计划,第一个十年执行计划的基础包括:

- 非盟构成法案(*The AU Constitutive Act*)
- 非盟远景
- 《五十周年庄严宣言》的八个优先领域
- 通过协商进程确定的 2063 年非洲愿景
- 区域和大陆框架
- 国家计划和远景

编制《第一个十年执行计划》时,已将非洲关于 2015 年后和可持续发展目标的共同立场(详见附件 3:《2063 年议程》和可持续发展目标(SDGs)之间的共同点)考虑在内。

1.4 计划的筹备过程

《2063 年议程》框架文件通过以下过程编写完成:(一)召集非洲所有社会架构/部门进行协商;(二)对国家/区域计划和大陆框架进行梳理分析;(三)对非洲的发展经验进行梳理总结;(四)对全球趋势/可能的发展预测/路径进行梳理。

在此背景下,《第一个十年执行计划》的编制过程具体如下:

《50 周年宣言》的八大重点

- 非洲身份和复兴;
- 继续反对殖民主义和维护自决权的斗争;
- 整合议程;
- 社会和经济发展议程;
- 和平和安全议程;
- 民主治理;
- 决定非洲的命运;
- 非洲的全球地位;

- 从《2063年议程框架文件》中筛选出第一个十年的优先领域和指标。具体操作方法及过程包括：（一）对照大会相关决议；（二）借鉴成员国和区域经济共同体所确定的优先发展领域；（三）参考现有的大陆框架；（四）对照《2063年议程》的旗舰项目/方案；
- 就《第一个十年执行计划》的优先领域、目标及其相关战略在非盟内进行部门内部协商；
- 编制十年执行计划草案；
- 与非盟成员国规划和财政专家对草案进行审核和审定；
- 向第一届非盟财政部长、货币事务、经济规划和一体化部长专门技术委员会和2015年3月30日至31日在埃塞俄比亚亚的斯亚贝巴举行的第48届非洲经济委员会非洲财政、规划和经济发展部长会议做正式陈述；
- 2015年4月20日至22日，在肯尼亚内罗毕举行的协商会议上，与非洲部门专家对涵盖7大愿景的所有领域进行审核和审定；
- 与区域经济共同体（REC）对相关文件进行审核和审定，重点关注计划的执行安排；
- 2015年6月在南非桑德顿举行的《2063年议程》部长级委员会务虚会上做正式陈述/提交审定；
- 2015年6月在南非约翰内斯堡向非盟政策机构做正式陈述/审议通过。

1.5 文件结构

《第一个十年执行计划》包含七章并五个附件：
- 第1章：基本情况介绍——介绍第一个十年执行计划的制定背景；
- 第2章：陈述第一个十年的目标和优先领域，包括确定优先领域的背景和理由；
- 第3章：第一个十年执行计划的框架，概述了成果汇总表，涉及非洲的七大愿景及其相应的优先领域、目标和拟采取的战略措施；
- 第4章：处理关键的执行问题，包括指导原则、作用和职责、能力和沟通；
- 第5章：讨论监测和评估框架；
- 第6章：提出以国内资源为中心的融资建议；
- 第7章：阐述《2063年议程》相关伙伴关系；

五个附件载有详细的准则、各方在执行过程中作用和职责说明、执行时间表和其他关键信息，具体包括：
- 附件1：《第一个十年执行计划的监测和评估》
- 附件2：《〈2063年议程〉与可持续发展目标——共性概况》
- 附件3：快速通道方案和倡议
- 附件4：成功的关键因素、潜在风险和缓解战略
- 附件5：《2063年议程》第一个十年执行计划：资金需求和相关潜在资金来源——国家层面

二 第一个十年执行计划的目标和优先领域

2.1 内容

在过去 15 年中，非洲取得了令人瞩目的成就。在整个地区，经济增长已扎牢根基（且这种增长不仅仅源自于原材料出口），出口和外国直接投资均有所增长。若保持目前增长态势，预计收入将在 22 年内翻一番。

此外，政治稳定、和平与安全以及施政改革也改变了非洲政治格局。妇女和青年在决策中的发言权逐渐增强。随着援助的减少，非洲也越来越多地通过出口收入、贸易和汇款为自身发展筹措资金。

然而，积极发展态势与重大挑战并存，而上述非洲总体正向发展的态势概览掩盖了各地区和国家之间的明显差距。当前全球经济增长前景凸显了非洲经济体必须面对的阻力，尤其是大宗商品价格下跌等。

《2063 年议程框架文件》第 3 章对此进行了详细的分析。非洲过去的 50 年和今天：2063 年议程的进展、挑战和影响。下文简要陈述了为实现"2063 年我们想要的非洲"的远景目标，非洲各国政府、区域经济共同体、非盟大陆机构和其他利益攸关方在未来 50 年必须处理的关键优先领域。

愿景 1：一个基于包容性增长和可持续发展的繁荣非洲：消除贫困、收入和机会不平等；创造就业；解决高速城镇化所带来的挑战，改善居住环境和生活必需品的获得条件；提供社会保障和保护；发展人力与社会资本（通过教育和技术革命，即重视科学技术，扩大优质医疗服务覆盖范围，尤其是针对妇女和女童的医疗服务）；促进非洲经济转型，通过对非洲自然资源、生产制造、工业化和产品附加值优势选择，以及不断提高的生产力和竞争力，彻底转变非洲农业，实现非洲粮食自给自足，并成为食品出口网络中重要一环；开发非洲蓝色/海洋经济的巨大潜能；采取措施，切实维护非洲丰富的生物多样性，森林、土地和水域；主要利用适应性措施解决气候变化带来的风险。

愿景 2：一个建立在泛非主义理想和非洲复兴愿景之上的政治统一的一体化非洲大陆：为了稳定增长、商业贸易、商品交易、服务业、人力和资本的自由流通，加速实现非洲统一和一体化进程，采取以下措施：（1）实现一体化的非洲；（2）积极跟进非洲大陆自由贸易区；（3）通过新的、大胆的举措连接非洲大陆，通过铁路、公路、海洋和空中等方式推进非洲大陆互联互通；（4）发展地方和非洲大陆电力网及信息和通信技术。

愿景 3：一个善治、民主、尊重人权、正义和法治的非洲：巩固民主成果，提升国家治理能力，加强对人权和法律的尊重；建设一批强有力的机构以维持发展态势；在各个领域和各个层面，培养发掘谋求发展和眼光独具的领导。

愿景4：一个和平而稳定的非洲：强化治理能力，责任明确，公开透明，并以此作为和平非洲的基石；强化维护各个层面和平与和谐，解决危及非洲和平与安全的新威胁的机制；采取措施确保非洲大陆金融安全。

愿景5：一个具有强烈文化认同、共同遗产、价值观和道德准则的非洲：培养泛非主义精神；充分利用非洲丰富的遗产和文化，确保原创性艺术成为非洲加速发展和转型的重要力量；保护非洲文化遗产。

愿景6：一个依靠人民和民众潜力，尤其是妇女和青年潜力，并关爱儿童的非洲：在生活各个方面（政治、经济和社会）保证男女平等，提升非洲妇女影响力；消除针对妇女和女童的各种形式的歧视和暴力；为非洲青年实现自我价值创造机会，保证其在医疗、教育和就业各方面的权利；为非洲儿童提供安全的成长环境，并为幼童的发展提供空间。

愿景7：一个作为强大、团结、富有活力且有影响力的国际事务的参与者和合作伙伴的非洲（联合国安全理事会、金融机构、全球公域如外层空间）：促进非洲合作伙伴关系，聚焦于非洲增速和转型的优先事务上；确保非洲大陆有正确的方法在经济上自主发展，降低对外部的依赖。

经过分析得出的优先事项也与通过广泛调研国家计划、区域和大陆框架而确定的优先事项相一致，有助于为《2063年议程》相关目标、优先领域和指标的确定提供参考信息。

2.2 目标和优先领域的选择

《2063年议程》着眼于未来五十年的发展，包含五个十年执行计划框架。第一个十年执行计划的重点是与该期间有关的问题，同时与2063年年底的预期成果保持一致。作为五十年执行计划框架的组成部分，第一个十年执行计划确定目标、优先领域和指标时，关键基准涉及：非洲公民期望在非洲愿景范围内立即产生影响的领域——这些领域构成第一个十年执行计划的旗舰方案、成员国和区域经济共同体中短期发展优先事项，未来10年内稳步推进的大陆框架和《2063年议程》框架文件中的目标。

快速跟踪项目和倡议

快速跟踪项目和倡议是一种创新性的方法，旨在对非盟大会确定的，可能正向影响非洲公民对《2063年议程》成功与否所持态度的方案的执行情况进行快速跟踪，进而为非洲的发展提供巨大推动力，推动经济增长和转型。2014年6月的马拉博—非盟首脑会议授权非盟委员会商讨并筹备具体行动，以执行《2063年议程》确定的优先方案和项目，尤其是综合高速列车网络；加快建立大陆自由贸易区的进程；非洲护照和人员自由流动；在执行关于统一非洲领空的亚穆苏克罗决定的框架内，将航空部门的机会资本化；实施大英加水电站项目；泛非电子网络，为政策对话搭建年度协商平台，广泛融入利益攸关方，以及符合《2063年议程》精神的任何其他综合性倡议。相关方案/项目已纳入《第一个十年执行计划》。相关旗舰方案/项目具体内容详见附件4。文本框2.2提供了旗舰计划的重点内容。

国家和区域经济共同体（RECs）近期发展重点

《2063年议程》的筹备过程需要与非洲公民进行广泛协商，包括非洲侨民、非洲民间机构组织和区域经济共同体。所有相关团体均表示有必要将成员国和区域经济共同体的发展倡议作为《第一个十年执行计划》的基础部分。在成员国和区域经济共同体倡议的基础上进一步深化内容，不仅可以激励各国和各区域做出充分承诺，而且还可以确保民众充分享有《2063年议程》相关进程和成果，回馈其为编制各国和区域经济共同体的计划所贡献的智慧和力量。

基于上述情况，对成员国和区域经济共同体的计划进行了审核。结合审核中所梳理的各国及共同体相关经验和教训，《2063年议程》的《第一个十年执行计划》重点应包含以下内容：

- 可持续和包容性经济增长；
- 人力资本开发；
- 农业/增值农业企业；
- 工业化/制造业和自然资源增值；
- 创造就业机会；
- 社会保障；
- 性别/妇女发展和赋予青年权力；
- 善政、包括有能力的机构；
- 基础设施开发；
- 科学、技术和创新；
- 和平与安全；
- 文化、艺术和体育。

快速通道项目/倡议的要点

- 综合高速列车网络：旨在连接所有非洲首都和商业中心，以便于货物、劳务要素和人员的流动，缓解现有和未来系统的交通拥堵。
- 非洲虚拟大学：旨在通过向多个站点的大量学生和专业人员提供更多机会，发展相关高质量的开放、远程和电子（ODeL）教学，加快人力资本开发、科学技术和创新；确保非洲学生在世界任何地方和任何时间都能获取大学教学资源。
- 非洲单一航空市场：开放式天空概念，即所有非洲航空公司都可以飞往任何成员国。
- 建立非洲大陆货币和金融机构：非洲投资银行、非洲汇款研究所（The African Remittances Institute）、非洲信用担保贷款（The African Credit Guarantee Facility）、非洲货币联盟和非洲中央银行。
- 制定商品战略：旨在帮助非洲国家获得附加价值，从商品中获取更高收益，融入全球价值链，促进以增值和本地内容开发为基础的纵向和横向的多样化。
- 设立年度非洲协商会议平台：每年定期召集非洲政治领导人、私营部门、学术界和民间团体，讨论事态发展和制约要素，以及为实现《2063年议程》愿景和目标所应采取的措施。
- 2017年建立大陆自由贸易区：旨在显著加速非洲内部贸易增长，更加有效地通过贸易推进增长和可持续发展。到2022年使非洲内部贸易翻一番，促进非洲在全球贸易谈判中共同发声，赢取政策空间。
- 非洲护照和人员的自由流动：该方案旨在修改非洲现行法律，原因在于虽然各国在政治上承诺到2018年降低边界限制，以促进成员国之间互发签证，实现所有非洲公民在所有非洲国家的自由通行,但按照现行法律法规,公民自由通行仍然受到限制。
- 大英加水电站项目的实施。英加水电站的优化开发将产生 43200 兆瓦的电力(《非洲基础设施发展方案》),以支持目前的区域电力联营及联合服务,将非洲从传统能源供给源转变为现代能源供给源,并确保非洲公民能够获得清洁和负担得起的电力供应。
- 泛非电子网络。泛非电子网络涉及诸多利益攸关方,设想通过政策和战略为非洲带来变革性的电子应用和服务;改善基础设施,尤其是非洲内部宽带地面基础设施;提升网络安全,使信息革命成为为生物和纳米技术产业提供服务的基础,最终将非洲转变成为电子社会。
- 2020 年禁枪。结束一切战争、国内冲突、基于性别的暴力和暴力冲突,防止种族灭绝。通过设立和实施非洲人类安全指数(AHSI),监测各项任务实施进展情况。
- 非洲外层空间战略旨在加强非洲利用外层空间以促进其发展。外层空间对非洲所有领域的发展至关重要:农业、灾害管理、遥感、气象预报、银行和金融,以及国防和安全。非洲获得空间技术产品已不再是奢侈之举,需加快获得相关技术和产品的速度。卫星技术的新发展使非洲国家极易获得相关技术。布拉柴维尔航空航天技术会议强调,需制定可行的政策和战略,以开发非洲空间产品的区域市场。

大陆框架

非盟委员会(AUC)制定了框架文件,以指导非洲大陆关注成员国、区域和非洲大陆的发展/政治改革进程。相关框架涵盖农业生产和生产力、经济一体化、工业化(包括矿产开采)、基础设施、卫生教育、科学技术、善政/民主和文化等领域,且已纳入《第一个十年执行计划》,确保其不被视为与《2063 年议程》平行的倡议。鉴于此情况,对大陆各项倡议进行了梳理分析发现,十年执行计划已经涵盖从大陆到区域经济共同体,最终到成员国各个层级相关倡议的目标、指标、时间表和进程。大陆框架的实施过程要求,不仅在国家一级,而且要在区域经济共同体和大陆一级制定具体目标。

2063 年议程成果框架

《2063 年议程》中 2013 年至 2025 年期间所列指标均自动列入《第一个十年执行计划》成果框架。与此相似,所有相关目标和优先领域也已列入《第一个十年执行计划》的成果框架。该类别相关重点领域总体上归属于:
- 非盟大会的决议/指示——结束饥饿、营养不良、禁枪等问题的时间表;
- 非盟行动计划/条约——关于最低程度一体化方案的时间表。

2.3 第一个十年执行计划目标和优先领域

《2063 年议程》第一个十年执行计划目标及相关优先领域详见表 2.1。所有 20 个目标和 38 个优先领域均源于《2063 年议程》成果框架,依照上节所述甄选程序选取列出。

目标和优先领域围绕七大愿景呈现,每个愿景下均设有相应目标,每个目标下设有若干个优先领域,见表中第 3 栏所列。第 3 章十年执行计划框架部分以成果矩阵的形式详细列出所有目标/优先领域及具体指标。

表2.1 第一个十年目标和优先领域

愿景	目标	优先领域
（1）一个基于包容性增长和可持续发展的繁荣非洲	（1）公民拥有较高的生活水平、生活质量和幸福感	• 收入、职业和体面的工作； • 贫穷、不平等和饥饿； • 包括残疾人在内的社会保障和保护； • 现代宜居的住所和优质的基本服务
	（2）公民接受良好的教育，以科学、技术和创新为驱动的技能革命	• 教育和科学、技术和创新（STI）驱动的技术革命
	（3）国民身体健康，营养健全	• 健康与营养
	（4）经济转型	• 可持续、包容性的经济增长； • 教育和科学，技术和创新（SIT）驱动的生产制造业、工业化和增值； • 经济多元化和适应力； • 旅游/好客
	（5）较高生产力和高产的现代化农业	• 农业生产力和产量
	（6）发展蓝色/海洋经济，促进经济增长	• 海洋资源与能源； • 港口作业和海上运输
	（7）环境可持续，适应气候条件的经济体和地区	• 可持续自然资源管理和生物多样性保护； • 水资源安全； • 气候适应性和自然灾害应对和防范； • 可循环利用的能源
（2）一个建立在泛非主义理想和非洲复兴愿景之上的政治统一的一体化非洲大陆	（8）非洲一体化（联邦或邦联）	• 非洲一体化的框架和机构
	（9）非洲大陆金融货币机构的建立与运行	• 金融及货币机构
	（10）世界一流的基础设施遍及非洲	• 通信和基础设施的互通互联
（3）一个善治、民主、尊重人权、正义和法治的非洲	（11）确立民主价值观、具体做法、人权、正义和法治等普遍原则	• 民主和善治； • 人权、公正和法治
	（12）各级机构卓有能力，领导具有革新思想	• 机构与领导力； • 参与式发展和地方治理能力
（4）一个和平而稳定的非洲	（13）和平、安全与稳定得以维持	• 保持稳定、维护和平和安全
	（14）建立稳定和平的非洲大陆	• 非盟确保和平和安全的体制架构
	（15）全面运行的非洲和平与安全架构（APSA）	• 全面运行的非洲和平与安全架构（APSA）支柱
（5）一个拥有强烈文化认同、共同遗产、价值观和道德准则的非洲	（16）非洲文化复兴得以凸显	• 泛非价值观和理想； • 文化价值观和非洲文化复兴； • 文化遗产、创意艺术和相关企业
（6）一个依靠人民和民众潜力，尤其是妇女和青年潜力，并关爱儿童的非洲	（17）社会生活各个方面充分实现性别平等	• 妇女和女童权利提升； • 针对妇女和女童的暴力和歧视；
	（18）提升青少年的权利与参与度	• 青年赋权和儿童权利保障
（7）一个作为强大、团结、富有活力且有影响力的国际事务的参与者和合作伙伴的非洲	（19）加强非洲在国际事务及和平进程中的伙伴作用	• 非洲在国际事务中的地位和角色； • 伙伴关系
	（20）非洲自主融资，推动经济发展	• 非洲资本市场； • 财政制度和公共部门收入； • 发展援助

与目标、优先领域及其相关指标有关的问题

文本框 2.3 解释/概述了与第一个十年成果矩阵的目标、指标和指示性战略有关的问题，解释或定义了与可持续发展目标（SDGs）中相应术语有关的概念和指标，提出了基准信息、第一个十年执行计划指标的来源以及相关指标的性质等问题。

文本框 2.2：指标的定义、基准信息、来源和性质

• 目标的定义与可持续发展目标的定义不同。《2063 年议程》为期 50 年，因而其目标也更为宽泛。优先领域及其相关指标对目标进行了限定。虽然目标是固定的，但优先领域及其相关指标可以在不同的十年执行计划周期内发生变化。千年发展目标（MDGs）（15 年期）所有目标均非常具体，十年执行计划成果框架下指标也是如此。

• 各种指标的定义/计算方法与世界银行、教科文组织、卫生组织、联合国工业发展组织、国际劳工组织、粮食和农业组织等有关机构所给的定义保持一致。

1. 基准信息

《2063 年议程》主要在国家一级执行。已确定的指标具有灵活性，以适应成员国发展轨道上的多样性。建立在现有国家基础上的国家一级基线信息将用于跟踪成员国在国家一级的执行进展情况。不过，大陆一级平均基线资料并非执行《2063 年议程》的必要条件。

2. 2023 年指标来源：《第一个十年执行计划》

以 2063 年指标为终极目标，第一个十年的指标主要源自四个方面：（1）大陆框架——相关框架设定了从 2018 年到 2025 年间不同的指标。例如，农业方面的指标来自非洲农业发展综合方案（CAADPs）的 10 年目标；水和卫生方面的指标来自《非洲水展望》；一体化指标是对《最低一体化方案》相关指标进行调整而确定；科学、技术和创新方面的指标来自非洲科学、技术和创新战略（STISA）；（2）非盟首脑会议相关决议——包含必须实现的里程碑，如一体化、粮食安全、禁枪；（3）知情判断——非盟委员会（AUC）下设部门凭借其在整个非洲大陆各部门动态过程中积累的知识和经验，提供了可行的指标。这方面的例子包括国内生产总值增长率、气候、生物多样性、文化、妇女和青年等方面的指标；（4）普及初等和中等教育以及获得基本服务等方面的期待性指标。

3. 指标性质：（1）尽可能睿智地选择目标。此外，还考虑到各国使用/跟踪指标的能力。（2）相关指标允许各成员国对其发展轨道进行多样化调整。不过，"至少达到 2013 年水平的 X 倍"应该是考虑各国多样化的基础上进行的共同表述。

2.4 2023 年的非洲

今后 50 年，非洲面临的主要挑战是实现"由非洲民众推动，在国际舞台上充满活力，统一、繁荣与和平的非洲"的非洲愿景。《2063 年议程》的第一个十年执行计划，为七大愿景的推进和实现奠定了基础，这些愿景最终将汇聚一起，助力实现 2063 年非盟远景。

根据《2063 年议程》，预计到 2023 年，非洲公民将实现：

愿景1：一个基于包容性增长和可持续发展的繁荣非洲

- 每个非洲人的生活水平均有所提高。具体表现为实际收入至少增加30%。可持续的包容性经济增长和转型将推动这一进程，并将就业机会扩大到惠及至少四分之一的求职者，同时向社会中的弱势群体、边缘化群体和残疾人提供国家收入补助。劳动力中得不到最低生活保障工资的比例至少会下降25%。饥饿和营养不良的发生率至少减少80%，饥饿的发生率至少减少30%（妇女改善更为明显）。

- 教育作为代际社会流动的主要推动工具，本应得到提升和改善。儿童接受幼儿教育的机会将增加，人人都能接受的义务教育将覆盖从基础教育到中等教育所有阶段，且科学、技术和创新教育得以提升。未能接受高等教育的中学生中至少有十分之七的学生有机会参加技术、职业和培训课程。高等教育阶段，尤其是大学中虚拟大学的数量将会激增，这将为大量学生提供传统方式所无法匹及的更多的机会。随着非洲教育认证机构和非洲大陆共同教育资格制度的建立，非洲青年可以选择在非洲大陆其所在国以外的任何国家的大学进行学习和工作。

- 到2023年，优质卫生和服务的机会将有所扩大，在此背景下，所有形式的营养不良、以及产妇、儿童和新生儿死亡率将至少降低50%。艾滋病毒/艾滋病感染者将普遍获得抗逆转录病毒药物治疗，艾滋病毒/艾滋病和疟疾引发的死亡比例将减少50%。在非洲志愿保健公司（Africa Volunteer Health Corp.）的支持下，非洲疾病控制中心将发挥作用，并将在协调非洲大陆预防和管控国家内和国家间传染病的努力方面发挥领导作用。

- 基本生活必需品——十分之九的非洲人将获得安全饮用水和卫生设施，电力和互联网接入至少增加50%。卫生条件的改善将以至少50%的城市垃圾的回收和利用为基础，而最迟到2023年，相关城市将为公共轨道交通系统的迅速发展做好准备。

- 2023年，非洲经济体开始转型，并为消除贫穷和饥饿、产妇、儿童和新生儿死亡率、普及小学和中学教育提供资源和媒介。届时，GDP将以7%的速度增长，而非洲至少三分之一的产出来自成员国公民拥有的企业。以商品附加值为基础的劳动力密集型制造业/工业化，GDP中的农业要素总生产率翻一番；以附加值为基础的蓝色经济（渔业、生态友好型沿海旅游业、海洋生物技术产品和港口运营），及其他成果不仅给非洲公民，也给全球发出非洲经济和社会出现转型的信号。到2023年，与全球价值链和商品交易所以及非洲矿产开发中心相连的区域工业化中心将全部运行，并将为正在进行的可持续经济转型提供动力。

- 经济转型带来的初期收益将与环境的改善齐头并进。至少17%的陆地和内陆水域以及10%的沿海和海洋区域将得到保护。所有跨边界自然资源都将公平共享，服务所有非洲公民。另外，三分之一的农民、渔民和牧民将采用适应气候的生产方式。

愿景2：一个建立在泛非主义理想和非洲复兴愿景之上的政治统一的一体化非洲大陆

- 2023年，非洲大陆政府将迈出关键性的第一步。大陆政府的法律框架将由2023年非盟大会批准；入境点签证将成为常态，助力人员、货物和服务的自由流动；每个区域经济共同体均向非洲公民提供机会，惠及非经济共同体的非洲人后裔居民；非洲内部的贸易额，尤其是农业增值产品的贸易额将增加三倍；大陆自由贸易区、非洲关税同盟、非洲共同市场和非洲货币联盟将不再是梦想；它们的存在将为到2063年建立非洲大陆政府提供基石。

- 世界一流基础设施——交通、能源、水、电子互联——将成为大陆经济体系中引人注目的内容。非洲综合高速铁路网将在部分相互联通的城市之间运送第一批乘客，尤其是充满冒险精神、灵活机动并具有泛非精神的年轻人。非洲天空将对非洲所有航空公司开放。信息和通信技术的普及率和对国内生产总值的贡献率届时将翻一番。宽带接入率将提高70%，数字广播成为常态，每个成年人/青年都可以使用手机。发电量至少增加50%的区域电网将建成投产，助力工业/制造业的增长和非洲公民生活舒适度的提升。

愿景3：一个善治、民主、尊重人权、正义和法治的非洲
- 到2023年，非洲治理结构中所体现的民主价值观和文化将在整个非洲牢固确立。自由、公正和可信的选举将成为常态，届时10个非洲人中至少有7人会认为民主进程和体制真实可信。尊重法治和正当程序，所有公民的权利都将成为社会政治文化的组成部分，同时70%的公民相信维护相关权利的机构具备应有能力。至少70%的公民会认可司法机关的独立性和公正性，并承认立法机关是民主进程的关键组成部分。非洲互查机制应得到非盟所有成员国的遵守，其影响将反映在公民对各大陆治理指标上。

愿景4：一个和平而稳定的非洲
- 到2023年，所有国家间和国家内部的冲突都将停止，非洲大陆禁枪的目标也将实现。预防和解决冲突的地方和国家机制已牢固建立，并为非洲和平事业发挥作用。非洲待命部队、国防和安全政策以及整个非洲和平与安全架构都将到位，为维护非洲大陆和世界各地的和平作出贡献。

愿景5：一个具有强烈文化认同、共同遗产、价值观和道德准则的非洲
- 享受或参与民族文化和创意艺术将成为至少20%非洲人的娱乐方式。行政系统和组织中将开始使用非洲本民族语言。非洲大陆五分之一的理工学院将提供创意艺术和微型文化企业管理方面的课程，以支持创意艺术企业的发展，而相关企业的贡献也将达到2013年实际GDP贡献的两倍。所有印刷品和电子媒体上的本地内容将至少增加60%
- 代际文化对话的成果将用于确定2023年以后非洲大陆的文化发展轨迹。至少有30%的文化遗产和珍宝将被搜集并编目入册，为规划建设的2035年非洲博物馆做好前期准备。
- 所有非洲国家都将设立侨民关系管理协调中心，配合其他相关措施，管理侨民双重国籍方案。学校课程中的文化内容将比2013年至少提高60%。《非洲百科全书》第一版将由非盟大会在2023年之前发行；侨民技能数据库、侨民志愿者部队和侨民市场等所有非洲后裔相关项目将正式启动，且将助力非洲大陆的发展。

愿景6：一个依靠人民和民众潜力，尤其是妇女和青年潜力，并关爱儿童的非洲
- 整个非洲大陆，与妇女拥有或继承财产或企业、签署合同、拥有或管理银行账户有关的障碍将成为历史。所有农村妇女中至少五分之一将有机会获得和控制生产性资产，在控制权、代表资格和职位晋升方面的两性平等将成为所有非盟机构和区域经济共同体的准则。
- 所有形式的暴力侵害妇女行为将在2013年的基础上减少五分之一，这将为非洲的改变提供一个起点，自此之后在非洲，两性的敏感性的相互尊重将成为规则，而非特例。到 2023 年，所有有害的社会规范和习俗都将成为过去。

- 到 2023 年，非洲青年将不再局限于在非洲大陆各地流动，15% 的新创企业将因他们的聪明才智而设立。而青年人的聪明才智部分源自非洲大陆各地发生的由科学、技术和创新推动的技能革命的成果。这一发展将确保到 2023 年，青年的失业率至少较 2013 年降低四分之一。每五个青年/儿童中就有一个会参加人才发展项目，享受休闲和娱乐。
- 由于枪支将全面禁止，中小学将全面实施义务教育，2023 年以后出生的儿童将不会看到或经历剥削童工、童婚、贩卖儿童和童子兵之类的问题。

愿景 7：一个作为强大、团结、富有活力且有影响力的国际事务的参与者和合作伙伴的非洲

- 在全球事务中共同发声的非洲将成立非洲空间局，并建立国家研究和开发系统/基础设施，以增加全球知识资本存量。到 2017 年，将建立新的非洲全球伙伴关系平台，从而确保 2023 年非洲在全球出口份额中至少提升 20%。
- 非洲自主融资及能力日益增强，也将在全球金融体系中赢得尊重。到 2023 年，非洲投资银行、非洲信贷担保贷款（the African Credit Guarantee Facility）、非洲汇款研究所（the African Remittances Institute）和至少两个区域证券交易所将成为非洲大陆日益增强的金融自主性的主要推动力。除其他融资渠道或工具外，国家资本市场将为发展融资至少贡献 10%，国家财政制度的改善和所有非法资本流动的终结将确保国家预算中的援助比例不超过 2013 年水平的 25%。

三 第一个十年执行计划的内容框架

3.1 内容

第一个十年的计划内容框架基于第二章（表2.1）所选定的目标和优先领域，涵盖了七大愿景。第2章第1节"非洲发展现状"中的形势分析为《2063年议程》和《第一个十年执行计划》提供了所依据的基准信息。也就是说，2063年和2023年（第一个十年）的目标、优先领域和指标都受到关于非洲发展现状一章中提供的基准信息的影响。基于2023年七大愿景相关指标的《第一个十年执行计划》的总体预期结果作为组成部分出现在第二章（2.4）"2023年的非洲"中。

该计划框架概述了愿景相关的20个目标，涉及：

- 优先领域；
- 2013年国家一级的具体指标，以及区域和大陆一级各优先领域适用的指标；
- 有助于在国家、区域和非洲大陆各级实现每个优先领域相关指标的，非洲大陆关键框架的进程推动行动/里程碑；
- 国家一级各个优先领域的指示性战略，以及区域和大陆一级每个优先领域适用的指示性战略；

国家（成员国）、区域和大陆各级利益攸关方在编制国家短期/中期规划时，甚至在编制长期规划时，应以计划框架为指导。也就是说，利益攸关方将以目标、2013指标和进程推动行动为指导，按照要求将其纳入各国现行国家发展计划成果框架中，从而确立各国计划执行的基础。所提供的指示性战略较为宽泛，各利益攸关方可适当细化范围，以适应各自不同的情况。

3.2 愿景1：一个基于包容性增长和可持续发展的繁荣非洲

这一愿景下设有七个目标和十七个优先领域，相关目标在成果框架中编号为目标1—7。

目标1：民众较高生活水平及幸福感		
优先领域（1）	2023指标	《非盟框架》指向2023年的关键过程的行动/里程碑
收入、职业和体面的工作	国家层面	国家层面

续表

目标1：民众较高生活水平及幸福感		
优先领域（1）	2023指标	《非盟框架》指向2023年的关键过程的行动/里程碑
收入、职业和体面的工作	1. 人均收入较2013年至少提高30%； 2. 失业率较2013年至少降低25%； 3. 青年和妇女的失业率每年降低2%； 4. 就业不足率降低50%； 5. 弱势失业率较2013年至少降低25%	1.《瓦加杜古+10及2017年劳动力市场信息系统本土化实施方案》； 2. 到2018年，非盟社会保障政策和非正规经济框架实现本土化； 区域经济共同体层面 与成员国协商： 1. 到2016年，完成《瓦加杜古+10行动计划》的实施； 2. 到2017年，完成劳动力市场信息系统（LMI）、《非洲生产力议程》和中小微企业生产力能力建设计划的执行； 3. 2018年前完成《非正规经济和农民工社会保障政策》和《社会保障计划框架》的实施。 大陆层面 就业 1. 到2015年，非盟首脑会议完成并通过的《瓦加多古+10修订行动计划》； 2. 形成《行动计划修订版的第一个五年执行方案》，并在2016年前完成与区域经济共同体的协商。 非正规经济 1. 2016年之前，与区域经济委员会就《非正规经济和农村劳动者社会保障计划》和《社会政策框架》完成磋商； 2. 到2017年，制定《非洲生产力议程实施计划》和《MSMEsr生产力能力建设》等相关文件，并完成与区域经济共同体的协商。 劳动力市场信息系统（LMIS） 1. 到2017年，峰会通过《劳动力市场信息系统（LMIS）统一和协调框架》，并就该框架完成与区域经济共同体的相关磋商； 《2063年社会议程》 1. 到2016年，形成"社会议程"概念 2. 2017年之前，召开论证会/向专业技术委员会（STC）提交； 3. 2018年，提交峰会通过。 就业和社会凝聚力基金 1. 到2016年，形成"就业和社会凝聚力"基金概念； 2. 2016年，召开论证会议并提交专业技术委员会（STC）批准； 3. 2017年，递交峰会通过，2018年开始运行

指示性战略

为实现上述目标，必须在全国推行下述战略：

1. 目标2—6下的指示性战略将有助于实现该目标；
2. 制定/实施相关政策，促进合作社为贫困人口提供资金支持；
3. 制定并使用提高岛国维持生活水平能力的脆弱指数；
4. 提供求职、简历制作和在线申请所需的数字素养技能培训；
5. 执行非盟关于就业、消除贫困和包容性发展的宣言和行动计划；
6. 实施促进发展和融合的劳动力移徙治理框架，及创造就业和包容性发展的公私伙伴关系框架，推动制定相关政策，提高劳动力市场机构的适契性、效率和效能；

7. 促进在各级实施提高生产力的政策；制定创新性的政策，更有效、更负责任地引导劳动力流动，包括充分保障移徙工人及其家庭的权利；

8. 推动实施各项政策，提高劳动力市场机构的适契性、效率和效能；

优先领域（2）	2023 年指标	《非盟框架》指向 2023 年的关键过程的行动/里程碑
贫困、不平等和饥饿	国家层面 1. 贫困率较 2013 年至少降低 30%； 2. 妇女的贫困率至少降低 50%； 3. 基尼系数较 2013 年至少提高 20%； 4. 饥饿人口比例较 2013 年至少降低 80%； 5. 儿童发育迟缓降低到 10%，体重不足降低到 5%；	减贫和消除一切形式饥饿的进程包含于目标 1、优先领域 1 和 3；目标 2、优先领域 1；目标 5，优先领域 1 和目标 6、优先领域 3 等相关进程之下

指示性战略

为实现上述目标，必须考虑以下指示性战略：

国家层面

1. 全面实施非洲农业发展综合方案（CAADP），签署具有包容性的国家农业投资计划；
2. 促进出台相关政策，确保人人都能享有负担得起的优质食品；
3. 促进有助于财富创造的政策制订，并确保财富平均分配给所有公民；
4. 制定/实施有助于提高农村/贫困家庭生产力的能源生产政策，努力改善民众营养和财富状况；
5. 促进制定基于市场的战略粮食储备政策；
6. 取消粮食进口税，降低粮食成本；
7. 制定和（或）执行粮食和营养方案，重点关注农村和城市地区的弱势群体，尤其是妇女、儿童和边缘化群体；
8. 实施非洲营养战略；
9. 促进传统高营养抗旱粮食作物的商业化；

大陆/地区层面

1. 制定/实施相关框架，通过减少非关税壁垒，促进跨境粮食运输；

优先领域（3）	2023 年指标	《非盟框架》指向 2023 年的关键过程的行动/里程碑
包括残疾人在内的社会保障和保护	国家层面 1. 弱势群体中至少有 30% 的人，包括残疾人、老年人和儿童，得到社会保障； 2. 所有正规部门工作的人员均享有社会保障； 3. 非正规部门和农村劳动力中至少 20% 的人能够获得社会保障	国家层面 1. 到 2016 年，建立弱势家庭数据库； 2. 到 2016 年，为弱势群体制定最低社会保障方案；到 2017 年，将其纳入国家预算； 3. 将社会保障覆盖面扩大至非正规经济和农村劳动者； 4. 针对非正规经济和农村劳动者的社会保障计划及社会政策框架；

三 第一个十年执行计划的内容框架　173

续表

优先领域（3）	2023年指标	《非盟框架》指向2023年的关键过程的行动/里程碑
包括残疾人在内的社会保障和保护		区域经济共同体层面 1. 2016年前，与成员国就社会发展和保障政策完成协商； 《公民社会保障权利议定书》 1. 2016年，制定协议； 2. 到2017年，召开由非洲人权和人民权利委员会牵头的论证会议； 3. 到2017年，专业技术委员会（STC）和法律专业技术委员会（STC）完成审批程序； 4. 到2018年，在非洲首脑会议上通过相关议定书，并将其作为《非洲人权和人民权利宪章》附加议定书

指示性战略

为实现上述目标，必须考虑以下指示性战略：

国家层面

1. 执行非洲社会政策框架；
2. 执行非盟非正规经济和农民工社会保障计划；
3. 实施"加速行动号召"，促进《适合儿童生长的非洲行动计划》的有效执行；
4. 执行《非洲残疾人十年大陆行动计划》；
5. 执行《关于加强非洲大家庭促进非洲包容性的亚的斯亚贝巴宣言》；
6. 执行《非盟关于非洲家庭的行动计划》；
7. 执行《联合国残疾人权利公约》；

优先领域（4）	2023年指标	《非盟框架》指向2023年的关键过程的行动/里程碑）
现代宜居的居住地和优质的基本服务	国家层面 1. 全国住房赤字较2013年至少降低10%； 2. 无法获得安全饮用水的人口比例较2013年降低95%； 3. 卫生设施落后人口的比例较2013年下降95%； 4. 到2016年，国家预算中至少5%划拨于用水和卫生； 5. 电力和互联网接入量较2013年至少增加50%； 6. 家庭能源使用效率至少提高30%； 7. 至少完成200万人口以上城市快速交通系统的详细技术和财务可行性报告； 8. 城市垃圾至少实现50%的回收利用； 9. 至少70%的人口获得优质基本服务（水、卫生、电力、蒸腾、互联网接入）的机会有所增加； 10. 贫民窟至少减少10%； 11. 到2020年，小岛屿国家的所有定居点都通过频繁、高效和有效的（酌情）陆、空和海上快速运输系统实现互联互通；	用水和卫生 国家层面 1. 2016—2018年，实施供水部门政策改革； 2. 2016—2018年，制定并实施的供水效率计划； 3. 到2016年，用水和卫生监测与评估系统与泛非用水和卫生监测与评估机制保持一致；到2019年，非洲水展望（AWV）后续部分的实施行动计划将实现各国国内对标实施； 区域经济共同体层面 1. 与成员国就2018年之前完成的非洲水展望（AWV）实施行动计划的后续工作进行磋商； 大陆层面 1. 制定《非洲水展望（AWV）》实施行动计划的后续部分，并于2017年前完成与区域经济共同体的协商工作； 3. 目标8涵盖了电力和互联网覆盖面提升过程相关内容；

指示性战略

为实现上述目标，必须考虑以下指示性战略：

1. 制定/实施城市住房建设/翻新和增加住房所有权的公私合作政策；
2. 制定/执行防止、减少和改造贫民窟的政策；
3. 制定/实施相关政策，优化城市和土地规划、土地保有权、使用和管理制度；
4. 发展/改进监管框架，扩大基础设施，培养公民的能力，使其更容易获得负担得起的基本生活必需品：如用水、卫生、电力、运输和互联网服务；
5. 全面实施《非洲水展望》及其后续行动；
6. 建立水价制度，解决交叉补贴和贫困人口的需求；
7. 通过公共/私人和其他融资机制，促进城市公共交通系统的设立；
8. 为小岛屿国家运输系统投资方面的私营、公私伙伴关系制定/执行相关政策和方案；
9. 制定/实施城市垃圾回收产业发展政策；

优先领域（1）	2023 指标	《非盟框架》指向 2023 年的关键过程的行动/里程碑
教育和科学、技术和创新（STI）驱动的技术革命	国家层面 1. 幼儿教育的入学率至少为 2013 年的 300%； 2. 基础教育入学率达到 100%； 3. 将合格教师的人数至少提升 30%，重点关注科学、技术、工程和数学学科（STEM）； 4. 普及中学（含技术高中）入学率实现 100%； 5. 至少 30% 的中学毕业生接受高等教育，其中至少 40% 为女性； 6. 至少有 70% 没有进入第三产业的中学生获得了一系列进一步发展技能的选择； 7. 至少 70% 的公众认为各级教育质量均有所提高； 大陆层面 1. 非洲教育认证机构全面运行； 2. 共同大陆教育资格制度就位运行； 3. 非洲电子大学成立； 4. 泛非大学得以巩固，至少设有 25 个卫星中心； 5. 非洲教育观察站全面运行； 6. 到 2023 年，至少 50% 的成员国已设立国家认证制度； 7. 2018 年，完成教师教育协调框架；	非洲教育认证机构 国家层面 1. 2018—2020 年期间非洲教育认证机构框架本土化对标实施； 区域经济共同体层面 1. 到 2018 年，与成员国就框架完成磋商； 大陆层面 1. 2015 年，对国家/地区教育认证机构进行审核梳理；2016 年，制定非洲认证机构框架；2017 年，完成该框架并与区域经济共同体/利益相关者就框架进行磋商； 2. 审核专业技术委员会（STC）框架，并于 2017 年峰会通过该框架；2018 年，制定认证机构的成立行动计划；2019—2022 年期间，实施相关行动计划； 大陆教育资格制度 国家层面 1. 2018—2020 年，大陆教育资格制度完成本土化对标实施； 区域经济共同体层面 1. 到 2017 年，与成员国就教育资格制度进行磋商； 大陆层面 1. 2015 年，完成区域/国家教育资格体系建设；2016—2017 年，区域经济共同体/利益相关者制定并论证非洲大陆教育资格框架，以供 2018 年非盟峰会通过； 非洲电子大学 1. 2014 年形成相关概念；2015 年由地区/利益相关方论证通过； 2. 2015 年，专业技术委员会（STC）批准相关概念，供非盟首脑会议在 2016 年前通过； 3. 到 2017 年，制定操作工具/实施行动计划；2018 年开始实施； 泛非大学 1. 到 2015 年，完成伙伴关系磋商、制定成果巩固计划，完成卫星中心落户工作； 2. 卫星中心的选择和操作工具的开发；2016 年，与中心托管实体签署谅解备忘录；2017 年各中心开始工作；

指示性战略

为实现上述目标，必须考虑以下指示性战略：

国家层面

1. 聚焦科学、技术和创新，扩大及改善幼儿教育、基础教育、中等教育、技术职业教育与培训（TVET）以及高等教育的教育设施/机会。

2. 加强/建立职业培训中心/孵化器网络；

3. 通过提高培训能力，推行教师/教员激励措施，增加各级合格教师/教员的数量，确保其拥有保证教学质量的相关知识、技能、态度及动力；

4. 制定/实施相关战略，以提高教师的激励水平，并确保合格教师的招聘和留任；

5. 扩大/改善各级教育基础设施，以支持科学、技术、工程和数学学科（STEM）/技能革命议程；

6. 为教育部门创造有利环境，促进/支持提升学习者的技术和分析能力、创业精神和创新技能。

7. 加速批准和执行大陆和区域学术标准和资格互认公约；

8. 在各级教育规划中鼓励使用/采用教育管理信息系统（EMIS）；

9. 推行非洲教育认证机构相关政策，协调整个非洲大陆的教育；

10. 出台替代机制，以调动更多教育专项财政资源，支持政府资助；

11. 提供公共/社区图书馆，以促进学习及信息和知识获取；

12. 执行信息社会问题世界峰会（World Summit on Information Society）的决议；

13. 加快制定相关政策，促进公共与私营部门之间的合作，推出新的研究成果；

14. 加强科学、技术、工程和数学学科（STEM）学习相关基础设施建设，确保针对妇女和女童的激励措施、学习机会和教学质量；

15. 制定/实施相关项目，提高科学和技术机构的能力；

16. 制定/实施相关政策，为未进入高等教育阶段的中学毕业生提供继续教育和技能培训的机会；

17. 审查技术职业教育与培训（TVET）机构的课程设置和学习环境，确保其认真对待性别平等问题，并与《2063年议程》保持一致；

18. 设立/实施相关项目，加强对高等教育机构的管理，确保教育质量；

19. 制定相关政策，培育科研和创新型文化；

20. 加大对教育机构研发项目的财政支持力度；

21. 为教育机构制定/实施针对性的信息和通信技术政策；

22. 开发/实施科学和技术发展监测系统；

23. 在公共部门政策工具中引入相关创新概念；

大陆层面

1. 制定/促进实施非洲第三个十年教育战略；

2. 制定/实施框架，以改善成员国在创新和创业领域的合作和知识流动；

3. 制定/实施逆转非洲人才外流的大陆框架；

4. 建立教育与科学、技术和创新数据库；

目标3：国民营养与健康		
优先领域（1）	2023年指标	《非盟框架》指向2023年的关键过程的行动/里程碑
健康与营养	1. 获得优质基本医疗保健和服务的水平较2013年至少提高40%； 2. 妇女和少女获得性健康和生殖健康服务的水平较2013年至少提高30% 3. 孕产妇、新生儿和儿童死亡率较2013年至少降低50% 4. 死于艾滋病毒/艾滋病、疟疾和结核病的比例较2013年至少降低50%； 5. 将5岁以下儿童疟疾死亡率至少降低80% 6. 艾滋病毒感染/艾滋病、疟疾和结核病的发病率较2013年至少降低80% 7. 营养不良患病率较2013年至少降低50% 8. 发育迟缓降低至10%； 9. 因登革热和基孔肯雅热病死亡的比例较2013年降低50%（岛屿国家）； 10. 获得抗逆转录病毒（ARV）药物的比率达到100%； 大陆层面 1. 非洲疾病控制中心开始运行； 2. 2018年，成立非洲志愿者健康公司并投入运营； 3. 到2017年，完成非洲药品协调框架并投入使用；	国家层面 1. 到2017年，非洲卫生战略实现本土对标实施； 区域经济共同体层面 2. 到2016年，就执行非洲卫生战略，完成与成员国的磋商； 大陆层面 1. 2015年，将非洲卫生战略草案提交至专业技术委员会（STC）/峰会讨论通过；到2016年，与区域经济共同体就非洲卫生战略的实施完成磋商； 2. 2015年，由非盟首脑会议制定并通过非洲疾病控制中心概念文件； 3. 非洲志愿者健康公司概念文件于2017年由非盟峰会制定并通过；

指示性战略

为实现上述目标，必须考虑以下指示性战略：

国家层面

1. 制定/执行政策和方案，扩大优质基本医疗卫生服务，包括获得优质、有效且负担得起的药品；

2. 为医疗卫生服务培养人力和财政资源能力；

3. 扩大和完善（包括采纳）公共卫生教育政策和方案；

4. 实施拟议的非洲卫生战略——除其他措施外，进一步提高医疗卫生专业人员的能力，扩大卫生推广服务并提高对良好健康生活方式的认识；

5. 执行拟议的非洲营养战略；

6. 制定/实施相关政策，降低农村/贫困家庭做饭时的能源强度；

7. 促进/执行相关政策，增进妇女和少女的生殖权利以及获得性健康和生殖健康服务的机会；

8. 加强卫生系统建设，以提高获得优质护理和服务的机会；

9. 制定/执行传染病防治方案，包括针对埃博拉和非传染性疾病的方案；

10. 制定/实施预防孕产妇和儿童死亡的方案；

11. 制定/实施促进健康生活方式的计划，尽量降低心血管疾病、高血压、糖尿病等疾病的发病率；

12. 在提供保健服务方面引入信息通信技术（ICT）；

13. 推动非洲卫生志愿者公司的运行；

大陆/区域层面

1. 制定/实施非洲制药工业发展战略；

2. 通过非洲疾病控制和监测中心制定/实施健康研究和监测方案；

3. 制定/实施设立大陆紧急卫生基金相关框架；

目标 4：经济转型和就业		
优先领域（1）	2023 年指标	《非盟框架》指向 2023 年的关键过程的行动/里程碑
	1. 国民生产总值年增长率至少达到 7%； 2. 非采掘业工业总产出中至少有 30% 来自当地企业； 3. 本地公司产出至少达到采掘业工业总产出的 20%； 4. 非正规企业中，每年 20% 的企业成长为小型正规企业； 5. 每年成长为小型正规企业类别的非正规部门企业中，至少有 50% 的企业将由女性拥有	目标 1，优先领域 1 相关进程；目标 4，优先领域 2 和 3 以及目标 5，优先领域 1 中的进程也适用于此

指示性战略

为实现上述目标，必须考虑以下指示性战略：

国家层面

1. 推动实施相关政策，确保宏观经济稳定；

2. 实施非盟加速非洲工业发展战略；

3. 制定相关政策，提高储蓄和投资率，以加速发展，包括最高效利用自然资源收益带来的益处；

4. 改善营商环境，合理调整/最小化监管，鼓励创业和初创企业的不断发展；

5. 促进实施相关政策，增加公司/企业和中小微企业的营运资本、贸易融资和保险渠道；

6. 促进实施相关政策，增加妇女获得资金的机会，帮助其从非正规部门转入中小企业部门；

7. 促进非洲内部贸易作为增长的渠道；

8. 在包容性增长和可持续发展的基础上，为社会和经济转型发展人力资源和基础设施；

9. 实施非洲矿业愿景（African Mining Vision）；

10. 制定/实施符合非洲矿业愿景的当地内容法律；

优先领域（2）	2023 年指标	《非盟框架》指向 2023 年的关键过程的行动/里程碑
科学、技术和创新（STI）驱动的制造业、工业化与价值增值	国家层面 1. 制造业在国内生产总值中的实际价值比 2013 年的水平高出 50%； 2. 劳动密集型制造业产值比重比 2013 年提高 50%； 3. 采掘业总产出中至少 20% 是通过当地企业的增值而实现； 4. 至少有 5 家商品交易所正常运行； 5. 到 2023 年，国内研发总支出占国内生产总值的比重已达到 1%； 区域/大陆层面 1. 与全球价值链相连的工业化/制造业中心，在所有区域经济共同体中全面发挥作用； 2. 非洲矿产开发中心（African Mineral Development Centre，AMDC）全面运行；	国家层面 1. 到 2015 年，制定基于价值链概念的产业政策； 2. 2016 年前，工业部药品行动计划实施关键负责人员任命到位，负责计划的本土化调整实施； 区域经济共同体层面 1. 2014—2015 年，与成员国就《药品示范法》进行磋商； 2. 到 2017 年，协调统一各成员国的产业政策； 大陆层面 工业化 1. 到 2015 年，制定国家产业政策制定指南； 2. 到 2016 年，确定并建成科技创新卓越中心； 3. 到 2017 年，形成建立制造业中心/工业区的公私合作概念； 4. 2019 年，第一个区域枢纽落成； 5. 到 2020 年，在农业和矿产领域启动第一个区域价值链； 6. 2023 年，第一家非洲大陆制药公司投入运营； 制药产业 1. 到 2013 年，制定管制制药工业的示范法规； 2. 2015 年，非盟峰会通过示范法规； 非洲矿产开发中心（AMDC） 1. 2014 年，制定成立非洲矿产开发中心相关法规；2015 年，专业技术委员会（STC）/非盟峰会通过相关法规；2016 年，启动执行相关法规；

指示性战略

为实现上述目标，必须考虑以下指示性战略：

国家层面

1. 为制造业的增长和发展创造有利环境，包括建立与区域/大陆/全球价值链相关联的中小微企业的能力；

2. 对科学、技术和创新技能、研究和开发制造业、采掘业和服务业进行资金支持/为2024年的非洲落实科学技术和创新战略；

3. 制定/实施政策，促使生产企业形成节能文化；

4. 全面实施促进非洲内部贸易（BIAT）/扩大非洲内部贸易，作为制造业/工业部门增长的渠道；

5. 实施非洲矿业愿景；

6. 制定/实施证券交易所运作框架；

大陆层面

1. 执行《马拉博关于非洲矿业发展中心的决定》将非洲矿业发展中心作为非洲矿业远景执行中心的决议；

2. 制定/实施建立区域工业化中心的战略；

优先领域（3）	2023 年指标	《非盟框架》指向 2023 年的关键过程的行动/里程碑
经济多元化和适应力	国家层面 1. 多元化指数较 2013 年至少提升 20%； 2. 食品进口水平较 2013 年至少降低 50%； 3. 创意艺术对国内生产总值的实际贡献率至少提高 100%； 4. 非洲内部农产品实际贸易水平至少提高 100%； 5. 非洲内部服务贸易实际增长至少 100%； 6. 至少有 1% 的国内生产总值分配于科技创新研究和科技创新驱动的创业发展； 区域层面 1. 至少两个区域商品交易所投入运行；	非洲科学、技术和创新战略（STISA） 1. 2014 年，非盟峰会通过科学、技术和创新战略（STISA）； 2. 发展/实施 2015—2023 年科学、技术和创新战略下设立的第一、二、三套方案旗舰项目，并于 2024 年对其进行最终评估； 国家层面 1. 2017—2018 非洲商品战略行动计划开始本土化调整实施； 区域经济共同体层面 1. 到 2017 年，将与成员国就《非洲商品战略行动计划》的执行展开磋商； 大陆层面 1. 2015 年，完成《非洲商品战略》的编制，同年在专业技术委员会（STC）/非盟峰会上通过《实施行动计划》，并于 2016 年就该计划与区域经济共同体展开磋商；

指示性战略

为实现上述目标，必须考虑以下指示性战略：

国家层面

1. 全面实施《非洲工业加速发展计划》；

2. 全面实施《非洲创意艺术发展行动计划》；

3. 全面实施非洲商品战略；

4. 为扩大服务贸易，建立人力和体制能力及法律框架；

大陆/区域层面

1. 制定并推动成员国通过非洲商品战略；

2. 制定/实施建立区域商品交易所的战略；

3. 制定/实施协调监管改革的框架，以改善非洲的服务业；

三　第一个十年执行计划的内容框架　179

优先领域（4）	2023年指标	《非盟框架》指向2023年的关键过程的行动/里程碑
接待/旅游业	国家层面 1. 旅游业对国内生产总值的实际贡献至少增加100%； 2. 到2020年，生态友好型沿海旅游业增长20%，其中至少10%的公共收入用于资助社区的发展计划； 3. 2013年，非洲内部旅游业的实际水平翻一番；	未提及

指示性战略

为实现上述目标，必须考虑下列指示性战略：

国家层面

1. 全面实施非洲大陆旅游战略；

2. 创建/培育非洲旅游组织；

目标5：高产的现代农业

优先领域（1）	2023年目标	《非盟框架》指向2023年的关键过程的行动/里程碑
高产的现代农业	国家层面 1. 每年至少10%的公共支出将用于农业，并使农业部门每年至少增长6%； 2. 农业全要素生产率翻倍； 3. 将青年和妇女参与综合农业价值链的比例至少提高30%； 4. 将农业收获后损失降低50%； 5. 将农场、牧民和渔民家庭抵御气候和天气相关风险的比例提高到30%； 6. 农业GDP中至少10%由商业农民贡献； 7. 小规模农户中至少有10%成长为小型商业化农户，而在这些农户中至少30%是女性； 8. 非洲农产品和服务的三重内部贸易； 9. 在非洲结束饥饿； 10. 消除儿童营养不良，将发育不良降低至10%，体重不足降低至5%	国家层面 1. 国家农业投资计划（NAIPS）与马拉博的目标保持一致，并在2017年完成该计划； 2. 到2017年，完成国家两年期考核；区域层面 1. 2016—2017年，与成员国就国家农业投资计划（NAIPS）对标马拉博目标进行调整事宜完成磋商； 2. 到2017年，完成区域农业投资计划与《马拉博宣言》目标一致性评估； 3. 到2017年，完成区域两年期考核； 大陆层面 1. 到2016年，制定并实施"非洲农业发展综合方案（CAADP）"协调战略； 2. 对照2014年《马拉博宣言》所设目标，于2015年完成对现有国家农业投资计划（NAIP）的评估； 3. 2016—2017年，完成并实施两年期非洲农业发展综合方案（CAADP）审查周期的设计； 4. 2017—2018年，制定并实施植入成果机构图谱评估行动计划

指示性战略

为实现上述目标，必须考虑以下指示性战略：

国家层面

1. 实施马拉博宣言实施战略和路线图；

2. 执行马拉博宣言工作方案；

3. 基于非洲农业发展综合方案（CAADP）2025年成果框架，进行两年期审查；

4. 通过对农业加工和基础设施（灌溉/通路）的投资，促进有助于农业增值的政策；

5. 中、小型和大型合资农业加工和农业企业部门吸引了一批有技能的年轻女企业家的加盟，促进了价值链的发展，要有效利用相关企业的活力和蓬勃发展态势；

6. 制定并全面实施农业科学议程，创造和传播使农业全要素生产率翻番所需的知识和技术；

7. 促进推行相关政策，确保农业和粮食市场更高效地运行，包括降低市场参与成本，增加进入区域/大陆和全球市场的机会；

8. 为商业农户/农业企业的投资和营运提供资金支持；
9. 制定/执行相关政策，建设妇女有效参与农业企业和农业价值链的能力；
10. 制定/实施提高农业部门能源生产率的相关政策；
11. 制定/实施相关政策和方案，为青年和妇女创建基于农业价值链的中小微企业；
12. 获取并利用联合国粮农组织的全球农业在线研究，弥补国家层面农业研究的不足；
13. 落实非盟土地政策倡议；

目标 6：发展蓝色/海洋经济，促进经济增长		
优先领域（1）	2023 年指标	《非盟框架》指向 2023 年的关键过程的行动/里程碑
海洋资源与能源	1. 到 2023 年，渔业部门的实际附加值至少增加 50%； 2. 至少建造一个大型水产养殖标杆企业； 3. 海洋生物技术对国内生产总值的实际贡献较 2013 年至少增加 50%； 4. 可再生能源中至少有 10% 来自波浪能； 5. 到 2023 年，承诺并完成海底矿产和油气潜力的勘探。 大陆层面 1. 在区域一级，协调并统一各成员国的海洋法	未提及

指示性战略

为实现上述目标，必须考虑以下指示性战略：

国家层面

1. 实施非洲海洋综合战略；
2. 制定/实施可持续利用海洋资源的相关政策和方案，以增加其对国内生产总值的贡献；
3. 制定相关政策和方案，避免过度开发和掠夺渔场，包括针对非法捕捞导致收入损失进行宣传并出台补偿措施；
4. 制定保护海洋资源的政策和方案；
5. 对于非洲岛国：提供政策/激励措施和积极的监管环境，助力创建基于以下平台的新创企业：(1) 深海应用；(2) 海洋碳氢化合物和矿产勘探与开发；(3) 海洋生物技术；(4) 水产养殖开发。
6. 制定/实施支持海洋资源产业发展的研发政策；
7. 为蓝色经济企业开发技能和技术平台；
8. 制定/执行相关政策和方案，加强针对公海（尤其是生态系统组成部分横跨国家管辖区和公海之间的海域）监测的研究和开发；
9. 制定/实施减少陆源和海源对海洋环境污染的政策；
10. 对天然蓝色资本及其增长或增值潜力进行经济评估；
11. 制定/实施相关政策，支持制定专属经济区（EEZs）海洋空间规划及实施综合适应性海洋政策/治理；
12. 制定/实施相关政策，促进可持续发展的海洋空间规划；
13. 将蓝色/海洋资本的价值评估纳入各国的会计制度；
14. 制定/实施海洋能源业务发展方案；

15. 加强包括海洋企业技术平台能力在内的能力建设；
16. 开展支持海洋企业发展的研究；

优先领域（2）	2023 指标	《非盟框架》指向2023年的关键过程的行动/里程碑
港口作业和海上运输	1. 航运/港口运营服务对GDP的实际贡献增加50%； 2. 地方船运公司每年的货运量至少占达到总吨位的5%； 3. 到2020年，船舶平均停靠时间至少缩短30%； 4. 到2020年，港口货物平均清关时间至少缩短50%；	未提及

指示性战略

为实现上述目标，必须考虑以下指示性战略：

国家层面

1. 批准并执行经修定的海事宪章；
2. 实施非洲海洋综合战略；
3. 制定/实施港口业务和海上运输增长政策；
4. 建设港口业务和海运增长能力；
5. 进行支持海运业务增长的研究和开发，以确定各部门的地位、贡献和潜力；
6. 投资信息和通信技术（ICT），加强海事管理；
7. 提高航运服务的数据和统计；

大陆层面

1. 进行可行性研究，以概述非洲航运、海事大学和英才中心的融资方案；

目标7：环境可持续，适应气候条件的经济体和地区			
优先领域（1）	2023年目标	《非盟框架》指向2023年的关键过程的行动/里程碑
生物多样性，生物保护与可持续自然资源管理	国家层面 1. 至少30%的农业用地实行可持续土地管理； 2. 至少有17%的陆地和内陆水域以及10%的沿海和海洋区域得到保护； 3. 在总体规划和国家规划的基础上所有国家公园和保护区均得到妥善管理； 4. 栽培植物、养殖和驯养动物以及野生近缘物种（包括其他社会经济和文化珍贵物种）的遗传多样性得到保持。 区域/大陆层面 1. 就跨边界自然资源（水、公园、野生生物和海洋）的公平、合理和可持续管理和开发达成协调一致、具有约束力的协议和管理框架； 2. 可持续利用和管理跨边界（共有的）水、野生生物和其他自然资源成为区域合作的基础，并被视为受惠国的自然资本； 3. 《非洲自然与自然资源公约》（ACCNNR）获得批准	《非盟名古屋议定书协调执行》和《国际粮食和农业植物遗传资源条约准则》 1. 两项准则将于2014年之前制定并生效，并于2015年由非盟政策机构通过； 2. 2016年，就上述两项准则，非盟委员会（AUC）与区域经济共同体，区域经济共同体与成员国分别展开协商； 3. 2017年，两项准则在各成员国实现本土化调整实施。 制定非洲大陆可持续森林管理框架 1. 2014年，设计框架；2015年，论证并制定行动计划； 2. 2016年，区域经济共同体和成员国参与上述行动，以确保国家和地区层面的所有权。 将《撒哈拉和萨赫勒绿色长城倡议》（GGWSSI）作为防治荒漠化和土地退化的基本框架加以执行 1. 2014年，进行资源调配，并设立国家协调办公室； 2. 2015年，与联合国粮农组织和FLUEVE开展防治荒漠化行动，并推出全球机制

指示性战略

为实现上述目标，必须考虑以下指示性战略：

国家层面

1. 全面落实《非盟非洲土地政策框架指引》和《非洲大规模土地投资指导原则》；

2. 制定政策/监管框架：（1）促进生物多样性、还林及海洋生态系统的产生/保护；（2）减少人口对受威胁物种和生态系统的依赖；

3. 建设有效的保护生态多样性的能力，包括对国家公园、保护区和森林的管理能力；

4. 针对野生动物相关犯罪活动（包括偷猎和贩运）制定严格的惩罚性法律，并确保没有任何偏见（政治、经济、社会和种族）地公正执法；

5. 减少人口对受威胁物种和生态系统的依赖，消除一切形式的濒危物种交易；

6. 在社区和国家层面建立强有力的自然资源治理体系，包括重新加强公共资源管理和促进生物多样性相关权利；

7. 落实持续性土地管理相关做法，包括健全的产权和制度，以确保土地保有权的安全；

8. 促进沿海地区和海洋资源的可持续利用和管理，建设适应气候变化和可持续发展的社区；

9. 建立海洋遗传资源库，恢复受威胁物种和退化的生态系统；

10. 批准并执行《非洲自然及自然资源保护公约》；

11. 制定/实施相关战略，使国家方案与《联合国防治荒漠化公约》（UNCCD）十年战略保持一致；

12. 针对岛国：

- 为水生生物多样性的修复力、可持续性和保护建立代表性海洋保护区；
- 建立海洋遗传资源库，以恢复退化的生态系统和脆弱/受威胁物种；

区域/大陆层面

1. 实施《撒哈拉和萨赫勒绿色长城倡议》；

2. 执行非盟《将生物多样性纳入非洲联盟优先事项》的决议；

3. 制定/促进非洲空气污染及其他形式污染质量标准的执行；

4. 敦促所有成员国签署《联合国生物多样性公约》的卡塔赫纳和名古屋议定书；

5. 推动《非洲自然与自然资源公约》（CCNNR），《非洲土地政策框架指南》和《非洲大规模土地投资指导原则》的本土化调整实施；

6. 制定/促进成员国通过示范性协定；

7. 制定/实施相关方案，促进成员国之间签署具有约束力的协定；

优先领域（2）	2023年指标	《非盟框架》指向2023年的关键过程的行动/里程碑
水资源安全	国家层面 1. 水需求满足度较2013年提高25%； 2. 雨养农业和灌溉水利用率2013年提高60%； 3. 至少有10%的雨水回收并用于生产； 4. 至少有10%的废水回收用于农业和农业生产	与目标1，优先事项4中改善水和卫生条件下相关进程目标/指标相同

三　第一个十年执行计划的内容框架　183

指示性战略

为实现上述目标，必须考虑以下指示性战略：

国家层面

1. 实施"2025年非洲水展望"计划；

2. 在水资源综合管理范围内制定/促进国家框架，以便有效地收集、分配和使用水资源；

3. 促进和支持区域流域/自然资源管理框架的制定和实施；

4. 采用/推广新技术，提高用水效率；

5. 改革水资源机构（包括收集、分析和使用数据的人力和系统能力），以便对国家和跨边界流域的水资源进行有效和综合管理，包括最低适契性水平的管理；

6. 制定/实施相关战略，解决影响水资源的自然和人为问题，包括引起气候变化的问题。

优先领域（3）	2023年指标	《非盟框架》指向2023年的关键过程的行动/里程碑
气候适应性和自然灾害应对和防范	国家层面 1. 至少有30%的农民、牧民和渔民实行适应气候的生产制度； 2. 将农业生物多样性丧失、土地利用和毁林造成的排放量降低至2013年的水平； 3. 将自然和人为灾害以及气候极端事件造成的死亡和财产损失至少减少30%； 4. 将化石燃料在能源生产总量中的比重至少降低20%； 5. 到2025年，所有城市都将达到世界卫生组织的环境空气质量标准（AAQS）。 大陆层面 1. 非洲气候基金已全面运行	1. 2015年年底前，非洲部长级环境会议（AMCEN）局批准并签署非洲气候变化战略； 2. 2015年，制定中非合作组织气候变化青年方案实施计划； 3. 2016—2017年，完成《非洲区域战略及其行动计划》与2015年后《减少灾害风险框架》的对标调整； 4. 2018—2023年，执行修订版《非洲减少灾害风险战略》及其行动计划

指示性战略

为实现上述目标，必须考虑以下指示性战略：

国家层面

1. 为绿色/气候和天气适应性经济/低碳生产体系制定相关政策/法规；

2. 将气候和天气政策融入/纳入发展成果和进程的规划、预算编制和监测；

3. 采用/对接气候适应性战略的民间知识和经验；

4. 制定/实施相关框架，减轻和适应气候变化对所有经济部门和治理水平的影响；

5. 促进推行应对气候变化的社会和经济措施，支持人类可持续发展；

6. 推动实施气候变化行动计划、策略，以及研发和技术转让相关政策；

7. 设计/实施相关方案，设立气候变化相关奖励机制，包括成功降低因毁林和土地退化引发的排放的奖励；

8. 制定/实施气候变化教育方案，提高民众对相关问题的认识，包括将其纳入各类各级课程规划；

9. 实施非洲区域减灾战略；

10. 在全国范围内，特别是在学校课程规划中融入宣传活动，普及气候教育；

11. 开展包括探测和诱因分析在内的气候变化研究；
12. 建立海洋遗传资源库，挽救濒危物种，恢复退化的生态系统；
13. 促进/支持非洲气候智能型农业、畜牧业和渔业系统的发展，包括非洲农业发展综合方案（CAADP）下的相关系统；
14. 开发/促进绿色能源和节能技术；
15. 在沿海和海洋生态系统综合管理系统中推进实施气候适应性做法；
16. 促进食物价值链中节能、低碳的公共交通系统的发展；
17. 提升收集、分析和评估气候相关数据和气象信息的能力；
18. 促进/支持实施降低灾害风险、应急响应和适应气候变化的政策和方案；
19. 《联合国气候变化、生物多样性和荒漠化框架公约》本地化调整实施；
20. 制定/实施早期预警和应对的政策和战略；
21. 提高区域经济共同体降低灾害风险的能力；

区域/大陆层面

1. 加强收集、分析和评估气候相关数据和气象信息的能力；
2. 加强大陆间合作，应对海平面上升、荒漠化等与气候变化有关的缓慢影响事件；
3. 制定/鼓励采用非洲灾害管理脆弱性指数；

优先领域（4）	2023 年指标	《非盟框架》指向 2023 年的关键过程的行动/里程碑
可再生能源	1. 可再生能源（风能、太阳能、水能、生物能和地热能）占能源生产总量的比例至少提高 10%； 2. 至少有 10% 的城市建筑被认证为能源智能型建筑； 3. 至少 15% 的城市公共交通使用低再生和低排放燃料；	未提及

指示性战略

为实现上述目标，必须考虑以下指示性战略：

国家层面

1. 制定和执行政策、战略和法规，促进能源部门的可持续增长；
2. 促进节能技术的开发和推广，使用清洁能源；
3. 确保资金投入，促进可再生能源技术的教育推广、采用和使用；

3.3 愿景 2. 一个建立在泛非主义理想和非洲复兴愿景之上的政治统一的一体化非洲大陆

该愿景包含两个目标和三个优先领域。该愿景下的目标在成果框架中编号为目标 8—10.

三 第一个十年执行计划的内容框架

目标8：非洲一体化（联邦或邦联）		
优先领域（1）	2023年指标	《非盟框架》指向2023年的关键过程的行动/里程碑
非洲一体化的框架和机构（政治和经济一体化）	国家层面 1. 区域经济共同体各成员国内实现人员和货物/服务自由流动； 2. 允许非洲居民在入境点办理入境签证； 3. 向区域经济共同体国家公民提供的机会扩展至其他非区域经济共同体国家的公民； 4. 非洲自由贸易区的活跃成员； 5. 非洲内部贸易额至少增加至2013年水平的三倍； 6. 与非洲岛国的贸易额至少增长10%。 大陆层面 1. 到2018年，免除非洲境内旅行的所有签证要求；到2023年，通过签发非洲通用护照的法律框架； 2. 到2025年，制定大陆政府法律框架草案； 3. 到2018年，设立大陆自由贸易区； 4. 到2023年，各地区法院全面运行； 5. 到2025年，设立非洲共同市场； 6. 到2023年，泛非统计研究所全面运行； 7. 到2023年，泛非知识产权组织（PAIPO）全面运行； 8. 到2023年，非洲科学、技术和创新观测站全面运行； 9. 非洲科学和创新理事会（ASIC）全面运行； 10. 到2016年，年度非洲论坛开始举行； 11. 到2021年，非洲工商经济论坛设立并开始运行； 12. 到2020年，设立非洲贸易观察站； 13. 到2018年，成立非洲商业理事会； 14. 到2017年，举行非洲贸易会议； 15. 到2016年，完成非洲区域经济共同体背景下的人员自由流动研究；到2017年，推行相关研究成果； 16. 在最终实现非洲政治一体化之前，消除包括根据《非统组织宪章》第二条维护国家主权在内的一切形式的殖民主义； 17. 到2015年，在《第一个十年实施计划》的背景下，编制《非洲统一统计战略》	大陆自由贸易区 （指示性里程碑） 1. 2015年，签署三方协议；2015年，启动谈判； 2. 谈判从2015年开始，到2017年结束； 3. 2018年，确定《大陆自由贸易区协定》，并启动大陆自由贸易区； 4. 2018—2019年，实现大陆自由贸易区本土化调整实施； 非洲关税同盟 1. 2018年，完成共同对外关税/收入共享政策相关协商；2019年达成协议。 非洲共同市场 1. 鉴于希望于2025年达成协议，非洲共同市场的谈判将于2020年开始。 大陆联盟的法律框架 1. 2016—2017年，完成对非洲大陆所有公民的宣传/咨询，继而于2018年与区域经济共同体国家展开协商； 2. 2020—2021年，完成协调/融合工作；2022年，编制法律框架；2022—2024年，进行论证咨询； 3. 非盟大会将于2025年通过决议，随后编制执行路线图。 泛非统计研究所 1. 2013年，非盟首脑会议通过泛非统计研究所概念/框架； 2. 到2015年，就研究所法律/运营状况与东道国完成磋商； 3. 到2016年，完成大会筹备并通过治理/运营框架/人员配置系统；2017年开始运营，且最迟于2020年实现全面运行。 泛非知识产权组织 1. 2016年，专业技术委员会（STC）审核法规草案，并提交峰会批准； 2. 2017年，与东道国突尼斯完成协商，并提交大会通过实施行动计划； 3. 2018年，泛非知识产权组织全面运行。 非洲科学、技术和创新观察站 1. 2014年，议会起草并关注相关法规； 2. 2015年，由专业技术委员会（STC）和峰会审议并通过； 3. 2016年，完成与东道国赤道几内亚的磋商；同年，峰会制定并批准实施行动计划； 4. 2017年，观察站全面运行。 非洲科学和创新理事会 1. 到2015年，专业技术委员会（STC）提交/审查法规草案；同年，峰会批准通过； 2. 2016年，制定实施行动计划；同年，峰会批准； 3. 2017年，理事会全面运行

指示性战略

为实现上述目标，必须考虑以下指示性战略：

国家层面

1. 区域经济共同体国家内人员自由流动的协议实现本土化调整实施；
2. 国际劳工组织关于劳工移徙的所有公约实现本土化调整实施，以适用于各个成员国；
3. 审查与其他成员国和非成员国签订的所有的劳工双边协议；
4. 加快批准/通过与建立区域/大陆自由贸易区、关税同盟、共同市场有关的条约和议定书；
5. 全面实施促进非洲内部贸易（BIAT）行动计划；
6. 采取相关措施，推动电子商务和电子转让，以促进贸易；
7. 教育及提高对区域和大陆一体化的认识；
8. 采取/接受相关政策，为女性参与本国跨境贸易提供更多便利；
9. 制定/实施促进非洲内部投资和品牌建设的政策；
10. 制定/实施知识产权促进政策；
11. 制定/执行为非洲人提供入境签证的政策；
12. 制定/实施为非区域经济共同体国家内的非洲公民提供平等机会的政策；
13. 提升跨境移民流动管理的能力，关注妇女、青年和弱势群体；

大陆/区域经济共同体层面

1. 制定/实施宣传战略/方案，提交成员国批准签署；
2. 执行《关于泛非知识产权组织的马拉博决定》（PAIPO）；
3. 执行《关于非洲科学和创新理事会的马拉博决定》（ASIC）
4. 制定/实施相关区域框架，助力参与跨境贸易的妇女在入境点获准入境；

目标9：非洲大陆主要金融货币机构的建立与运行

优先领域（1）	2023年指标	《非盟框架》指向2023年的关键过程的行动/里程碑
金融与货币机构	大陆层面 1. 到2023年，成立非洲货币联盟组织； 2. 设立非洲货币基金组织的相关法律框架草案在2023年之前定稿	非洲货币联盟 1. 2014—2017年，获得推进该进程所需的最低数量成员国的批准签署，继而在2018年制定实施行动计划； 2. 2018年，对针对利益相关者的行动计划进行宣传；2020年开始运行

指示性战略

为实现上述目标，必须考虑以下指示性战略：

大陆/区域层面

1. 制定/实施促进成员国/潜在利益攸关方加速条约批准的宣传/战略；

	目标10：世界一流的基础设施遍及非洲	
优先领域（1）	2023年指标	《非盟框架》指向2023年的关键过程的行动/里程碑
通信和基础设施的互联互通	国家层面 1. 至少为实施跨非洲公路缺环建设项目做好国家层面前期准备工作； 2. 到2019年，至少为实现国家与非洲高铁网做好国家层面准备工作； 3. 天空向非洲航空公司全面开放； 4. 到2020年，发电和配电量至少增加50%； 5. 信息和通信技术的双重渗透和对国内生产总值的贡献； 6. 到2020年，宽带接入能力至少提高70%； 7. 2016年，实现数字广播常态化； 8. 到2020年，实现100%的移动普及率； 大陆/区域层面 1. 到2020年，区域电力联营全面运行； 2. 英加水电站于2025年投产运行； 3. 非洲高速铁路网第一个试点项目至少完工20%； 4. 到2020年，完成非洲岛国基础设施发展计划的制定； 5. 大陆电视台/泛非电子网络在2023年前到位；	横贯非洲的高速公路缺环路段 区域经济共同体层面 1. 到2018年，完成12000公里一级公路修复和建设的技术研究，同年开发智能走廊模型概念； 2. 2019—2020年，向成员国提供用于制定执行行动计划的相关技术支持； 3. 各利益攸关方在2023年前签署各个智能走廊相关协议。 非洲高速铁路网（AHSTN） 1. "非洲高速铁路网"概念于2014年形成，路线于2015年采用； 2. 伙伴成员国/利益攸关方于2017年准备并签署第一份条约/合作协议； 3. 连接首批城市/国家的第一个试点项目于2020年开工建设； 4. 伙伴成员国/利益攸关方于2023年完成第二项条约/合作协定的编制和签署； 5. 连接第二批城市/国家的第二个试点项目于2025年开工建设。 非洲单一航空运输市场 1. 到2015年，完成《亚穆苏克罗宣言/决定》执行情况相关体制和监管框架的制定； 2. 2015年前成员国完成并通过成员国对外航空服务谈判指南； 3. 2016年成员国达到亚穆苏克罗文件要求，并于2017年建立单一非洲航空运输市场。 信息通信技术 1. 2012—2014年，协商确定每个区域经济共同体的信通技术宽带和基础设施优先项目； 2. 2014—2016年，区域经济共同体（RECs）完成项目可行性研究； 3. 2017—2020年，进行资金筹措和建设。 英加水电站项目 1. 英加大坝网站开发和推广局（ADEPI）于2015年成立，负责开发和推广大英加大坝；技术研究、投标文件编制和资源调动也于同年完成； 2. 2016年，完成设计工作和现场准备工作；2017年开工建设； 3. 预计2024年投产。 非洲基础设施发展方案（PIDA）关于能源的其他倡议 1. 到2020年，实现水电和可再生能源计划，届时发电量将增加4.2万兆瓦； 2. 到2020年，实现与非洲电力公司合作增加1万兆瓦发电量的目标； 3. 到2020年完成《非洲基础设施发展方案》（PIDA）2021—2030的可行性研究

指示性战略

为实现上述目标，必须考虑以下指示性战略：

国家层面

1. 实施/执行非洲高速列车网络（AHSTN）国内连接相关所有法律、财务和运营要求；

2. 为非洲高速列车网络（AHSTN）的实现，提供必要的技能，提升研发和融资；

3. 全面实施《非洲基础设施发展方案》（PIDA）的所有组成部分；

4. 制定/实施智能走廊战略；

5. 推动发展战略和大型工业及基础设施项目经济建模能力建设；

6. 全面落实《亚穆苏克罗开放天空宣言》；

7. 实施大容量炼油和油气管道战略；

8. 确保信息和通信技术基础设施和替代基础设施的供给；

9. 制定/实施可再生能源发电政策，提升发电能力；

10. 准备/实施地热项目，通过地热风险降低基金（Geothermal Risk Mitigation Facility, GRMF）将发电量提高200%；

11. 执行首脑会议关于非洲生物能源政策框架和指导方针的决定，提升非洲能源结构中生物能源部分的发电量；

12. 制定/实施包容性（性别、妇女和青年等）、透明和负责的可持续能源生产和使用政策；

13. 制定/实施可持续能源开发/利用能力、研发和融资相关政策；

14. 为数字经济制定/实施全面协调的电子战略和政策；

15. 促进关键信息和通信技术机构的统一/协调政策；

16. 推动信息通信技术（ICT）组装和制造工厂建设；

17. 促进以应用为核心的软件开发和生产；

18. 推动业务流程外包；

19. 促进基础设施建设相关研发工作；

20. 支持青年和妇女在所有基础设施领域（交通、信息和通信技术、数字和能源等）创办企业；

21. 建设宽带基础设施；

22. 推动移动增值应用产业发展；

23. 加强消费者的联系，巩固用户群体；

24. 提升数字素养、电子应用和学习能力

大陆/区域层面

1. 推动信息通信技术和能源智库建设；

2. 实施《非洲基础设施发展方案》（PIDA）；

3. 实施非洲互联网域名建设（Dot Africa）；

4. 推进英加水电站建设；

5. 实施《非洲基础设施发展方案》（PIDA）监测评估报告制度；

6. 针对非洲岛国实施《非洲基础设施发展方案》（PIDA）；

7. 制定/实施促进一体化能源市场的大陆法律框架；

8. 制定/促进非洲航空基础设施综合发展大陆框架的实施；

9. 促进相关立法，以确保整个大陆网络的安全性和可靠性；

10. 推动打造区域性大市场，助力招商引资；

11. 制定/实施整合性非洲媒体网络大陆框架；

3.4 愿景3. 一个善治、民主、尊重人权、正义和法治的非洲

该愿景下设有两个目标，四个优先领域。相关目标在成果框架中编号为目标11—12.

目标11：确立民主价值观、具体做法、人权、正义和法治等普遍原则		
优先领域（1）	2023年指标	《非盟框架》指向2023年的关键过程的行动/里程碑
民主价值观和做法成为常态	国家层面 1. 至少70%的民众认为确实享有个人权利，认为有领导问责制度； 2. 至少70%的民众认为有新闻/信息自由，有言论自由； 3. 到2020年，至少70%的公众认为选举自由、公平且透明； 4. 经认可的选举观察员证明选举自由且公正； 5. 到2017年，设立一个负责落实非盟共同价值观的国家职能协调中心； 6. 到2017年，报告非盟共同价值相关文书执行方面所有相关情况； 7. 政府的违宪更迭零容忍成为常态； 8. 到2020年，签署、批准《非洲民主宪章》，并本土化调整实施。 大陆层面 1. 非洲治理结构（AGA）关于民主、治理、人权、宪政和法治以及人道主义援助的充分实施； 2. 非洲发展和经济委员会下设非洲治理平台至少评审23份国家报告，并为缔约国有效执行报告提供技术支持； 3. 所有成员国加入非洲互查机制（APRM）； 4. 到2025年，非洲岛屿国家治理指标计算框架到位	非洲治理结构（AGA）平台的运行 国家层面 1. 成员国承诺在2018年之前落实共同价值观，并报告其中所载的各项义务； 2. 成员国制定/实施国家行动纲领，促进和普及非洲公民的共同价值观，包括到2018年将其纳入各级各类学校课程设置； 3. 到2020年，实现非盟共同价值观相关文书在国家一级相互统一。 大陆/区域层面 1. 通过并实施非盟公民参与战略； 2. 接受并执行《关于成员国对共同价值观的承诺的执行和后续框架》

指示性战略

为实现上述目标，必须考虑以下指示性战略：

国家层面：

1. 执行《非洲民主、选举和治理宪章》和其他关于消除有罪不罚、裙带关系和腐败的大陆/区域文书；

2. 颁布法律，规范政治融资，确保所有政党派别拥有公平竞争环境；

3. 落实选举观察小组的建议；

4. 加入非洲互查机制；

5. 制定/实施包括调整学校课程在内的社会化方案，以巩固加强民主价值观及其实施；

6. 提升国家治理和选举机构的能力；

7. 使宪法/法律合理化，以保障结社自由和相关利益攸关方参与决策国家发展进程的权利；

8. 为促进非洲岛国治理指标体系，制定/实施战略/行动计划；

9. 制定/实施相关宣传方案，促进相关区域/大陆和全球机构采用非洲岛屿治理指标计算方法；

大陆层面

1. 促进非洲治理结构的实施;
2. 制定并实施非盟公民参与战略;
3. 对反映非洲岛国脆弱性/特殊性的治理指标开展宣传,以增强认同感;

优先领域(2)	2023 年指标	《非盟框架》指向 2023 年的关键过程的行动/里程碑
人权、公正和法治	国家层面 1. 至少 70% 的人认为司法具有独立性,并且可以公正及时地伸张正义; 2. 至少 70% 的人认为自己可以自由诉诸于司法; 3. 至少 70% 的人认为尊重人权、法治和正当程序的文化已牢固确立。 大陆层面 1. 所有成员国均执行非洲互查机制(APRM); 2. 所有成员国均遵守关于报告《非洲人权宪章》(ACHR)第 62 条的框架规定; 3. 所有成员国均设有正常运作的人权委员会	预计在这一优先领域下不会有任何重大进程

指示性战略

为实现上述目标,必须考虑以下指示性战略:

国家层面

1. 全面执行《非洲人权宪章》、《世界人权宣言》和其他相关文书;
2. 制定/执行促进和加强法律援助和诉诸司法机会的政策、方案和法律;
3. 制定和执行确保司法自由和独立,以及确保公民及时、公平和低成本获得司法支持的政策和方案;
4. 制定/实施尊重人权和法治的社会化方案;
5. 建立尊重多样性的制度,促进对种族和其他歧视的容忍和制裁;

目的 12:各级机构卓有能力,领导具有革新思想		
优先领域(1)	2023 年指标	《非盟框架》指向 2023 年的关键过程的行动/里程碑
机构与领导力	国家层面 1. 至少 70% 的成员国正在执行《非洲公共行政价值和原则宪章》 2. 至少 70% 的成员国正在执行《非盟预防和打击腐败公约》	国家层面 1. 在 2015 年下半年之前,公共服务委员会(PSC)利用《宪章》推广指南开展/促进《宪章》的采纳/实施; 2. 公共服务委员会在成员国批准《宪章》后至少用 6 个月时间促进《宪章》的实施。 大陆层面 1. 在 2015 年上半年之前,制定促进宪章的指导方针; 2. 促进/倡导成员国于 2016—2018 年通过《宪章》; 3. 2019 年,组织召开缔约国会议; 4. 建立/实施监测成员国 2020 年实施情况的系统

指示性战略

为实现上述目标,必须考虑以下指示性战略:

国家层面

1. 全面执行《非洲公共行政价值和原则宪章》；
2. 公共服务部门制定/执行相关政策，促进公众参与推广相关价值观、原则和政策制定；
3. 制定/实施促进公共服务价值观和原则的法律；
4. 建设各级国家机构在发展管理/执行《2063年议程》方面的能力；
5. 促进公共机构有效提供公共服务的政策和方案的制定；
6. 制定、执行有助于立法机关有效运行的政策和方案；
7. 执行《非洲联盟预防和打击腐败公约》和《联合国预防腐败公约》；

大陆/区域层面

大陆层面

1. 为非洲岛国治理指标的设计制定/实施战略/行动计划；
2. 为相关区域/大陆和全球机构采用非洲岛屿国家经济发展/计算方法制定/实施宣传方案；
3. 建设区域/大陆机构执行《2063年议程》的能力；

优先领域（2）	2023年指标	《非盟框架》指向2023年的关键过程的行动/里程碑
参与式发展与地方治理能力	国家层面 1. 所有地方政府均具备充分的行政和治理能力以及适当的财政权力； 2. 地方社区在自然资源开发中占有较大份额，并利用相关资源造福所有民众； 3. 到2020年，将地方冲突减少至零； 4. 地方社区的文化、价值观和规范得到尊重和保护	1. 到2017年，制定各地政府章程和高级委员会促进准则； 2. 由最低数量的成员国批准《宪章》生效，以推动2017—2019年预想进程的实施； 3. 2019年，专业技术委员会（STC）组织相关会议，通过《宪章》并建立地方政府高级委员会（HCLA）；会上还制定了到2020年建立监测成员国执行《宪章》情况的相关制度

指示性战略

为实现上述目标，必须考虑以下指示性战略：

国家层面

1. 执行非盟关于权力下放和善政的决定；
2. 制定/实施权力下放、地方政府赋权和资源利益共享的政策和法律框架；
3. 促进制定利益攸关方参与地方治理的相关政策；
4. 加强地方理事会和基层合作社以促进发展；
5. 采取措施，确保财政和行政职能的充分下放和合理分配，并为市政当局和地方政府机构建设相关能力；

3.5 愿景4. 一个和平而稳定的非洲

这一愿景涉及3个目标，4个优先领域。愿景下所定目标在成果框架中编号为目标13—15.

目标 13：和平、安全与稳定得以维持		
优先领域（1）	2023 年指标	《非盟框架》指向 2023 年的关键过程的行动/里程碑
保持稳定、维护和平和安全	国家层面 1. 因种族、各种形式的排斥、宗教和政治差异所造成的冲突最多是 2013 年的 50%； 2. 巩固和平文化。 大陆层面 1. 到 2018 年，非洲待命部队和快速部署能力就位； 2. 到 2018 年，建立功能健全齐备的大陆早期预警系统（CEWS）和区域经济共同体早期预警系统； 3. 智者小组和泛智者小组已全面运行，并已采取预防冲突举措； 4. 全面运行的非洲和平与安全架构（APSA）得以更新，及时反映与海盗、贩毒、人口贩运和包括恐怖主义在内的跨国犯罪有关的安全问题；	国家层面 1. 到 2016 年，就预防和解决冲突机制进行对话/磋商，并于 2017 年之前建立预防和解决冲突机制的运行结构； 2. 2016 年至 2018 年，制定能力发展计划、行动计划和实施战略；2018 至 2020 年，实施上述计划及战略。 大陆层面 1. 到 2016 年，结构性冲突预防方案得以巩固； 2. 2016 年，非洲立即应对危机的能力（ACIRC）得以发展并准备就绪； 3. 非洲待命部队（ASF）的阿曼尼二号（AMANI II）演习将于 2014 年完成；2015—2023 年期间维持/维护相关伙伴关系，尤其是与联合国及其安理会的关系

指示性战略

为实现上述目标，必须考虑以下指示性战略：

国家层面

1. 实施全面运行的非洲和平与安全架构（APSA）的相关方面；

2. 在地方和国家一级制定/实施预防和解决冲突的机制；

3. 将和平教育内容普遍纳入学校课程设置；

4. 促进包括其他争端解决机制在内的和解方式的使用；

5. 将性别问题普遍纳入和平与安全相关方案；

6. 制定/执行有助于消除恐怖主义的国家战略；

大陆层面

1. 为成员国和区域经济共同体制定/实施关于全面运行的非洲和平与安全架构（APSA）运行的宣传方案；

2. 促进与非洲和其他国际机构之间的密切合作；

3. 更全面运行的非洲和平与安全架构（APSA），以涵盖海盗、毒品和贩运人口以及包括恐怖主义在内的跨国犯罪；

4. 制定/促进非盟成员国和其他国际机构之间更为密切的合作方案；

5. 制定/促进使用非洲人类安全指数；

6. 为有效运行的大陆逮捕证制度制定/实施相关框架；

大陆层面

1. 制定/执行加强非盟和平与安全理事会与联合国安全理事会之间的合作与协调的方案，特别是在非盟共同立场、非洲大陆维持和平等方面；

三 第一个十年执行计划的内容框架

目标 14：建立稳定和平的非洲大陆

优先领域（1）	2023 年指标	《非盟框架》指向 2023 年的关键过程的行动/里程碑
非盟确保和平和安全的体制架构	国家层面 1. 2020 年全面禁枪； 2. 到 2025 年，在民主实践、法治和正当程序范围内完成安全服务的非军事管理。 大陆层面 1. 2020 年全面禁枪	国家层面 1. 到 2017 年，所有禁枪大陆框架将实现本土化调整并实施； 2. 加强地方社区的作用，确保社区在 2019 年前实现零分支； 3. 到 2017 年，所有禁枪大陆框架完成本土化调整。 区域经济共同体层面 1. 到 2016 年，与成员国就大陆架全面禁枪框架进行磋商。 大陆层面 1. 与区域经济共同体和区域机构就 2016 年的政策/合作框架进行磋商，制定大陆政策/合作框架，以便在 2015 年之前全面禁枪； 2. 2018—2020 年，对政策/合作框架的实施情况进行监测； 3. 对非洲共同防务和安全政策（CADSP）的实施情况进行验收。 冲突后重建与发展中心 1. 2015 年，解决埃及和乌干达之间的东道国问题； 2. 2016 年，制定中心章程；同年，和平与安全理事会审议并批准章程，并交由首脑会议通过； 3. 2017 年，制定章程实施《行动计划》；同年，获得和平与安全理事会和首脑会议的批准； 4. 同年，中心开始运行

指示性战略

为实现上述目标，必须考虑以下指示性战略：

国家层面

1. 签署、批准和本地化现有的和平与安全规范性框架；

2. 实施《纳尔逊·曼德拉非洲十年和解政策（2014—2024）》（Madiba Nelson Mandela Decade of Reconciliation Policy in Africa（2014—2024））；

大陆层面

1. 提高成员国和区域经济共同体/区域性机构对相关问题的认识；

2. 促进仍被外国占领的国家的自决权；

3. 促进《纳尔逊·曼德拉非洲十年和解政策（2014—2024）》的实施；

4. 调动联合国体系和所有其他行动者的广泛参与，在 2017 年之前解决民族解放问题；

优先领域（2）	2023 年指标	《非盟框架》指向 2023 年的关键过程的行动/里程碑
防御、安全与和平	国家层面 1. 到 2020 年，具备足够能力的安全服务； 2. 在冲突局势中尊重交战规则和人权成为安全部队坚守的基本原则。 大陆层面 1. 2016 年，完成《非洲和平与安全议定书》的审核工作； 2. 2020 年，全面实施《共同防务和安全政策》	国家层面 1. 到 2018 年《非洲联盟互不侵犯和共同防御条约》（AUNACDP）和非洲共同防务和安全政策（CADSP）实现本土化调整实施； 区域经济共同体。 1. 到 2017 年，与成员国就《非洲发展新伙伴计划》（AUNACDP）完成磋商。 大陆层面 1. 2015 年，完成《非洲和平与安全议定书》的审核工作； 2. 到 2015 年，巩固《非洲联盟互不侵犯和共同防御条约》（AUNACDP）； 3. 到 2017 年，与区域经济共同体就《非洲联盟互不侵犯和共同防御条约》（AUNACDP）完成磋商

指示性战略

为实现上述目标，必须考虑以下指示性战略：

国家层面

1. 实施《非洲联盟互不侵犯和共同防御条约》（AUNACDP）；
2. 执行关于审核和平与安全理事会的建议；

大陆层面

1. 加速实施《非洲联盟互不侵犯和共同防御条约》；

	目标 15：全面运行的非洲和平与安全架构	
优先领域（1）	2023 年指标	《非盟框架》指向 2023 年的关键过程的行动/里程碑
非洲和平与安全架构（APSA）支柱的运行	国家层面 1. 非洲待命部队（ASF）的国家待命分遣队（ASF）做好全面作战准备； 2. 2016 年，成立国家和平委员会； 3. 充分履行为非洲和平与安全机构提供资金的义务。 大陆层面 1. 为非洲待命部队的部署和作战做好准备 2. 装备精良、有能力参与大陆任务的区域安全结构/机制。	国家层面 1. 2014—2023 年，和平基金的捐款正常/充分且及时。 大陆层面 1. 2015 年，实现非洲立即应对危机的能力（ACIRC）建设；2016 年完成阿曼尼二号（AMANI II）演习；到 2018 年，建立国家待命分遣队（ASF）； 2. 2018 年，就增加和平基金的强制性捐款事宜，向成员国发出政策指示

指示性战略

为实现上述目标，必须考虑以下指示性战略：

国家层面

1. 在非洲和平与安全架构（APSA）框架内执行区域和大陆协议；
2. 提升非洲民间机构组织在地方、国家和大陆各级预防冲突和建设和平的能力；
3. 确保有装备精良、称职的国家安全机构/机制参与大陆任务；

大陆层面

1. 倡导成员国和区域经济共同体遵守非洲和平与安全架构（APSA）的运行方式及原则；

3.6 愿景 5：一个具有强烈文化认同、共同遗产、价值观和道德准则的非洲

该愿景下仅设有一个目标，三个优先领域。相关目标在成果框架中编号为目标 16。

	目标 16：非洲文化复兴得以凸显	
优先领域（1）	2023 指标	《非盟框架》指向 2023 年的关键过程的行动/里程碑
泛非价值观和理想	国家层面 1. 非洲文化和价值观融入中小学所有课程； 2. 设立侨民事务/关系机构，促进侨民对非洲发展的贡献； 3. 赋予侨民双重国籍。 大陆层面 1. 完成《非洲百科全书》编撰工作； 2. 到 2020 年，完成所有遗产项目	《非洲百科全书》项目（EAP） 1. 到 2016 年，建立非洲大陆执行《非洲百科全书》项目（EAP）的框架，并制定在 2016 年之前完成该计划的行动计划； 2. 2017—2022 年，完成《非洲百科全书》的编撰/编辑工作，并规划于 2023 年完成出版。 遗产项目 1. 到 2015 年，实施遗产项目的技术委员会全面运行； 2. 海外侨民技能清单：2016 年，更新框架；2016—2018 年，采集数据；2019 年，网站运行； 3. 侨民志愿者力量：2015 年，更新框架；2016 年，设立实施框架；2017 年，启动实施； 4. 海外市场：2015 年，更新概念；2016—2017 年，完成海外创新平台搭建和宣传；2018 年，平台开始运行

指示性战略

为实现上述目标，必须考虑以下指示性战略：

国家层面

1. 执行非洲文化复兴宪章；
2. 执行《关于协调文化政策和方案的阿尔及尔宣言》；
3. 审核包括泛非价值观和理想、非洲文化价值观和遗产在内的教育课程；
4. 针对侨民通过双重公民相关法规；
5. 建立机制，扭转人才外流；
6. 制定/实施国家和大陆侨民方案一体化框架；
7. 执行约翰内斯堡/南非全球非洲侨民问题首脑会议宣言的相关方面内容；

大陆层面

1. 执行非洲联盟首脑会议关于编撰《非洲百科全书》项目的决定；
2. 设计/促进制定相关战略，加强非盟成员国与加勒比和拉丁美洲国家之间的关系；
3. 制定/实施设立区域英才中心的框架，促进非洲文化和创意产业发展；
4. 制定/实施协调和监管大陆视听和电影业务的框架；
5. 促进成员国批准通过《组织法修正议定书》，授权非洲侨民参加非洲联盟；
6. 促进成员国执行联合国大会关于设立奴隶制和跨大西洋贩卖奴隶行为受害者永久纪念碑，开展相关纪念活动的各项决议；

优先领域（2）	2023 年指标	《非盟框架》指向 2023 年的关键过程的行动/里程碑
文化价值观与非洲复兴	国家层面 1. 至少有 20% 的公民参与文化事业，欣赏创意艺术； 2. 民族语言作为国家行政程序的组成部分开始使用； 大陆层面 至少 70% 的成员国正在全面执行《非洲文化与复兴宪章》	《非洲语言地图集》（*Linguistic Atlas for Africa*） 1. 2015—2016 年，完成数据采集；2017—2022 年，进行编译和编辑；2023 年发布； 2. 完成《非洲语言地图集》

指示性战略

为实现上述目标，必须考虑以下指示性战略：

国家层面

1. 执行《非洲文化复兴宪章》；
2. 泛非文化机构能力建设；
3. 执行非洲语言行动计划；
4. 扩大《非洲语言地图集》的覆盖面，以涵盖非洲岛国的克里奥尔语；

大陆/区域层面

1. 实施非洲大陆复兴战略运动；
2. 制定/实施跨境媒介语言使用框架，以促进区域一体化；
3. 实施遗产项目；
4. 研究、记录和传播非洲传统故事，让年轻人为非洲身份而自豪；

5. 制定/促进提高奴隶制、殖民/种族隔离的错误统治相关精神和物质追偿，以及获得柏林非洲分划会议档案相关框架；

优先领域（3）	2023 年指标	《非盟框架》指向 2023 年的关键过程的行动/里程碑
文化遗产、创意艺术和相关企业	国家层面 1. 所有印刷品、电子产品及媒体上的本地内容至少增加 60%； 2. 到 2017 年，国家创意艺术事业推广机构/协调中心就位运行； 3. 至少有 20% 的技术和职业机构拥有创造/生产文化艺术品、培养创造/保存文化资产相关技能、以及创建和管理微型文化企业相关方案； 4. 建立代际文化对话机制； 5. 至少 30% 的国家文化宝藏被发现、收集、保护、存档并估价； 大陆层面 1. 至少 70% 的成员国正在执行非盟文化和创意产业行动计划； 2. 所有非洲文化宝藏/遗产被找回； 3. 2018 年，非洲遗产地采用框架就位运行； 4. 到 2025 年，非洲对世界遗产的贡献率较 2013 年翻一番	文化文物 国家层面 1. 2018—2023 年期间完成《文物示范法》的本地化实施； 区域经济共同体 2. 2017 年，与成员国就《文物示范法》完成磋商； 大陆层面 3. 2015 年，制定文物标准/示范法；2016 年，与区域经济共同体就示范法进行协商

指示性战略

为实现上述目标，必须考虑以下指示性战略：

国家层面

1. 包括非洲岛国在内的所有非洲国家执行非盟文化和创意产业行动计划；

2. 批准有关保护和促进文化表现形式多样性的所有国际公约，尤其是《教科文组织关于文化遗产的公约》（1972、2003、2005），以促进民族自豪感和非洲文化复兴；

3. 制定/实施包括保护创作者权利在内的政策，以支持创意产业的发展；

4. 编制世界遗产名录，并向联合国教科文组织提交建议供其审议；

5. 制定/实施/促进构建遗产实体能力的政策；

6. 推动创建文化驱动型企业；

7. 制定打击文化财产贸易的相关措施；

9. 制定/实施促进非洲遗产地的框架；

10. 制定/实施将非洲遗产地提升为世界遗产地的框架；

11. 制定/实施相关法规和政策，促进所有媒体（印刷和电子媒体）增加本地内容；

12. 形成国家意识，制定相关激励机制，鼓励地方社区和宣传活动，促进联合国教科文组织将非洲遗产提名列入世界遗产名录；

13. 创建国家标识目录，恢复海外的文化活力，就与个人和收藏机构进行谈判，收回所藏国宝制定相关策略；

14. 通过社区公共图书馆，扩大文化信息的获取；

15. 制定/实施中小微企业政策，促进创意艺术/文化企业的发展；

16. 将遗产与国家发展计划挂钩；

17. 通过《非物质文化遗产法》；

18. 设立文化研究基金；

19. 制定管理遗产政策的法律法规；
20. 通过立法，鼓励城市内设立相关集群和组织；

大陆层面

1. 执行关于文化产品清单报告的建议；
2. 制定/促进非洲遗产地大陆框架的实施；
3. 协调/促进将非洲遗产地提升为世界遗产地；
4. 制定打击文化财产交易的相关措施，包括加强区域合作、互通信息和追查逃犯，将罪犯提交至包括目的国在内的司法机构等措施；
5. 制定/实施加强非洲世界遗产基金的框架；
6. 促进全大陆文化/创意艺术协会的成立；

3.7 愿景6：一个依靠人民和民众潜力，尤其是妇女和青年潜力，并关爱儿童的非洲

该愿景设有两个目标，三个优先领域。相关目标在成果框架中编号为目标17—18

	目标17：社会生活各个方面充分实现性别平等	
优先领域（1）	2023年指标	《非盟框架》指向2023年的关键过程的行动/里程碑
妇女赋权	国家层面 1. 到2025年，妇女享有拥有和继承财产、签订合同、保有、登记和管理企业在内的平等的经济权利，并享有拥有和管理银行账户的权利； 2. 至少有20%的农村妇女能够获得并控制生产性资产，包括土地和赠款、信贷、投入、金融服务和信息； 3. 在地方、区域和国家各级所有当选官员中，至少有30%是女性；司法机构中也是如此； 4. 国家和地方各级每年至少有25%的公共采购由妇女实施； 5. 将各级决策职位的男女比例至少提升至50：50； 6. 性别是我的议程（Gender is My Agenda）和非洲经委会制定的关于性别问题的庄严宣言指数（SDI）每两年计算一次，用于制定政策/资源分配决策； 大陆层面 1. 将泛非组织各级决策职位的男女比例至少提高至50：50； 2. 妇女赋权问题高级别小组将于2016年开始运行； 3. 非洲妇女基金于2017年开始运作；	国家层面 1. 从2017年开始，实施与非洲联盟/区域经济共同体保持一致的性别政策； 区域经济共同体 2. 2016年，与成员国就非洲联盟/区域经济共同体协调的性别政策完成协商。 大陆层面 1. 2015年，制定协调区域经济和非盟性别政策的框架文件和行动计划，并与区域经济共同体就两性平等政策的协调完成协商

指示性战略

为实现上述目标，必须考虑以下指示性战略：

国家层面

1. 在7个领域——经济、社会和政治参与、教育和技能、培训、科学、信息和通信技术、卫生和治理——进行干预，以促进制定关于两性平等和赋予妇女权力的政策和方案；
2. 促进两性平等的预算编制；
3. 颁布关于两性平等和代表资格的法律；

4. 建立两性平等机构；
5. 建立关于财富和收入分配的性别数据库；
6. 《消除针对妇女一切形式歧视公约》（CEDAW）本土化调整并充分执行；
7. 《非洲人权和人民权利宪章》和《非盟关于两性平等的庄严宣言》所载的《非洲妇女权利议定书》本土化调整并充分执行；
8. 制定/促进有助于妇女获得和管理生产性资产（包括为妇女和青年提供资金支持）的相关政策；
9. 制定/实施相关方案，跟踪妇女在获得生产性资产/技能、参与各级治理和提高公共和私营部门职位方面实现平等的进展情况；
10. 全面实施北京行动计划（1995）；
11. 充分协调，使国家和区域性别政策、妇女和发展政策与非盟性别政策之间保持一致；
12. 制定/执行加快妇女在所有决策/职位领域实现两性平等的政策；
13. 设立用于支持妇女和青年赋权的专项基金；

大陆层面

1. 制定/执行关于设立妇女赋权问题高级别小组和执行各项建议的政策准则；
2. 为建立大陆性别观察站制定/协调框架；
3. 促进在非盟（AUC）/非洲发展新伙伴计划（NEPAD）中建立性别问题卓越中心；
4. 制定非洲两性均等指数，并利用该指数跟踪非洲实现两性均等的进展情况；

目标 17：社会生活各个方面充分实现性别平等

优先领域（2）	2023 年指标	指向 2023 年的关键过程的行动和指标
针对女性和女童的暴力和歧视	国家层面 1. 针对女性和女童的暴力事件较 2013 年至少减少 20%； 2. 减少不利于女性和女童，或者加剧针对女性和女童暴力和歧视行为的有害社会规则和惯例（如：女性割礼、童婚等）； 3. 2020 年之前，消除女性和女童接受高品质教育、卫生和社会服务的所有障碍； 4. 2023 年之前，结束所有形式针对女性和女童的政治、法律或者行政方面的歧视行为； 5. 不利于女性和女童，或者加剧针对女性和女童暴力和歧视行为的有害社会规则和惯例至少减少 50%。 大陆层面 1. 2020 年之前，在非盟范围内，全面实施《执行委员会关于性别平等的决定》（*Executive Council Decision on Gender Parity*）	国家、区域和大陆的进程目标与目标 15 之优先领域 1 下的目标相同。这意味着目标 15 下优先领域 1 和 2 的进程将交叉进行/同时执行； 该进程的重点将是《非盟性别政策》中所载的与性别有关的暴力和歧视

指示性战略

为实现上述目标，必须考虑以下指示性战略：

国家层面

1. 执行《消除针对妇女一切形式歧视公约》（CEDAW）；
2. 颁布反对针对妇女和儿童的暴力和歧视的法律；
3. 制定/实施促进妇女、青年、儿童、弱势群体、边缘化群体和残疾人权利的国家战略；

4. 确保教育系统向年轻一代提供优质教育，传授关键的通用能力、技能和态度，形成终身学习和创业的文化；

大陆层面

1. 在消除/减少一切形式暴力侵害妇女和女童行为方面取得进展的国家之间进行比较研究；
2. 制定相关战略，在冲突局势中保护和协助妇女和女童，包括起诉肇事者；

优先领域（1）	2023 年指标	指向 2023 年的关键过程的行动和指标
青年赋权和儿童权利保障	国家层面 1. 2013 年，青年的失业率至少降低 25%；尤其是女性青年； 2. 所有创业公司中包括女性青年在内的青年创业公司至少达到 15%； 3. 在不能继续接受高等教育的青年中，至少有 50% 的人接受技术职业教育与培训（TVET）； 4. 至少有 50% 的青年和儿童参与到以人才为基础的发展方案、休闲和娱乐活动中； 5. 结束一切形式的暴力、剥削童工、童婚和贩卖人口活动； 6. 停止招募儿童兵； 7. 至少有 20% 的青少年和儿童从事体育活动； 8. 全面执行《非洲青年权利宪章》相关规定； 9. 结束一切形式的童婚	青年 国家层面 1. 非洲联盟非洲青年赋权五年行动计划（2019—2024 年）将于 2019—2020 年纳入国家规划框架。 区域层面 1. 2019 年，就青年赋权行动计划的执行情况与成员国进行磋商； 大陆层面。 1. 2018 年上半年，以《非盟青年赋权五年行动计划》（2019—2024 年）取代《非洲青年十年》。 2. 非盟青年赋权五年行动计划（2019—2024 年）将于 2018 年下半年和 2019 年 1 月提交至专业技术委员会（STC）和非盟政策机构批准； 3. 2019 年，与区域经济共同体就执行《非洲联盟青年赋权行动计划》进行磋商。 国家层面 1. 2015—2023 年，完成缔约国关于《非洲儿童权利与福利宪章》的初次和定期报告的编写。 大陆层面 1. 2014 年，通过《保障和促进非洲儿童权利战略计划》； 2. 到 2015 年，完成关于儿童与武装冲突相关研究； 3. 2015—2023 年，审核缔约国关于《非洲儿童权利和福利宪章》执行情况的报告； 4. 2015—2023 年，发布关于童婚、儿童与武装冲突及儿童责任的一般性意见； 5. 2016 年，制定《关于落实非洲终止童婚共同立场的行动计划》，并于 2017 年在非盟首脑会议上通过

目标 18：提升青少年的权利与参与度

指示性战略

为实现上述目标，必须考虑以下指示性战略：

国家层面

1. 全面执行《非洲青年宪章》；
2. 执行《联合国儿童权利公约》；
3. 执行 2011 年《马拉博青年赋权宣言和决定》；
4. 实施非洲青年技术职业教育与培训（TVET）战略；
5. 全面执行《非洲青年宪章》和 2002 年亚历山大青年就业峰会的建议；
6. 发展/促进青年企业/初创企业的成长；
7. 增加财政投资，为青年提供便利的服务；
8. 为青年学徒和实习生提供更多见习机会；
9. 在年轻人中，不管蓝领还是白领，促进积极的职业道德和企业精神；

10. 制定/执行相关政策和方案，保障在海外生活和工作的年轻人的权利；
11. 制定/实施生活和职业咨询机制，使年轻人的技能经验符合劳动力市场的需求，包括自律、自我激励、正直、和谐、爱国主义和对国家和家庭的责任意识；
12. 促进青年志愿服务；
13. 设计和实施照顾和保障战略，在指示性战略中解决孤儿和弱势儿童问题（OVC）；
14. 通过学徒计划和工业安置，在教育机构和劳动力市场之间建立密切联系/鼓励和促进与工作相关的技能培训；
15. 鼓励和支持职业咨询服务，使年轻人的技能经验符合劳动力市场的需求；
16. 实施《非洲体育可持续发展框架》；
17. 执行《非洲儿童权利和福利宪章》；
18. 加速采取行动，执行《适合儿童生长的非洲行动计划》；
19. 执行阿尔及利亚关于支持孤儿、弱势儿童和感染艾滋病毒/艾滋病儿童的战略的共同立场和行动计划；
20. 消除各种形式针对妇女和女童的，基于性别的暴力和有害习俗，尤其是童婚、早婚和强迫婚姻以及女性割礼（FGM）。

3.8 愿景 7：一个作为强大、团结、富有活力且有影响力的国际事务的参与者和合作伙伴的非洲

该愿景设有两个目标，五个优先领域。相关目标在成果框架中编号为目标 19—20。

目标 19：加强非洲在国际事务及和平进程中的伙伴作用		
优先领域（1）	2023 年指标	《非盟框架》指向 2023 年的关键过程的行动/里程碑
非洲在全球事务中的地位	国家层面 1. 非洲联网的空间研究和探索国家级基础设施到位； 2. 有助于全球知识产权存量的国家知识体系/研发基础设施已全面运行； 3. 2013 年，出口实际增长 20%。 大陆层面 1. 非洲在全球事务上共同发声； 2. 非洲航天局成立并全面运行； 3. 成立海上战略物资运输特遣部队； 4. 非盟设立独立的海事部，负责非洲综合海事战略（AIMS）的实施； 5. 非洲岛屿国家在区域/大陆和国际机构供职人员中有相当数量的代表； 6. 到 2020 年，所有殖民地实现解放	非洲科学、技术和创新战略（STISA-2024）； 1. 2014 年，非盟峰会通过科学、技术和创新战略； 2. 2015—2017 年，制定/实施《科学、技术和创新战略（STI-SA）》下第一批旗舰计划； 3. 2018—2020 年，制定/实施《科学、技术和创新战略（STI-SA）》下第二批旗舰计划； 4. 2021—2023 年，制定/实施《科学、技术和创新战略（STI-SA）》下的第三批旗舰计划； 5. 2023 年，对科学、技术和创新战略（STISA）进行最终评估； 6. 非洲空间政策； 7. 2015 年，完成非洲空间政策和战略的制定和通过； 8. 2016 年，开始编制和实施非洲空间政策行动计划； 9. 2018 年，实现非洲在国际空间议程上的共同立场

指示性战略

为实现上述目标，必须考虑以下指示性战略：

国家层面

1. 实施 2024 年非洲科技创新战略；

2. 制定/实施提高妇女和青年在科学技术方面地位的战略；
3. 充分履行设立非洲空间局所需的所有承诺/协定，包括在空间相关领域汇集资源和分享知识；
4. 建设/利用国家科技创新研究能力；
5. 设计/实施保护知识产权的研发系统；

大陆层面
1. 振兴非洲研究体系，提高其在全球知识经济中的竞争力；
2. 加强大学间合作和研究项目的国际交流；
3. 制定/执行促进成员国大学/理工大学设置空间技术课程的框架；
4. 优化/维持区域/大陆/国际机构的任命程序，对非洲岛国的利益给予其应有的认可；
5. 促进建立泛非知识产权组织（PAIPO）；
5. 促进建立有助于产生非洲专利的大陆授权制度；

优先领域（2）	2023 指标	《非盟框架》指向 2023 年的关键过程的行动/里程碑
伙伴关系	大陆层面 1. 2016 年，启用非洲全球伙伴关系平台，并于 2017 年投入使用； 2. 到 2021 年，非盟将提供业务预算的 100%；方案预算的 75% 和维持和平预算的 25%	1. 到 2014 年完成对伙伴关系框架的审核； 2. 2014 年底之前，与非洲专家就伙伴关系框架举行协商会议； 3. 非盟政策机构于 2016 年通过伙伴关系框架； 4. 2016 年，完成框架实施行动计划的制定；2016 年，完成非盟机构和区域经济共同体的本土化调整；2017 年，完成成员国的本土化调整

指示性战略

为实现上述目标，必须考虑以下指示性战略：

大陆层面
1. 促进海外非洲裔人士对加强非洲联盟国际伙伴关系的贡献；
2. 制定/实施现有伙伴关系协定合理化框架；
3. 执行关于资助非盟机构的决定；

目标20：非洲自主融资，推动经济发展

优先领域（1）	2023 年指标	《非盟框架》指向 2023 年的关键过程的行动/里程碑
资本市场	国家层面 1. 国家资本市场提供的资金至少占开发支出的 10%。 大陆/区域经济共同体 1. 非洲信用担保贷款（African Credit Guarantee Facility）全面运行； 2. 2020 年，非洲汇款研究所（African Remittances Institute）全面运行； 3. 2025 年，建立非洲投资银行，并设置促进蓝色/海洋经济发展窗口； 4. 区域性证券交易所就位运行； 5. 2018 年，海外侨民投资基金开始运行	非洲信用担保贷款（African Credit Guarantee Facility） 1. 2016 年，形成非洲信用担保贷款概念；2017 年，利益攸关方咨询/购买 2. 2017 年，由专业技术委员会（STC）和非盟首脑会议审核/通过，并制定实施行动计划； 3. 2019 年，实施非洲投资银行行动计划。 非洲投资银行 1. 2014—2016 年，各成员国批准签署，确保获得推动该进程所需的最低数量成员国的支持； 2. 2017—2018 年，制定工具/运营结构框架的制定，并与利益攸关方进行协商/完成认购付款； 3. 2019 年，银行开始营业。 非洲汇款研究所（African Remittances Institute） 1. 完成 2014 年提出的非洲汇款研究所项目； 2. 执行理事会表决同意由肯尼亚作为东道主，并于 2014 年与东道主完成相关协商和沟通； 3. 研究所于 2015—2016 年进行建设，2017 年开始运行。

续表

目标20：非洲自主融资，推动经济发展		
优先领域（1）	2023年指标	《非盟框架》指向2023年的关键过程的行动/里程碑
资本市场		海外投资基金 1. 到2015年，更新基金概念；2017年，进行基金经理遴选；2016—2017年面向海外非洲侨民开展宣传活动；2018年启动运行。 区域证券交易所 1. 2016年，开展区域证券交易所概念研究；2017年，举办验证研讨会/咨询会； 2. 2018年，区域经济共同体峰会通过； 3. 2019年，完成管理层建设/股本募集/开工运行前期准备工作；2020年，正式运行

指示性战略

为实现上述目标，必须考虑以下指示性战略：

国家层面

1. 建立资本市场运行的监管框架，包括有效的资本市场监管机构；

2. 为资本市场的发展/增长提供财政激励，包括外国资本的参与；

3. 促进资本市场机构运营商的能力发展，使其效率和成效达到全球水平；

4. 创造有利环境，通过引入创新的融资机制（使用金融产品，如流动资金），促进金融包容（穷人、妇女、青年和边缘化群体）；

5. 推行减轻风险战略，并将其作为吸引发展投资的一种方式；

6. 执行《非盟反腐败公约》；

7. 制定/实施相关战略，加强中央银行在发展筹资中作用；

大陆/区域层面

1. 制定/实施加速批准条约的宣传战略和方案；

2. 制定/实施促进在大陆/地区一级建立金融和资本市场机构的相关战略；

3. 制定/实施相关框架，指导成员国利用（更多地使用长期债务），促进发展；

4. 为资本/股票市场制定/推广监管示范法；鼓励税收/征税工具在国家和地区层面实现本土化调整推广实施；

优先领域（2）	2023年指标	《非盟框架》指向2023年的关键过程的行动/里程碑
财政制度与公共部门收入	国家层面 1. 各级政府的税收和非税收收入应至少达到当前和发展支出的75%	未提及

指示性战略

为实现上述目标，必须考虑以下指示性战略

国家层面

1. 建立有效、高效和透明的国家税务局；

2. 制定/实施积极的税收政策框架；公共服务收费政策；公共企业利润最大化行为相关

政策；

3. 出台简化政策/框架，以扩大税收征管范围；

4. 制定/实施反映基础设施项目和方案的全球融资最佳做法的战略；

5. 发展基础设施能力，实现收入最大化和问责制；

6. 提供适当的激励措施，以获得税收并确保职员守土有责；

7. 建立有效的税收审计制度；

8. 建设税收征收相关人力资源；

9. 通过教育宣传，让公众知晓其纳税义务/责任；

10. 制定扩大非正规部门征税范围的政策/框架；

大陆层面

1. 制定/实施非洲岁入统计和财政包容性政策框架；

优先领域（3）	2023 指标	《非盟框架》指向2023年的关键过程的行动/里程碑
发展援助	1. 援助在国家预算中的比例最多为2013年的25%	未提及

指示性战略

为实现上述目标，必须考虑以下指示性战略

国家层面

1. 杜绝非法资本外流；

2. 加快制定相关政策，刺激生产部门经济增长所产生的税收收入；

3. 与采掘业的投资者协商合适的收入分配安排/促进政策，以最大限度地增加国家从采掘业获得的收入；

5. 改善国家经济/发展管理方面的管理和做法；

6. 促进出台政策/方案，包括民间机构组织的参与，以追踪和收回任何非法资本外流；

四 计划实施

4.1 背景

《2063 年议程》的愿景、目标及其相关指标必须转化为现实。这需要国家、区域和大陆各层级有效地执行、监测及评估。此外，还必须在三个层级调动执行议程所需的各种资源。必须加强国家、区域和大陆机构参与执行议程的能力。最后，非洲公民、民间机构组织和所有其他可确定的群体需积极参与信息交流和决策制定，尤其是《2063 年议程》的设计、执行、监测和评估方面。

上述所有问题在《50 周年庄严宣言》中已经提及，指出其意义在于从利益攸关方多轮协商，国家和区域计划的审核，以及对非洲过去发展经验教训的评估中，可以积累经验，吸取教训。

本章为《2063 年议程实施方式》（*How To Make Agenda 2063 Happen*）提供了相关框架，涵盖了本章的目标，以及与推动实现《2063 年议程》所有相关问题的处理原则，还阐述若干关键的执行问题，如在国家、区域和大陆层面成功执行议程所需的领导、组织和责任。随后，各节介绍成功执行《2063 年议程》所需的国家、区域和大陆各层面的关键执行政策。本章最后列出了实现议程时间表。附件 5 提供了执行《2063 年议程》，尤其是第一个十年规划的成功关键要素、风险、威胁及其缓解战略。

4.2 目标

过去 50 年中，非洲在大陆倡议方面的发展经验表明，必须在《2063 议程十年执行计划》中列入一个执行框架。其目的是：

• 向国家、区域和大陆各级参与《2063 年议程》的设计、执行、监测和评估的所有主要利益攸关方，表明并提高他们对议程（包括其预期应承担的职能）的认识；

• 概述参与执行《2063 年议程》的国家、区域及大陆各级实体/机构之间的进行报告的关系；

• 概述在国家、区域和大陆各级推动《2063 年议程》的设计、执行、监测和评估的关键政策；

• 说明如何在国家、区域和大陆各级为《2063 年议程》相关倡议提供资金；

• 具体说明促使非洲人民了解《2063 年议程》进展情况的方式，及建言献策/反馈的渠道；

• 确定应在国家、区域和大陆各级落实的机构/人力资源能力要求，以确保《2063 年议程》的成功执行；

简而言之，"使2063年议程成为现实"一章旨在告知所有非洲民众和相关国家、区域和大陆机构其各自应发挥什么作用，如何为议程提供资金，以及必须构建何种能力。

4.3 实现《2063年议程》
——指导原则

相关指导原则基于《非洲联盟组织法》、《50周年宣言》及其他相关文书及政策机构的决定、与非洲公民的协商中吸取的经验教训，以及对国家、区域和非洲大陆计划和框架的审核结果。

辅助性原则

《2063年议程》的设计、执行、监测和评估涉及三个层面，即国家、区域和大陆。辅助性原则意味着在执行议程时，必须遵守下列原则：

- 国家层级：它是《2063年议程》思想的基本来源，负责结合各国情况，执行《2063年议程》，并负责监测和评估执行过程和结果。它还负责为执行国家议程调动相关资源；
- 区域层级：是成员国必须通过的《2063年议程》所有相关倡议的切入点，有助于调整/通过反映成员国区域性需求的《2063年议程》倡议。协调成员国对《2063年议程》的执行情况进行监测和评估。此外，还负责促进调动资源和执行《2063年议程》下区域方案和项目的区域性倡议；
- 大陆层级：负责广泛设计/修订《2063年议程》框架和随后的十年执行计划。为《2063年议程》的执行、监测和评估提供了宽泛的政策指导方针；有助于将区域监测和评估报告纳入非洲大陆报告；有助于从非洲大陆的角度调动资源；协调与非洲侨民、密切合作者（非洲开发银行、联合国非洲经委会和非洲能力建设基金会）和合作伙伴的关系/合作；并监督大陆计划和项目的执行。

总之，考虑到执行和任务分配的效力和效率，设计、执行、监测和评估《2063年议程》组织链中各个层级的每一个参与者均应发挥作用。

问责制和透明度

要确保实现《2063年议程》的成果/目标，各利益攸关方必须做到守土有责，且需确保利益攸关方及其成员间的相互联系具有可预测和开放性。在此背景下，在与实现议程相关的所有有效行动/政策中，需酌情考虑以下几点：

- 结果导向：应为议程中的每个目标/优先领域设定指标。在适当或适用的情况下，三个层级——国家、区域和大陆——均应设置具体指标。应在三个层级中每一级设立一个监测和评估框架，以确保在执行方面取得进展；
- 行政承诺：各级利益攸关方应履行/执行其应尽的职能。例如，在国家一级，行政部门应负责将《2063年议程》的通过/修改/纳入其国家计划。为确保行为符合期待，针对各利益攸关方，均应设置制裁/施压或激励政策。在行政方面——即议会/立法机关通过/将《2063年议程》作为国家发展框架文件方面，应由社会问责团体施加压力，使用诸如非洲互查机制（APRM）等工具，通过公布成员国的绩效得分卡等方式，推动行政部门作出强有力的政治承诺；

- 证据驱动：对《2063年议程》的设计、执行、监测和评估作出的决定/结论应以实际情况为基础。对所有利益攸关方而言，事实是共同的，因此利益攸关方作出的决定是可预测的。例如，第一个十年执行计划的目标和优先领域的选择应基于一套标准进行评估，这将确保甄选过程的透明度。

参与/融合与一体化

普遍认为，非洲所有公民应该享有《2063年议程》的进程和成果。为实现这一目标，应在各级采取以下措施：

- 参与：利益攸关方，特别是国家一级的利益攸关方，应参与制定指标，规划关键活动，参与实施进程，产出成效。各攸关方也应成为监测和评估进程的组成部分。而作为进程的组成部分，所有利益攸关方应公平享有成果；
- 一体化：执行进程应加强区域一体化。国家执行计划——计划（短期、中期和长期）和区域相关方案/目标应与《2063年区域议程执行框架》保持一致；

多样性

虽然非洲民众有着共同的愿景，但各成员国在发展轨迹、资源禀赋、地理位置（岛屿、内陆等）、发展和经济管理能力等方面的当前状况存有差异。应通过以下方式包容这种多样性：

- 目标、优先事项和指标：确保成果框架反映成员国之间和成员国内部各利益攸关方之间的差异；

利用现有机构和系统

协商进程表明，为了经济、效率和效力，应利用/加强国家、区域和大陆各级现有机构和制度。

- 国家层级：应保留诸如专题领域小组、部门内部办法等规划、执行、监测和评估架构，并在必要时加以改进，以满足《2063年议程》相关迫切要求。规划、监测和评估周期、形式和过程应予以保留；
- 区域层级：应维持区域经济共同体层面的规划、监测和评估进程，并在必要时加以改进，以满足《2063年议程》相关迫切要求；
- 大陆层级：在设计、执行监测和评估《2063年议程》时，应发挥非盟机构，如非洲联盟委员会（AUC）、泛非议会（PAP）、经济社会文化委员会（ECOSOCC）和非洲发展新伙伴计划规划和协调局（NPCA）的作用。此外，非洲开发银行、联合国非洲经济委员会等非洲大陆机构以及其他合作伙伴将根据需要提供技术支持。

政策、制度和进程的协调

虽然管理非洲的多样性应纳入"实现议程"的进程，但要保持进程的完整性，就必须确保某些领域的普遍性。相关重点领域包括：

- 指标：成员国为跟踪实现目标的进展情况而选定的指标应基本相似，且应采用相同的计算和核实方法。不保持这种一致性，就很难汇总/比较成员国在区域和大陆两级的业绩；

- 监测和评估工具：虽然鼓励成员国利用其各自优势，但至少需要有一套统一的工具，以提高某个区域成员国之间/内部以及各区域成员国之间成果的可比性；

4.4 关键实施问题

执行《2063年议程》所需的关键成功因素包括：领导层/利益攸关方相互关系和职责、执行能力、公民/利益攸关方参与和主人翁姿态的沟通、向利益攸关方提供指导及协调各种执行活动；

领导、结构关系和责任

在国家、区域和大陆各级发挥领导作用，推动《2063年议程》的执行、监测和评估进程，是取得成功的必要条件。在此方面，需要确定每级领导应关注的要点，并确保他们清楚自己应该承担的责任。此外，国家、区域和大陆各级，以及更重要的是各级之间的领导关系必须等级明确，以避免权力/作用界限模糊，确保执行《2063年议程》时彼此目标一致。

"实现2063议程"的领导和结构关系分为三个层次：大陆、区域和国家。

大陆层面

它由非盟机关和大陆一级的业务协调机制组成，包括：

非盟大会：由联盟国家元首和政府首脑组成。

主要职责：

- 核准对《2063年议程》框架文件的修订；
- 就《2063年议程》的执行、监测和评估提供广泛的政策指导；
- 批准中期（10年）计划及其相关活动；
- 通过《2063年议程》监测、评价及所有相关报告；

《2063年议程》部长级委员会：该委员会是执行理事会的下设委员会，成员包括：理事会主席、区域经济共同体、非洲开发银行、联合国非洲经济委员会和部分非盟机构。

主要职责

- 向执行理事会建议修订《2063年议程》的框架文件及其执行计划；
- 为《2063年议程》的设计、执行、监测和评估提供大陆一级的业务监督；
- 考虑专业技术委员会（STCs）、区域经济共同体（REC）和大陆集团利益攸关方的报告/建议；
- 就《2063年议程》对非盟委员会（AUC）进行直接监督和指导；

《2063年议程》的非盟委员会（AUC）/技术部门：直接受命于向部长级委员会汇报《2063年议程》的非盟委员会（AUC）主席。

1）非盟委员会（AUC）/技术部门协调/促进：

- 修订《2063年议程》的框架文件及其执行计划；
- 制定中期目标、相关指标及具体指标——《十年远景计划》；

- 制定支持《2063年议程》的大陆框架/倡议；
- 制定执行、监测和评估框架；
- 审核监测和评估报告；
- 提议/拟订《2063年议程》资源调动战略；
- 制定/实施《2063年议程》传播战略；
- 作为协调中心，在执行、监测和评估方面与区域经济共同体进行沟通交流；
- 在国家、区域和大陆各级发挥领导和宣传作用，使发展伙伴方案与《2063年议程》保持一致；
- 编写年度进度报告，供委员会审议，并通过部长级委员会提交执行理事会审议；
- 编写和出版关于成员国实现目标和指标进展情况的两年期报告；
- 组织非洲政治、经济、学术和社会利益攸关方进行年度协商；
- 作为秘书处，为各专门技术委员会和《2063年议程》部长级委员会组织相关活动；

2)《2063年议程》部长级委员会的部分合作成员/实体需自行完成的工作包括：

- 泛非议会（PAP）：（1）审查《2063年议程》的十年执行计划，并提供立法主张；（2）倡导非洲大陆所有议会/立法机构通过《2063年议程》框架，并将其作为非洲发展的蓝图；（3）领导公民教育运动，宣传《2063年议程》下非洲议会/立法机构所规定的非洲公民的作用和义务；（4）确保区域议会的所有成员和国家立法机构中的政党将《2063年议程》作为其制定方案和政党宣言的基础；
- 非洲发展新伙伴计划（NEPAD）/非洲发展新伙伴计划协调署（NPCA）：尚未明确，但在利用现有机构优势的原则面前，很明显其可以在《2063年议程》中发挥主导技术性作用；
- 经济社会文化委员会（ECOSOCC）：（1）促进在成员国成立《2063年议程》宣传小组，以确保在国家短期、中期和长期计划中融入《2063年议程》；（2）促进将成员国一级的社会团体纳入《2063年议程》的设计、执行和监测工作；（3）编写关于非洲公民参与执行、监测和评估《2063年议程》的进度报告；
- 联合国非洲经委会（UNECA）：（1）与非洲发展新伙伴计划协调署（NPCA）合作，向非盟委员会（AUC）、区域经济共同体和成员国提供与《2063年议程》执行、监测和评估有关的发展/经济管理任务相关领域的资助；（2）作为《2063年议程》监测和评估的组成部分进行专题/部门研究/调查）；（3）协助非盟委员会（AUC）编写并出版关于《2063年议程》的两年期报告；
- 非洲开发银行（AfDB）：（1）牵头在大陆、区域和成员国各级为执行《2063年议程》筹集资金；（2）就国家、区域和大陆各级《2063年议程》方案的资金支持状况提供两年期报告；

专门技术委员会（STC）：按照部长级方针（如运输），确保《2063年议程》和各部门战略之间的一致性；

主要职责：

- 在《2063年议程》范围内促进部门战略的制定；
- 促进为《2063年议程》制定部门目标、指标和具体指标；
- 通过协调框架，协助编制/审核部门监测和评估报告；
- 就《2063年议程》实现过程的进展情况，编写各部门进度报告。

大陆利益攸关方：将成为非洲公民的跨部门群体，涵盖政治、经济（私营部门）、社会、学术、宗教和传统阶层，拥有发展管理方面的专门知识。

主要职责：
- 审核专题领域的目标/指标，并就实现相关目标的战略提供咨询意见；
- 审核监控和评估报告，并就纠正措施提出建议；

区域层级

区域经济体：《2063年议程》部长级委员会的组成部分。

主要职责：
- 初期在区域/国家协商进程中领导《2063年议程》的编制工作；
- 参与非洲大陆对《2063年议程》的业务监督，并成为该区域成员国的非洲大陆一级倡议的切入点；
- 调整大陆集团的长期/中期议程《2063议程十年执行计划/指导方针》，使之适应区域计划；
- 向成员国发布2063年区域议程10年计划指导原则；
- 按照《2063年议程》协调区域项目/方案的筹备和执行；
- 协调本区域成员国监测和评估报告的一体化工作，并提交部长级委员会审议；
- 根据《2063年议程》，牵头调动资源以执行区域项目和方案；

国家层级

成员国：各成员国有不同的规划体系和法律/程序，但一般而言，政策制定、计划编制、计划执行、监测和评估涉及国家和次国家（地区、省、州和地方）层级。

主要职责：

在政府的领导下，每个国家和次国家一级的利益攸关方都在某个专题领域/专题组内履行职能。在政府领导的国家一级，私营部门和国家一级组织等机构将通过国家规划框架：
- 使国家远景/计划与2063年长期/十年执行计划相一致；
- 领导/协调资源调动进程和分配工作；
- 领导/协调执行《2063年议程》驱动的国家中期计划；参与制定目标/指标以及监测和评估；

地方政府领导的次国家以下各个级别的非政府营利组织和非营利组织，以及跨部门团体将参与：
- 使国家远景与《2063年议程》保持一致；
- 根据《2063年议程》编制中期计划；
- 制定目标和指标，并在各基层实施监测和评估；

为《2063年议程》培养相关能力：《第一个十年执行计划》

背景

尽管独立后阶段，已经付出巨大努力以构建非洲人民和机构能力，但《2063年议程》所蕴含的经济增长、结构转型、可持续发展方面的能力依然十分有限。

《2063年议程》得以成功实现的关键因素包括：（一）有变革思想的领导；（二）制定、执行、监测和评估《2063年议程》过程中公民的有效参与、融入和赋权，以及行使充分的自主权；（三）有能力的不断发展的国家和高效的公共服务；（四）以共生关系为基础的强有力的私营部门，以及普遍性的公平、正义和法治的民主统治；（五）注重成效的办法；（六）指导投资者实现《2063年议程》优先事项，并确保国家计划、次区域倡议和《2063年议程》之间紧密衔接的，具有活力的国家战略规划系统；（七）非洲负责其全球叙述和品牌建设，并确立非洲在世界上的形象和地位；

为有效执行《2063年议程》，包括《第一个十年执行计划》，必须解决能力问题——涉及（国家、区域和大陆）各级的人力、制度和进程。在实施《第一个十年执行计划》的背景下，大陆和区域经济共同体两级正在进行能力评估和发展研究，并最终在国家一级开展相关研究。

《第一个十年执行计划》相关能力要求

《2063年议程》涉及国家、部门、次国家和地方各级多个行动者。要充分实现《2063年议程》，就需要在三个关键领域的各个部门和各个层级发展强大的能力：

（一）个人（人的能力）：通常包括技能、培训、业绩、价值观、态度、动机、职业操守、关系、沟通技能等方面的能力，以便：充分了解《2063年议程》的基本问题；融入国家和地方一级《2063年议程》目标和战略；概念化、设计、制定、实施、监督和评估所需的和以结果为导向的计划/项目、政策和战略，以实现《2063年议程》。有效执行《2063年议程》的一个先决条件是，提高各部门的认识，确保在多个层面对其本质有深入了解；根据各国情况通过和调整《议程》，并确保集体的承诺；

前十年为非洲的竞争力和从商品依赖型向由制造业/产业、价值增值和有效参与全球价值链以及科学技术驱动的类型转型奠定了基础。此项努力的关键是，有能力在符合非洲利益的领域进行谈判，特别是在商贸、气候变化、经济伙伴关系和相关领域进行谈判。《2063年议程》构想建设的这种能力目前严重不足。

《2063年议程》是一项知识驱动的事业。在政策和规划一级，还需要定性和定量的数据，以确保作出正确的决策和切实可行的中短期规划，并充分调动非洲的人力、财力和物力资源，实现既定目标。这不仅需要生成数据的统计学家，还需要有能力的个人有效地利用数据，制定政策、战略、方案和项目。

（二）体制/组织能力：包括战略规划、管理、结构、问责制度、基础设施、资源（财务和信息）、创新、包容变革以及相互关系，以提高相关机构在执行《2063年议程》的效能。在《2063年议程》执行进程的每个阶段，建立横向和纵向联系和反馈循环也至关重要。大陆和区域倡议和方案需要与国家一级的行动相关联，并由其提供相关信息，反之亦然；

变革性领导能力、领导和支持议程的技能（有胆识、有远见、有情操且反应迅速）以及基于战略优势汇聚专门知识和专门技能的能力；为促进和维持转型实施预算和规划是机构能力的基本组成部分；

在培育规划文化的同时，还需要定期监测和报告已完成的工作，并形成一种评价文化。强有力的监测和评估框架是《2063年议程》区别于其前身的特征之一，即《拉各斯行动计划》、《阿布贾条约》和《非洲发展新伙伴计划》，后者需要在《2063年议程》的头十年中充分运行；

（三）有利的政策、法律和规章环境：执行《2063年议程》不仅需要制定政策和必要的法律和规章；而且还需要具备执行相关政策和规章的能力；

全面的能力发展至关重要，包括人力资源、机构，以及有助于个人和机构高效互动的，有利的法律和政策环境。能力的任何组成部分均无法独立地充分发挥作用，而任何一个领域的弱点都可能对其他领域产生连锁效应。

《2063年议程》的主要利益攸关方和能力要求

本节前面部分介绍了《2063年议程》在大陆、区域和国家各级执行、监测和评估过程中，各关键利益攸关方之间的相互关系。在第一个十年中，《2063年议程》设想在非盟机构一级发展有效的能力，包括非盟委员会、泛非议会（PAP）、经济社会文化委员会（ECOSOCC）、非洲法院、人权和人民权利组织（Human and People Rights）、人权和人民权利委员会（Commission on Human and Peoples' Rights）、非洲互查机制（APRM）、新伙伴关系协调署以及八个区域经济共同体，特别是东部和南部非洲共同市场（COMESA）、南部非洲发展共同体（SADC）、西非国家经济共同体（ECOWAS）、东非共同体（EAC）、政府间发展管理局（IGAD）、中非国家经济共同体（ECCAS）、萨赫勒—撒哈拉国家共同体（CEN-SAD）和阿拉伯马格里布联盟（AMU）。

通过将《2063年议程》纳入各成员国已经制定和正在制定的一系列短期、中期和长期计划、政策和战略，使成员国承担起促使《2063年议程》得以实施的最终和关键责任。成员国还应充分享有《2063年议程》，并建立必要的人力、体制和立法能力。

鉴于民间机构组织（CSOs）和私营部门在执行《2063年议程》方面发挥的重要作用，应优先考虑加强负责协调和支持民间机构组织（CSOs）和私营部门活动相关机构的能力。

沟通在《2063年议程中》的作用：第一个十年实施计划

以前的大陆战略和框架执行过程中遇到的一个主要问题是未能有效利用交流工具。为确保《2063年议程》的成功执行，专门制定了相关传播战略。

《2063年议程》的传播战略将促使非洲民众持续关注议程，积极参与，支持并以主人翁的姿态推动议程的实施。传播战略将确保广泛获取最新、最准确的信息，与非洲联盟的总体传播战略相联系，将目标聚焦于：非盟成员国、工作人员、机关和机构；区域经济共同体；非洲大陆和散居在外的非洲民众及其机构，包括私营部门、民间机构以及非盟的伙伴。

《2063年议程》宣传战略将由非盟各机关和机构（包括新伙伴关系和非洲互查机制、区域经济共同体、成员国、密切合作者（非洲开发银行、联合国非洲经委会和非洲能力建设基金会）和伙伴具体执行。相关活动将包括协商会议、宣传性辩论、讨论、讲习班、社区论坛、歌曲、诗歌、戏剧、学校教学活动、《2063年议程》认证、非盟俱乐部、志愿者和宣传广告。除此之外，还包括广播电视节目、互联网和社交媒体、纪念品和用具以及体育赛事。另外，还将包括出版新闻稿；准备宣传品，如CD、DVD、帽子、钢笔、文化衫、钥匙包、手提袋、手镯、日记本、镀金针、围巾、领带；以及品牌、广告牌横幅、传单、宣传单、提高认识会议和工作坊以及会议上的PPT介绍等。

《2063年议程》执行准则

为确保所有利益攸关方明确知晓其在执行《2063年议程》方面的责任和义务，特编制《第一个十年执行计划》执行准则，即附件1，第一部分。该准则涵盖了国家、区域和大陆层面的利益攸关方。

五 监测和评估

5.1 监测和评估框架的基本原理

以往的发展经验、对国家计划以及大陆框架执行情况的审核结果表明,有必要将监测和评估框架作为《2063年议程》执行工作的一部分。关于《2063年议程》的实施,检测和评价框架将用于以下目的:

• 加强成果管理文化:成员国的各种减贫方案,尤其是2000—2010年期间的方案,均设有监测和评估框架。这些框架向成员国介绍了在国家经济管理方面实行成果管理的文化。虽然监测和评估经验的结果尚未得到评价,但普遍的共识是,在成员国一级必须在管理发展成果初步步骤的基础上再接再厉。正是国家一级积累了相关优秀经验,并产生了积极成果,才有可能为《2063年议程》提出一个监测和评估框架。

• 加强问责制:国家、区域和大陆各级各类利益攸关方将参与执行《2063年议程》。监测和评估(M&E)框架通过为相关利益攸关方设定目标/里程碑,激励他们实现目标。监测和评估(M&E)框架提供了识别各级不良利益攸关方的机会,使系统能够识别不良原因,并通过评估过程进行纠正。这一进程将有助于《2063年议程》的成功执行。

• 深化一体化:基于大陆、区域和国家层面而形成的监测和评估(M&E)框架将有助于深化非洲大陆的一体化,这也是非洲公民在《2063年议程》下的愿景之一。通过在区域一级以一体化的方式监测成员国的表现,将促进《2063年议程》及其成果的执行进展更多地从地区角度,而不是从国家角度加以审视。此外,通过在大陆一级整合区域经济共同体的监测和评估(M&E)框架,可以对"一个非洲"在这一时期的发展表现有所了解——这也是非洲公民所期望的2063年实现"非洲一体化"的前奏。

• 鼓励参与和当家作主:《2063年议程》由人民推动,展示民众希望在2063年之前看到的非洲大陆的发展状况。引入监测与评价(M&E)框架,旨在使公民/可识别群体能够参与确保实现《2063年议程》预期成果的过程。

5.2 成果框架的结构

《第一个十年成果框架》是根据《2063年议程》框架文件所载的"2063年议程成果框架"推导而成。《2063年议程》的成果框架体现了非盟远景、非洲七大愿景、每个愿景下所设目标/优先领域及相关指标之间的逻辑关系。

目的

《第一个十年执行计划成果框架》为在国家、区域和大陆各级采取注重成果的战术和战略行动提供了共同的参照点。成果框架宏观展示了可能影响非洲公民到2023年底看到的非洲的相关因素,其假定前提是所有利益攸关方均发挥其应有的作用。因此,它在规划过程、计划的实施、监测和评估等方面为所有利益攸关方指明了方向。

具体而言,在监测和评估方面,《第一个十年执行计划成果框架》将被:(一)作为参照点,衡量计划实施周期内在实现目标、愿景和非盟远景方面的进展情况;(二)作为框架,分配和评估所有利益攸关方在履职绩效方面的执行效力;(三)作为具体程序,为制定《第二个十年执行计划框架》征集意见和建议。

成果框架的层级

表2.1列出了成果框架的结构和范围。非盟远景、愿景、愿景下所设目标和目标下优先领域/指标之间的逻辑关系主要包含四个层次:

第一级:这是非盟的最高远景,所有4—2级元素以至下向上级联的方式实现愿景;

第二级:这一级由七大愿景组成。七个愿景中的每一个均设有一系列目标,且每个愿景所设目标的实现程度在很大程度上决定了相关愿景是否得以实现;

第三级:这一级包含每个愿景所设目标;共有20个目标,且每个目标均设有一系列优先领域,每个优先领域也设有一系列指标。每个优先领域下指标的实现程度在很大程度上决定了该目标的实现程度。与可持续发展目标(SDGs)不同,优先领域的目标更为具体,且本身就也是要实现的目的;《2063年议程》下的目标更为宽泛,而优先领域/具体指标则限定了相关目标的具体内容。

第四级:这一级下属于目标的优先领域/具体指标。由于《2063年议程》跨越50年,优先领域下的指标可能会随着构想的5个十年执行计划而调整,但最终,滚动指标将汇集指向《2063年议程》相关指标。

监测和评估政策方针

为确保所有利益攸关方明确知晓其在《2063年议程》监测和评估下,即《第一个十年执行计划》中的责任和义务,编制了涵盖国家、区域和持续利益攸关方的政策方针,详见附件1。

5.3 知识和经验分享

成员国有不同的发展轨迹,而通过监测和评估《2063年议程》的执行所获得的知识和经验则可以分享给所有国家。知识经验的分享可以提高监测的有效性,评价反馈则有助于提升执行效率,经验分享和评价反馈的相关机制具体包括:

分享最佳做法

区域经济共同体将通过梳理成员国的监测和评估报告,记录最佳做法,并通过会议、网站介绍、电子网络或出版物在成员国之间共享。区域经济共同体收集的最佳做法将在大陆一级进行整合，并分发给区域经济共同体，以便在其成员国内传播。

交流学习

相关活动将在区域一级（非洲大陆区域经济共同体内部和各区域经济共同体之间）组织，以帮助成员国直接了解如何在成员国执行计划内进行成果监测，以及如何将监测的经验教训纳入成果框架，以提高执行效率和效力。

通用平台

将在区域和大陆两级为利益攸关方搭建年度平台，介绍执行环节中各要点的执行结果，以针对执行绩效集思广益，展开讨论。

六 十年执行计划融资需求及措施

6.1 第一个十年的融资需求

《2063年议程》资金筹措和资源调动战略概述了需要资金支持的关键领域、每一项需求的潜在资金来源及相关运作过程——在国家和区域/大陆各级对接资金需求和供应,做好机构安排,助力实现《2063年议程》。本章主要聚焦于资源调动策略(RMS)的第一个十年。

附件5简要列出了各个愿景所需融资的领域和每个领域的潜在融资来源;而表5.1则基于附件5,简要介绍了第一个十年需要融资的领域。

表5.1 《2063年议程》第一个十年执行计划需要扩大融资的领域

国家	区域/大陆层面
愿景1:一个基于包容性增长和可持续发展的繁荣非洲 • 以扶贫为重点的农业; • 最低社会保障政策(例如向贫困家庭提供现金支持); • 城市发展——提供住房、减少贫民窟、提升基本服务覆盖比例(水、卫生、交通、电力、互联网和宽带连接); • 幼儿教育、免费义务中等教育和科技创新(STI)技能革命; • 基本医疗卫生和服务;妇幼保健、艾滋病毒/艾滋病和营养; • 本土企业/中小微企业;劳动密集型增值制造业和科技创新驱动的制造业,包括采掘业;多样化发展,重点是创意艺术、金融和酒店服务、旅游业、电子商务;工业和国家商品交易所的研发; • 加速农业增长;减少收获后损失;为青年创建农业企业; • 蓝色经济的增长:渔业企业、本土航运和货运服务、港口运营和管理、生态旅游、海洋能源等; • 可持续性社区、生产系统和消费模式	• 非洲教育认证机构; • 非洲虚拟大学/电子大学; • 非洲疾病控制中心; • 非洲矿产开发中心; • 区域商品交易所; • 非洲蓝色经济中心; • 非洲气候基金
愿景2:一个建立在泛非主义理想和非洲复兴愿景之上的政治统一的一体化非洲大陆 主要涉及非洲基础设施发展方案(PIDA)的协调干预 • 非洲高速列车网; • 横贯非洲高速公路的缺环; • 发电; • 互联网与宽带扩展/渗透与现代化	• 区域电力网
愿景3:一个善治、民主、尊重人权、正义和法治的非洲	• 《2063年议程》非盟机构和区域经济共同体的能力发展
愿景4:一个和平而稳定的非洲 • 准备就绪,可随时执行大陆任务	• 非洲待命部队实施干预; • 和平与冲突后管理中心。

国家	区域/大陆层面
愿景5：一个具有强烈文化认同、共同遗产、价值观和道德准则的非洲 • 创意艺术企业	• 泛非节日； • 《非洲百科全书》； • 泛非秘书处； • 遗产项目
愿景6：一个依靠人民和民众潜力，尤其是妇女和青年潜力，并关爱儿童的非洲 • 女性企业家/企业； • 青年赋权/创业/企业（农业驱动除外）和就业技能培训	• 非洲妇女基金
愿景7：一个强大、团结、富有活力且有影响力的国际事务的参与者和合作伙伴的非洲 • 国家级证券交易所/资本市场	• 非洲全球伙伴关系平台； • 非洲汇款研究所（African Remittances Institute）； • 非洲信用担保机构（African Credit Guarantee Agency）； • 非洲投资银行； • 区域证券交易所； • 区域商品交易所

根据附件5，为十年需要提供资金的来源类型包括政府预算增加、公共和私人来源的纯商业融资/储蓄，包括国内资本市场、优惠贷款、基于市场价格的商业贷款、股权和其他类似市场的工具、国外直接投资，私营部门的组合投资（债务、债券、股权和其他证券）和众包。

将资源纳入《2063年议程》相关方案和项目

应当指出，非洲不仅需要资金，而且需要一种更有效，更具包容性的手段，将资金（包括金融机构和市场、金融工具和金融服务）输送到最能发挥效力的地方，以及资源分配出现市场失灵的地方。

从这一角度来看，三级金融中介工具和资源输送机制将被视为第一个十年执行计划的组成部分：

• 现有的商业金融中介工具，一方面包括商业银行、小额供资机构（MFI）、发展金融机构（DFI）、保险公司，这些机构需要通过增加资本来扩大规模，并在相关金融服务和项目金融专业知识领域增强能力；另一方面，有必要促进证券交易所和债券市场的扩大、深化和区域化；

• 将建立新的商业金融中介工具，如非洲50基金、非洲信用担保基金（ACGF）、非洲投资银行（AIB）、非洲基础设施发展基金（AIDF）、侨民债券、侨民汇款证券化、非洲拥有的私人股本基金、非洲天使投资人网络（AAIN），区域证券交易所，区域商品交易所。其他促进商业融资的进程包括：非洲内部投资促进、传统的外国直接投资（FDI）和公司合营；

• 拟考虑的非商业融资渠道或中介工具包括：非盟、区域经济共同体和成员国预算等现有工具，以及拟设立的非洲一体化基金（AIF）、非洲妇女基金、青年赋权和创业基金等新型工具。

6.2 融资便利化措施

在第一个十年执行计划期内，基于《2063年议程》资源调动战略（RMS）的适契性，将在国家、区域和大陆各级采取下列便利措施：

- 制定/实施（政策、法律、监管或机构等）"框架条件"和行业特定条件（包括公司合作（PPP）/基础设施融资、大型工业项目融资、中小企业融资/银行和小额融资）；
- 设立相关项目开发基金、生存缺口基金、资本化基金及混合式金融工具，帮助需求方做好准备；
- 建立信息基础设施（国家评级分析师、公司治理标准、信贷局和抵押品登记处等）；
- 在非洲各地存有重大差距的金融咨询服务和专门金融服务方面（项目融资、资本市场、私募股权/风险投资、金融工程、风险管理和特定行业金融服务）发展专业知识；
- 建立风险分担和担保机制，以"降低"投资非洲证券的风险，并采取其他措施，如提高向非洲中小企业提供贷款的风险。

6.3 第一个十年资源调动战略（RMS）

为实施资源管理制度而作出的制度安排仍在考虑之中，不过《2063年议程》执行框架内已逐渐形成共识：

- 在《2063年议程》部长级委员会和非盟委员会（AUC）的指导下，非洲开发银行将成为促进、协调、监测和评估《2063年议程》的牵头机构；
- 除非盟委员会（AUC）和非洲开发银行之外，在大陆一级实施资源调动战略的，可确定的主要利益攸关方包括：非洲发展新伙伴计划协调署、联合国非洲经委会和区域一级区域经济共同体国家。在国家一级，将为政府和非国家行为者分配与其相关、能力相一致的职责。

七 伙伴关系

7.1 关于伙伴关系的建议

背景

非洲公民的普遍共识是,《2063年议程》应由非洲内部提供资金,但在中短期内,应在资源调动、技术转让、机构和人力发展能力等领域扩大、建立及最大限度地扩大伙伴关系。在此背景下,非洲联盟委员会(AUC)委托进行相关研究,审核非洲联盟的伙伴关系。在《2063年议程》第一个十年执行计划的范围内,应执行下列建议:

编制非盟伙伴关系政策框架

政策框架文件将涵盖非盟所有高潜力合作伙伴,并侧重于两至三个核心干预领域:
- 非洲伙伴关系的各项活动及安排应以《2063年议程第一个十年执行计划》为中心;
- 财政援助的规模/范围;成果文件或行动计划中在技术援助、贸易和投资、工业化和技术转让、农业支助方案和社会投资方面的潜在转型影响;
- 可交付成果的"智能"属性;

最大限度地发挥非洲的潜力,充分利用其伙伴关系的潜力

为充分发挥战略伙伴关系的潜力,在执行《第一个十年执行计划》期间,将研究以下问题:
- 阐明与每个关键战略伙伴相关的伙伴关系政策;
- 建立一个由非盟成员国入资的战略伙伴关系基金;
- 加强对非盟委员会(AUC)伙伴关系在管理职能的战略、治理、技术、后勤和财政方面的支助;
- 进一步明确非洲各大陆平台的实施模式(非洲基础设施发展方案,非洲农业发展综合方案/非洲农业综合企业和农产工业发展倡议,非洲工业加速发展/基于资源的非洲发展战略/非洲矿业远景,促进非洲内部贸易行动计划),以促进与非盟战略伙伴之间进行成果为导向的合作,并在《2063年议程》第一个十年执行计划的范围内,改善非洲各利益攸关方(包括非盟委员会,非洲发展新伙伴计划协调署、非洲开发银行、区域经济共同体、成员国、私营部门组织、民间机构组织等)参与并协调伙伴关系进程。

深化伙伴关系的转型效益

有必要通过调整《2063年议程》的优先事项,即工业化和技术转让、非洲内部贸易和出口发展、私营部门和中小企业发展、外国直接投资和合资企业以及财政资源调动,提升所有主要战略伙伴关系的转型利益。

要实现上述目标,可以通过减少优先事项和明确牵引力的来源(即通过工业化实现经济转型;通过真正的技术转让实现基础设施、制造业、农产工业、石油,天然气和采矿;通过真正的技术转让提供服务,即在非洲内部贸易和出口发展以及中小企业发展支持下,实现私营部门发展改革以及为外国直接投资和合资企业建立综合商业论坛;包容性和可持续的增长;自然资源管理的透明度、当地内容开发和矿产资源选矿)。这将确保伙伴关系着眼于当前和未来的优先事项,并会取得必要的进展,以维持相关伙伴关系对相关事业的持续支持。

附　　录

附件1：第一个十年执行计划的监测和评估

执行情况监测和评估的准则

实施

1. 《2063年议程》签署实施相关指导方针

本节的政策指导方针涉及与《2063年议程》有关的问题，以及在国家、区域和大陆各级签署实施该议程，并将其作为非洲发展框架的问题。

《2063年议程》

- 《2063年议程》的50年期限内，将包含五个10年计划；
- 在《2063年议程》范围内编制相关十年执行计划（包括目标、优先事项、指标和具体指标）时，除其他因素外，应综合考虑非洲的多样性（小岛屿国家、内陆国家、自然资源丰富的国家和自然资源贫乏的国家）。
- 就《2063年议程》而言，"短期"指2—3年；"中期"指4—5年，"长期"指10年。要敦促各成员国使其国家规划周期与上述定义保持一致.

区域经济体、成员国和非盟机构的主人翁参与/采用

- 按照预期，所有区域经济共同体、成员国和非盟机构将通过《2063年议程》和相关的十年执行计划，并将其作为其远景和计划的基础；
- 区域经济共同体将是促进成员国通过、执行、监测和评估与《2063年议程》有关的所有大陆框架的协调中心；
- 每个成员国应在国家一级指定一个协调中心，以促进将《2063年议程》纳入其国家远景和计划。协调中心还应尽可能成为执行全球框架（如可持续发展目标）的切入点；
- 每个成员国均应设立一个由民间组织和私营部门组成的"《2063年议程》国家协调小组"。这些实体与非盟的"经济社会文化委员会（ECOSOCC）"直接联系，职责包括：（一）跟踪国家一级在执行《2063年议程》方面取得的进展；（二）发挥宣传作用，确保和维持国家和地方各级执行《2063年议程》的坚定政治承诺；（三）开展公众教育和鼓励公众参与《2063年议程》进程；（四）为《2063年议程》进程的更新提出建议；
- 国家、区域和大陆一级的实体将在《2063年议程》开始之前制定详细的执行计划。执行计划至少应包括：活动启动、能力发展、管理实施、监测和评估周期、时间表（标明主要里程

碑）等内容。所有相关方面均应纳入国家计划，以确保《2063年议程》不被视为平行进程。

保障国家承诺
- 确保成员国通过《2063年议程》：（一）各国议会在规划国家发展的过程中，应充分考虑《2063年议程》；（二）编制并公布关于国家一级执行《2063年议程》进展情况的两年期记分卡；（三）对计分卡成绩欠佳的成员国实施五年期非洲互查机制；
- 国家联络小组每两年向非盟经济社会文化委员会（ECOSOCC）提交一次审查/宣传报告，表明国家领导层对《2063年议程》的设计、执行、监测和评估的承诺程度和进展情况；

协调
- 为确保结果的可比性，成员国和区域经济共同体将通过遵守大陆一级发布的关于指标及其测算、数据收集和分析方法的准则，确保数据的一致性。此外，各成员国将确保其成果汇总表将进程指标与成果/影响指标相互关联；

2. 大陆层级指导方针

非盟机构
- 《2063年议程》各项决定拟订并通过后，非洲联盟委员会将负责跟踪后续相关行动。相关决定/政策将包括：《50年议程》；《10年计划》；执行、监测和评估标准；
- 非盟委员会（AUC）将组织非盟各机构与区域共同体之间就《2063年议程》的执行、监测和评估举行年度协商；
- 非盟委员会（AUC）/非洲发展新伙伴计划（NEPAD）将确保对每个《10年计划》进行启动初期和中期审核时，就区域经济共同体和各国执行《2063年议程》相关能力制定评估政策和框架；
- 泛非议会（PAP）每年将与非洲立法机构就《2063年议程》的执行、监测和评估进展情况进行协商；
- 经济社会文化委员会（ECOSOCC）将与成员国协调小组就《2063年议程》举行两年一次的协商；
- 非洲联盟（AUC）/非洲发展新伙伴计划（NEPAD）将跟踪大陆方案/项目的执行情况；
- 任何非盟机构不得在《2063年议程》框架之外发起大陆框架；
联合国非洲经济委员会将支持非盟委员会（AUC）开展以下工作：
- 将在网上出版和发行非洲《2063年议程》中期和十年终期报告；
- 将为《2063年议程》编制标准化的规划、监测和评估手册，并在每个《十年执行计划》开始时通过区域经济共同体向成员国发放相关手册。《十年执行计划》的第五年和第十年结束时将对相关手册进行审核；
- 包括海外非裔侨民在内的非洲发展专家数据库将得以维护和使用，并向区域经济共同体及其成员国在线开放使用；

非洲开发银行
- 非洲开发银行将建立并维持非洲调动自有资源资助《2063年议程》的平台和机制；

非洲公共服务委员会协会

- 将建立一个负责公共部门改革/业绩提升和跟踪问责的实践共同体,促进在成员国一级执行《非洲公共服务价值观和原则宪章》。该机构还将负责监测和评估成员国执行《宪章》的情况;

3. 区域层级指导方针

各区域经济共同体应该:

- 使用其组织内的相关架构。将议程融入现有架构,将有助于确保《2063年议程》和区域经济共同体其他战略举措的整合/协调;
- 向成员国发布《2063年区域具体议程》执行准则;
- 为成员国举办年度论坛,以审核《2063年议程》的区域执行情况,年度审核将促进《2063年议程》方案的宣传力度,提升关注度;
- 促进/协调/评估各国执行《2063年议程》的能力;
- 国家首脑一级的区域经济共同体主席每年向非盟大会报告《2063年议程》的区域执行情况;
- 应在区域和国家两级落实政策机构的执行建议;
- 向政策机构提交执行情况报告;

4. 国家层级指导方针

各成员国应该:

- 指定一个具体的部委作为执行《2063年议程》的协调中心;
- 将《2063年议程》和《十年执行计划》纳入其长期、中期和短期计划;
- 制定并采用将《2063年议程》纳入其国家发展计划和战略的框架。该框架至少应:(一)为不同的利益攸关方提供机会,使其了解与《2063年议程》有关的问题;(二)鼓励利益攸关方参与制定关键目标、产出要求和相关活动;(三)为利益攸关方建立相关机制,监测和评估其相互交流所产生的影响;
- 利用其国家规划系统(实施、方法、系统和程序、规则和条例、形式和格式等方面的架构),执行《2063年议程》;
- 制定关于设计和执行《2063年议程》的政策准则,供所有国家级利益攸关方使用;
- 确保立法机关通过《2063年议程》,并将其作为今后50年非洲发展的蓝图;
- 鼓励所有私人候选人和政党将《2063年议程》作为制定其宣言的基础;
- 依照经济社会文化委员会(ECOSOCC)颁布的准则,设立《2063年议程》非政府咨询小组。该小组将以身作则,引领成员国执行《2063年议程》,并将促进所有利益攸关方尽职履职;

咨询小组经费来源

- 提出或引入公民税,为《2063年议程》指定的国家协调小组提供资金;

监测和评估

本节主要为大陆、区域和国家各级对《2063年议程》实施监测和评价提供政策指导。

1. 概述

- 参与执行的所有成员国、区域经济共同体和非盟机构将《2063年议程》成果框架作为执行工作的基础；

- 在《十年执行计划》第五年进行中期评估，并在每个《十年执行计划》结束时进行终期考核；
- 为确保结果的可比性，成员国和区域经济共同体将通过遵守大陆一级发布的关于指标及其测算、数据收集和分析方法的准则，确保数据的一致性。此外，成员国将确保其成果汇总表中将进程指标与成果/影响指标相互关联；

2. 大陆层级

非盟组织

- 非盟委员会（AUC）：负责向区域经济共同体/成员国发布关于《2063年议程》成果框架的大陆指导方针，包括目标、指标、具体指标及其测算、数据收集和分析方法；
- 非盟委员会（AUC）应协调/促进区域经济共同体监测和评估报告的整合，并发布《2063年议程》监测和评估年度报告；
- 泛非议会（PAP）：就非洲立法机构在执行《2063年议程》和相关监督责任方面的法律/法规的制定编制年度监测报告；
- 经济社会文化委员会（ECOSOCC）：通过《2063年议程》国家咨询小组的报告，从非洲社会压力团体的角度，编写一份非洲大陆监测和评估报告。

联合国非洲经济委员会

与非盟委员会（AUC）和区域经济共同体协商

- 监测《2063年议程》相关成员国的经济转型；
- 定期进行/促进社会经济和治理调查，以评估《2063年议程》执行工作对整个非洲大陆的影响；

非洲开发银行

- 就财政来源和非洲资本市场在国家、区域和大陆各级为《2063年议程》的融资情况撰写两年期报告；

非洲统计总干事协会

- 通过现行大陆统一统计工作的方案，为《2063年议程》下所有指标制定统一的指标、定义、测算和核查程序。
- 《2063年议程》国家一级中期和终期评估完成后，协会将对统一框架进行审核；

3. 区域层级

每个区域经济共同体成员国均应：

- 在其架构内指定一个协调中心，负责协调/促进成员国执行《2063年议程》和区域《2063年议程》方案的监测和评估工作；
- 向成员国发布《2063年区域具体议程》监测和评估指导方针；
- 为成员国举办年度论坛，审查《2063年议程》的区域监测和评估表现；
- 为成员国一级监测和评估《2063年议程》提供相关框架，协助其统一统计数据；
- 促进/协调对各国《2063年议程》监测和评估能力的评估；
- 促进/协调编写关于成员国和区域方案执行《2063年议程》情况的综合区域监测和评估报告；

4. 国家层级

各成员国应：

- 使用现行适用架构，促进/协调《2063 年议程》执行情况的年度监测和中期及十年终期评估。此外，利用其国家层面的监测和评估系统（包括监测和评估结构、方法、系统和进程、规则和条例、形式和格式以及监测和评估工具）。成员国使用的监测和评估工具应涵盖定量和定性两个方面；
- 整合《2063 年议程》和《可持续发展目标》的成果框架和监测与评估系统；
- 指定一个具体实体单位，促进/协调《2063 年议程》执行情况的中期和十年终期评价；
- 使用其国家监测和评价系统（包括监测和评价结构、方法、系统和程序、规则和条例、形式和格式以及监测和评估工具）。成员国使用的监测和评估工具应涵盖定量和定性两个方面。
- 整合《2063 年议程》和《可持续发展目标》的成果框架和监测与评价系统；
- 就《2063 年议程》的监测和评估制定相关政策方针，供所有国家层面利益攸关方使用；
- 就《2063 年议程》中期和十年终期执行情况撰写评估报告，并在指定的里程碑/时间节点后 6 个月内提交给区域经济共同体；
- 接受为期五年的同侪审查机制审核，以评估其在执行《2063 年议程》方面取得的进展；
- 编写《2063 年议程》年度监测报告并提交国家立法机关；
- 基于经济及社会理事会（ECOSOC）发布的指导方针，成立"《2063 年议程》非政府咨询小组"。该小组将在成员国内以身作则，引领执行《2063 年议程》，并将促进所有利益攸关方尽职履职；

附件 2：《2063 年议程》与联合国可持续发展目标：共性概况

目标	《2063 年议程》优先领域		联合国可持续发展目标	
1.	公民拥有较高的生活水平、生活质量和幸福感	• 收入、职业和体面工作； • 贫穷、不平等和饥饿； • 包括残疾人在内的社会保障和保护； • 现代宜居的住所和优质的基本服务	1. 2. 8. 11.	消除世界各地一切形式的贫困； 结束饥饿，实现粮食安全和改善营养，促进可持续农业； 促进持续、包容和可持续的经济增长、充分和生产性就业以及人人有体面工作； 城市和人类居住区具有包容性、安全性、可恢复性和可持续性
2.	公民接受良好的教育，以科学、技术和创新为驱动的技能革命	• 教育和科学、技术和创新（STI）驱动的技术革命	4.	确保包容性和公平的优质教育，促进人人享有终身学习的机会
3.	国民身体健康，营养健全	• 健康与营养	3.	确保所有年龄段人的健康生活，提升福祉
4.	经济转型	• 可持续的包容性经济增长 • 教育和科学，技术和创新（SIT）驱动的生产制造业、工业化和增值 • 经济多元化和适应力	8. 9.	促进持续、包容和可持续的经济增长、充分和生产性就业以及人人享有体面工作 建设有弹性的基础设施，促进包容性和可持续的工业化，促进创新
5.	较高生产力和高产的现代化农业	• 农业生产力与产量	2.	结束饥饿，实现粮食安全和改善营养，促进可持续农业

续表

目标	《2063年议程》优先领域		联合国可持续发展目标	
6.	发展蓝色/海洋经济，促进经济增长	• 海洋资源与能源； • 港口作业和海上运输；	14.	保护和可持续利用海和海洋资源，促进可持续发展
7.	环境可持续，适应气候条件的经济体和地区	• 可持续自然资源管理和生物多样性保护以及可持续消费和生产模式； • 水资源安全； • 气候适应性和自然灾害应对和防范	6. 7. 13. 15.	确保为所有人提供和可持续管理的水和卫生设施； 确保人人都能获得负担得起、可靠、可持续和现代化的能源； 采取紧急行动，应对气候变化及其影响； 保护、恢复和促进陆地生态系统的可持续利用，可持续地管理森林；
8.	非洲一体化（联邦或邦联）	• 非洲一体化的框架和机构		
9.	非洲大陆金融与货币机构的建立与运行	• 金融与货币机构		
10.	世界一流的基础设施遍及非洲	• 通信和基础设施互联互通	9.	建设有弹性的基础设施，促进包容性和可持续的工业化，促进创新
11.	确立民主价值观、具体做法、人权、正义和法治等普遍原则	• 民主和善政； • 人权、公正和法治	16.	为可持续发展促进和平和包容的社会，为所有人提供诉诸司法的机会，并在各级建立有效、负责和包容的机构
12.	各级机构卓有能力，领导具有革新思想	• 机构与领导力； • 参与式发展和地方治理能力	16.	为可持续发展促进和平和包容的社会，为所有人提供诉诸司法的机会，并在各级建立有效、负责和包容的机构
13.	和平、安全与稳定得以维持	• 保持稳定、维护和平和安全	16.	为可持续发展促进和平和包容的社会，为所有人提供诉诸司法的机会，并在各级建立有效、负责和包容的机构
14.	建立稳定和平的非洲大陆	• 非盟确保和平和安全的体制架构； • 防御、安全与和平		
15.	全面运行的非洲和平与安全架构	• 全面运行的非洲和平与安全架构支柱		
16.	非洲文化复兴得以凸显	• 泛非主义价值观和理想； • 文化价值观和非洲文化复兴； • 文化遗产、创意艺术和相关企业		
17.	社会生活各个方面充分实现性别平等	• 妇女和女童权利提升； • 针对妇女和女童的暴力和歧视	5.	实现两性平等，赋予所有妇女和女童权力
18.	提升青少年的权利与参与度	• 提升青少年的权利与参与度	4. 5.	确保包容性和公平的优质教育，促进人人享有终身学习的机会； 实现两性平等，赋予所有妇女和女童权力
19.	加强非洲在国际事务及和平进程中的伙伴作用	• 非洲在国际事务中的地位和角色； • 伙伴关系	17.	加强执行手段，重振全球可持续发展伙伴关系；
20.	非洲自主融资，推动经济发展	• 非洲资本市场； • 财政制度和公共部门收入； • 发展援助	10. 17.	减少国家内部和国家之间的不平等； 加强执行手段，重振全球可持续发展伙伴关系

附件 3：快速通道方案和倡议

相关背景

2014 年 1 月 24 至 26 日，执行理事会巴希尔·达尔部长级务虚会审议了《2063 年议程框架》，并商定了加强非洲资源可持续管理、加快工业化和农业转型与发展的行动。具体而言，会议达成共识，要快速跟踪《2063 年议程》所确定的与经济具有强大的后向、前向和横向联系的方案的执行情况，大力推动经济增长和转型。在 2014 年 6 月举行的马拉博非盟首脑会议上，执行理事会授权非盟委员会继续探讨并筹备实施相关快速通道方案和倡议的具体行动。

部长级务虚会授权非盟委员会与非洲发展新伙伴计划、非洲开发银行和联合国非洲经委会（UNECA）合作进行评估研究并制定相关方案。2014 年 6 月 26 日在赤道几内亚马拉博举行的非盟首脑会议作出了相关决定（EX. CL/Dec. 821 XXV 号决议），希望"委员会继续探讨并拟订具体行动，以执行《2063 年议程》确定的优先方案和项目；在执行《亚穆苏克罗决定》关于通过利益攸关方广泛参与的对话和合作努力统一非洲领空的框架内，充分利用航空部门的机遇；以及其他符合《2063 年议程》精神的综合举措。"

综合高速列车网络

通过非洲高速列车连接非洲所有首都和商业中心，促进货物、要素服务和人员的流动，降低运输成本，缓解当前和未来系统的拥堵。

非洲虚拟电子大学

通过同时覆盖多个站点的大量学生和专业人员，并发展相关高质量开放程度，开发远程和在线学习（ODeL）资源，增加非洲民众接受高等教育和继续教育的机会，为学生提供从世界任何地方和任何时间（每周 7 天，每天 24 小时）就读大学的保障。

制定商品战略

使非洲国家实现增值，从其商品中获得更高的收益，融入全球价值链，并促进以增值和当地内容开发为基础的纵向和横向多样化。

设立年度非洲论坛

旨在每年召集非洲政治领导人、私营部门、学术界和民间机构，讨论事态发展和制约因素以及为实现《2063 年议程》的愿景和目标而应采取的措施。

到 2017 年建立大陆自由贸易区

通过到 2022 年将非洲内部贸易翻一番，大幅加快非洲内部贸易的增长，更有效地利用贸易作为增长和可持续发展的引擎，促进非洲在全球贸易谈判中共同发声，争取政策空间，并在商定的时限内建立下列金融机构：非洲投资银行和泛非证券交易所（2016 年）；非洲货币基金组织（2018 年）；非洲中央银行（2028—2034 年）

非洲护照和人员自由流动

改革非洲法律。尽管政治承诺要降低边界限制,促进成员国互发签证,从而期望到 2018 年,所有非洲国家的非洲公民均能自由流动,但目前相关法律仍普遍对人员流动加以限制。

实施大英加水电站项目

英加水电站的优化开发将产生 43200 兆瓦的电能,以支持目前的区域电网及其综合服务,将非洲的能源使用从传统能源转变为现代能源,并确保所有非洲民众均能获得清洁且负担得起的电力。

泛非电子网络

泛非电子网络涉及诸多利益攸关方,设想通过政策和战略为非洲带来变革性的电子应用和服务;改善基础设施,尤其是非洲内部宽带地面基础设施;提升网络安全,使信息革命成为为生物和纳米技术产业提供服务的基础,最终将非洲转变成为电子社会。

2020 年禁枪

2020 年禁枪。结束一切战争、国内冲突、基于性别的暴力和暴力冲突,防止种族灭绝。通过建立和实施非洲人类安全指数(AHSI)监测各项任务实施进展情况。

非洲外层空间战略

非洲外层空间战略旨在加强非洲利用外层空间以促进其发展。外层空间对非洲所有领域的发展至关重要:农业、灾害管理、遥感、气象预报、银行和金融,以及国防和安全。非洲获得空间技术产品已不再是奢侈之举,需加快获得相关技术和产品的速度。卫星技术的新发展使非洲国家极易获得相关技术。布拉柴维尔航空航天技术会议强调,需制定可行的政策和战略,以开发非洲空间产品的区域市场。

建立非洲单一航空运输市场

该旗舰方案旨在为非洲提供独立的非洲航空运输市场,以促进非洲航空运输。

建立非洲金融机构

建立非洲大陆金融机构:非洲大陆金融机构是调动资源和管理金融部门的重要机构,相关机构的建立将有助于加速非洲大陆的一体化和社会经济发展。

附件 4:成功关键因素、潜在风险和缓解策略

《2063 年议程》框架文件阐明了成功执行《2063 年议程》的关键因素、潜在风险和缓解战略。本附件在第一个十年执行计划的范围内,通过与技术文件中 50 年期计划相比对,摘列出相关问题。

成功的关键因素：领导和政治承诺、非盟委员会和区域经济共同体间协调和可预测的工作关系、有能力且不断发展的国家、执行、监测和评估的体制能力、确保公民的参与、包容和赋权结果导向。

风险/威胁和缓解战略包括：冲突、不稳定和不安全、未能利用人口红利、气候风险和自然灾害、外部冲击和资源不足。

1. 关键成功因素和确保其存在的策略

以下列出了部分成功关键因素及为确保执行《2063年议程》／"第一个十年执行计划"过程中拥有这些因素而应采取的步骤；

领导和政治承诺

这是决定非洲未来的一个成功关键因素，将决定《2063年议程》是否成功。所有领域和各个层级均需要变革型的领导：政治、商业、工业、学术界、宗教、酋长制族群、文化、卫生等。

- 《2063年议程》的执行安排确定了国家、区域和大陆各层级的领导（部门），并为每个领导（部门）分配了各自的作用、职责及履职要求。为确保其履行相应的职责，特制定监测和评估框架，以跟踪每一个领导部门的表现。

- 为确保《2063年议程》政治承诺的落实，由非盟经济社会文化委员会（ECOSOCC）协助组建的，由非国家行为者组成的国家咨询小组将为《2063年议程》的执行情况提供宣传，确保广泛参与，并实施监测。该小组将随时跟踪政治领导人在执行《2063年议程》方面的履职情况。此外，泛非议会也被赋予了确保所有非洲立法机构通过《2063年议程》，并将其作为非洲发展蓝图的职责；另外，泛非会议还将向非洲各政党广泛宣传，建议其将《2063年议程》作为竞选宣言的基础。

- 非盟执行理事会设立了《2063年议程》部长级委员会，这是最高一级对执行/监督《2063年议程》作出政治承诺的第一项实质性行动。委员会将充分激发政治领导，以确保《2063年议程》的成功执行。

能力发展状态

会员国能否将《十年执行计划成果框架》纳入国家规划系统，是《2063年议程》能否成功执行的关键。这取决于成员国在各级拥有有能力的专业人员、机构、系统和进程，以管理由《十年执行计划成果框架》推动的国家发展进程。

- 成果框架的目标12、优先领域1和2（愿景3下）致力于建设有能力的，不断发展的国家。这些战略的执行涉及建立公共部门机构在本地化调整实施、监测和执行《2063年议程》方面的能力，尤其是在国家经济/发展管理方面。

- 目前，针对执行、监测和评估《第一个十年执行计划》的区域经济共同体国家和大陆机构，正在编制相关能力评估和发展计划。下一步将以成员国为样本，为成员国制定能力评估/发展计划。在各利益攸关方一级执行所有能力发展计划，将有助于确保《第一个十年执行计划》在各级得到及时有效的执行。

- 为加强各级的本地化能力，将编写一份指导各级执行第一个十年执行计划的操作手册，并向利益攸关方进行推介。相关手册将有助于提高各利益攸关方对照执行任务并产出成果的速度、一致性/可预测性。

融资和资源调动

可持续和可预测的融资对《第一个十年执行计划》的成功实施至关重要。鉴于此,正在采取步骤,确保在国家、区域和大陆各级为执行该计划提供资金。关键步骤包括:

• 制定全面的融资、国内资源调动和伙伴关系战略,确定计划中需要在国家、区域和大陆各级采取较强的/新的干预措施的各个领域,并确定每个干预领域潜在的资金来源。该战略也要求推出实质性举措,确保在三个执行层面上运行/实现所需的介入活动。

• 《第一个十年执行计划》愿景 7 下的目标 20、优先领域 2 和 3 为成员国确定了目标/战略,以增加实际调动的国内资源数量,并采取措施,尽量减少对援助的依赖,最大限度地从伙伴关系中获益。

公民的参与、包容和赋权

所有利益攸关方有效参与议程的构想/设计、执行情况监测和评估是成功的一个关键因素,它将增进对《2063 年议程》、主人翁参与、资源调动、个体和集体承诺的理解和认识。

• 《2063 年议程》是通过参与性程序编写的。主要团体包括:私营部门、智库、信仰团体、青年、妇女、媒体、规划者、民间机构组织、非裔海外侨民、青年人及妇女。成员国应利用其国家制度,通过参与性程序,征求公民意见,并提交非盟委员会。

• 十年执行计划拟议的执行框架提出要借助经济社会文化委员会(ECOSOCC),促进与成员国政府合作设立非国家行为者,并动员其积极参与《2063 年议程》的本地化、执行、监测和评估。此外,还将每年举办一次非洲大陆利益攸关方论坛,届时来自非洲大陆各阶层的利益攸关方,包括海外非洲民众,将齐聚一堂,就《2063 年议程》的执行进展情况展开讨论。

• 所有公民均参与《2063 年议程》的进程,享受其结果,这是《2063 年议程》愿景 1、4 和 6 的核心所在。将设立相关愿景的具体目标和战略,扩大贫困人口获得生产性机会和参与经济活动的机会;向弱势群体、边缘化和残疾人提供社会保障,并为妇女和青年赋权。

• 公民积极参与是已经制定并即将实施的宣传战略的核心,相关战略旨在以行动呼吁的形式激励非洲公民积极参与。

结果导向

• 为确保在国家和非洲大陆两级向成果规划模式转变,非洲已作出大量努力。对国家计划的审核表明,各国正越来越多地将成果框架作为监测和评价国家计划的基础。为巩固这一成效,《2063 年议程》还设置了成果框架,鼓励各成员国将其纳入其国家体系。

• 分配给《2063 年议程》国家咨询小组的职责是确保《2063 年议程》成果框架不会束之高阁,而是用以要求利益攸关方对成果负责。

非盟委员会(AUC)和区域共同体国家在议程实施方面协商确定和法律规定的角色

拟议的《第一个十年执行计划》执行、监测和评估的体制安排,赋予非盟委员会(AUC)和区域经济共同体国家关键性的作用。已指定区域经济共同体作为联系非盟委员会(AUC)和成员国在执行、监测和评估方面的具体作用是，作为纽带联系非盟委员会（AUC）和成员国。为了使这一联系有效地发挥作用，区域经济共同体和非盟委员会不仅必须协调一致，而且必须相互遵守既定/商定的义务。目前正在努力确保这一点的落实和实施。

- 已经设立相关平台，在向执行理事会提交文件之前，非盟委员会（AUC）和区域经济共同体通过该平台会晤商定与《2063年议程》和其他议程有关的政策问题。在此基础上，就《第一个十年执行计划》的实施、监测和评估，有必要研究非盟委员会和区域经济共同体之间的具体分工。之后，双方应至少/临时就各自的角色和义务签署谅解备忘录。

- 《2063年议程》部长级委员会由各区域经济共同体主席组成，委员会成立后百般努力，力求促进非盟委员会和区域经济共同体协同合作，共同推进《第十个十年执行计划》的实施。委员会的审议结果在首脑会议上通过后，对区域经济共同体和非盟委员会均具有约束力。委员会作为区域经济共同体主席的代表，通过审核程序对非盟委员会（AUC）执行《2063年议程》的情况行使监督职能，其双重职能将确保二者协同努力，共同执行《第一个十年执行计划》。

2. 风险、威胁和缓解策略

以下列出了可能影响《第一个十个计划》实施的一些风险/威胁以及相关缓解策略：

冲突、不稳定和不安全

缺乏多元思想、对多样性（主要是种族和宗教）管理不善、对稀缺资源的竞争以及国家经济管理不善的后果是非洲大陆冲突的主要原因。

- 非盟的非洲治理结构为解决多元化问题提供了框架。愿景3，目标11下优先领域（1）"民主价值观和做法成为惯例"为促进非洲大陆的政治多元化提供了工具。此外，巩固民主文化将确保宗教宽容，而宗教宽容的缺失往往是某些成员国冲突和不安全的根源。

- 《2063年议程》为在国家和大陆一级处理多样性问题提供了框架。在国家一级，愿景4、目标13下优先领域（1）"维护和恢复和平与安全"要求在国家一级制定处理种族、排外和宗教狂热等问题的政策和战略。

- 在大陆层级，《2063年议程》处理岛屿国家（蓝色经济/岛屿国家的需求）、内陆国家（港口到首都的铁路贯通）和非自然资源基础国（多样化）的关切。此外，每个领域的预期成果均可灵活调整，以反映各成员国所处的不同的增长点/发展轨迹。

- 对土地、水、采掘资源等稀缺资源的竞争是引发冲突的根源。在《2063年议程》框架内，通过执行非盟土地政策和《非洲矿产远景》，解决了上述问题。例如，《非洲矿产远景》要求在国家采矿战略中要认可并融入手工采矿（矿产国家冲突的一个主要诱因）。

- 国家发展管理能力不足，《2063年议程》本身也就无法执行。如前所述，已制定相关规定，确保培养《2063年议程》所需能力，以管理包容性和透明的发展进程和成果。

- 总体而言，《2063年议程》承认，成功地预防和解决冲突，包括冲突后管理，是到2063年实现非洲愿景的关键所在。鉴于此，18个目标中有3项涉及非洲大陆的和平与安全问题。

未能利用人口红利

在未来50年里，非洲最大的单一资产也是潜在的致命弱点将是青年人口。青年人口的上行风险是他们为经济增长做出贡献，从而提升了收入和就业机会。下行风险则是无法为他们提供薪资可观的就业机会，从而形成潜在的不稳定因素。
- 《2063年议程》提供了避免下行风险的策略。例如，基于愿景1、目标2、优先领域（1）"教育和科技创新推动的技能革命"，有望向青年人提供免费义务中等教育、高等教育以及通过技术职业教育与培训层面提供科技创新方面的就业相关技能。
- 为确保相关技能用于经济增长和减少青年失业（1）作为非洲农业发展综合方案（CAADP）框架组成部分的愿景1，目标5，优先领域1，要求到2023年，在所有农业价值链中，成员国提供/实施将青年就业增加30%的框架政策；（2）基于愿景6，目标18，优先领域（1），到2023年，至少15%的创业企业由青年创办，并将通过增加资本/融资、市场准入等渠道赋予青年更多的机会，其目标是将青年失业率较2013年至少降低25%。

气候风险和自然灾害

政府间气候变化专门委员会宣布，非洲是最易受气候变化和变异性影响，且适应能力较低的大陆之一。
- 预先防范气候变化和非洲多变性的后果——以土地、海洋/河流等为基础的生计。愿景1，目标7，优先领域（3）旨在解决气候复原能力和由此产生的自然灾害问题。目标/战略已经制定/即将实施，以使农民、渔民和牧民能够采用适应气候变化的生产方式，降低农业生物多样性损失、土地利用和林地对话所造成的排放水平。
- 将设立非洲气候基金，以支持在国家一级制定/执行干预战略。该基金将补充非洲在专门用于国家一级实施气候智能和气候适应性政策的全球资金中所占的份额。

外部冲击
- 非洲国家一直，且依然极易受到全球市场力量变化的影响。引发这种冲击的关键因素是商品价格下跌、金融冲击和非洲主要贸易伙伴经济崩溃以及颠覆性的技术。建议的风险缓解策略包括：
- 商品价格下跌：为尽量减少商品价格下跌造成的外部风险，《2063年议程》愿景1，目标4致力于通过农产品和采掘商品的增值促进非洲经济转型——创造就业机会，尽量减少商品价格波动对非洲经济的影响。该目标还规定成员国可实施多样化的经济，目的是尽量减少外部经济冲击对收入、产出和就业的影响。
- 外部金融冲击：由于西方世界金融机构倒闭而产生的金融冲击，可能通过减少外国直接投资、私人股本资本外逃及其对汇率的影响，给非洲经济造成严重破坏。《2063年议程》试图通过减少对援助/外国资本流入的依赖来应对这一威胁。正在计划建立国家、区域和大陆证券交易所、非洲投资银行、非洲信用担保机构、非洲汇款研究所、非洲50年基金和非洲货币联盟，以尽量减少非洲对全球金融体系的依赖。已经为《2063年议程》制定了一项资源调动战略，该战略将实际处理非洲如何依靠自身资源为其发展提供长期资金的问题。
- 颠覆性技术：非洲在颠覆性技术领域的主要风险/威胁是，材料科学和生物技术的进步极大削弱了其自然资源商品作为全球生产过程投入的重要性。对非洲而言，幸运的是，它有机会和权利继续利用旧技术为非洲一体化所营造的市场制造产品，同时通过对科学、技术和创新/研究与发展的投资在颠覆性的技术环境中建设灵活适应的能力。例如，在石油领域，非洲仍有责任为家庭、工厂和办公场所提供电力；为将拥有私家汽车的日益壮大的中产阶级保障汽油供应。因此，从中期来看，非洲不必担心世界其他地区因颠覆性技术替代石油而降低对其石油的需求。

附件5：《2063年议程》第一个十年执行计划：资金需求和相关潜在资金来源——国家层面

愿景1：一个基于包容性增长和可持续发展的繁荣非洲

层面	层面资金的使用	潜在资金来源
目标1：公民拥有较高的生活水平、生活质量和幸福感		对目标2—6的干预将决定目标1的实现。在这一目标下涉及的干预措施很少，目标2—6中的干预措施并未涉及到这些干预措施
	增加对农业的投资以及扶贫项目，以减少饥饿和贫困	●政府对非洲农业发展综合方案（CAADP）投资预算拨款最低为国家预算的10%； ●小额信贷业务将通过扩大小额金融机构（MFI）（加强资本化）和发展金融机构（DFI）的规模提供资金；同时，推动小额金融机构（MFI）在治理、管理和业务领域的能力提升； ●商业金融将由商业银行、发展金融机构（DFI）、非洲人持有的私人股本和风险资本基金以及风险分担和担保机构（如计划中的非洲信用担保机构（ACGA））以及信用保险机构提供资金； ●包含内嵌技术和专有技术转让的外国直接投资及本地中小微企业参与的本地内容开发目标； ●协商一致包含本地内容开发目标的公私合营（PPP）和本地私营部门的参与； ●利用非洲养老基金、非洲主权财富基金、非洲中央银行外汇储备和其他非洲机构投资者的非洲50年基金； ●通过债券、共同基金或直接参与等方式介入某个项目的侨民基金
	向社会弱势群体（包括残疾人）提供现金转账/援助	●通过预算再分配和/或增加税收，为政府经常性支出预算提供资金； ●通过社会性事业众筹基金方式，筹集民族团结基金； ●为社会性事业定期举办的全国性彩票
	增加对城市居住区的投资（包括促进社会住房、减少贫民窟、促进可持续性城市交通系统、水、电、互联网连接覆盖率等）	●通过预算再分配和/或增加税收，为政府经常性支出预算提供资金； ●通过社会性事业众筹基金方式，筹集民族团结基金； ●由住房/抵押贷款银行、发展金融机构（DFIs）、住房融资债券提供资金的商业/优惠融资； ●私人发起人； ●包含内嵌技术和专有技术转让的外国直接投资及本地中小微企业参与的本地内容开发目标； ●·协商一致包含本地内容开发目标的公私合营（PPP）和本地私营部门的参与； ●利用非洲养老基金、非洲主权财富基金、非洲中央银行外汇储备和其他非洲机构投资者的非洲50年基金； ●利用非洲养老基金、非洲主权财富基金、非洲中央银行外汇储备和其他非洲机构投资者的非洲50年基金； ●通过债券、共同基金或直接参与方式介入某个项目的侨民基金

续表

层面	层面资金的使用	潜在资金来源
目标2：公民接受良好的教育，以科学、技术和创新为驱动的技能革命	增加对幼儿教育和免费义务中等教育的投资，重点是科学、技术、工程和数学学科（STEM）	• 通过预算再分配和/或增加税收，为政府经常性支出预算提供资金； • 由住房/抵押贷款银行、发展金融机构（DFIs）、住房融资债券提供资金的商业/优惠融资； • 私人发起人； • 与有能力的地方/市政府建立伙伴关系的小型公私合营企业； • 利用非洲养老基金、非洲主权财富基金、非洲中央银行外汇储备和其他非洲机构投资者的非洲50年基金
	增加对高等教育特别是技术职业教育与培训（TVET）和科学、技术、工程和数学学科（STEM）的投资，以吸收中学毕业生，并支持科技创新推动的技能革命	• 通过预算再分配和/或增加税收，为政府经常性支出预算提供资金； • 由住房/抵押贷款银行、发展金融机构（DFIs）、住房融资债券提供资金的商业/优惠融资； • 私人发起人； • 协商一致包含本地内容开发目标的公私合营（PPP）和本地私营部门的参与； • 与有能力的地方/市政府建立伙伴关系的小型公私合营企业； • 利用非洲养老基金、非洲主权财富基金、非洲中央银行外汇储备和其他非洲机构投资者的非洲50年基金（社会基础设施窗口）。
目标3：国民身体健康，营养健全	增加对保健和营养方案的投资：（1）促进普及优质卫生医疗的覆盖率；（2）减少艾滋病毒/艾滋病死亡、产妇和五岁以下儿童死亡率；（3）消除一切形式的营养不良	• 通过预算再分配和/或增加税收，为政府经常性支出预算提供资金； • 国家健康保险计划； • 由住房/抵押贷款银行、发展金融机构（DFIs）、住房融资债券提供资金的商业/优惠融资； • 私人发起人； • 与有能力的地方/市政府建立伙伴关系的小型公私合营企业； • 利用非洲养老基金、非洲主权财富基金、非洲中央银行外汇储备和其他非洲机构投资者的非洲50年基金（社会基础设施窗口）。
目标4：经济转型和就业	增加本地中小微企业的融资渠道，加快劳动密集型增值制造业与区域和全球价值链的联系，创造本地增值采掘业；增加营运资本和贸易融资渠道，促进非洲内部贸易的增长	• 通过预算再分配和/或增加税收，为政府经常性支出预算提供资金； • 小额信贷业务将通过扩大小额金融机构（MFI）（加强资本化）和发展金融机构（DFI）的规模提供资金；同时，推动小额金融机构（MFI）在治理、管理和业务领域的能力提升； • 商业金融将由商业银行、发展金融机构（DFIs）、非洲人拥有的私人股本和风险资本基金，风险分担和担保机构（如计划中的非洲信用担保机构（ACGA））以及信用保险机构和区域保险/再保险机构，如AfricaRe、非洲信用担保机构（ACGA）、北非联系阿拉伯投资担保公司（IAIGC）和伊斯兰投资和出口信贷保险公司（ICIEC）、国家/地区证券交易所、国家/地区债券提供资金； • 支持非洲内部贸易的贸易融资将由商业银行、非洲进出口银行（Afreximbank）、拟议的非洲信用担保机构（ACGA））；非洲贸易保险公司（ATI）、计划设立的西非经共体投资担保机构、北非联系阿拉伯投资担保公司（IAIGC）和伊斯兰投资和出口信贷保险公司（ICIEC）、非洲开发银行（AfDB）和发展金融机构（DFI）的贸易融资信贷额度提供资金； • 包含内嵌技术和专有技术转让的外国直接投资及本地中小微企业参与的本地内容开发目标； • 协商一致包含本地内容开发目标的公私合营（PPP）和本地私营部门的参与； • 通过债券、共同基金或直接参与方式介入某个项目的侨民基金； • 利用非洲养老基金、非洲主权财富基金、非洲中央银行外汇储备和其他非洲机构投资者的非洲50年基金（贸易便利化运输和物流基础设施）

续表

层面	层面资金的使用	潜在资金来源
目标4：经济转型和就业	增加公司的融资渠道——涉及创意艺术（电影、戏剧、时装、金属器物加工等）、金融、酒店和旅游业、电子工业和企业以及对科技创新驱动的研发投资等新型和现有的领域	●小额信贷业务将通过扩大小额金融机构（MFI）（加强资本化）和发展金融机构（DFI）的规模提供资金；同时，推动小额金融机构（MFI）在治理、管理和业务领域的能力提升； ●商业金融将由商业银行、发展金融机构（DFIs）、非洲人拥有的私人股本和风险资本基金，风险分担和担保机构（如计划中的非洲信用担保机构（ACGA））以及信用保险机构和区域保险/再保险机构，如AfricaRe、非洲信用担保机构（ACGA）、北非联系阿拉伯投资担保公司（IAIGC）和伊斯兰投资和出口信贷保险公司（ICIEC）、国家/地区证券交易所、国家/地区债券提供资金； ●支持非洲内部贸易的贸易融资将由商业银行、非洲进出口银行（Afreximbank）、拟议的非洲信贷担保机构（ACGA））；非洲贸易保险公司（ATI）、计划设立的西非经共体投资担保机构、北非联系阿拉伯投资担保公司（IAIGC）和伊斯兰投资和出口信贷保险公司（ICIEC）提供资金。尤其要考虑通过增强非洲贸易保险公司（ATI）、西非国家经济共同体（ECOWAS）；政府间发展管理局（IGAD）和非洲进出口银行的资本化，扩大规模，进而提高其运营能力； ●包含内嵌技术和专有技术转让的外国直接投资及本地中小微企业参与的本地内容开发目标； ●协商一致包含本地内容开发目标的公私合营（PPP）和本地私营部门的参与； ●通过债券、共同基金或直接参与方式介入某个项目的侨民基金； ●利用非洲养老基金、非洲主权财富基金、非洲中央银行外汇储备和其他非洲机构投资者的非洲50年基金（贸易便利化运输和物流基础设施）
目标5：较高生产力和高产的现代化农业及蓝色经济	增加对农业部门的投资，以加速其增长；降低收获后的损失，并在所有农业价值链上创建青年农业企业；增加对渔业的投资，包括建立跨越所有价值链的渔业企业；旅游业；土著人拥有的航运和货运服务以及港口设施和管理的现代化	●通过预算再分配和/或增加税收，为政府经常性支出预算提供资金，确保10%的公共资金用于农业； ●小额信贷业务将通过扩大小额金融机构（MFI）（加强资本化）和发展金融机构（DFI）的规模提供资金；同时，推动小额金融机构（MFI）在治理、管理和业务领域的能力提升； ●商业金融将由商业银行、发展金融机构（DFIs）、非洲人拥有的私人股本和风险资本基金以及风险分担和担保机构（如计划中的非洲信用担保机构（ACGA））以及信用保险机构和区域保险/再保险机构，如AfricaRe、非洲信用担保机构（ACGA）、北非联系阿拉伯投资担保公司（IAIGC）和伊斯兰投资和出口信贷保险公司（ICIEC）、国家/地区证券交易所、国家/地区债券提供资金； ●支持非洲内部贸易的贸易融资将由商业银行、非洲进出口银行（Afreximbank）、拟议的非洲信贷担保机构（ACGA））；非洲贸易保险公司（ATI）、计划设立的西非经共体投资担保机构、北非联系阿拉伯投资担保公司（IAIGC）和伊斯兰投资和出口信贷保险公司（ICIEC）、非洲开发银行（AfDB）和发展金融机构（DFI）的贸易融资信贷额度提供资金。尤其通过增强非洲贸易保险公司（ATI）的资本化，扩大规模的西非经共体投资担保机构应考虑提高其运营能力； ●包含内嵌技术和专有技术转让的外国直接投资及本地中小微企业参与的本地内容开发目标； ●协商一致包含本地内容开发目标的公私合营（PPP）和本地私营部门的参与； ●通过债券、共同基金或直接参与一个项目中介的侨民基金； ●利用非洲养老基金、非洲主权财富基金、非洲中央银行外汇储备和其他非洲机构投资者的非洲50基金（贸易便利化运输和物流基础设施）。

续表

层面	层面资金的使用	潜在资金来源
目标6：环境可持续，适合气候条件的经济体和地区	增加对以下方面的投资：（1）保护陆地、内陆水域、沿海和海洋地区；（2）满足用水需求和提高生产力；（3）农民、渔民和牧民的适应气候的生产系统；（4）减少碳排放；（5）减少人为灾害造成的财产损失的系统	● 通过重新分配预算和污染税，实现政府投资预算； ● 通过以注重可持续发展的非洲机构和公民为对象的众筹等方式，调动筹集慈善资金； ● 包含内嵌技术和专有技术转让的外国直接投资及本地中小微企业参与的本地内容开发目标； ● 协商一致包含本地内容开发目标的公私合营（PPP）和本地私营部门的参与； ● 基于减少碳排放的国家项目（即可再生能源和/或再造林项目）而累积的碳信用

愿景2：一个建立在泛非主义理想和非洲复兴愿景之上的政治统一的一体化非洲大陆

	国家层面资金的使用	潜在资金来源
目标7：非洲一体化（联邦或邦联）	旨在促进了非洲内部贸易，但在目标4和目标5下讨论了实现该愿景所需的投资/贸易融资	
目标8：世界一流基础设施遍及非洲	需要增加资金获得的机会，以便：（一）在国家一级为非洲高速列车网络做准备；（二）履行跨非洲公路缺失环节相关的国家责任；（三）增加发电量；（四）提高互联网和宽带普及率	● 通过预算再分配和/或增加税收，为政府经常性支出预算提供资金； ● 商业金融将由商业银行、发展金融机构（DFIs）、非洲人拥有的私人股本和风险资本基金以及风险分担和担保机构（如计划中的非洲信用担保机构（ACGA））以及信用保险机构和区域保险/再保险机构，如AfricaRe，非洲信用担保机构（ACGA）、北非联系阿拉伯投资担保公司（IAIGC）和伊斯兰投资和出口信贷保险公司（ICIEC）、国家/地区证券交易所、国家/地区债券提供资金；
		● 参股：公司在当地和地区证券交易所上市；
		● 支持非洲内部贸易的贸易融资将由商业银行、非洲进出口银行（Afreximbank）、拟议的非洲信贷担保机构（ACGA））；非洲贸易保险公司（ATI）、计划设立的西非经共体投资担保机构、北非联系阿拉伯投资担保公司（IAIGC）和伊斯兰投资和出口信贷保险公司（ICIEC）、非洲开发银行（AfDB）和发展金融机构（DFI）的贸易融资信贷额度提供资金；
		● 含内嵌技术和专有技术转让的外国直接投资及本地中小微企业参与的本地内容开发目标； ● 协商一致包含本地内容开发目标的公私合营（PPP）和本地私营部门的参与；
		● 通过债券、共同基金或直接参与方式介入某个项目的侨民基金； ● 利用非洲养老基金、非洲主权财富基金、非洲中央银行外汇储备和其他非洲机构投资者的非洲50年基金（贸易便利化运输和物流基础设施）

愿景3：一个善治、民主、尊重人权、正义和法治的非洲

	国家层面资金的使用	潜在资金来源
目标9：确立民主价值观、具体做法、人权、正义和法治等普遍原则	这一目标下的干预措施不需要增加投资。相关进程和系统的实施过程大部分可以融入当下正在实施的计划中	
目标10：各级机构卓有能力，领导具有革新思想		● 通过预算再分配和/或增加税收，为政府经常性支出预算提供资金； ● 通过加强治理和监督，收回非法外流资金； ● 服务性收费（如司法）

愿景 4：一个和平而稳定的非洲

	潜在资金来源
目标 11：和平、安全与稳定得以维持 目标 12：建立稳定和平的非洲大陆 目标 13：全面运行的非洲和平与安全架构（APSA）	利用成员国现有的安全系统/人力资源，当需要其参与应对大陆/全球安全问题时，外部资金来源将提供资金支持。成员国在这方面的费用由其向和平与安全基金的入资额负担，该基金源自成员国上缴非盟的会费

愿景 5：一个拥有强烈文化认同、共同遗产、价值观和道德准则的非洲

	潜在资金的来源
目标 14：非洲文化复兴得以凸显	文化目标 5"非洲复兴得以凸显"提到了非洲创意艺术企业获得更多资金的机会

愿景 6：一个依靠人民和民众潜力，尤其是妇女和青年潜力，并关爱儿童的非洲

	国家层面资金使用	潜在资金来源
目标 15：社会生活各个方面充分实现性别平等	针对妇女创业和妇女拥有企业的支助方案；	● 通过重新分配预算和污染税，实现政府投资预算； ● 小额信贷业务将通过扩大小额金融机构（MFI）（加强资本化）和发展金融机构（DFI）的规模提供资金；同时，推动小额金融机构（MFI）在治理、管理和业务领域的能力提升；
		● 商业金融将由商业银行、发展金融机构（DFIs）、非洲人拥有的私人股本和风险资本基金以及风险分担和担保机构（如计划中的非洲信用担保机构）以及信用保险机构和区域保险/再保险机构，如 AfricaRe，非洲信用担保机构（ACGA）、北非联系阿拉伯投资担保公司（IAIGC）和伊斯兰投资和出口信贷保险公司（ICIEC）、国家/地区证券交易所、国家/地区债券提供资金；
		● 通过债券、共同基金或直接参与方式介入某个项目的侨民基金； ● 通过预算再分配和/或增加税收，为政府经常性支出预算提供资金；
目标 16：提升青少年的权利与参与度	增加对青年创业的投资（目标 2 下涵盖为青年提供的技术职业教育与培训（TVET）/可就业技能） ● 通过债券、共同基金或直接参与方式介入某个项目的侨民基金；	● 小额信贷业务将通过扩大小额金融机构（MFI）（加强资本化）和发展金融机构（DFI）的规模提供资金；同时，推动小额金融机构（MFI）在治理、管理和业务领域的能力提升；
		● 商业金融将由商业银行、发展金融机构（DFIs）、非洲人拥有的私人股本和风险资本基金以及风险分担和担保机构（如计划中的非洲信用担保机构）以及信用保险机构和区域保险/再保险机构，如 AfricaRe，非洲信用担保机构（ACGA）、北非联系阿拉伯投资担保公司（IAIGC）和伊斯兰投资和出口信贷保险公司（ICIEC）、国家/地区证券交易所、国家/地区债券提供资金；

愿景 7：一个作为强大、团结、富有活力和影响力的国际事务的参与者和合作伙伴的非洲

目标 17：加强非洲在国际事务及和平进程中的伙伴作用	这方面不需要增加投资	
目标 18：非洲自主融资，推动经济发展	建立全国性证券交易所	● 私人发起人； ● 协商一致包含本地内容开发目标的公私合营（PPP）和本地私营部门的参与；

《2063 年议程》供资需求和相关供资来源矩阵——区域和大陆层面

愿景 1：一个基于包容性增长和可持续发展的繁荣非洲

	区域/大陆层面	
	资金的使用	潜在资金来源
目标 1：公民拥有较高的生活水平、生活质量和幸福感	到 2030 年，建立区域城市管理研究与实践研究所	● 非盟委员会（AUC）根据奥巴桑乔非盟替代资金来源问题高级别小组（HLPASF）的报告建议或同等成员国捐款，通过向非洲私营部门公司征税供资的业务预算（AUC）； ● 服务费
目标 2：公民接受良好的教育，以科学、技术和创新为驱动的技能革命	到 2025 年，建立非洲教育认证机构	● 非盟委员会（AUC）根据奥巴桑乔非盟替代资金来源问题高级别小组（HLPASF）的报告建议或同等成员国捐款，通过向非洲私营部门公司征税供资的业务预算（AUC）； ● 服务费； ● 对国家认证机构的年度征税
	到 2023 年，建成非洲虚拟大学	● 非盟委员会（AUC）根据奥巴桑乔非盟替代资金来源问题高级别小组（HLPASF）的报告建议，通过向非洲私营部门公司征税供资的业务/方案预算； ● 服务费
	到 2020 年，巩固非洲大学	未提及
目标 3：国民身体健康，营养健全	到 2025 年，建立非洲疾病控制中心	● 非盟委员会（AUC）根据奥巴桑乔非盟替代资金来源问题高级别小组（HLPASF）的报告建议或同等成员国捐款，通过向非洲私营部门公司征税供资的业务/方案预算； ● 服务费
目标 4：经济转型和就业	到 2025 年，设立非洲矿产开发中心	非盟委员会（AUC）根据奥巴桑乔非盟替代资金来源问题高级别小组（HLPASF）的报告建议，通过向非洲私营部门公司征税供资的业务/方案预算或同等成员国捐款； ● 针对非洲矿业公司的众筹； ● 服务费
	到 2025 年，建立两个区域商品交易所和大陆交易所	● 非盟委员会（AUC）根据奥巴桑乔非盟替代资金来源问题高级别小组（HLPASF）的报告建议，通过向非洲私营部门公司征税供资的业务/方案预算或同等成员国捐款； ● 私营部门发起人； ● 服务费

续表

	区域/大陆层面	
	资金的使用	潜在资金来源
目标5：较高生产力和高产的现代化农业	到2025年，建立非洲蓝色经济中心	• 非盟委员会（AUC）根据奥巴桑乔非盟替代资金来源问题高级别小组（HLPASF）的报告建议，通过向非洲私营部门公司征税供资的业务/方案预算或同等成员国捐款； • 服务费； • 协商一致包含本地内容开发目标的公私合营（PPP）和本地私营部门的参与
目标6：蓝色/海洋经济	未提及	未提及
目标7：环境可持续，适合气候条件的经济体和地区	到2025年，设立非洲气候基金	• 非盟通过非盟向成员国征收碳信用；或者通过实施碳排放/缓解气候变化项目； • 非盟委员会（AUC）根据奥巴桑乔非盟替代资金来源问题高级别小组（HLPASF）的报告建议，通过向非洲私营部门公司征税供资的业务/方案预算或同等成员国捐款； • 具有本地内容开发目标和本地私营部门参与的公私合营PPP

愿景2：一个建立在泛非主义理想和非洲复兴愿景之上的政治统一的一体化非洲大陆

	区域/大陆	
	资金的使用	资金来源
目标8：非洲一体化（联邦或邦联）	未提及	未提及
目标9：世界一流基础设施遍及非洲	到2035年，实施英加水电站项目，并将其作为大陆综合电网的核心组成部分	• 商业金融将由商业银行、发展金融机构（DFIs）、非洲人拥有的私人股本和风险资本基金以及风险分担和担保机构（如计划中的非洲信用担保机构）以及信用保险机构和区域保险/再保险机构，如AfricaRe，非洲信用担保机构（AC-GA）、北非联系阿拉伯投资担保公司（IAIGC）和伊斯兰投资和出口信贷保险公司（ICIEC），及拟议的非洲投资银行提供资金； • 协商一致包含本地内容开发目标的公私合营（PPP）和本地私营部门的参与； • 海外侨民债券； • 区域基础设施债券发行收入； • 区域证券交易所股票发行收入
	到2050年，建成非洲高速铁路网	• 商业金融将由商业银行、发展金融机构（DFIs）、非洲人拥有的私人股本和风险资本基金以及风险分担和担保机构（如计划中的非洲信用担保机构）以及信用保险机构和区域保险/再保险机构，如AfricaRe，非洲信用担保机构（AC-GA）、北非联系阿拉伯投资担保公司（IAIGC）和伊斯兰投资和出口信贷保险公司（ICIEC）提供资金； • 协商一致包含本地内容开发目标的公私合营（PPP）和本地私营部门的参与； • 海外侨民债券； • 区域基础设施债券发行收入； • 区域证券交易所股票发行收入
目标10：金融与货币机构	未提及	未提及

愿景 3：一个善治、民主、尊重人权、正义和法治的非洲

	资金的使用	资金来源
目标 11：确立民主价值观、具体做法、人权、正义和法治等普遍原则	未提及	未提及
目标 12：各级机构卓有能力，领导具有革新思想	为区域经济共同体、非盟（AUC）和所有非盟机构提供的能力提升计划： （1）基于绩效的计划和项目管理； （2）区域和大陆计划设计和管理； （3）战略伙伴关系管理；	• 非盟委员会（AUC）根据奥巴桑乔非盟替代资金来源问题高级别小组（HLPASF）的报告建议，通过向非洲私营部门公司征税供资的业务/方案预算或同等成员国捐款；

愿景 4：一个和平而稳定的非洲

	资金的使用	资金来源
目标 13：和平、安全与稳定得以维持	非洲待命部队的干预和冲突后管理	• 非盟委员会（AUC）根据奥巴桑乔非盟替代资金来源问题高级别小组（HLPASF）的报告建议，通过向非洲私营部门公司征税供资的业务/方案预算或同等成员国捐款； • 通过社会性事业众筹基金方式，筹集民族团结基金
目标 14：建立稳定和平的非洲大陆	未提及	未提及
目标 15：全面运行的非洲和平与安全架构（APSA）	未提及	未提及

愿景 5：一个拥有强烈文化认同、共同遗产、价值观和道德准则的非洲

	资金的使用	资金来源
目标 16：非洲文化复兴得以凸显	自 2020 年起，每半年举办一次泛非文化节（涉及音乐、舞蹈、电影、时装/时装等）	• 非盟委员会（AUC）根据奥巴桑乔非盟替代资金来源问题高级别小组（HLPASF）的报告建议，通过向非洲私营部门公司征税供资的业务/方案预算或同等成员国捐款； • 私营部门赞助； • 私人发起人； • 服务费
目标 16：非洲文化复兴得以凸显	到 2018 年，完成《非洲百科全书》编撰工作	• 非盟委员会（AUC）根据奥巴桑乔非盟替代资金来源问题高级别小组（HLPASF）的报告建议，通过向非洲私营部门公司征税供资的业务/方案预算或同等成员国捐款； • 针对非洲侨民的众筹
目标 16：非洲文化复兴得以凸显	到 2030 年，在达喀尔设立泛非秘书处	• 非盟委员会（AUC）根据奥巴桑乔非盟替代资金来源问题高级别小组（HLPASF）的报告建议，通过向非洲私营部门公司征税供资的业务/方案预算或同等成员国捐款； • 针对非洲侨民的众筹

愿景 6：一个依靠人民和民众潜力，尤其是妇女和青年潜力，并关爱儿童的非洲

	资金的使用	资金的来源
目标 17：社会生活各个方面充分实现性别平等	到 2017 年，设立非洲妇女基金	• 非盟委员会（AUC）根据奥巴桑乔非盟替代资金来源问题高级别小组（HLPASF）的报告建议，通过向非洲私营部门公司征税供资的业务/方案预算或同等成员国捐款； • 面向大众的众筹
目标 18：提升青少年的权利与参与度	未提及	未提及

愿景 7：一个作为强大、团结、富有活力和影响力的国际事务的参与者和合作伙伴的非洲

	资金的使用	潜在资金来源
目标 19：加强非洲在国际事务及和平进程中的伙伴作用	建立非洲全球伙伴关系平台，并于 2017 年投入运行	• 非盟委员会（AUC）根据奥巴桑乔非盟替代资金来源问题高级别小组（HLPASF）的报告建议，通过向非洲私营部门公司征税供资的业务/方案预算或同等成员国捐款； • 私营部门赞助； • 服务费； • 目标群体参与费； • 私人发起人
目标 20：非洲自主融资，推动经济发展	到 2020 年，非洲汇款研究所开始运行	• 非盟委员会（AUC）根据奥巴桑乔非盟替代资金来源问题高级别小组（HLPASF）的报告建议，通过向非洲私营部门公司征税供资的业务/方案预算或同等成员国捐款； • 私营部门赞助； • 服务费； • 目标群体参与费； • 私人发起人
	到 2025 年，建立和运作非洲信贷担保机制	• 非洲成员国； • 非洲机构投资者（中央银行、银行、DFI、养老金基金、保险等）
	到 2020 年，建立非洲投资银行	• 非洲成员国； • 非洲机构投资者（中央银行、银行、DFI、养老金基金、保险等）

《2063年议程》第一个十年执行计划实施报告

序　言

2013年1月，非洲联盟峰会通过《2063年议程》（Agenda 2063），议程以"我们想要的非洲"为主题，为非洲可持续发展和非洲大陆经济增长制定了蓝图和总体计划。该议程是非洲国家和政府首脑对非洲各国转型成为世界强国的郑重承诺。

为了在50年内高效实施《2063年议程》，2015年6月，在非洲联盟峰会上，与会各国制定并相继签署了第一个十年规划（2014—2023年）。

与非盟基于结果的发展方针相一致，会议高度重视《2063年议程》的执行情况，将其作为促进各国及地区之间相互学习，彼此共责，从而实现非洲发展目标的先决条件。

以此为背景，非洲联盟委员会（AUC）和非洲联盟开发署—发展新伙伴计划（AUDA-NEPAD）共同承担起协调撰写《2063年议程》第一个十年规划目标非洲大陆执行进度报告的任务。

本报告基于切实证据，综合评定了《2063年议程》在国家和区域层面上所取得的成效，详细阐述了各区域及非洲大陆具体支持情况和取得的成果。报告推动了包括国家和地方政府、区域机构、社会组织、学术机构以及其他发展伙伴在内的相关机构和组织相互协作，加速推动实施非洲发展蓝图。

我们衷心希望，《2063年议程》所彰显的价值观和各项呼吁能够坚定我们的决心，鼓舞我们不懈努力，最终建成"我们想要的非洲"。

阿拉萨内·瓦塔拉 阁下
科特迪瓦共和国总统，
非洲联盟《2063年议程》拥护者

穆萨·法基 阁下
非洲联盟委员会主席

前　言

《2063 年议程》的实施在各个层面均积蓄了动能。正如本报告所描述，在完成《2063 年议程》第一个十年规划任务目标的过程中，非洲大陆已经取得了显著进展。

2018 年 1 月，执行理事会在 32 次例行会议上批准执行理事会 987（XXXII）号决议中提及的《监控和评估框架指标手册》。财政、货币事务、经济规划以及一体化专门技术委员会在 2019 年 3 月举行的部长级会议上提议，非洲联盟委员会和非洲联盟开发署要带头协调《2063 年议程》的两年期洲际业绩报告的撰写工作，并确保按时提交给政策制定机构。

因此，非洲联盟开发署和非洲联盟委员会开发了基于实证的研究方法，指导非盟成员国和区域经济共同体就《2063 年议程》的实施状况编写进度实证报告。该方法为《2063 年议程》第一个十年规划相关目标的数据采集，数据分析以及标准化报告撰写提供整套的分析工具和理论模型。此外，针对目标和战略重点区域完成情况的测评表有助于高效快速评估已取得的进展，并为利益攸关方相互审核、开展对话及制定决策提供基础支撑。

随后，非洲联盟委员会和非洲联盟开发署为成员国及区域经济共同体提供技术支持，帮助其撰写《2063 年议程》进度报告。

作为非洲大陆首份发展报告，该报告涵盖了 31 个非洲联盟成员国的信息，覆盖 56% 的非洲大陆和 6 个区域经济共同体。报告综合分析了迄今为止已经进行了 6 年的规划实施情况，对第一个十年规划的总体执行进度进行了综合分析。

作为非盟的发展机构，非洲联盟开发署满怀热忱，为成员国、区域经济共同体及泛非机构提供平台，借助高效的整合性计划，协调并推行《2063 年议程》，同时利用合作伙伴关系和技术合作，最终促进非洲大陆协同发展。

易卜拉欣·阿萨内·梅亚基博士（Dr.Ibrahim Assane Mayaki）
非洲联盟发展署首席执行官

致　　谢

《2063 年议程》第一个十年规划执行状况首报由非洲联盟发展署——"非洲发展新伙伴计划（NEPAD）"和非洲联盟委员会等机构专家组成技术小组协同完成。

在非洲联盟发展机构——非洲联盟发展署/卓越管理和计划评测中心知识管理总监塔拉·凯贝（Talla Kebe）先生的带领下，非洲联盟发展机构——非洲联盟发展署技术与报告撰写团队顺利完成了报告撰写工作。西蒙·基西拉（Simon Kisira）先生和安松·恩苏内（Andson Nsune）先生负责协调研究工作、制定基准、数据统计、数据管理、与成员国进行同行审查和报告起草工作。阿比奥拉·舒曼（Abiola Shomang）女士负责协调报告的内容管理、知识管理和整体设计；技术小组提供相关支持，成员包括：安德里埃特·费雷拉（Andriette Ferreira）女士（设计师）、芭芭拉·格洛弗（Barbara Glover）女士（知识管理）、梅塞德斯·莱布鲁（Mercedes Leburu）女士、凯文·卡哈塔诺（Kevin Kahatano）先生和阿西亚·梅格福尔（Assia Meghfour）女士（报告起草和审核），以及马丁·布瓦利亚（Martin Bwalya）先生和穆罕默德·阿卜迪（Mohamed Abdisalam）先生（监测与评估框架）。

非洲联盟委员会（AUC）技术团队由非盟委员会战略政策规划、监测、评估和资源调配司司长——梅斯芬·泰塞马先生（Mesfin Tessema）负责，小组成员包括：阿卜杜勒克雷姆·埃扎尔丁（Mr. Abdelkreem Y. Ezaldin）先生（同行审查和协调）、松巴·蒂查霍纳（Shumba Tichawona）先生（同行审查）、约瑟芬·埃蒂玛（Josephine Etima）女士（内容管理）、查尔斯·旺加迪亚（Charles Wangadya）先生（内容管理）、奥蒂莱·塞图尼韦（Oitsile Sethunyiwe）先生（报告起草）和罗塞特·兰德里亚纳里韦洛（Rosette Randrianarivelo）女士（报告起草）。

非洲大陆层级报告总结分析了 31 个非盟成员国和 6 个区域经济共同体在推动落实《2063 年议程》第一个十年实施规划方面所做出的贡献。

特别感谢以下提供了进展报告的成员国：阿尔及利亚、贝宁、博茨瓦纳、布基纳法索、中非共和国、乍得、科特迪瓦、埃及、埃斯瓦蒂尼、埃塞俄比亚、加纳、几内亚、莱索托、利比里亚、马达加斯加、马里、莫桑比克、纳米比亚、尼日尔、尼日利亚、卢旺达、塞内加尔、塞舌尔、南非、苏丹、坦桑尼亚、多哥、突尼斯、乌干达、赞比亚和津巴布韦。

同时要感谢以下为非盟旗舰项目做出贡献的区域经济共同体（RECs）：东非共同体（EAC）、中非国家经济共同体（ECCAS）、东部和南部非洲共同市场（COMESA）、南部非洲发展共同体（SADC）、阿拉伯马格里布联盟（AMU）和东非政府间发展组织（IGAD）。

值此向《2063 年议程》非盟发起者技术团队致以深深的谢意——科特迪瓦总统阿拉萨内·瓦塔拉阁下（Alassane Ouattara）对《2063 年议程》实施情况的首份进展报告进行了同行审查。感谢大使委员会主席、博茨瓦纳驻非盟大使泽内内·西诺贝阁下（Zenene Sinombe）在确定统计和研究方法，及在发展报告撰写方面向技术小组提供的坚定支持和指导。同样，感谢非盟委员会各相关部门，感谢你们提供数据和内容，尤其是有关非盟旗舰项目方面的内容，帮助我们充实了各区域经济共同体递交的进展报告。

特别感谢非洲联盟开发署—非洲发展新伙伴计划（AUDA-NEPAD）常设代表委员会（PRC）小组委员会在本报告定稿过程中进行了同行评审并提供了技术指导。

感谢由非洲联盟委员会、非洲联盟发展署——非洲发展新伙伴计划、非洲互查机制、所有8个区域经济共同体、非洲开发银行、联合国经济和社会事务部、非洲经济委员会、非洲可持续发展目标中心以及非洲能力建设基金会组成的技术小组，你们制定并审定的第一份《2063年议程》指标手册及监测与评估框架，为本报告的撰写提供了方法指导。

执行概要

《2063年议程》是非洲大陆将非洲转变为未来全球发展强区的蓝图和总体计划，详细展示了非洲大陆在50年内实现该目标的具体步骤和方法。《2063年议程》第一个十年实施规划（2014年—2023年）概述了非洲大陆在各个国家、区域和整个非洲大陆拟实现的一系列目标，优先发展领域及具体指标。在此背景下，非洲联盟委员会和非洲联盟发展署——非洲发展新伙伴计划受非洲联盟政策机构委托，负责协调和编写《2063年议程》两年期绩效报告。作为第一份大陆级报告，该报告汇总分析了31个非洲联盟成员国的进展报告。数据涵盖31个成员国，覆盖了非洲大陆56%的土地面积和6个区域经济共同体。报告以2019年目标为参照，展示了非洲地区在落实《2063年议程》过程中所取得的进展。

突出重点

通过将《2063年议程》纳入国内和区域发展战略，非洲大陆已经着手实施50年发展蓝图。对照2019年各项目标，完成率累计已达到32%。

在愿景实现水平方面，非洲大陆在其愿景4"一个和平而稳定的非洲"方面表现良好（48%）：大多数成员国报告称，除非洲大陆级和平与安全架构之外，各国也制定了有效的国家和平机制。同样，在愿景2方面的表现也相对良好，完成率达到44%，实现了"一个建立在泛非主义理想和非洲复兴愿景之上的政治统一的一体化非洲大陆"的目标。这是各成员国在推动非洲大陆自由贸易区建设等方面携手合作、共同努力的结果。

愿景6"一个依靠人民和民众潜力，尤其是妇女和青年潜力，并关注儿童成长和发展的非洲"已经完成38%，完成情况相对较好。而能有如此成绩，主要原因是《非洲青年宪章》落实情况较好，较2019年目标已完成77%。

由于互联网接入人口比例呈指数增长，在"公民拥有较高的生活水平，生活质量和幸福感"这一目标方面取得了骄人的成绩。即便如此，在愿景1"一个基于包容性增长和可持续发展的繁荣非洲"方面，整个大陆表现不佳，累计完成率仅为29%。此外，在与善治、民主、尊重人权和法治有关的问题上，"愿景3"目标得分很低，累计完成率为16%。其主要原因在于，公共服务机构腐败严重，领导人问责机制和机构建设薄弱，新闻舆论自由度低。非洲大陆在"愿景5"方面成效甚微，比照2019年目标，累计完成率仅为12%。其主要原因在于非洲土著文化、价值观和语言在中小学课程中融入率很低。

区域层面，在《2063年议程》第一个十年实施规划的七个愿景中，东非在五个方面表现最好。比照2019年目标，累计完成率达到40%；西非的累计完成率为34%；北非的完成率为

27%；南部非洲和中非地区 2019 年目标完成率均为 25%。

《2063 年议程》旗舰项目实施进展

非洲大陆在实施 14 个非盟旗舰项目方面取得了显著进展。在优化非洲大陆自由贸易区运营方面进展喜人。非盟成员国在推进非洲自由贸易协定方面，总体完成率达到 2019 年设定目标的 92%。迄今为止，已有 54 个国家签署了该协定。其中，29 个国家正式批准接受了非洲自由贸易协定。另外，在"公民自由流动和非洲统一护照"方面也取得了显著进展。32 个成员国签署了与《人员自由流动、居住权和住所权议定书》相关的《建立非洲经济共同体条约》。

非洲单一航空运输市场于 2018 年 1 月在非洲联盟第 30 届例行峰会期间提出。自那时起，覆盖非洲几乎 80% 空中运输业务的 29 个非盟成员国已先后签署了建立非洲单一航空运输市场（SAATM）的《郑重承诺》。"非洲单一航空运输市场"18 个成员国已经签署《实施备忘录》，以消除违背《亚穆苏克罗决议》以及影响航空服务协定的各种限制。

各成员国同意将"消弭非洲枪声"作为 2020 年度非洲联盟的主题，以此突显非洲大陆在降低武装冲突数量方面所取得的显著成效。此外，联合国安理会的非洲成员正努力在各种国际场合推介"消弭枪声"议程。

计划于 2023 年投入运营的非洲大博物馆也取得了显著进展。非洲大博物馆奴隶贸易常设纪念馆将由阿尔及利亚人民民主共和国负责建设运营，馆内主要展示、保护并宣介非洲大陆丰富的文化遗产。

《2063 年议程》各国实施概况

自 2015 年第一个十年实施规划实施以来，根据各国及各区域发展战略，42 个成员国和 5 个区域经济共同体已经得到技术支持，帮助其在国内或区域内落实《2063 年议程》。其中，很多国家已经将《2063 年议程》嵌入其国内发展架构，并将"《2063 年议程》成果框架"纳入其国家发展规划，由具体人员负责实施。

各国资源调动规划

执行理事会批准了《〈2063 年议程〉融资和资源调动战略》，并要求非洲联盟委员会和非洲开发银行与联合国非洲经济委员会和非洲联盟开发署密切合作，筹划编写《〈2063 年议程〉融资和国内资源调动路线图及实施指南》，供非盟成员国和区域经济共同体参考。

相关建议

仍有必要加大力度宣传《2063 年议程》及其对国家和区域发展努力的附加意义。应继续努力，在国家、区域及整个非洲不断深化非洲大陆发展议程的国内推广，要将发展议程融入规划、预算和实施等各个环节。亟需将《2063 年议程》纳入现有的国家和区域机构机制，厘定重点，以推进《2063年议程》在各国具体实施、协调、执行并形成报告。应在所有非盟成员国，区域经济共同体和非盟大陆层级机构中将《2063年议程》实证报告制度化，以便每两年对具体实施进度进行审查。对此，建议非洲联盟委员会，非洲联盟发展署——非洲发展新伙伴计划和其他有关机构提升成员国和区域经济合作组织的效能，以搜集《2063年议程》相关数据，进行数据分析并形成报告。此外，应部署灵活的国内资源调动机制。作为大陆层级发展机构，非洲联盟发展署——非洲发展新伙伴计划应继续借助各种伙伴关系发挥协调作用，提供知识型咨询服务，以协助成员国推动其国家发展优先事项，并在宣传优秀经验方面发挥关键作用。

采取统一的整合性方法实施《2063年议程》和《2030年议程》将有助于减少重复，优化资源利用，并合理利用国内外利益攸关方和发展伙伴的支持。非洲联盟开发署——非洲发展新伙伴计划和非洲联盟委员会应支持成员国和区域经济合作组织（REC）使用该研究方法，针对两个发展议程撰写报告。

总　结

非洲大陆在实现《2063年议程》第一个十年实施规划设定的若干目标方面取得了长足发展。非洲大陆的蓝图是非洲联盟成员国、区域性组织和发展利益攸关方，为实现共同的发展目标而争取投资和积极合作的集结点。本大陆层级进展报告将成为促进各成员国之间相互学习，彼此负责，加快实施《2063年议程》的关键里程碑。

尽管工作取得了一定进展，但仍需继续努力，以加快推进第一个十年实施规划的具体落实，使非洲更接近"我们想要的非洲"。非洲大陆需积极应对在《2063年议程》国内融合、实施、监测和报告撰写等方面遇到的关键挑战。另外还需要各国地方政府、各国、各地区及整个非洲齐心协力，有效利用各种机遇，包括发掘潜在的青年红利。

缩 略 词

AfCFTA	非洲大陆自由贸易区
AfDB	非洲发展银行
ASP	愿景
AU	非洲联盟
AUC	非洲联盟委员会
AUDA-NEPAD	非洲联盟发展署—非洲发展新伙伴计划
CAADP	非洲农业综合发展计划
DRM	国内资源调动
FTYIP	第一个十年实施规划
GDP	国内生产总值
GMA	非洲大博物馆
ICT	信息通信技术
MW	兆瓦
PIDA	非洲基础设施发展计划
RECs	区域经济共同体
SAATM	非洲单一航空运输市场
SDGs	可持续发展目标
STC	专业技术委员会
TB	结核病
TWG	技术工作组
UN	联合国
UNECA	联合国非洲经济委员会
USD	美元

简　介

《2063 年议程》指引各国和整个非洲采取行动，努力实现"由非洲民众推动，在国际舞台上充满活力、统一、繁荣与和平的非洲"这一非盟远景。

在 2013 年 5 月庆祝非洲统一组织（OAU）/非洲联盟成立五十周年之际，非洲国家元首和政府首脑通过了非洲大陆发展议程，申明将坚决支持非洲走包容性及可持续经济增长和发展的新道路。该议程力求实现七项愿景，每项愿景又包含一系列具体目标。若能实现这些愿景，非洲将更接近于"我们想要的非洲"。

该蓝图确定了十年实施规划中将要开展的关键项目，而这些项目的顺利完成也将是《2063 年议程》为非洲人民带来的数量和质量上的改革成果。第一个十年实施规划是《2063 年议程》长达半个世纪的总体框架中五个十年实施规划中的第一个。

监测和评估框架由非洲联盟委员会（AUC），非洲联盟发展署——非洲发展新伙伴计划（AUDA-NEPAD），8 个区域经济共同体组织，非洲互查机制（APRM），非洲能力建设基金会（ACBF），非洲可持续发展目标中心和联合国非洲经济委员会（UNECA）等多个组织和机构共同制定。该框架将具体指导对《2063 年议程》的实施情况和进展进行追踪和报道。基于该框架，非洲联盟发展署——非洲发展新伙伴计划（AUDA-NEPAD）和非洲联盟委员会（AUC）制定了基于证据的报告方法，并提供技术支持，指导非盟成员国和区域经济共同体撰写《2063 年议程》国家及区域执行进展报告。

作为《2063 年议程》实施情况首份大陆级报告，本报告旨在评测非洲在 2013—2019 年期间的发展进度和绩效。本报告也是非洲联盟确定的两年期报告周期内首份关于非洲发展优先领域的绩效报告，概述了实施第一个十年实施规划所需的具体战略和政策措施。总体上，本报告是对 31 个非盟成员国和 6 个区域经济共同体执行报告的分析性总结。

《2063 年议程》与可持续发展目标相互契合。受其启发，本报告将同时针对非洲大陆和全球发展议程目标进行进展跟踪和绩效评估，具有里程碑的意义。

本报告采用绩效仪表板模式，直观呈现非洲大陆、区域和国家等各个级别《2063 年议程》执行情况。为便于评测，仪表板将 2019 年目标作为参照，以三种颜色符码呈现评估绩效：绿色表示"正常/已实现"，橙色表示"中等进展"，红色表示"偏离目标/未实现"。

一 《2063年议程》实施进展——愿景实现情况

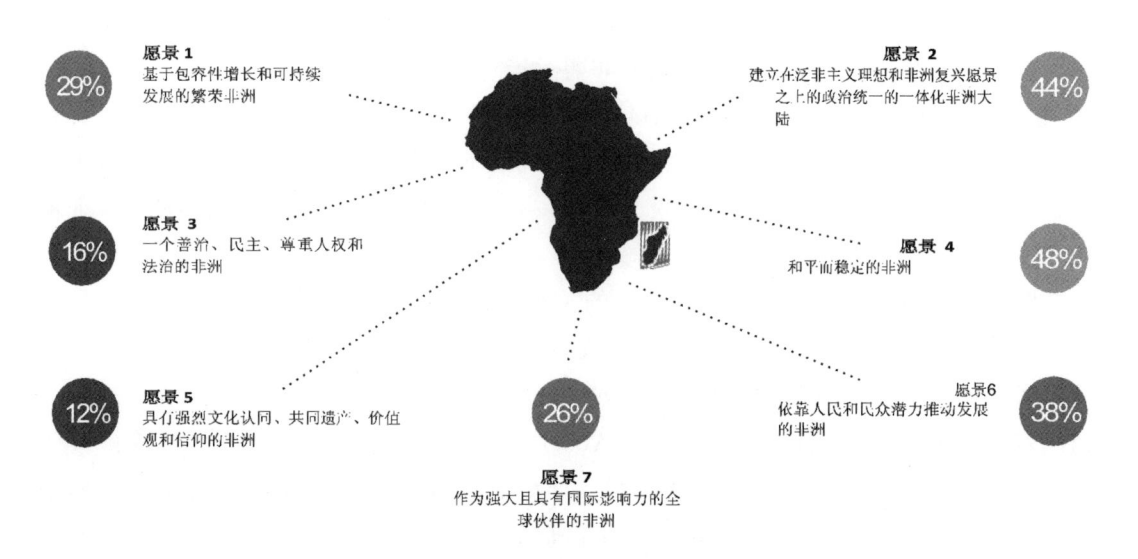

愿景1 基于包容性增长和可持续发展的繁荣非洲 29%

愿景2 建立在泛非主义理想和非洲复兴愿景之上的政治统一的一体化非洲大陆 44%

愿景3 一个善治、民主、尊重人权和法治的非洲 16%

愿景4 和平而稳定的非洲 48%

愿景5 具有强烈文化认同、共同遗产、价值观和信仰的非洲 12%

愿景6 依靠人民和民众潜力推动发展的非洲 38%

愿景7 作为强大且具有国际影响力的全球伙伴的非洲 26%

在实现《2063年议程》的七项愿景方面，非洲大陆取得了一定进展，总完成率为32%。在愿景4"一个和平而稳定的非洲"方面，非洲大陆成效明显，比照2019年目标，完成率达到48%。能取得如此成绩，一定程度上是因为各国建立了相关机制，维护国家和平与安全的能力不断增强。例如，除先前确立的区域和大陆级架构（包括非洲和平与安全架构）外，绝大多数成员国还另设有专门的国家和平委员会。

同样，在追求建立在泛非主义和非洲复兴理想基础上的政治统一的一体化大陆方面，非洲大陆也取得了相对良好的成绩，较2019年目标完成率达到44%。这是各成员国协同努力、共同运营非洲大陆自由贸易区的成果。同样，在愿景6"依靠人民和民众潜力推动发展的非洲"的方面，整个大陆表现相对良好，完成绩效达到38%。

愿景1"一个基于包容性增长和可持续发展的繁荣非洲"进展成效为29%。该愿景七个具体目标中有三个进展较为缓慢，包括"经济转型和创造就业"，"较高生产力和高产的现代化农业"和"发展蓝色/海洋经济，促进经济发展"。不过，在"公民拥有较高的生活水平，生活质量和幸福感"目标方面进展显著，具体体现在互联网普及率呈指数级增长及其他方面。

相较于2019年目标，非洲大陆在实现善治、民主、尊重人权、正义和法治的愿景方面进展不佳，完成率仅为16%。另外，较2019年目标，非洲大陆在推动强大的文化认同感、共同遗产、价值观念和道德准则方面进展缓慢，完成率仅有12%。

二 非洲大陆状况——以《2063年议程》为参照

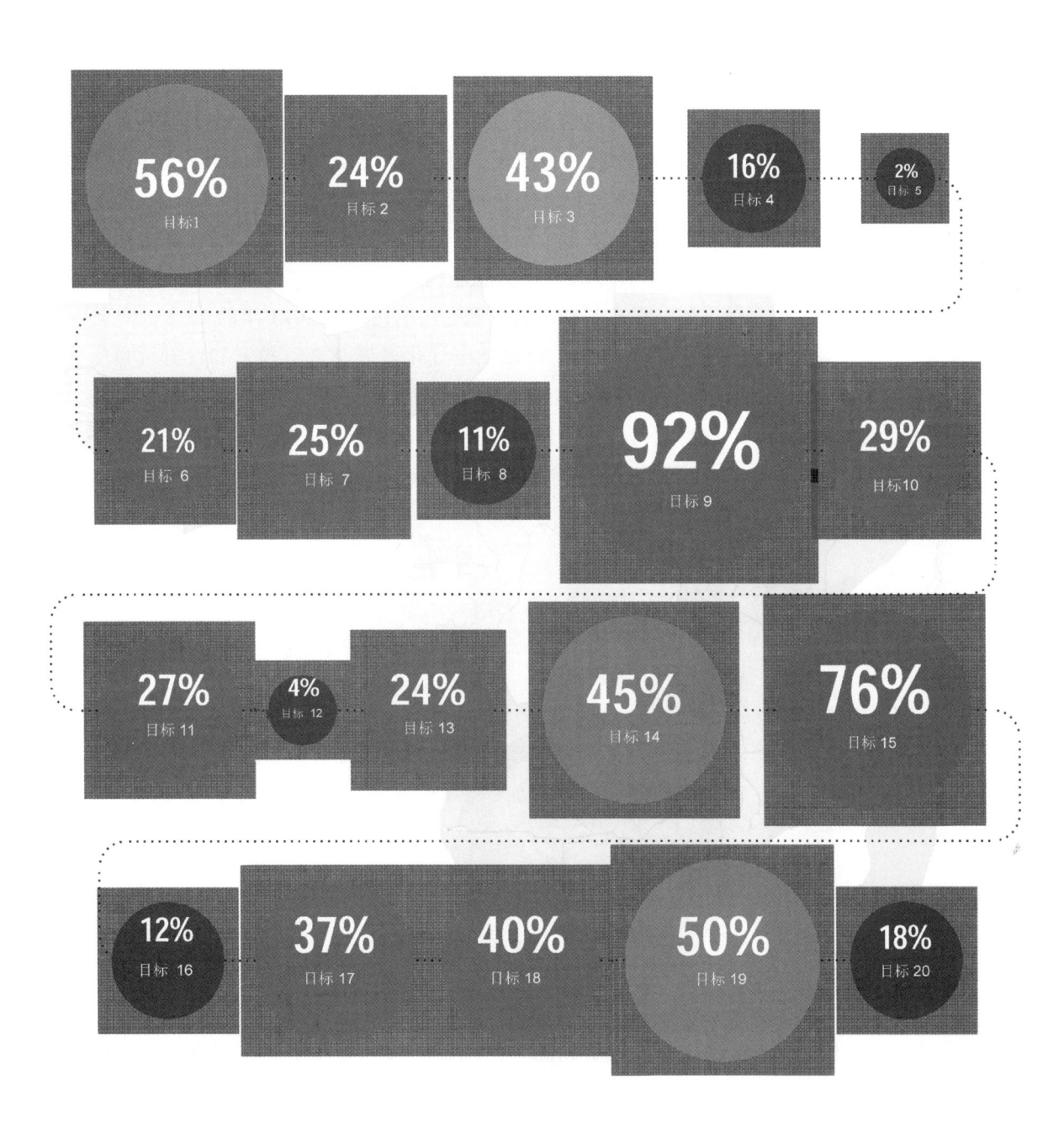

56% 目标1	24% 目标2	43% 目标3	16% 目标4	2% 目标5
21% 目标6	25% 目标7	11% 目标8	92% 目标9	29% 目标10
27% 目标11	4% 目标12	24% 目标13	45% 目标14	76% 目标15
12% 目标16	37% 目标17	40% 目标18	50% 目标19	18% 目标20

2.1 目标1：公民拥有较高的生活水平、生活质量和幸福感[①]

在实现"公民拥有较高的生活水平、生活质量和幸福感"这一目标方面，非洲大陆成效显著，较2019年目标完成率达到56%。具体表现在，互联网接入人口比例由2013年的21.8%增长至2019年的41.9%。例如，在尼日利亚，互联网接入人口比例由19%上升至42%；而在埃及、几内亚和乌干达，互联网接入率分别由2013年的29.5%，9%和11%上升至2018年的44.3%，37%和23%。

在提升安全用水覆盖人口比例方面，非洲整体表现中规中矩，较2019年目标实现率为47%。在整个非洲大陆，安全饮用水覆盖人口比例由2013年的68.4%上升至2019年的77%，这一趋势出现在布基纳法索等诸多国家，而布基纳法索安全饮用水覆盖人口比例由2013年的63.5%上升至2019年的74%。同样，在本报告期内，阿尔及利亚、科特迪瓦和埃塞俄比亚安全饮用水覆盖率分别由94%，58%和74%增至98%，71.1%和89.5%。

在提升电力供应方面，非洲大陆表现较差，较2019年目标完成率仅为26%，其中家庭用户比例由2013年的57.4%略增至2019年的62%。尽管非洲大陆整体表现依然欠佳，但许多国家正通过各种干预措施取得显著进展。在布基纳法索，家庭用电比例由2013年的16.8%增至2018年的21.3%。之所以有此成效，是因为该国专门设立电气化发展基金，投资和促进可再生能源（包括太阳能），安装家用LED灯，拓宽提升电网容量，并在三个国家（布基纳法索、加纳、科特迪瓦）实施电气互连项目。除此之外，许多国家正在努力降低电价，以提升家庭用电比例。

26% 提升用电人口数量

47% 提升安全饮用水使用人口数量

308% 提升互联网接入人口数量

本报告期内，失业率1呈现出不同趋势，尤其体现在妇女和青年中。在莱索托，失业率由

[①] 失业率看似较低，实际上是表面数据掩盖了就业不足、青年失业和非正式就业等方面的真实情况。资料来源：2019国际货币基金组织报告。

2014年的25.8%升至2016年的32.8%。不过，尽管大多数成员国进展缓慢，但部分国家失业率显著下降。例如，在塞内加尔，失业率由2013年的25.7%大幅下降至2017年的12.5%；塞舌尔的失业率降低更为明显，2019年仅为3.5%；埃及的失业率由2013年的13.2%降至2017年的9.9%，超额完成了2019年设定的11.2%的目标；坦桑尼亚情况类似，失业率由10.3%降至2018年的9.7%。

为解决失业问题，加纳制定并实施了相关干预措施，包括推行政策改革，设计并实施扶贫旗舰计划以吸纳失业青年，例如"种植与粮食和就业，养殖与粮食和就业、一区一厂"等旗舰规划。在坦桑尼亚，政府着力推行创造就业专项政策、方案和项目，以提升青年人薪酬和自主创业能力，例如为青年、妇女和残障人士提升融资便利。

2.2 目标2：公民接受良好的教育，以科学、技术和创新为驱动的技术革命

虽然本目标总体实现率仅为24%，非洲大陆整体上基础教育发展态势良好。非洲大陆总体入学率低于2019年90.7%的目标，但也由2013年的76.8%增至2019年的80.8%。在塞舌尔，2019年小学阶段入学率达到100%，而在南非和多哥，该比例分别由2013年的88.1%和83%增至2019年的94.2%和93%。埃塞俄比亚的入学率由85.7%升至97%；布基纳法索也是如此，净入学率由2013年的63.2%升至2019年的74.3%。许多国家在基础阶段入学率快速提升的同时，也实现了基础阶段的教育均等，而有此成效，部分原因在于这些国家提供了免费的基础教育。除此之外，针对特定国家的各种干预措施也起到一定作用。例如，布基纳法索推行教室建设国家专项规划，并划拨学校食堂建设专项公共预算。科特迪瓦则颁布了《义务教育政策法》，规定年满6周岁的儿童必须依法入学，接受义务教育，教育年限为6—16周岁。

非洲大陆在提升学前教育入学率和中学阶段入学率方面整体表现薄弱，完成率仅为9.5%和8.2%。而学前阶段入学率和中学阶段入学率也仅仅由2013年的39%和25.7%略升至2019年的43.4%和29.4%。在塞内加尔，虽然2018年上述入学率分别增长17.8%和34%，然而较2019年指标，两项入学指标完成率仅为35%和71%。其他国家情况相仿。例如，布基纳法索2019年学前教育入学率略增4.3%，仅完成预期入学率指标的7%；同样，2019年中学阶段净入学率为29%，仅比其2013年22.1%的入学率略增6.9%，较2019年目标完成率仅为15%，尚有85%的差距。同样，科特迪瓦的学前教育入学率由6%增至9.4%，但仍低于预期目标值13.2%。

2.3 目标3：国民身体健康，营养健全

非洲大陆在降低孕产妇死亡率方面表现良好，较2019年目标完成率为62%。在2013年至2019年期间，非洲大陆孕产妇死亡率由每千人341例降至269例。在埃塞俄比亚，死亡率由每千人676例降至412例；南非的孕产妇死亡率由每千人143例降至121例，而在加纳，孕产妇死亡率由2013年的每千人510例降至2019年的每千人310。同样，新生儿和儿童死亡率也显著下降。在2013年至2019年的报告期内，贝宁的新生儿死亡率由每千人378例降至300例，五岁以下幼童死亡率由115例降至95例。在加纳，新生儿死亡率较2013年的每千人29例降低了2%，

五岁以下幼童死亡率较 2013 年的 60 例下降了 4%。在埃塞俄比亚，新生儿死亡率由每千人 37 例降至 29 例，而在本报告期内，五岁以下幼童死亡率由每千人 88 例降低至 58.5 例。

之所以出现上述情况，有多方面原因：例如，塞舌尔推行国家疫苗接种计划，帮助国民预防可控疾病，从而使免疫覆盖率达到 99%；卢旺达提升了卫生服务覆盖范围，并使用无人机提升了医疗用品的供应效能；乌干达高度重视改善医疗卫生基础设施网络，确保 5 公里辐射圈范围内居民医疗设施覆盖率达到 75%。

此外，在部分国家，5 岁以下幼童体重不足的普遍情况大幅改善。例如，卢旺达 5 岁以下幼童体重不足比例由 11.4% 下降了约 2%；南非五岁以下幼童体重不足比例由 33.4% 降至 27%，而乌干达则由 2013 年的 33% 降至 2019 年的 29%。各国已采取各种措施以应对儿童体重不足及其他与营养不良相关挑战。例如，卢旺达部署了婴幼儿发展中心建设规划，并推行了消除极端贫困和营养不良的多部门协同计划。科特迪瓦政府建立了消除饥饿和营养不良的大陆级示范中心，并推行"一所学校，一间食堂"战略，旨在为小学生提供热食，进而改善教育、营养和性别平等状况，促进当地粮食生产和农村经济发展。

在降低疟疾发病率方面，非洲大陆整体表现欠佳，发病率由每千人 94.1 例降至 86.4 例，较 2019 年目标仅完成 27%。不过，也有可圈可点之处。例如，在加纳，发病率由每千人 214 例降至 185 例。究其缘由，是该国在贫困地区推行了国家健康保险计划，并在全国范围内推广使用经杀虫剂处理的蚊帐，从而帮助降低了高危人群的疟疾发病率。

较 2019 年目标，加权大陆结核病发病率由每千人 189.5 例降至 158.5 例，整体目标完成率为 54%。在抗击结核病方面，成员国表现各不相同。例如，苏丹的结核病发病率由年均每千人 160 例骤减至 50 例；而在突尼斯，在 2013—2019 年期间，发病率仅由每千人 42 例降至 29 例。各成员国推行了不同的结核病防治措施。例如，马达加斯加便实施了多种干预措施，包括：增设结核病诊疗机构；提供免费药品和细菌镜检查服务；增加病人营养补助和就医路费补贴；促进基于信仰的部门的参与度并提供持续的员工培训等。布基纳法索在控制结核病发病率方面表现不佳，尽管政府在所有公共结核病护理中心推行结核病免费筛查和诊疗方案，发病率仅略微降低了 1.5%——较 2019 年预期值完成率仅有 16%。

在 HIV 病毒和艾滋病防治方面，各国情况也不甚相同。在南非，2018 年约有 750 万人（占总人口的 14.7%）HIV 病毒检测结果呈阳性，其中 19% 的感染者介于 15—49 岁。加纳在 HIV 病毒新增感染病例控制目标方面成效不佳，两项数据点报告数值均为每千人 19 例。与此相关，尽管符合获得抗逆转录病毒治疗（ARV）方案的 HIV 病毒携带者比例由 25.7% 增至 41.8%，但在接受治疗人数方面仅完成了2019年目标的64%。在科特迪瓦，由于政府大幅增加抗逆转录病毒治疗服务的公共卫生设施（由2013年的20%增至2019年的66%），该国新增HIV病毒感染人数由2013年的21674人减少至2019年的16602人，而接受获得抗逆转录病毒治疗的HIV病毒感染人数翻了一番。

改善健康状况方面的进展

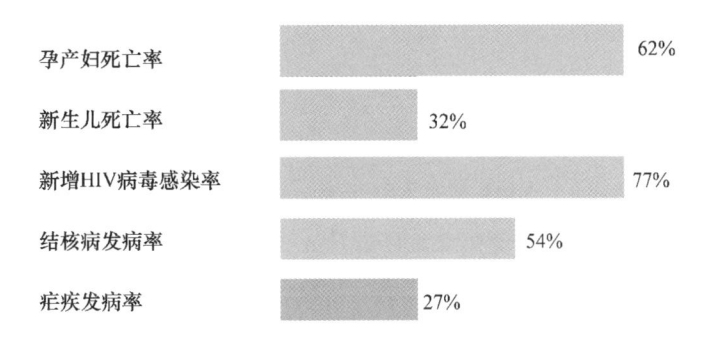

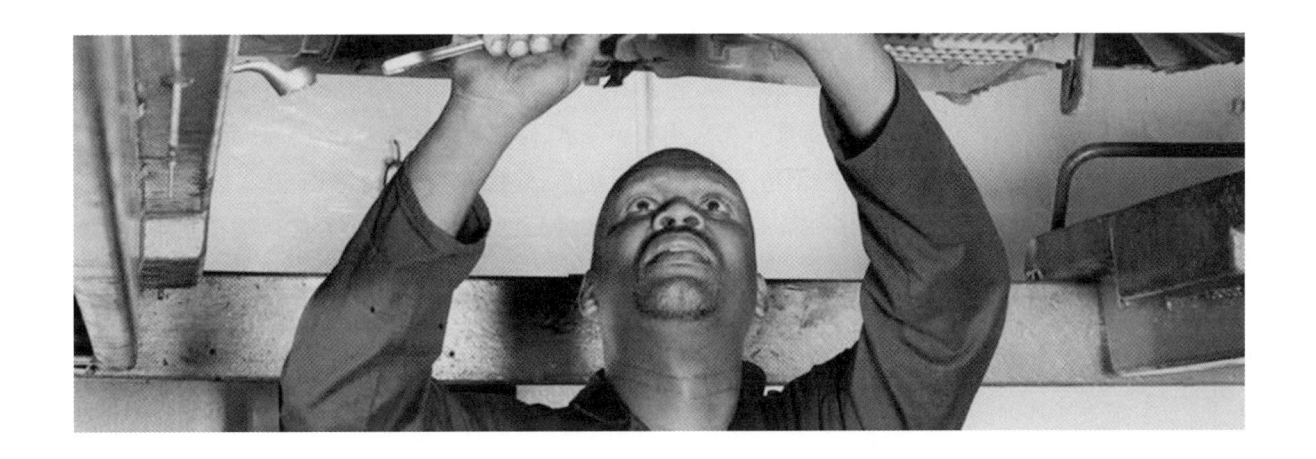

- 孕产妇死亡率 62%
- 新生儿死亡率 32%
- 新增HIV病毒感染率 77%
- 结核病发病率 54%
- 疟疾发病率 27%

2.4 目标4：经济转型和创造就业

在经济转型和创造就业方面，非洲大陆整体表现欠佳，仅实现了2019年目标的16%。在本报告所述期间，很多国家的制造业增加值在国内生产总值中的占比有所下降。在科特迪瓦和加纳，制造业增加值在GDP中占比分别由16.2%和12.4%降至13.2%和10.5%；而在南非，2013年至2019年略降0.5%，达到12.3%。

尽管如此，整个非洲大陆也有一些做法值得称道。例如，塞内加尔工业领域共有1600多家公司，以中小型企业为主（SMEs），主要包括农业食品（63%）和机械冶金（10%）相关企业。此类企业使该国的工业增加值由2015年的17.9%增至2018年的21.5%，制成品实际增加值在GDP中的占比由2014年的16.6%增至2018年的17.4%。其他非盟成员国也纷纷采取干预措施，以促进制造业和工业部门的发展。例如，贝宁设立了公私伙伴关系业务的统一监管框架，改革税控程序，实施出口奖励措施，改善商业环境以吸引私营部门进行投资。此外，该国还重点关注科学、技术和创新的增值意义。

在整个非洲大陆，研发投入在公共开支中的平均占比为0.5%，低于2019年0.8%的目标。例如，在加纳，该占比在2013年和2019年均为0.1%，没有任何变化。2016年，尽管塞内加尔各行业技术发展速度非常缓慢，但该国在研究方面的公共预算支出比例高达2.7%，居全非洲首位。不过，塞内加尔的科研投入并非固定不变，该国推行了旨在提高竞争力的措施，在超过半数的公司获得了新型加工技术后，国家将对相关预算进行相应调整。在南非，研发投入占比由0.7%略增至0.8%，较2019年目标完成率为56%，而在阿尔及利亚，此比例由2013年的0.2%升至2019年的0.5%。

与此相关的是，尽管整个非洲大陆实际国内生产总值年增长率为7%，表现不佳，但也有例外。例如，坦桑尼亚连续数年年均增长率稳定在7%；卢旺达年均增长率由4.7%增至8.6%；而尼日尔和马里的年均增长率分别由2013年的5.3%和1.7%增至2019年的7.0%和5.8%；与此相似，津巴布韦实际人均国内生产总值由2.8%增至4.7%；而在本报告所述期内，突尼斯实际人均国内生产总值也由2.3%略增至2.5%。

同样，旅游业增加值占国内生产总值的百分比也低于预期目标。在南非和阿尔及利亚，2019年旅游业在GDP中的占比仅分别略增2.9%和1.6%，而其他国家，该数值则呈下降趋势。不过，在旅游业增加值方面，各个国家呈现不同态势。例如有望成为非洲五大旅游目的国之一的塞内加尔采取了多项措施，使得该国在2014年至2018年间游客人数增加了66%；2018年，该国游客人数共计1600000人，创历史新高。与之类似，乌干达接待游客人数由2010年的945899人增至2018年的1505669人，为该国创造了16亿美元的收入；马达加斯加将旅游业目标定为5.8亿特别提款权（SDRs），在举行多种活动之后，最终旅游业创收共计3.7045亿特别提款权。

2.5　目标5：高产的现代农业

在本报告所述期间，2019年农业全要素生产率目标完成率仅为2%，表现极差。虽然农业部门为60%以上的劳动人口提供就业，并被视为非洲大陆大多数国家的经济支柱，但报告绩效不佳。之所以有此表现，一定程度上是因为机械化程度低、价值链薄弱以及对不可预测的降水的严重依赖。尽管进展成效欠佳，但部分成员国还是不断努力提高农业生产率。例如，在坦桑尼亚，农业在很大程度上仍然依赖不可预测的降水，致使产量低下。为此，政府与私营部门合作，推动灌溉系统建设，以减少依赖不可预测的降水所存在的风险。此外，该国还采取措施，促进价值链发展，提升土地利用，改善农村基础设施模式，包括配备采收后续设备和加强农村道路建设等具体措施。

值得注意的是，农业全要素生产率和拟转入商业化农业的小农比例这两项指标的支撑数据不足，影响了对这一目标的总体评测。

2.6 目标6：发展蓝色/海洋经济，促进经济增长

在本报告所述期内，非洲所有国家共同努力，着力开发海洋资源和能源，并将其作为加速经济增长的关键要素。不过，非洲大陆仅完成2019年预期目标的21%，部分原因在于，海洋生物技术附加值在GDP中占比极低。同样，渔业附加值在GDP中占比也仅有微量增长，完成2019年预期目标的48%。

不过，塞舌尔等岛国实施的战略干预措施成效显著。塞舌尔全球首发主权蓝色债券，该债券旨在支持可持续海洋和渔业项目。蓝色债券10年期价值1500万美元，旨在支持塞舌尔向可持续渔业过渡。

2.7 目标7：环境可持续，气候条件良好的经济体和地区

在提升基于生态系统类型划分的陆地和淡水生物多样性重要区域比例方面，非洲大陆整体进展缓慢，仅完成了2019年目标的25%。非洲大陆总体目标为17%，而南非和塞舌尔完成率分别为25%和42%。部分成员国重视保护陆地和淡水区域，表现良好。例如，南非国家发展规划中将海洋和沿海资源定位为基础经济资源。

发展蓝色/海洋经济，促进经济增长

仅完成2019年预定目标的17%

2.8 目标8：非洲一体化（联邦或邦联）

非洲大陆力图实现政治和经济一体化，在提升非洲大陆内部贸易额方面完成2019年目标的11%，进展相对缓慢。卢旺达非洲大陆内部贸易额增长了3%，而塞内加尔非洲大陆内部贸易额增长率达到14%。在本报告所述期间，南非的非洲内部贸易值总额达到6303770919美元，增幅为4%。

2.9 目标9：非洲大陆金融和货币机构的建立和运行

为确保非洲大陆拥有正常运作的金融和货币机构，非盟采取了一项关键干预措施，即加快实施非洲大陆自由贸易区（AfCFTA）建设。在推进非洲自由贸易区建设方面，非洲各成员国总体完成了2019年目标的92%。迄今为止，已有54个国家签署，29个国家确定加盟。此外，2019

年7月在尼日尔首都尼亚美举行了第12届非盟特别首脑会议,会议同意在加纳阿克拉设立非洲自由贸易区秘书处。此外,非洲投资银行已登记入册22项签字生效的法律文书,非洲监测基金已登记入册12项法律文书。

非洲大陆自由贸易区

- 2019目标实现率 93%
- 54个国家已签署加盟AfCFTA
- 27个国家已确定加盟AfCFTA

2.10 目标10:世界一流的基础设施遍及非洲

在增强通信和基础设施连通方面,非洲总体表现未达到预期目标。非洲大陆仅完成2019年目标值的29%;在非洲高铁网络建设、非洲开放天空协议的实施以及横贯非洲高速公路缺环的实施方面进展成果不足。

不过,非洲在增加发电量和配电量方面取得了一定的进步,已完成2019年目标的79%。例如,乌干达发电能力由2010年的601兆瓦(MW)增至2019年的1839兆瓦,而在塞内加尔,发电装机总量由835兆瓦增至2018年的1248兆瓦,较该国2019年目标超出15%。加纳全国电网发电总量增长了274%,由2013年的551兆瓦增至2019年的2058兆瓦;布基纳法索发电总量增长了30%,较该国2019年目标实现率为70%。科特迪瓦2013年全国发电及配电增量为37兆瓦,与该数据相比,2017年全国发电和配电网络增量达275兆瓦。至此,全国电能产量达到2200兆瓦,较该国2019年目标高出50%。同样,坦桑尼亚政府在电力设施方面投入了大量资金,用以提升电网和离网能力。

在信息通讯技术(ICT)普及率翻一番这一目标方面,非洲大陆仅部分完成。在整个非洲大陆,信息通讯技术对国内生产总值(GDP)的平均贡献率仅略有增加,完成了2019年目标的39%。在科特迪瓦,2013年至2019年,信息通讯技术对国内生产总值的贡献率由8%升至9%,而其2019年目标为12.8%。2019年该国使用移动电话的人口比例为72%,这要归功于该国光纤长度由2016年的2040公里增加至2018年的5180公里。在加纳,由于信息通讯技术领域基础设施的迅速发展和部署,以及信息通讯技术管理部门和监管框架的加强,该国2017年农村和城市地区信息通讯技术普及率得以提升,达到98%。

联通非洲国家取得成效

- 8% 非洲高铁网络进程
- 16% 非洲开放天空进程
- 29% 跨非洲高速公路缺环处置进展

2.11 目标11：确立民主价值观、人权、正义和法治等普遍原则

在确立民主价值观和实践规范方面，非洲大陆与其既定目标相差甚远，仅完成2019年目标的27%。唯一重大进展体现在《非洲民主宪章》实施方面。签署及认定《宪章》的国家数量分别实现2019年目标的98%和87%。然而，将《宪章》纳入国家规划和发展政策方面进展缓慢，仅完成2019年目标的22%。

同样，认为选举自由、公平且透明的非洲人口比例，以及认为有新闻自由和相关言论自由的非洲大陆人口比例，分别达到2019年目标的26%和13%。上述数据反映出非洲大陆此方面进展缓慢。此外，认为国家具有有效领导问责机制和监督机构的非洲人口比例较2019年目标低86%。

2.12 目标12：各级机构有能力，领导具有革新思想

本报告所述期间，各成员国之间通力合作，推进机构体制和领导能力建设，以确保公共服务更加专业高效、积极作为、勇担责任、公正廉洁。尽管如此，总体进展效果欠佳，仅完成2019年目标的4%。

过去的12个月中，以是否与公职人员有一次以上接触，并向公职人员行贿或被公职人员索贿的人数占比作为衡量标准，部分国家相应情况数量呈上涨趋势。例如，在布基纳法索，这一比例由38%上升至41%。不过，也有国家例外。例如，贝宁在本报告期内比例由4.3%降至2.5%；而在加纳，该比例也由31.6%降至29.9%，但完成率依然远低于两个国家所设定的

2019 年目标。卢旺达也呈现类似情况，上述比例由 81.9% 降至 75.5%。

为提振民众对公共机构的信心，各国政府也采取了干预措施。例如，布基纳法索通过了多项法律，加强司法机构的独立性，并通过立法提升公共财政管理的透明度。莱索托设立了腐败和经济犯罪局，并设立监察员办公室。

2.13 目标 13：和平、安全与稳定得以维持

在恢复与维护和平与安全方面，非洲大陆表现状况是通过源于种族及各种排他行为、宗教及政治分歧引发的冲突而造成的死亡来衡量的。在本报告所述期间，较 2019 年的预期值，非洲大陆该指标完成率仅为 24%。不过，该数据并不十分准确，原因在于多数国家未提供与冲突有关的死亡数据。

2.14 目标 14：建立稳定和平的非洲大陆

本报告所述期间，非盟成员国在发动并继续推动到 2020 年全面"消弭枪声"的大陆运动方面所付出的努力有目共睹。以武装冲突次数作为评测标准，非洲大陆整体完成率为 45%，与 2019 年预期相比表现欠佳。

2.15 目标 15：全面运行的非洲和平与安全架构

为追求全面运行的非洲大陆和平与安全架构，所有成员国均设立并/或维持了国家和平委员会。与 2019 年非洲大陆目标相比，该项目标完成率达到 76%，创历史记录。

2.16 目标 16：非洲文化复兴得以凸显

非洲文化复兴迫在眉睫，其关键衡量标准是：中小学阶段课程中非洲土著文化、价值观和语言内容占比。上述方面，非洲大陆总体成效不佳，仅完成 12%，而部分原因在于缺乏相关数据。不过，尽管与学校课程没有直接关联，有些措施还是可圈可点。例如，塞舌尔每年庆祝非洲节（FetAfrik），庆祝活动持续一周时间，集中展示非洲音乐、舞蹈、美食和视觉艺术，着力彰显泛非价值观和理想。

2.17 目标17：社会生活各个方面充分实现性别平等

非盟在实现两性平等方面绩效平平，较2019年目标值完成率为37%。非洲大陆在提升女性权利方面成效显著，在国会、区域和地方机构中妇女席位占比方面完成了2019年目标的71%。在加纳，妇女在议会中的席位比例略有上升，由2013年的12.7%增至2019年的13.4%。该国政府工作人员和企业组织负责人女性比例也呈现类似情况。在南非，现任内阁成员中女性占比达到50%以上，而女性在地方领导层的席位占比也由2013年的25%上升至2019年的47.1%。

2019年，卢旺达决策层职位中，女性占比为47%，其中，国家议会女性议员代表占比为61.3%，女性区长占比为35.7%，区议会女性议员代表比例为45%。在科特迪瓦，女性市长占比为7.5%，区议会女性代表占比为3.3%，参议院中女性占比为12.12%，国家内阁中女性部长占比为17.07%，公共服务和公共机构中的女性职位占比为26%。本报告所述期间，突尼斯担任领导职务的女性比例由27%降至23%。

在减少妇女和女童遭受性暴力和身体暴力方面，整个非洲大陆取得显著成效——完成了2019年目标的67%。然而，在减少女性割礼方面进展不佳，成效仅20%。不过，在遏制针对妇女的暴力侵害行为和减少女性割礼这两个领域，成员国还是付出了重大努力。例如，布基纳法索设立了法律援助基金和综合护理中心，专门收容性别暴力受害者，为遭受女性割礼的女童提供救助。该中心还为参与者提供女性割礼方面的相关资料，帮助其提升自我保护能力，继而助力推动全面消除女性割礼。在本报告所述期间，贝宁在上述两个数据点，登记为性暴力和/或人身暴力受害者的妇女和女童比例由22%％降至21.2%。

女性权利进展

20% 女性农业土地所有权提升比率

71% 国家议会中女性代表席位提升比率

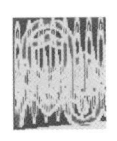

67% 女性性暴力及身体暴力受害比率降低

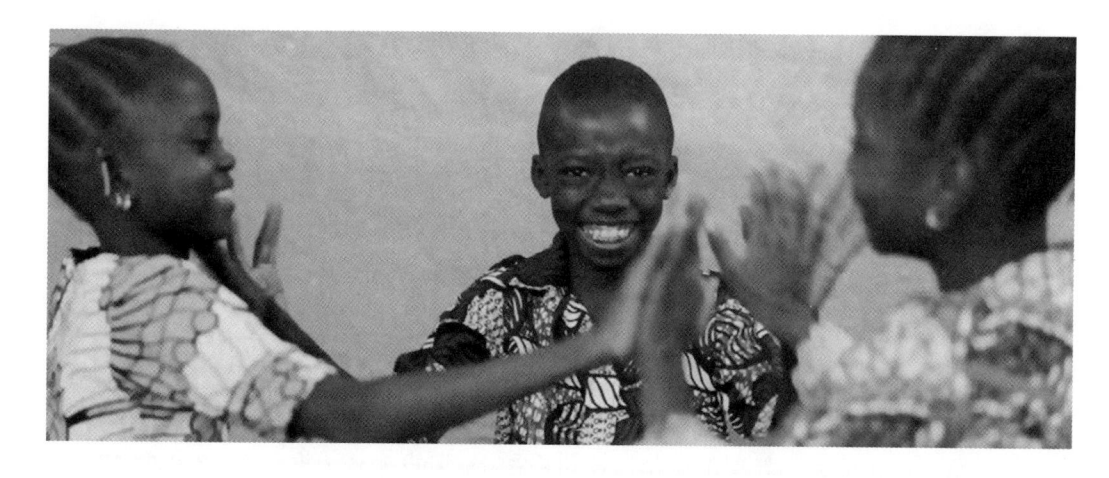

非洲大陆的目标是，截至 2020，消除妇女和女童接受优质教育、卫生保健和社会服务的所有障碍。截止目前，此方面较 2019 年目标的完成率为 31%。除少数特殊情况，如贝宁，出生当年登记的儿童比例由 2013 年的 80% 提升至 2019 年的 86%，因此较 2019 年目标超额完成 25%，大多数成员国未达到各自目标。

非洲大陆通过确保男女之间平等经济机会，赋予女性权利——包括农业土地所有权及农业用地相关权利主张。与 2019 年目标相比，本指标完成率仅为 20%。不过，一些国家的做法值得称道。例如，在莱索托，土地使用权由依照惯例租赁转换为登记租赁，为妇女获得土地创造了机会。在《2010 年土地法》颁布之前，73% 的租约仅面向男性登记，而随着该部法律的出台，女性如今拥有 34% 的租约权，而男女共同登记租约比例达到 25%。

2.18　目标 18：提升青少年的权利与参与度

非洲大陆优先考虑青年参与《2063 年议程》的实施，十分重视赋予青年权力。在本报告所述期间，各国努力降低青年失业率，从而在一些程度上保障青年权利，然而成效甚微，完成率低至 -128%。该数据表明，如果不进行大规模改革，2023 年将极有可能无法实现总体目标。例如，在本报告所述期间，埃塞俄比亚青年失业率由 22.8% 增至 25.2%；而在加纳，青年失业率由 24.7% 增至 26.4%；尼日尔青年失业率呈指数级增长，由 2013 年的 3.1% 上升至 2019 年的 12.2%；博茨瓦纳青年失业率在 2019 年达到 25.6%；纳米比亚和中非共和国的青年失业率更是分别由 2013 年的 41.7% 和 38.4% 上升至 2019 年的 48.5% 和 47%。与之相反，也有少数国家，如埃及、卢旺达、塞内加尔和突尼斯，青年人失业率分别由 2013 年的 12.8%、21.3%、28.9% 和 38.4% 降至 2019 年的 9.9%、18.7%、14.2% 和 34.4%。

在减少贩卖儿童、童工和童婚数量方面，非盟表现也不容乐观，分别完成了 2019 年目标的 12%、-6% 和 23%。成员国报告显示，在上述方面，很多成员国比率有所上升，仅有少数例外情况。如在中非共和国，贩卖儿童的比例由 7% 降至 4%，不过，该国童婚比例在本报告所述期间略有增加，由 60% 增至 67%；在布基纳法索，贩卖儿童呈上升趋势，由 2013 年的 556 起增至 2019 年的 667 起。不过，在执行《非洲青年权利宪章》条款方面，非洲大陆整体表现出色，较 2019 年目标完成率达到 77%。迄今为止，已有 43 个国家签署了该《宪章》。

儿童权利保护进展

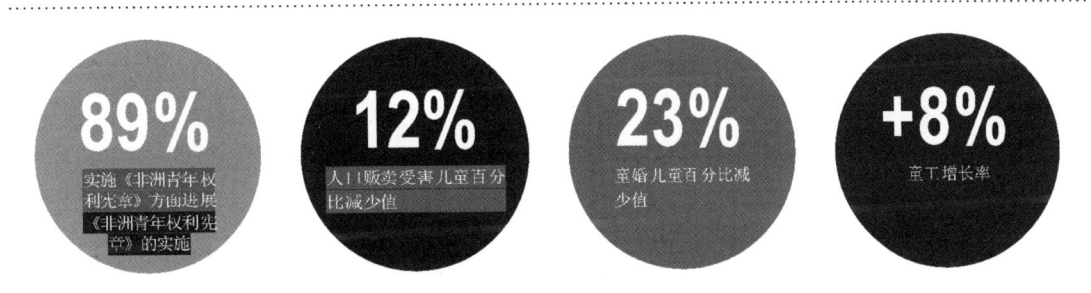

- **89%** 实施《非洲青年权利宪章》方面进展《非洲青年权利宪章》的实施
- **12%** 人口贩卖受害儿童百分比减少值
- **23%** 童婚儿童百分比减少值
- **+8%** 童工增长率

2.19 目标19：加强非洲在国际事务及和平进程中的伙伴作用

为了使非洲成为全球事务的主要伙伴，各成员国努力加强其国家统计系统建设。虽然在该目标方面，非洲大陆总体绩效仅为50%，但乍得、埃塞俄比亚、几内亚、纳米比亚、尼日尔、塞舌尔、南非、乌干达、突尼斯和津巴布韦等绝大多数成员国已通过统计立法。比照2019年统计立法目标，上述国家表现强劲，完成率达到76%。有法可依，才能保证统计系统正常运行，符合官方统计基本原则。

同样，各国设立正式机构，安排协调官方统计数据，编制官方报告，表现优异，与2019年大陆目标相比，完成率达到61%。然而，一些国家，如津巴布韦在2013年至2019年期间，对统计系统建设划拨预算比例与2019年预期值相比，表现较差，仅达到27%。不过也有例外，莫桑比克、塞内加尔和南非等国，其上述方面的国家预算比例在本报告所述期间分别由0.2%，0.36%和1.4%增至0.3%，0.73%和2.2%。

2.20 目标20：非洲自主融资，推动经济发展

非洲在依靠自己融资方面总体表现较差，仅完成2019年目标的18%，但在提升由国家资本市场供资的公共部门预算比例，及减少官方发展援助总额在全国预算占比方面取得了不同程度的进展，分别实现2019年目标的15%和73%。在提升总税收在GDP中占比方面进展缓慢，较2019年目标仅完成2%。例如，在塞舌尔和突尼斯，税收贡献略有增加，分别由2013年的29.5%和29.8%增至2018年的32%和31.2%。

卢旺达推行自力更生政策，大部分预算资金来自国内，故该国税收及贷款融资的国内预算份额由2005年的55%增至2018—2019年度的84%。在加纳，政府正推行系列措施以增加国内收入，包括：扩大税基，引入税务识别号，实行推定税制，实施消费税印章，运行无纸化港口系统，以及审查免税制度。正是通过此类方式，加纳公共预算中的国内收入份额由2015年的49.6%增至2018年的64.3%。在塞内加尔，税收收入在预算收入中占比达到90%以上，税收收入在GDP中占比也由2014年的63.9%提升至2018年的69%，预计不久将超过72%。

要获得资金推动非洲大陆经济包容性、可持续增长和发展，必须有效合理调动国内资源。对非洲大陆而言，一定要减少非法资金流动及由此造成的税收和国内投资减损，这一点至关重要。例如，从2010年至2014年，南非政府就因非法资金流动损失高达5100亿兰特的税收收入。

三 非洲大陆《2063年议程》实施状况测评表

绩效评估

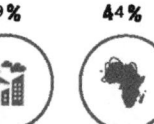

愿景1	愿景2	愿景3	愿景4	愿景5	愿景6	愿景7	整体完成情况
29%	44%	16%	48%	12%	38%	26%	32%

取得重大进展的领域

- **80%** 提升电力供应和互联网接入方面,完成2019年目标的80%
- **92%** 完成《非洲大陆自由贸易区》2019年签署目标的92%
- **80%** 完成建立"国家和平委员会目标"的80%

进展缓慢的领域

- **16%** 非盟成员国2019年经济增长,转型和创造就业目标完成率低至16%
- 在推动教育、科学、技术和创新革命方面表现较差
- **18%** 非洲自我发展融资完成率仅为18%

为加快执行《2063年议程》,需要得到支持的领域

- 确保将非洲大陆议程牢固嵌入国家及次国家层次的规划、实施过程及具体方法;
- 加强国家,区域及整个非洲大陆各个级别统计部门和相关监测和评估系统,以有效收集数据,分析数据并撰写《2063年议程》报告;
- 非盟各机构及实体根据非洲大陆《2063年议程》首份报告披露的成绩,向区域经济合作组织和成员国提供有针对性、基于实证的支持;
- 非盟各机构,区域经济共同体和成员国根据"《2063年议程》国内资源调动战略",建立灵活的资源调动机制。

目标完成情况

目标	完成率
公民拥有较高的生活水平、生活质量和幸福感	56%
公民接受良好的教育,以科学、技术和创新为驱动的技术革命	24%
国民身体健康,营养健全	43%
经济转型和创造就业	16%
生产力较高和高产的现代化农业	2%
发展蓝色/海洋经济,促进经济增长	21%
环境可持续,适应气候条件的经济体和地区	25%
非洲一体化(联邦或邦联)	11%
非洲大陆主要金融货币机构的建立与运行	92%
世界一流的基础设施遍及非洲	29%
确立民主价值观、行为、人权、正义和法治等普遍原则	27%
各级机构卓有能力,领导具有革新思想	4%
和平、安全与稳定得以维持	24%
建立稳定和平的非洲大陆	45%
全面运行的非洲和平与安全架构	76%
非洲文化复兴得以凸显	12%
社会生活各个方面充分实现性别平等	37%
提升青少年的权利与参与度	40%
加强非洲在国际事务及和平进程中的伙伴作用	50%
非洲自主融资,推动经济发展	18%

3.1 《2063年议程》实施绩效

基于愿景——按区域划分

愿景1：一个基于包容性增长和可持续发展的繁荣非洲
愿景2：一个建立在泛非主义理想和非洲复兴愿景之上的政治统一的一体化非洲大陆
愿景3：一个善治、民主、尊重人权和法治的非洲
愿景4：一个和平而稳定的非洲
愿景5：一个具有强烈文化认同、共同遗产、价值观和道德准则的非洲
愿景6：依靠民众和民众潜力推动发展的非洲
愿景7：作为强大且具有国际影响力的全球伙伴的非洲

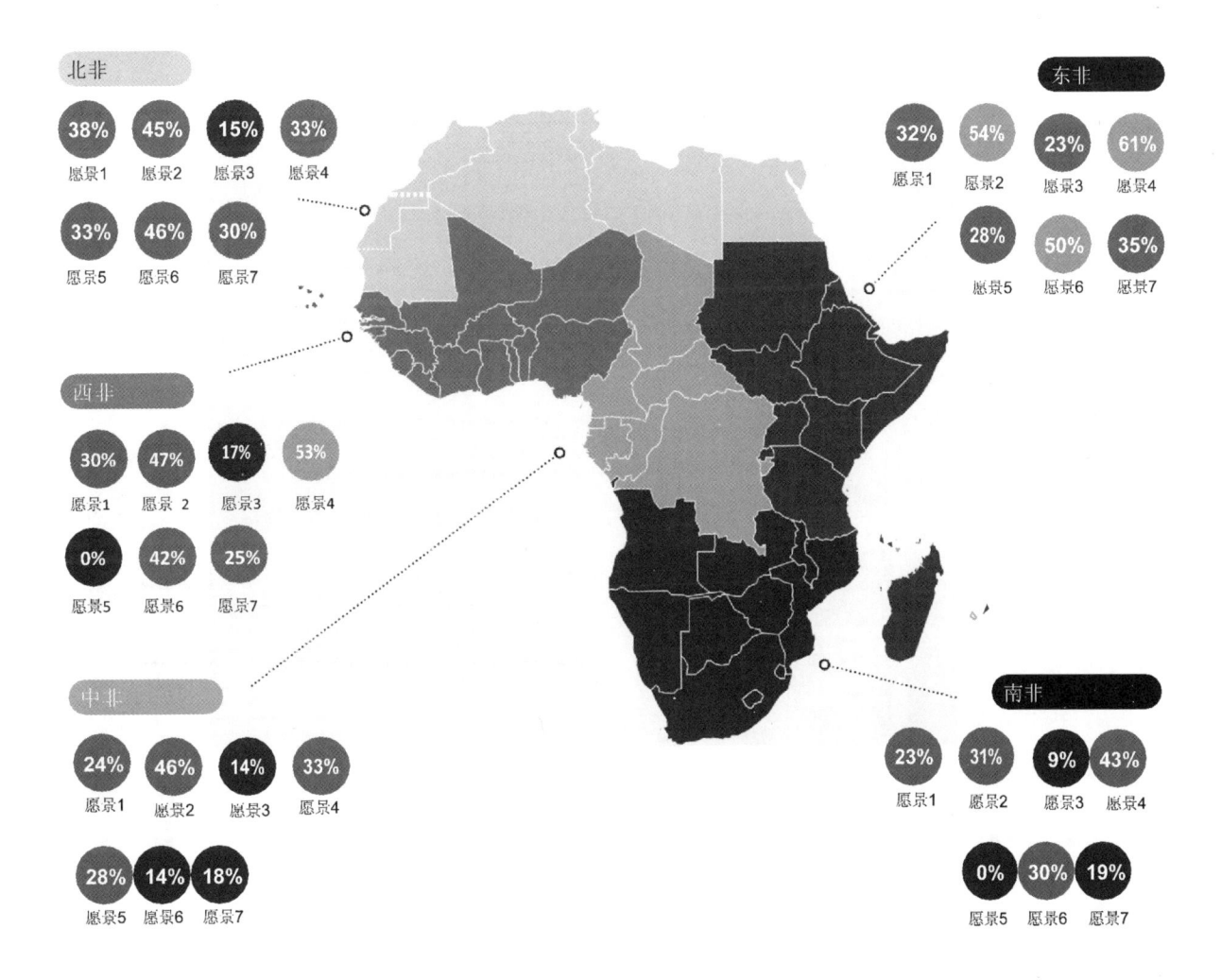

北非
愿景1	愿景2	愿景3	愿景4
38%	45%	15%	33%

愿景5	愿景6	愿景7
33%	46%	30%

东非
愿景1	愿景2	愿景3	愿景4
32%	54%	23%	61%

愿景5	愿景6	愿景7
28%	50%	35%

西非
愿景1	愿景2	愿景3	愿景4
30%	47%	17%	53%

愿景5	愿景6	愿景7
0%	42%	25%

中非
愿景1	愿景2	愿景3	愿景4
24%	46%	14%	33%

愿景5	愿景6	愿景7
28%	14%	18%

南非
愿景1	愿景2	愿景3	愿景4
23%	31%	9%	43%

愿景5	愿景6	愿景7
0%	30%	19%

3.2 南非《2063年议程》目标实施绩效测评表

绩效评估

愿景1	愿景2	愿景3	愿景4	愿景5	愿景6	愿景7	整体完成情况
23%	32%	8%	40%	0%	34%	25%	25%

取得重大进展的领域

- **30%** 陆地和淡水生物多样性保护区的覆盖率较2019年目标超出30%
- **89%** 制造业增加值在GDP中占比较2019年目标完成率为89%
- **200%** 互联网接入人数占比较2019年目标提升了近200%

进展缓慢的领域

- **-13%** 该地区中学净入学率较2019年目标低13%
- 在本报告所述期间,国内生产总值年增长率急剧下降
- **-212%** 向国家电网增加兆瓦级电力较2019年目标完成率为-212%

为加快执行《2063年议程》,需要得到支持的领域

- 农业生产与生产力
- 学校中科学、技术、工程与数学学科发展
- 小农企业战略——包括针对农村青年和妇女的食品加工产业
- 区域内和区域间贸易政策协调
- 解决儿童发育迟缓,肥胖和体重过轻的生物安全系统
- 统计与数据管理

目标完成情况

目标	完成率
公民拥有较高的生活水平、生活质量和幸福感	54%
公民接受良好的教育,以科学、技术和创新为驱动的技术革命	24%
国民身体健康,营养健全	16%
经济转型和创造就业	9%
生产力较高和高产的现代化农业	0%
发展蓝色/海洋经济,促进经济增长	0%
环境可持续,适应气候条件的经济体和共同体	35%
非洲一体化(联邦或邦联)	0%
非洲大陆主要金融货币机构的建立与运行	93%
世界一流的基础设施遍及非洲	3%
确立民主价值观、具体做法、人权、正义和法治等普遍原则	16%
各级机构卓有能力,领导具有革新思想	0%
和平、安全与稳定得以维持	20%
建立稳定和平的非洲大陆	20%
全面运作的非洲和平与安全架构	80%
非洲文化复兴得以凸显	0%
社会生活各个方面充分实现性别平等	34%
提升青少年的权利与参与度	34%
加强非洲在国际事务和和平进程中的伙伴作用	45%
非洲自主融资,推动经济发展	19%

3.3 东非《2063年议程》目标实施绩效测评表

绩效评估

愿景1	愿景2	愿景3	愿景4	愿景5	愿景6	愿景7	整体完成情况
32%	54%	23%	61%	28%	50%	35%	39%

取得重大进展的领域

- **37%** 电力接入家庭数量较2019年目标超出37%
- **1%** 女性性健康和生殖健康服务覆盖率较2019目标超出1%
- 武装冲突数量远远低于该区域2019目标值

进展缓慢的领域

- 被纳入可持续土地管理的农业用地占比
- 海洋生物技术对国内生产总值的贡献
- 旅游业对国内生产总值的实质贡献

为加快执行《2063年议程》，需要得到支持的领域

- 降低孕产妇和新生儿死亡率
- 提高学前和中学阶段入学率
- 加强科研创新以促进包容性发展
- 降低失业率
- 降低HIV病毒新增感染数量及结核病发病率

目标完成情况

目标	完成率
公民拥有较高的生活水平、生活质量和幸福感	50%
公民接受良好的教育，以科学、技术和创新为驱动的技术革命	36%
国民身体健康，营养健全	49%
经济转型和创造就业	27%
生产力较高和高产的现代化农业	2%
发展蓝色/海洋经济，促进经济增长	14%
环境可持续，适应气候条件的经济体和共同体	31%
非洲一体化（联邦或邦联）	34%
非洲大陆主要金融货币机构的建立与运行	91%
世界一流的基础设施遍及非洲	35%
确立民主价值观、具体做法、人权、正义和法治等普遍原则	29%
各级机构卓有能力，领导具有革新思想	17%
和平、安全与稳定得以维持	33%
建立稳定和平的非洲大陆	67%
全面运行的非洲和平与安全架构	83%
非洲文化复兴得以凸显	28%
社会生活各个方面充分实现性别平等	63%
提升青少年的权利与参与度	23%
加强非洲在国际事务和平进程中的伙伴作用	66%
非洲自主融资，推动经济发展	25%

3.4 西非《2063年议程》目标实施绩效测评表

绩效评价

愿景1	愿景2	愿景3	愿景4	愿景5	愿景6	愿景7	整体完成情况
30%	47%	17%	53%	0%	42%	25%	33%

取得重大进展的领域

- **180%** 提升旅游业对国民生产总值贡献率方面较2019目标超出180%
- 提升家庭用电接入率方面成效显著
- **24%** 渔业（GDP组成部分）增加值较2019年目标超出24%

进展缓慢的领域

- **10%** 学前教育和中学阶段入学率仅达到2019年目标的10%和2%
- **7%** 农业全要素生产率仅实现2019目标的7%
- **13%** 信息通讯技术（ICT）对GDP贡献率仅达到2019年目标的13%

为加快执行《2063年议程》需要得到支持的领域

- 增加海洋生物技术对GDP的贡献
- 增加GDP中制造业的产值
- 农业生产与生产力
- 保护陆地和内陆水域
- 提高学前教育与中学阶段净入学率
- 支持自给自足的小型农户向小商农业转型

目标完成情况

目标	完成率
公民拥有较高的生活水平、生活质量和幸福感	60%
公民接受良好的教育，以科学、技术和创新为驱动的技术革命	23%
国民身体健康，营养健全	53%
经济转型和创造就业	12%
生产力较高和高产的现代化农业	4%
发展蓝色/海洋经济，促进经济增长	32%
环境可持续，适应气候条件的经济体和共同体	15%
非洲一体化（联邦或同盟国）	10%
非洲大陆主要金融货币机构的建立与运行	95%
世界一流的基础设施遍及非洲	35%
确立民主价值观、具体做法、人权、正义和法治等普遍原则	33%
各级机构卓有能力，领导具有革新思想	1%
和平、安全与稳定得以维持	20%
建立稳定和平的非洲大陆	60%
全面运作的非洲和平与安全架构	80%
非洲文化复兴得以凸显	0%
社会生活各个方面充分实现性别平等	36%
提升青少年的权利与参与度	54%
加强非洲在国际事务和和平进程中的伙伴作用	40%
非洲自主融资，推动经济发展	20%

3.5 中非《2063年议程》目标实施绩效测评表

绩效评估

24%	46%	14%	33%	28%	14%	18%	整体完成情况 **25%**
愿景1	愿景2	愿景3	愿景4	愿景5	愿景6	愿景7	

取得重大进展的领域

- **47%** 该地区陆地和内陆水域保护率较2019目标超出47%
- 家庭用电接入率超出2019目标
- **4%** 接受现代计划生育服务的妇女人数比例增加

进展缓慢的领域

- 中小学净入学率远低于2019年目标
- **53%** 结核病和疟疾的发病率较2019年目标完成率为53%和-65%
- **0%** 小农转商品农较2019目标完成率为0

为加快执行《2063年议程》需要得到支持的领域

- 增加旅游业对GDP的贡献
- 加强区域内和区域间贸易
- 提升渔业产值
- 增加发电量和配电量
- 加强国家内部与非洲高铁网络接轨的准备工作
- 加强机构建设,提升领导水平,提高工作效率

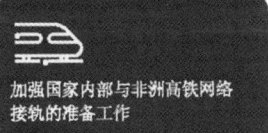

目标完成情况

目标	完成率
公民拥有较高的生活水平、生活质量和幸福感	54%
公民接受良好的教育,以科学、技术和创新为驱动的技术革命	9%
国民身体健康,营养健全	11%
经济转型和就业提供	0%
生产力较高和高产的现代化农业	0%
发展蓝色/海洋经济,促进经济增长	33%
环境可持续,适应气候条件的经济体和共同体	0%
非洲一体化(联邦或邦联)	94%
非洲大陆主要金融货币机构的建立与运行	42%
世界一流的基础设施遍及非洲	23%
确立民主价值观、具体做法、人权、正义和法治等普遍原则	4%
各级机构卓有能力,领导具有革新思想	33%
和平、安全与稳定得以维持	0%
建立稳定和平的非洲大陆	67%
全面运作的非洲和平与安全架构	9%
非洲文化复兴得以凸显	18%
社会生活各个方面充分实现性别平等	7%
提升青少年的权利与参与度	72%
加强非洲在国际事务和和平进程中的伙伴作用	0%
非洲自主融资,推动经济发展	54%

3.6 北非《2063年议程》目标实施绩效测评表

绩效评估

愿景1	愿景2	愿景3	愿景4	愿景5	愿景6	愿景7	整体完成情况
49%	56%	44%	100%	0%	41%	49%	36%

取得重大进展的区域

- **97%** 改善5岁以下幼童体重偏低状况，实现2019年目标的97%
- **75%** 结核病和疟疾发病率下降，分别达到2019年目标的75%和65%
- 成员国加入大陆自由贸易区

进展缓慢的区域

- 发展制造业并提升其对GDP的贡献
- 减少对妇女和女童的身体和性暴力
- 提高农业产值及生产力

为加快执行《2063年议程》需要得到支持的领域

- 遏制HIV病毒新增感染人数
- 增强机构建设与领导力提升
- 降低新生儿和5岁以下幼童死亡率
- 降低失业率
- 提高学前和中学阶段入学率
- 提升海洋生物技术领域对GDP的贡献
- 加快非洲高铁网络建设

目标完成情况

目标	完成率
公民拥有较高的生活水平、生活质量和幸福感	46%
公民接受良好的教育，以科学、技术和创新为驱动的技术革命	11%
国民身体健康，营养健全	31%
经济转型和就业提供	7%
生产力较高和高产的现代化农业	0%
发展蓝色/海洋经济，促进经济增长	40%
环境可持续，适应气候条件的经济体和共同体	50%
非洲一体化（联邦或同盟国）	5%
非洲大陆主要金融货币机构的建立与运行	92%
世界一流的基础设施遍及非洲	23%
确立民主价值观、具体做法、人权、正义和法治等普遍原则	0%
各级机构卓有能力，领导具有革新思想	0%
和平、安全与稳定得以维持	0%
建立稳定和平的非洲大陆	0%
全面运作的非洲和平与安全架构	50%
非洲文化复兴得以凸显	50%
社会生活各个方面充分实现性别平等	34%
提升青少年的权利与参与度	63%
加强非洲在国际事务和平进程中的伙伴作用	33%
非洲自主融资，推动经济发展	24%

四　非洲联盟旗舰项目实施进展

本节详细阐述《2063年议程》旗舰项目实施进度

4.1　非洲大陆自由贸易区

目标

本项目旨在构建：

一、以人为中心的发展型自贸区，既要确保关税自由，也要提升非洲民众的选择自由；

二、自由贸易区将有助于非洲应对非洲大陆所面临的诸多严峻挑战，包括青年失业、移徙、技能发展、妇女权力、工业化和基础设施建设，同时帮助非洲增强贸易和投资关系，从而释放其包括服务业在内的商业潜能。

目前进展

在技术和制度建设方面均取得显著进展，具体包括：

一、《非洲自由贸易协定》协定书于2018年3月通过，内附商品贸易议定书；

二、该协定于2019年5月30日签署生效；

三、迄今为止，54个非盟成员国已签署该协定；

四、27个非盟成员国已经认定并交存认可书；

五、非盟自贸区运营阶段于2019年7月启动，采用以下工具：

- 非盟自贸区商品贸易门户/网站，成员国将在此门户网站上传其初步关税优惠；
- 泛非洲数字支付和结算系统；
- 消除非盟自贸区非关税壁垒（NTB）的在线工具/机制；
- 非盟贸易观测测评表。

六、该协定将于2020年7月1日起在非洲自由贸易区体制下开展贸易；

七、非洲自由贸易协定临时秘书处已在非洲联盟委员会内设立，常设秘书处将设在加纳。

面临挑战

一、人力和财力不足，无法就第一阶段问题展开谈判并开展第二阶段工作；

二、某些成员国和合作伙伴正与第三方商谈双边贸易和投资协定，有悖于《努瓦克肖特决议》精神，且可能危及《非洲自由贸易协定》；

三、非盟自贸区的顺利实施严重依赖于非洲基础设施发展计划（PIDA），非洲农业发展综合计划（CAADP），非洲单一航空运输市场（SAATM）等其他项目的进展以及人员自由流动相关协议。

后期规划

一、将建立灵活的资源调动机制，确保非洲自由贸易区的顺利实施；

二、加大宣传力度，加深利益攸关方对非盟自贸区潜在益处的认识。

目标

该战略旨在明确应对价格波动、利用非洲丰富的自然资源和发挥商品市场绝对优势的战略措施，以确保借助非洲自产商品推进非洲大陆工业化进程。2016年制定的战略草案聚焦于能源和农业，并力图推行融合采矿和工业化的跨领域战略。

目前进展

一、《非洲联盟商品战略》最新修订草案已于2019年1月提交至贸易和采矿业特别技术委员会（STC）第二次会议审议，并将向贸易、工业和矿业部长特别专业技术委员会（STC）申请采纳。

面临挑战

一、尚未指定部门或人员专门负责项目的日常运行。

后期规划

一、设立非洲商品专门管理部门；

二、与成员国、区域经济共同体和其他利益攸关方进行广泛磋商，明确项目归属；

三、《非洲联盟商品战略草案》完成定稿工作。

4.2 刚果（金）英加水电站三期项目

目标

英加水电站三期项目位于刚果（金），可装机总量44000兆瓦，将为刚果民主共和国和整个非洲大陆提供电力供应。

目前进展

一、2018年，刚果共和国政府决定将英加水电站三期由先前设定的4,800兆瓦扩容为11000兆瓦装机总量，总投资预计180亿美元，其中40亿美元用于输电线路改造。随后，2018年10月，刚果政府与中国和西班牙公司联合体签署协议，委托中西公司联合体对英加三期进行技术分析，环境和社会经济影响评估。项目投资由公司联合体调配。

二、11000兆瓦装机总量中，南非承购5000兆瓦，尼日利亚承购3000兆瓦，刚果矿业公司承购1300兆瓦，刚果国家电力（DRC National Utility）承购其余电量。另外，几内亚也有意采购

7500兆瓦电力。

三、2019年，刚果共和国政府与英加电站项目发展与促进局［Agence de Développement et de Promotion du Projet Inga（ADPI）］共同为英加电站项目举行多次筹资活动。

面临挑战

一、资金筹集与调配时间长于预期，导致项目进度延迟。

二、对此项目感兴趣的新成员国的加盟，以及11000兆瓦的概念对先前缔结的协议和协调工作产生影响，包括与输电线路经由的国家先前达成的协议。

后期规划

一、加大资金调动力度；

二、与南非和尼日利亚输电线路（英加—卡拉巴尔）经由地的国家签署协议；

三、为刚果民主共和国政府启动电站项目相关的大陆协调工作提供必要支持。

4.3　非洲单一航空运输市场（SAATM）

目标

认识到航空对实现非盟一体化大陆愿景的重要性，非盟大会于2015年1月通过《关于建立非洲单一航空运输市场（SAATM）的宣言》及具体且无条件推进落实《亚穆苏克罗决议》的《郑重承诺》。

目前进展

一、此后，非洲联盟大会于2018年1月在其第30次例行首脑会议上正式启动非洲单一航空运输市场计划；

二、29个非盟成员国已经签署关于建立非洲单一航空运输市场的《郑重承诺》，覆盖非洲近80%的航线；

三、18个非盟成员国签署了执行备忘录（MoI），以确保消除任何有悖于《亚穆苏克罗决议》的航空服务协议限制；

四、非洲单一航空运输市场的29个国家中，有10个已实施了非洲民航委员会（AFCAC）要求的有关非洲单一航空运输市场的所有具体措施。此外，有10个成员国已经签署了新的符合《亚穆苏克罗决议》的双边航空服务协定。

面临挑战

一、财政资源不足，执行机构无法运转；

二、成员国签署《郑重承诺》步伐缓慢。

后期规划

一、在非洲单一航空运输市场倡导者的领导下，加强宣传工作，以实现40个成员国的目标；

二、调动区域发起者的主动性，增强区域经济共同体的宣传效果；

三、最终确定"非洲单一航空运输市场争端解决机制"，以便倡议得以采用和宣传；

四、尽快明确航空基础设施总体规划（机场、导航设施等），并将优先项目纳入非洲优先发展行动计划之基础设施发展项目（PIPA-PAP）第二阶段。

4.4 非洲大陆高速铁路网络

目标

非洲综合高速铁路网络项目旨在通过完善的高速铁路技术和其他补充性的电力/供电以及信息通信技术（ICT）宽带基础设施和服务，实现非洲各国首都、经济中心和工业中心及主要旅游地互通互联。

目前进展

一、在《2063年议程》的背景下阐述非洲大陆高铁网络项目的愿景；

二、已完成详细的范围界定研究和战略说明；

三、已启动公司合作意向征询程序，以对非洲铁路联盟进行财务、技术、法律和机构审计，以期使其重振效能。

面临挑战

一、设计研究各项经费不足；

二、缺乏专职技术人员来管理项目执行部门所负责项目。

后期规划

一、为非洲大陆高铁网项目的后续阶段调配资源；

二、加强非盟开发署内设项目执行部门建设；

三、重振非洲铁路联盟，以监督和促进非洲铁路部门的政策规划和战略发展。

4.5 泛非学术和医疗电子网络

目标

该项目旨在借助印度最好的学术和医疗机构，向非盟成员国提供优质教育及远程医学专业知识和咨询服务，构建非洲地区相关能力。

目前进展

一、截至2017年3月，48个非盟成员国已安装电子网络，并取得以下成绩：

- 22000名学生获得不同学科本科和研究生学位；
- 年均进行770次远程医疗咨询；
- 为医护人员提供6700次医学继续教育课程。

面临挑战

一、2017年7月，印度政府不再提供在线服务，并将相关基础设施移交至非洲联盟委员会。随后，相关基础设施被转至达喀尔，并交由塞内加尔政府监管。塞内加尔政府目前需承担业务费用，正在寻求恢复项目相关活动的解决方案。

后期规划

一、按照特别技术委员会（STC）关于通信和信息通信技术的要求，积极筹调经费，以维持电子网络的持续运行。

4.6 网络安全

目标

到2020年，数字经济预计将占全球GDP的近三分之一。如今，非洲也处于网络犯罪的触及范围，非洲大陆信息系统和数字基础设施比以往任何时候都更加脆弱。与此同时，网络安全和网络犯罪相关问题不断出现，有必要确保公民、政府和企业免受其害。

目前进展

一、要求参加公约的15个成员国中，有4个成员国批准并签署《非盟网络安全和个人数据保护公约》；

二、2018年制定并启动数据保护准则，并成立非洲网络安全专家组；

三、许多非洲国家正着手起草并通过网络立法，总体上仍处于制定网络战略的初期阶段。仅有18个国家设有计算机安全应急响应组（CERT）。

面临挑战

一、项目预算匮乏，致使项目实施出现延误。

后期规划

一、为项目运行调配资源，确保非洲大陆在网络安全方面的能力建设

4.7 泛非虚拟大学和电子大学（PAVEU）

目标

该项目旨在通过利用数字革命和全球知识成果，并通过增加在非洲本土获得高等教育和继续教育的机会，提升人力资本，科学技术和创新发展水平。

目前进展

一、确定启动泛非虚拟大学和电子大学（PAVEU）所需的四门课程，即：虚拟化入门，基

于云计算的企业运营知识，技能及数字素养，就业技能及媒体和信息素养。

二、与四个支持质量保证和提供泛非虚拟大学和电子大学课程的重要机构建立了战略合作伙伴关系，其中包括非洲远程教育理事会（ACDE），联合国教科文组织，非洲虚拟大学和VMware虚拟机。

三、已着手搭建IT基础架构，并已制定泛非虚拟大学和电子大学操作指南和政策。

面临挑战

一、人员不足，录音棚等录课设施匮乏，加之缺少可靠的供电企业，难以支持在线课程正常开展。

后期规划

一、招聘必要人员，保证泛非虚拟大学和电子大学正常运营，确保足额财政资源配给。

4.8 非洲外太空旗舰计划

目标

非洲外太空旗舰计划旨在构建协调统一的综合性大陆规划，以响应非洲大陆社会、经济、政治和环境需求，提升非洲全球竞争力。该计划还旨在搭建监管框架，支持非洲空间议程，并确保非洲大陆成为有责任感，且能够和平利用外层空间的地区。非洲大陆航天局将设在阿拉伯埃及共和国。

目前进展

一、非洲联盟每年与非洲空间参与者进行多轮关于外空间的对话，对话中形成了两份文件：
- 《非洲外层空间计划优先执行领域》
- 《非洲航天局架构与财务问题研究》

二、不断推进实际项目和任务，已完成两项基线研究（共规划四项），包括：
- 《非洲私营部门在地球观测、地理空间和相关技术领域参与状况综合研究》
- 《非洲地区导航与定位差距分析研究》

三、强化非洲地球观测（EO）系统，提升环境管理能力。该举措是在"全球环境与安全监测（GMES）与非洲计划"下进行的。

面临挑战

一、未及时考虑非洲航天局的架构及财务问题。

后期规划

一、加快推进对非洲航天局架构和财务问题的分析；

二、为启动并运行非洲航天局，调配包括航天局所在国家在内的资源；

三、支持各成员国、区域经济共同体及其他机构帮助非洲航天局顺利开展业务，包括《非洲空间政策和战略》中明确陈述的各项业务，如确保非洲航天局在地球观测、卫星通信、导航及定位、以及空间科学和天文学等领域的执行能力。

4.9 非洲大博物馆（GMA）

目标

非洲大博物馆计划于2023年启动建设，是《2063年议程》第一个十年实施规划中所列项目。非洲博物馆奴隶贸易常设纪念馆将展示、保护并宣介非洲大陆丰富的文化遗产。该博物馆将设在阿尔及尔，由阿尔及利亚人民民主共和国代表非洲大陆承建并管理。

目前进展

一、阿尔及利亚人民民主共和国政府将非洲大博物馆的选址定在阿尔及尔，位于外交部和文化部之间，具有高度战略意义，加之阿尔及尔市美景天成，必将吸引大量游客来非洲大博物馆参观。

二、已成立建筑师和专家组成的团队设计并完成环境分析。

三、已成立技术与咨询委员会，推进大博物馆建设和启动工作。该委员会成员包括以区域为基础遴选产生的非盟成员国代表和独立的文化和遗产专家。

面临挑战

一、该项目所面临的主要挑战仍是场馆建设和设备购置资金问题，缺口预估为5700万美元。

后期规划

一、技术和咨询委员会将完善业务建议，并将定稿呈交给潜在合作伙伴；

二、最终确定阿尔及利亚政府与非洲联盟委员会之间的承建协议内容，包括明确博物馆的法律地位。

4.10 到2020年，全非洲消弭枪声，结束大小战争

目标

非盟成员国已将"非洲消弭枪声：为发展创造有利条件"作为2020年的主题。

目前进展

一、非盟高级别代表（AUHR）继续宣传动员，积极争取利益相关方为执行《非盟全面禁枪总路线图》做出贡献；

二、2月，赤道几内亚牵头签署的《联合国安理会关于全面禁枪的第2457号决议》通过后，联合国秘书长设立了联合国工作小组，动员联合国所有成员全力支持《禁枪路线图》及非洲联盟委员会行动计划。该工作小组已与"禁枪"行动部门就技术规划进行多次会商，并与联合国相关机构进行多次双边会谈，以明确需要支持的关键领域，包括解除武装、和平与安全环境中的

妇女和青年、反恐、维护和平和预防冲突等相关问题。

三、联合国安理会的非洲成员正努力在国际场合宣介《禁枪》的议程。

面临挑战

一、执行项目所需资金和人力资源不足；

二、各成员国尚未进行有效执行年度主题和非盟总路线图的具体行动。

后期规划

一、为项目执行调配资源；

二、为成员国提供技术支持，协助其制定《禁枪国家行动计划》；

三、增强各类协调平台的作用，强化监测与评估机制，协助包括非盟峰会在内的各层平台提升管理水平，并就项目执行进度形成报告。

4.11 人员自由流动和非洲护照

目标

《2063年议程》愿景2描述了"一个政治统一、基于非洲复兴愿望的一体化大陆"。到2063年，非洲大陆有望实现边界之间无缝对接，并通过对话管理跨境资源；随着人员、资本、商品和服务自由流动，非洲各国之间贸易和投资将大幅增加，而非洲在全球贸易中的地位也将随之提升。

目前进展

一、2018年1月，通过并实施《关于建立非洲经济共同体与人员自由流动、居住权和住所设立权条约议定书》及所附全方位执行路线图；

二、已向各成员国和区域经济共同体就《人员自由流动议定书》进行宣传推介，以期征得至少15个国家接受该议定书，确保议定书生效；

三、32个成员国已签署《议定书》，但只有卢旺达一个成员国正式认定该议定书；

四、非洲护照的设计、制作和发放准则已于2018年11月获得负责移民、难民和国内流离失所者等事务的非盟专业技术委员会的认可，并于2019年2月在非盟大会通过。

面临挑战

一、各成员国签署和认定《人员自由流动议定书》的步伐缓慢；

二、某些非盟成员国的限制性签证制度限制了人员的跨境流动；

三、人员自由流动可能会构成安全威胁；

四、成员国制作和发行非洲护照的技术能力薄弱；

五、成员国在遵照规定向所有入境非洲旅行者发放签证方面速度缓慢。

后期规划

一、加强宣传，推广《议定书》和非洲护照；动员并制定某国现任国家元首或政府首脑带头推行人员自由流动和非洲护照；

二、支持成员国制定政策，允许人员入境后签发签证，并积极争取逐步取消各国签证；

三、非盟和平与安全理事会将与非洲情报与安全服务委员会、以及区域经济共同体同级的其他相关机构进行合作，继续推动有关安全问题和人员自由流动益处的讨论；

四、与国际民用航空组织（ICAO）和国际移民组织（IOM）合作，为成员国提供必要的技术支持，以制作并向非洲公民发行非洲护照；

五、非盟成员国在所有入境口岸装备可用系统，以快速获取相关信息。

4.12 非洲大陆金融机构

目标

非洲大陆金融机构包括非洲中央银行（ACB），非洲货币基金组织（AMF），非洲投资银行（AIB）和泛非证券交易所（PASE）。各大金融机构均依照2000年在多哥洛美通过的《非盟机构法案》（*Constitutive Act of the AU*）而成立，从而完善了1991年通过的非洲经济共同体的金融架构。

目前进展

一、共有22个银行家学会准成员国（AIB）在法律文书上签字，包括：安哥拉、贝宁、布基纳法索、乍得、科特迪瓦、科摩罗、刚果、刚果民主共和国、加蓬、冈比亚、加纳、几内亚比绍、几内亚、利比亚、利比里亚、马达加斯加、尼日尔、塞内加尔、塞拉利昂和圣多美和普林西比、多哥和赞比亚。其中，仅有六个国家正式认定文书条款，包括：贝宁、布基纳法索、乍得、刚果、利比亚和多哥。

二、共有12个国家签署加入非洲货币基金组织（AMF），包括：贝宁、喀麦隆、乍得、科摩罗、刚果、加纳、几内亚、几内亚比绍、毛里塔尼亚、圣多美和普林西比、多哥和赞比亚。其中，乍得只交存了一份认定书。

三、2018年，与喀麦隆在非洲货币基金组织总部签订了托管协议；

四、尼日利亚已为非洲货币研究所（AMI）提供了办公场所；相关制度和托管协议草案已拟定，尚待定稿。

五、正与非洲证券交易协会共同努力，分步骤逐步将非洲证交所与泛非证券交易所相互关联。正着手拟订谅解备忘录（MoU），以加强伙伴关系。

六、委员会已启动相关程序，拟任命加纳总统纳纳·阿库福·阿多（Nana Akufo-Addo）担任审计与财务委员会推行官；

七、推行官员的权限范围已经确定；

八、目前正在对签署和认定法律文书所面临的相关挑战展开全面研究。

面临挑战

一、认定过程缓慢；

二、推行官员任命时间漫长，影响项目开展。

后期规划

一、确定非洲中央银行建设时间表；

二、最终确定并商定宏观经济收敛标准；

三、尽快任命推行官员；

四、着手实施推进非洲货币基金组织（AMF）和非洲投资银行（AIB）法律文书签署和认定的相关战略。

4.13 非洲经济平台

非洲经济平台是《2063年议程》所列项目。该项目旨在汇集非洲国家元首、商届领袖、学者和青年通过坦诚对话，共商非洲发展事宜。首届非洲经济平台于2017年在毛里求斯举行，出席会议的共有九位国家元首，十位部长和大使，三位区域经济共同体负责人；另外，还有来自私营部门和学术界共55名代表，以及五位年轻企业家和民间学会代表参加会议。会议制定首批非洲经济平台建议实施路线图，并编写了关于建立非洲商业理事会平台（African Business Council Platform）和贸易观察站（Trade Observatory）的概念说明。

五 《2063年议程》执行情况测评

5.1 《2063年议程》在各国、各地区的落实情况

自2015年"执行计划"实施以来，已先后向42个成员国和5个区域经济共同体提供技术支持，以确保相关国家和地区将《2063年议程》融入国内规划。《2063年议程》大使委员会正与非盟委员会合作，对其余13个国家持续跟进。该技术支持规划旨在确保相关国家和地区发展规划与《2063年议程》所列"执行计划"保持一致。《2063年议程》实施情况首期执行报告表明，上述部分国家和区域经济共同体已将《2063年议程》纳入其发展计划。另外，乍得、塞舌尔、苏丹和乌干达等相关成员国已将《2063年议程》纳入其国家远景相关文件。

5.2 《2063年议程》协调、执行、监测和报告相关机构建设情况

所有非盟成员国均已为《2063年议程》及其他发展框架（如可持续发展目标）的政策融合、实施和监测设立专门机构和系统。为协调《2063年议程》的执行和报告撰写工作，多个国家已设立部际及利益攸关方协调与指导委员会，并指定主管国家规划、融资和经济发展的部委专门负责协调工作。卢旺达、塞内加尔和科特迪瓦等成员国还专门制定监督和问责机制，涉及国家发展规划相关报告撰写工作，《2063年议程》和《可持续发展目标》，以及部际和利益攸关方协调委员会的后续确认工作，最终确保向更高级别政策和政治平台提交相关材料。

布基纳法索、乍得、加纳、纳米比亚和马里等成员国还设有符合《2063年议程》的国家级以下各级职能部门，负责协调各类发展规划。上述机制为商讨《2063年议程》报告撰写和开展具体行动提供平台，以促进各国地方政府加快落实相关措施。

5.3 《2063年议程》监测与评估

《第一个十年实施规划》通过后，便进入《2063年议程》监测与评估框架及相应的《核心指标手册》的咨询流程。2018年1月通过后，《核心指标手册》为各国及非洲大陆完善体系和程序提供了简明的架构阐释。

负责金融、货币事务、经济规划和一体化的专门技术委员会在2019年3月举行的部长级会议上提议，由非洲联盟委员会和非洲联盟发展署（AUDA-NEPAD）牵头协调撰写《2063年议程》两年期效绩报告，并提交非洲联盟政策机构供其参考。为此，非洲联盟委员会和非洲联盟发

展署开发了相应的实证研究方法，以帮助非盟成员国和区域经济共同体撰写《2063年议程》执行进度报告。上述研究方法包含整套研究工具、数据采集模型、数据分析、可视化及基于《2063年议程》中《第一个十年实施规划》所列目标的标准化报告撰写模板。此外，该方法还设定了绩效完成情况仪表板，对照《2063年议程》中所列目标和战略重点领域，总体呈现具体目标完成进度。

由非洲联盟委员会和非盟发展署共同组织的工作坊于2019年11月在肯尼亚内罗毕举行，来自40个非盟成员国和6个区域经济共同体的75名代表参加了此次工作坊。通过工作坊，各成员国和区域经济共同体验证了上述研究方法，着手撰写了首份国家和区域级2013至2019年间《2063年议程》执行情况实证报告。

该大陆级报告总结了各国及各区域级报告内容，突显了各国、各区域及整个非洲大陆对《2063年议程》的执行情况。该报告也是《2063年议程》两年期报告周期框架的首份报告。

5.4 《2063年议程》国内资源调动战略

执行理事会批准了关于国内资源调动（DRM）的《2063年议程》融资与资源调动战略。理事会进一步请求委员会和非洲开发银行（AfDB）与非洲经委会（UNECA）和非盟发展署（AUDA-NEPAD）密切合作，基于"通过的《2063年议程》融资，国内资源调动和伙伴关系战略"制定"《2063年议程》融资、国内资源调动路线图和指南"，广泛传播给与区域经济共同体紧密合作的成员国。

为了实施国内资源调动战略，已与非洲开发银行、非洲经委会和非盟发展署举行了一系列联合技术会谈，旨在搭建资源调配平台以开启该进程。

2019年10月8日，国内资源调动技术工作组（TWG）在埃塞俄比亚首都亚的斯亚贝巴正式启动，标志着国内资源调动工作取得实质性进展。随后，举行了技术工作组第一次会议，会议讨论了有关国内资源调动实施战略的筹备工作和相关问题。

此次会议主要成果包括：
- 确定了技术工作组的职权范围及下设机构的具体分工；
- 制定了实施路线图，包括针对具体行动和资源要求的技术方法

技术工作组会议将联合秘书处支持办公室（JSSO）作为保障计划实施的关键机构，着重强调其作为秘书处的作用。

此外，目前正与咨询公司通力合作，制定国内资源调动指南和实施路线图。预计国内资源调动指南将于2020年完成，随后将陆续向成员国分发，并根据各国国情进行相应调整。

5.5 相关建议

作为非洲大陆发展机构，非洲联盟发展署应继续借助各种伙伴关系发挥其影响力，提供以知识为基础的咨询服务，支持成员国推进其国内发展优先事项，并在推介优秀举措方面发挥关键作用。

非洲联盟发展署—非洲发展新伙伴计划应为成员国提供支持，帮助其开发和部署新型工具和

方法，提升机构效能，从而提升国家综合政策制定和规划水平。

《2063年议程》的顺利实施需要增进公众对大陆发展议程内容的认识，并将其与当地情况相关联，因而需要强调非洲大陆、各个区域和国家发展议程之间的协同作用和互补关系。

应注重将大陆议程具体内容纳入国家及国家以下各级规划，实施进程和具体文件中。

各成员国应在现有国家和区域性机构中融入《2063年议程》内容，明确重点问题，进一步将《2063年议程》与当地情况相融合，提升协调、执行和报告撰写能力。要在所有非盟成员国、区域经济共同体和非盟各大陆层级的机构中推行《2063年议程》循证报告制度，就需要各机构每隔两年对进度情况进行审核。

要对非洲大陆《2063年议程》执行进展进行测评，首先要获取相关数据和信息，因此必须加强各国统计系统。

由非盟发展署和非洲联盟委员会共同开发的整合性监测与评估（M&E）架构及相应的循证报告方法，都应纳为非盟两年期评估系统。

应敦促非洲联盟委员会各部门及其他非盟机构和实体基于《2063年议程》实施进度报告中反映的问题，向区域经济共同体和成员国提供针对性的支持。

应建立灵活的资源调动机制以确保在各国、各区域及整个非洲大陆顺利实施《2063年议程》。

对《2063年议程》和《2030年议程》的执行采取融合性和整合型的方法，有助于减少重复，优化资源利用，并动员国内外利益攸关方和发展伙伴给予支持。非盟发展署和非洲联盟委员会应鼓励成员国和区域性经济共同体采用该方法，同时针对两个发展议程撰写报告。

非洲联盟委员会和非盟发展署应在非洲联盟与联合国体系之间加强协调，以确保《2030年议程》和《2063年议程》与《联合国气候变化框架公约》中的协定保持一致，为各成员国广泛接受并融入其规划框架，进而为非洲发展做出积极贡献。

5.6 结论

非洲联盟长期发展框架《2063年议程》尘埃落定，这离不开各国、各区域及非洲大陆各层级主要发展利益攸关方的参与，其中包括学术界人士、决策者、技术类政府官员以及包括侨民、智库和私人机构在内的民间社会组织。

《2063年议程》的实施在国家、区域和大陆各个级别、多个层面均聚集了动能。在议程实施的头六年中，对照《第一个十年实施规划》中所设定的多个目标均显示出较为显著的成效。

尽管在执行方面已取得显著进展，但仍需进一步努力以加快非洲大陆对《2063年议程》的执行力度，进而实现议程中设定的一系列目标和指标。

为更好落实《2063年议程》，提升成果产出，非洲大陆不得不应对数据缺口、人力和财力不足等关键性挑战，而这些问题阻碍了非洲大陆实现可持续和包容性经济和社会文化的发展进程。这就需要各国地方政府、各国、各区域及整个非洲大陆齐心协力，全面应对已发现的问题并把握现有机遇。例如，在生产性经济过程中挖掘青年红利的巨大的开发潜力，将有助于推动非洲大陆可持续和包容性经济发展。

附录1 《2063年议程》实施状况大陆级测评表

《2063年议程》第一个十年实施规划

	大陆级测评表		整体表现情况	32%
优先领域	《2063年议程》目标	《2063年议程》指标	2019年目标值	较2019年目标完成率
	愿景一：一个基于包容性增长和可持续发展的繁荣非洲			29%
	目标1：公民拥有较高的生活水平、生活质量和幸福感			56%
1. 收入、职业和体面的工作	1.1.1 较2013年人均收入提高至少30%	人均国民总收入	1482美元	51%
	1.1.2 较2013年的失业率降低至少25%	按年龄组、性别划分的失业率	10.9%	
2. 贫穷、不平等和饥饿	1.2.1 儿童发育迟缓比例减少至10%；体重不足人数占比减少至5%	5岁以下幼童体重不足的发生率	13.1%	36%
	1.2.2 安全饮用水未覆盖人群比例较2013年人口比例降低95%	安全饮用水覆盖人口百分比	86.4%	
3. 现代宜居的居住地和基本的优质服务	1.3.1 电力和互联网接入和使用人数占比较2013年水平提升至少50%	1）可使用电力的家庭百分比	74.7%	80%
		2）家庭用电百分比	36.1%	
		3）可上网人口百分比	28.3%	
	目标2：公民接受良好的教育，以科学、技术和创新为驱动的技术革命			24%
	2.1.2 基础教育入学率达到100%	小学里按性别和年龄划分的净入学率	90.7%	
	2.1.3 合格教师人数占比至少提升30%，重点聚焦科学、技术、工程、数学（STEM）等学科	按性别和层次分列的具有科学、技术、工程或数学专业资格的教师比例（小学及中学）	67.3%	
	2.1.4 普通中学（包括职业中学）入学率达到100%	按性别划分的中学净入学率	70.3%	
	目标3：国民身体健康，营养健全			43%
1. 健康与营养	3.1.1 妇女性健康和生殖健康服务覆盖水平较2013年提升至少30%	最近12个月内可获得性健康和生殖健康服务的15—49岁女性占比	39.7%	43%
	3.1.2 孕产妇死亡率较2013年水平降低至少50%	1）孕产妇死亡率	239	
		2）新生儿死亡率	14.1	
		3）五岁以下幼童死亡率	44.9	
	3.1.3 HIV病毒感染、疟疾和结核病发病率较2013年降低至少80%	每千人中新增染HIV病毒感染病例数量	1.5	
		每年每千人结核病发病率	132.7	
		每年每千人疟疾发病率	65.9	
	3.1.4 获得抗逆转录病毒（ARV）药物治疗覆盖比例达到100%	符合获得抗逆转录病毒治疗条件的HIV感染者中接受治疗人数占比	85.6%	

续表

优先领域	《2063年议程》目标	《2063年议程》指标	2019年目标值	较2019年目标完成率
	目标4：经济转型和创造就业			16%
1. 可持续的包容性经济增长	4.1.1 GDP年增长率最低7%	实际GDP	7%	17%
2. 科学、技术和创新（STI）驱动的制造/工业化和增值	4.2.1 制造业实际价值在GDP中的占比较2013年提升50%	制造业增加值在GDP中的占比	12.7%	24%
3. 经济多元化和适应力	4.3.1 至少划拨1%的GDP，用于科学、技术和创新研究以及科学、技术和创新驱动的企业家精神发展	研发支出在GDP中的占比	0.8%	9%
4. 接待/旅游	4.4.1 旅游业对国内生产总值的实际贡献至少提升100%	旅游业增加值在GDP中的占比	4.1%	10%
	目标5：高产的现代农业			2%
1. 农业生产力和生产	5.1.1 农业全要素生产率翻倍	农业全要素生产率	每年2.3%	2%
	5.1.2 至少有10%的小农转入小规模商业农业，而转入人数中至少30%为女性	按性别分列的向商业农户转型的小规模农户占比	23.7%	
	目标6：发展蓝色/海洋经济，促进经济增长			21%
1. 海洋资源与能源	6.1.1 到2023年，渔业部门实际增加值至少提升50%	渔业部门增加值（作为GDP组成部分）	1.2%	21%
	6.1.2 海洋生物技术对GDP实际贡献较2013年提升至少50%	海洋生物技术的附加值在GDP中的占比	..	
	目标7：环境可持续，适合气候条件的经济体和地区			25%
1. 生物多样性、生物保护和可持续自然资源管理。	7.1.1 至少30%的农业用地属于可持续土地项目	纳入可持续土地管理项目中农业用地占比	22.2%	25%
	7.1.2 至少17%的陆地和内陆水域以及10%的沿海和海洋区域受到保护	陆地和内陆水域受保护百分比	25.5%	
	愿景二：一个建立在泛非主义理想和非洲复兴愿景之上的政治统一的一体化非洲大陆			44%
	目标8：联合的非洲（联邦或邦联）			11%
1. 政治和经济一体化	8.1.1 非洲自由贸易区的活跃成员	消除非关税壁垒（NTB）的数量	..	11%
	8.1.2 非洲内部贸易量至少是2013年水平的3倍	每年非洲内部贸易的价值变化（美元）	350亿美元	
	目标9：非洲大陆金融和货币机构的建立和运行			92%
1. 金融及货币机构	9.1.1 加速推进非洲大陆自由贸易区	所有成员国批准认定大陆自由贸易区	100%	92%
	目标10：世界一流的基础设施遍及非洲			29%
1. 通信和基础设施互联互通	10.1.1 至少为实施跨非洲公路缺环建设项目做好国家层面前期准备工作	跨非洲公路缺环实施进度百分比	100%	29%
	10.1.2 2019年之前，至少为实现国家与非洲高铁网做好国家层面准备工作	非洲高铁网络实施进度百分比	100%	
	10.1.3 非洲天空向非洲航空公司全面开放	实施有关开放非洲天空的协议数量	..	
	10.1.4 到2020年，发电量和配电量至少提升50%	国家电网增加的兆瓦数	3,118	
	10.1.5 信息通讯技术对GDP的贡献翻一番	使用手机的人口比例	96.1%	
		信息通讯技术对GDP的贡献百分比	6.4%	

续表

优先领域	《2063年议程》目标	《2063年议程》指标	2019年目标值	较2019年目标完成率
愿景三：一个善治、民主、尊重人权和法治的非洲				16%
目标11：确立民主价值观、具体做法、人权、正义和法治等普遍原则				27%
1. 民主价值观和实践的常态化	11.1.1 至少70%的民众认为确实享有个人权利，认为有领导问责制度	认为有效的机制和监督机构以确保领导问责的人数占比	42%	27%
	11.1.2 至少70%的民众认为有新闻/信息自由，有言论自由	认可新闻自由的人数占比	42%	
	11.1.3 至少70%的公众认为选举自由、公平且透明	认为选举自由、公平和透明的人数占比	42%	
	11.1.4 到2020年，签署、认定《非洲民主宪章》并将其融入国内规划	—已签署	100%	
		—已批准认定	100%	
		—融入《非洲民主宪章》	90%	
目标12：各级机构卓有能力，领导具有革新思想				4%
1. 机构与领导	12.1.1 至少70%的公众认为公共服务更加专业高效、积极作为、勇担责任、公正廉洁	与公职人员有一次以上接触，并向公职人员行贿或被公职人员索贿的人数占比	42%	
愿景4. 一个和平而稳定的非洲				48%
目标13：和平、安全与稳定得以维持				24%
保持稳定、维护和平与安全	13.1.1 种族及各种形式的排他行为、宗教和政治分歧引发的，因冲突而造成的死亡数量最多是2013年的50%	每10万人中冲突引发死亡人数	..	24%
目标14： 建立稳定和平的非洲大陆				45%
1. 非盟和平与安全政策相关机构建设	14.1.1 到2020年全面禁枪	武装冲突数量	..	45%
目标15：全面运行的非洲和平与安全架构				76%
1. 非洲大陆和平与安全架构支柱得以运转	15.1.1 2016前各国设立国家和平委员会	设立国家和平委员会	100%	76%
愿景5：一个具有强烈文化认同、共同遗产、价值观和道德准则的非洲				12%
目标16：非洲文化复兴得以凸显				12%
1. 泛非价值观和理想	16.1.1 中小学阶段课程中非洲土著文化、价值观和语言内容占比达到60%以上	中小学阶段课程中非洲土著文化、价值观和语言内容占比	36%	12%
愿景6. 一个依靠人民和民众潜力推动发展的非洲				39%
目标17：社会生活各个方面充分实现性别平等				37%
1. 妇女权利	17.1.1 均等的妇女经济权利：截至2026年，确保妇女拥有包括财产所有权和继承权、合同签署、保护、注册、管理企业权利、开立并管理银行账户的权利等	拥有或可主张土地所有权的农业人口中女性占比	46.1%	41%
	17.1.2 地方、区域及各国政府选举产生的官员及司法机构职员中女性占比达30%以上	国家、地区及地方机构中女性席位占比	18%	

续表

优先领域	《2063年议程》目标	《2063年议程》指标	2019年目标值	较2019年目标完成率
2. 针对女性和女童的暴力及歧视	17.2.1 针对女性和女童的暴力事件较2013年水平降低至少20%	易受性暴力及身体暴力的女性和女童人数比例	93.9	34%
	17.2.2 不利于女性和女童,或者加剧针对女性和女童暴力和歧视行为的有害社会规则和惯例至少减少50%	以年龄为划分依据,15—49岁接受生殖器切割的女性及女童人数比例	24.2%	
	17.2.3 2020年以前,消除女性和女童接受高品质教育、卫生和社会服务的所有障碍	出生当年登记造册的新生儿比例	60%	
目标18:提升青少年的权利与参与度				42%
1. 青年赋权与儿童权利保障	18.1.1 青年失业率较2013年水平降低至少25%,尤其是女性青年	以性别为划分依据的青年失业率	15%	42%
	18.1.2 消除任何形式的暴力、剥削童工、童婚及人口贩卖活动及行为	从事童工的儿童占比	9.2%	
		经历童婚的儿童占比	5.1%	
		被贩卖儿童比例	5.4%	
	18.1.3 全面实施《非洲青年权力宪章》	各成员国对《非洲青年权力宪章》具体要求的实施状况	60%	
愿景7:一个强大而有影响力的作为全球合作伙伴的非洲				26%
目标19:加强非洲在国际事务及和平进程中的伙伴作用				50%
1. 非洲在全球事务中的地位	19.1.1 国家统计系统全面运行	通过并实施与官方统计基本原则相一致的统计法规	100%	50%
		提升统计系统运行相关国家财政预算	1.8%	
		建立正式机构,协调官方统计报告撰写工作	100%	
目标20:非洲自主融资,推动经济发展				18%
1. 资本市场	20.1.1 国内资本市场为发展相关支出提供至少10%的资金	由国家资本市场提供资金的公共部门预算比例	20.9%	15%
2. 财税系统和公共部门收入	20.1.2 各级政府财税及非税收入至少可承担75%的现行及后期发展支出	税收总收入在GDP中的占比	51.8%	2%
3. 发展援助	20.1.3 国家预算中援助资金最多为2013年水平的25%	政府开发援助(ODA)总额在国家预算中的占比	12.1%	39%
		通过创新融资机制所筹资金在国家预算中的占比	16.2%	

附件 2　各国简况

说明：

以下表格为《2063 年议程》第一个十年实施规划执行状况首份大陆级报告的附件。表中详细列出了非盟 31 个成员国的基本情况。

分值显示了各国以 2013 年基准值为比照，第一个十年实施规划期内（2014—2023）所设定的各项目标的完成状况。因此，绩效评测是以各国 2013 年情况为基准，比照 2019 年预期目标完成情况进行赋分。

各国情况简介凸显了非盟各成员国在《2063 年议程》执行过程中表现突出的部分领域。于此同时，报告中也着重指出了表现较差的领域，及需要进一步支持以确保加速实施《2063 年议程》的领域。

阿尔及利亚《2063年议程》执行报告

绩效评估

愿景1	愿景2	愿景3	愿景4	愿景5	愿景6	愿景7	整体完成情况
59%	56%	21%	100%	0%	75%	44%	58%

取得重大进展的领域

98% 安全饮用水覆盖人口比例达到98%,较2019年目标超出17%,创历史新高

接入电网家庭比例显著提升,由20.1%升至83.9%

55% 由国内资本市场供资的公共部门预算比例由7%升至55%

进展缓慢的领域

1.4% GDP增长率由2.8%降至2019年的1.4%,远低于2019年7%增幅的目标

孕产妇死亡率略有下降,由2013年的11.55%略降至2019年的11.2%

11.4% 本报告期内,失业率由9.8%增至11.4%

为加快执行《2063年议程》,需要得到支持的领域

- 提升学前教育净入学率;
- 降低孕产妇和五岁以下幼童死亡率;
- 降低结核病患病率;
- 增强制造业,提升工业化水平;
- 强化政府和机构建设;
- 提升农业生产和生产率;
- 加强统计、数据管理、监管和报告系统建设。

目标完成情况

目标	完成率
公民拥有较高的生活水平,生活质量和幸福感	67%
公民接受良好的教育,以科学、技术和创新为驱动的技术革命	67%
国民身体健康,营养健全	60%
经济转型和提供就业	44%
生产力较高和高产的现代化农业	22%
发展蓝色/海洋经济,促进经济增长	83%
环境可持续,适合气候条件的经济体和地区	100%
非洲一体化(联邦或邦联)	9%
非洲大陆主要金融货币机构的建立与运行	83%
世界一流的基础设施遍及非洲	76%
确立民主价值观、具体做法、人权、正义和法治等普遍原则	42%
各级机构卓有能力,领导具有革新思想	0%
和平、安全与稳定得以维持	0%
建立稳定和平的非洲大陆	100%
全面运行的非洲和平与安全架构	100%
非洲文化复兴得以凸显	0%
社会生活各个方面充分实现性别平等	74%
提升青少年的权利与参与度	76%
加强非洲在国际事务及和平进程中的伙伴作用	67%
非洲自主融资,推动经济发展	37%

贝宁《2063年议程》执行报告

绩效评估

愿景1	愿景2	愿景3	愿景4	愿景5	愿景6	愿景7	整体完成情况
22%	34%	39%	67%	0%	43%	36%	33%

取得重大进展的领域

- 艾滋病毒新增感染人数由每千人2.2例大幅减少至1.6例
- 《非洲青年权力宪章》规定执行表现良好
- 32.4% 女性接受性健康及生殖健康服务人数比例由28.4%增至32.4%

进展缓慢的领域

- 1.66% 疟疾患病率略降,由每千人1.69例降至每千人1.66例,仅完成2019年目标的6%
- 6.7% 2018实际GDP增长率由2013年的7.2%降至2018年的6.7%
- 旅游业对GDP的贡献率由3.4%降至2.9%,较2019年目标差距为-25%

为加快执行《2063年议程》,需要得到支持的领域

- 提升基础教育及中等教育入学率;
- 提升旅游业对GDP贡献率;
- 减少疟疾病例;
- 提升渔业对GDP的贡献率;
- 加强统计、监控和评测系统建设;
- 通过国家预算中创新融资机制筹集资金,提升资源调配比例;

目标完成情况

目标	完成率
公民拥有较高的生活水平,生活质量和幸福感	71%
公民接受良好的教育,以科学、技术和创新为驱动的技术革命	0%
国民身体健康,营养健全	50%
经济转型和提供就业	1%
生产力较高和高产的现代化农业	0%
发展蓝色/海洋经济,促进经济增长	0%
环境可持续,适合气候条件的经济体和地区	0%
非洲一体化(联邦或邦联)	0%
非洲大陆主要金融货币机构的建立与运行	83%
世界一流的基础设施通及非洲	18%
确立民主价值观、具体做法、人权、正义和法治等普遍原则	74%
各级机构卓有能力,领导具有革新思想	5%
和平、安全与稳定得以维持	0%
建立稳定和平的非洲大陆	100%
全面运行的非洲和平与安全架构	100%
非洲文化复兴得以凸显	0%
社会生活各个方面充分实现性别平等	51%
提升青少年的权利与参与度	28%
加强非洲在国际事务及和平进程中的伙伴作用	36%
非洲自主融资,推动经济发展	48%

博茨瓦纳《2063年议程》执行报告

绩效评估

愿景1	愿景2	愿景3	愿景4	愿景5	愿景6	愿景7	整体完成情况
35%	28%	0%	33%	51%	21%	18%	28%

取得重大进展的领域

- HIV病毒新增感染比例由24.7%大幅减少到4.36%
- 互联网接入人口比例由2013年的37%增加至2019年的50.3%
- 学前及中学阶段入学率分别达到2019年目标的67%和93%

进展缓慢的领域

- 五岁以下幼童的死亡率由2013年的2.8%增至2019年的5.6%
- 实际GDP增长率由2013年的11.3%降至2018年的4.5%
- 旅游业对GDP的贡献率由5.7%降至4.5%，较2019年目标低35%

为加快执行《2063年议程》，需要得到支持的领域

- 加强统计、监测和评价系统建设；
- 促进科学、技术和创新；
- 增强制造业，提升工业化水平；
- 促进可持续增长和经济多样化水平；
- 降低孕产妇及五岁以下幼童死亡率；
- 提升旅游业对国民生产总值的贡献率；

目标完成情况

目标	完成率
公民拥有较高的生活水平，生活质量和幸福感	100%
公民接受良好的教育，以科学、技术和创新为驱动的技术革命	47%
国民身体健康，营养健全	14%
经济转型和提供就业	0%
生产力较高和高产的现代化农业	0%
发展蓝色/海洋经济，促进经济增长	0%
环境可持续，适合气候条件的经济体和地区	54%
非洲一体化（联邦或邦联）	0%
非洲大陆主要金融货币机构的建立与运行	83%
世界一流的基础设施遍及非洲	0%
确立民主价值观、具体做法、人权、正义和法治等普遍原则	0%
各级机构卓有能力，领导具有革新思想	0%
和平、安全与稳定得以维持	0%
建立稳定和平的非洲大陆	0%
全面运行的非洲和平与安全架构	100%
非洲文化复兴得以凸显	51%
社会生活各个方面充分实现性别平等	27%
提升青少年的权利与参与度	0%
加强非洲在国际事务及和平进程中的伙伴作用	67%
非洲自主融资，推动经济发展	7%

布基纳法索《2063年议程》执行报告

绩效评估

愿景1	愿景2	愿景3	愿景4	愿景5	愿景6	愿景7	整体完成情况
36%	40%	15%	33%	0%	41%	62%	37%

取得重大进展的领域

160% 较2019年降低失业率目标超出160%

74% 安全饮用水覆盖人口比例由63.5%升至74%,实现2029年目标的50%

本报告期内,失业率大幅下降

进展缓慢的领域

税收总收入在GDP中占比增幅较小

接受生殖器切割的女童和妇女比例有所上升

制造业增加值在GDP中占比略有提升

为加快执行《2063年议程》,需要得到支持的领域

- 缓解5岁以下幼童体重不足的普遍状况;
- 提升安全饮用水民众覆盖率;
- 提升互联网接入覆盖率;
- 提升学前、小学及中学阶段入学率;
- 降低孕产妇、新生儿和5岁以下幼童的死亡率;
- 强化反腐败和问责措施;

目标完成情况

目标	完成率
公民拥有较高的生活水平,生活质量和幸福感	81%
公民接受良好的教育,以科学、技术和创新为驱动的技术革命	18%
国民身体健康,营养健全	58%
经济转型和提供就业	3%
生产力较高和高产的现代化农业	0%
发展蓝色/海洋经济,促进经济增长	0%
环境可持续,适合气候条件的经济体和地区	100%
非洲一体化(联邦或邦联)	0%
非洲大陆主要金融货币机构的建立与运行	100%
世界一流的基础设施遍及非洲	20%
确立民主价值观、具体做法、人权、正义和法治等普遍原则	29%
各级机构卓有能力,领导具有革新思想	0%
和平、安全与稳定得以维持	0%
建立稳定和平的非洲大陆	0%
全面运行的非洲和平与安全架构	100%
非洲文化复兴得以凸显	0%
社会生活各个方面充分实现性别平等	12%
提升青少年的权利与参与度	100%
加强非洲在国际事务及和平进程中的伙伴作用	62%
非洲自主融资,推动经济发展	60%

中非共和国《2063年议程》执行报告

绩效评估

愿景1	愿景2	愿景3	愿景4	愿景5	愿景6	愿景7	整体完成情况
18%	29%	18%	33%	85%	33%	23%	26%

取得重大进展的领域

4.8% 互联网接入人口数量增长近一倍,比例由2.5%增至4.8%

较2019年实现减少冲突相关死亡数量的目标,进展良好——由2013年的每10万人84例降至2019年的30例

疟疾发病率由2013年的每千人350例降至2019年的213例

进展缓慢的领域

47% 青年失业率由2013年的38.4%上升至2019年的47%

制造业对GDP的贡献率由2013年的5%下降至2019年的3%

54.1% 安全饮用水覆盖人口比例由54.1%降至30.0%

为加快执行《2063年议程》,需要得到支持的领域

- 降低孕产妇和新生儿死亡率;
- 提升基础设施接入率;
- 减少基于性别的歧视和暴力;
- 管控童工、童婚和人口贩卖问题;
- 加强机构建设,提升领导能力和服务水平;

目标完成情况

目标	完成率
公民拥有较高的生活水平,生活质量和幸福感	33%
公民接受良好的教育,以科学、技术和创新为驱动的技术革命	9%
国民身体健康,营养健全	34%
经济转型和就业提供	19%
生产力较高和高产的现代化农业	0%
发展蓝色/海洋经济,促进经济增长	0%
环境可持续,适合气候条件的经济体和地区	0%
非洲一体化(联邦或邦联)	0%
非洲大陆主要金融货币机构的建立与运行	83%
世界一流的基础设施遍及非洲	5%
确立民主价值观、具体做法、人权、正义和法治等普遍原则	23%
各级机构卓有能力,领导具有革新思想	13%
和平、安全与稳定得以维持	100%
建立稳定和平的非洲大陆	0%
全面运行的非洲和平与安全架构	0%
非洲文化复兴得以凸显	85%
社会生活各个方面充分实现性别平等	50%
提升青少年的权利与参与度	0%
加强非洲在国际事务及和平进程中的伙伴作用	93%
非洲自主融资,推动经济发展	0%

乍得《2063年议程》执行报告

绩效评估

愿景1	愿景2	愿景3	愿景4	愿景5	愿景6	愿景7	整体完成情况
24%	41%	15%	33%	0%	9%	14%	22%

取得重大进展的领域

- **61.8%** 安全饮用水覆盖人口比例由42.9%提升至61.8
- 接入电网家庭比例显著提升
- **5%** 互联网接入家庭比例由2013年的3.5%提升至2016年的5%

进展缓慢的领域

- **0.6%** GDP年增长率为0.6%,远低于2019年设定的7%的目标
- 对照基线,孕产妇死亡率高,为每10万人860例
- 新生儿出生当年登记比例极低,仅有20%

为加快执行《2063年议程》,需要得到支持的领域

- 加强统计、数据管理、监测和报告撰写方面的能力;
- 加强机构建设,提升治理能力;
- 加强可促进GDP增长率并增加国民总收入的举措,如发展制造业;
- 消除妇女和女童接受优质教育、医疗卫生和社会服务的障碍。

目标完成情况

目标	完成率
公民拥有较高的生活水平、生活质量和幸福感	76%
公民接受良好的教育,以科学、技术和创新为驱动的技术革命	2%
国民身体健康,营养健全	0%
经济转型和提供就业	13%
生产力较高和高产的现代化农业	0%
发展蓝色/海洋经济,促进经济增长	0%
环境可持续,适合气候条件的经济体和地区	0%
非洲一体化(联邦或邦联)	0%
非洲大陆主要金融货币机构的建立与运行	100%
世界一流的基础设施遍及非洲	22%
确立民主价值观、具体做法、人权、正义和法治等普遍原则	31%
各级机构卓有能力,领导具有革新思想	0%
和平、安全与稳定得以维持	0%
建立稳定和平的非洲大陆	0%
全面运行的非洲和平与安全架构	100%
非洲文化复兴得以凸显	0%
社会生活各个方面充分实现性别平等	3%
提升青少年的权利与参与度	21%
加强非洲在国际事务及和平进程中的伙伴作用	56%
非洲自主融资,推动经济发展	0%

科特迪瓦《2063年议程》执行报告

绩效评估

愿景1	愿景2	愿景3	愿景4	愿景5	愿景6	愿景7	整体完成情况
43%	67%	8%	67%	0%	75%	9%	43%

取得重大进展的领域

- **147%** 人均国民总收入较2019年的目标高出147%
- 青年失业率远低于2019年目标,降低了122%
- 遭受性暴力和身体暴力的妇女和女童比例大幅降低

进展缓慢的领域

- 农业人口中,享有农业土地所有权或享有农业用地权利保障的妇女比例
- 税收总收入在GDP中占比远低于2019年目标
- 本评估期内,童工比例有所增加

需要支持以加快执行《2063年议程》的领域:

- 增强公众对选举信心的措施——**确保**选举程序自由、公平、透明;
- 加强领导问责机制和监督机制;
- 提升新闻自由和言论自由;
- 提升陆地和内陆水域保护比例。

目标完成情况

目标	完成率
公民拥有较高的生活水平,生活质量和幸福感	79%
公民接受良好的教育,以科学、技术和创新为驱动的技术革命	40%
国民身体健康,营养健全	2%
经济转型和提供就业	45%
生产力较高和高产的现代化农业	0%
发展蓝色/海洋经济,促进经济增长	0%
环境可持续,适合气候条件的经济体和地区	100%
非洲一体化(联邦或邦联)	100%
非洲大陆主要金融货币机构的建立与运行	17%
世界一流的基础设施遍及非洲	0%
确立民主价值观、具体做法、人权、正义和法治等普遍原则	0%
各级机构卓有能力,领导具有革新思想	100%
和平、安全与稳定得以维持	100%
建立稳定和平的非洲大陆	17%
全面运行的非洲和平与安全架构	0%
非洲文化复兴得以凸显	0%
社会生活各个方面充分实现性别平等	63%
提升青少年的权利与参与度	100%
加强非洲在国际事务及和平进程中的伙伴作用	33%
非洲自主融资,推动经济发展	2%

埃及《2063年议程》执行报告

绩效评估

愿景1	愿景2	愿景3	愿景4	愿景5	愿景6	愿景7	整体完成情况
21%	34%	0%	0%	0%	56%	0%	19%

取得重大进展的领域

9.9% 失业率由2013年的13.2%降至2019年的9.9%

44.3% 互联网接入人口比例由2013年的29.5%增至2018年的44.3%

税收对GDP的贡献率由2014年的12.4%增至2018年的14.3%

进展缓慢的领域

0.4% 研发经费支出在GDP中占比为0.4%,低于1%的目标

制造业增加值在GDP中占比由16.1%降至2019年的15.6%

本报告期内,新生儿和五岁以下幼童死亡率情况不乐观

为加快执行《2063年议程》,需要得到支持的领域

- 降低新生儿及五岁以下幼童的死亡率;
- 促进制造业发展,提升工业化水平;
- 促进科学、技术和创新;
- 加强统计、数据监管和数据报告机构建设;

目标完成情况

目标	完成率
公民拥有较高的生活水平、生活质量和幸福感	48%
公民接受良好的教育,以科学、技术和创新为驱动的技术革命	0%
国民身体健康,营养健全	97%
经济转型和提供就业	3%
生产力较高和高产的现代化农业	0%
发展蓝色/海洋经济,促进经济增长	0%
环境可持续,适合气候条件的经济体和地区	0%
非洲一体化(联邦或邦联)	0%
非洲大陆主要金融货币机构的建立与运行	100%
世界一流的基础设施遍及非洲	3%
确立民主价值观、具体做法、人权、正义和法治等普遍原则	0%
各级机构卓有能力,领导具有革新思想	0%
和平、安全与稳定得以维持	0%
建立稳定和平的非洲大陆	0%
全面运行的非洲和平与安全架构	0%
非洲文化复兴得以凸显	0%
社会生活各个方面充分实现性别平等	46%
提升青少年的权利与参与度	74%
加强非洲在国际事务及和平进程中的伙伴作用	0%
非洲自主融资,推动经济发展	0%

埃斯瓦蒂尼《2063年议程》执行报告

绩效评估

愿景1	愿景2	愿景3	愿景4	愿景5	愿景6	愿景7	整体完成情况
42%	34%	4%	0%	0%	12%	0%	**24%**

取得重大进展的领域

23%
失业率由2013年的28.1%降至2019年的23.0%

6.0%
制造业增加值在GDP中占比由2013年的2.9%增至2019年的6.0%

2018年7月,签署加盟非洲大陆自由贸易区

进展缓慢的领域

2.4%
年度实际GDP增长率下降66%,由2013年的2.8%降至2019年的2.4%

2.6%
旅游业增加值在GDP中占比由2013年的3.0%降至2019年的2.6%

五岁以下幼童死亡率由2013年的6.7%增至2019年的7.0%

为加快执行《2063年议程》,需要得到支持的领域

- 加大研究和创新经费投入,推动经济增长和经济多样化水平;
- 解决孕产妇和五岁以下幼童高死亡率(分别为0.474%和7.0%)问题;
- 加强统计、数据管理、监管、评估及报告系统建设;

目标完成情况

目标	完成率
公民拥有较高的生活水平、生活质量和幸福感	71%
公民接受良好的教育,以科学、技术和创新为驱动的技术革命	33%
国民身体健康,营养健全	64%
经济转型和提供就业	25%
生产力较高和高产的现代化农业	100%
发展蓝色/海洋经济,促进经济增长	0%
环境可持续,适合气候条件的经济体和地区	0%
非洲一体化(联邦或邦联)	0%
非洲大陆主要金融货币机构的建立与运作	100%
世界一流的基础设施遍及非洲	9%
确立民主价值观、具体做法、人权、正义和法治等普遍原则	8%
各级机构卓有能力,领导具有革新思想	0%
和平、安全与稳定得以维持	0%
建立稳定和平的非洲大陆	0%
全面运行的非洲和平与安全架构	0%
非洲文化复兴得以凸显	0%
社会生活各个方面充分实现性别平等	0%
提升青少年的权利与参与度	36%
加强非洲在国际事务及和平进程中的伙伴作用	0%
非洲自主融资,推动经济发展	0%

埃塞俄比亚《2063年议程》执行报告

绩效评估

60%	67%	44%	33%	100%	70%	67%	整体完成情况 60%
愿景1	愿景2	愿景3	愿景4	愿景5	愿景6	愿景7	

取得重大进展的领域

- 人均国民收入由2013年的558美元显著提升至2019年的985美元
- 遭受性暴力和身体暴力的妇女和女童比例几乎减半
- 完成2019年能源生产和分配目标的200%以上

进展缓慢的领域

- 结核病发病情况恶化，发病率高达2019年目标的五倍
- **25.3%** 青年失业率由2013年的22.8%增至2018年的25.3%，较2019年目标低73%
- **10.7%** 2019年税收在GDP中占比目标完成率下降了5%，由2013年的12.7%降至2019年的10.7%

为加快执行《2063年议程》，需要得到支持的领域

- 提高农业生产及生产力；
- 降低结核病发病率；
- 提升就业率，尤其是青年就业率；
- 改善5岁以下幼童体重不足的普遍现状；
- 提高学前教育及中学阶段入学率；
- 通过有效的税收制度提升国内资源获取能力。

目标完成情况

指标	完成度
公民拥有较高的生活水平、生活质量和幸福感	68%
公民接受良好的教育，以科学、技术和创新为驱动的技术革命	57%
国民身体健康，营养健全	93%
经济转型和提供就业	48%
生产力较高和高产的现代化农业	9%
发展蓝色/海洋经济，促进经济增长	83%
环境可持续，适合气候条件的经济体和地区	87%
非洲一体化（联邦或邦联）	0%
非洲大陆主要金融货币机构的建立与运作	100%
世界一流的基础设施遍及非洲	100%
确立民主价值观、具体做法、人权、正义和法治等普遍原则	88%
各级机构卓有能力，领导具有革新思想	0%
和平、安全与稳定得以维持	0%
建立稳定和平的非洲大陆	0%
全面运行的非洲和平与安全架构	100%
非洲文化复兴得以凸显	100%
社会生活各个方面充分实现性别平等	100%
提升青少年的权利与参与度	11%
加强非洲在国际事务及和平进程中的伙伴作用	67%
非洲自主融资，推动经济发展	67%

加纳《2063年议程》执行报告

绩效评估

愿景1	愿景2	愿景3	愿景4	愿景5	愿景6	愿景7	整体完成情况
18%	97%	54%	33%	0%	33%	37%	35%

取得重大进展的领域

- 认为有新闻自由的人口比例较2019年目标高出131%
- 国家电网产能提升量远远超过2019年目标
- 性健康和生殖健康服务女性覆盖比例增加

进展缓慢的领域

- **14.1%** 本报告所述期内,失业率由2013年的11.6%增至2018年的14.1%
- 5岁以下儿童体重不足的比率较2019年目标低167%
- 制造业增加值占GDP的百分比较2019年目标低51%

为加快执行《2063年议程》,需要得到支持的领域

- 减少HIV病毒新增感染病例数量;
- 提升旅游业对国民生产总值的贡献率;
- 创造就业,降低失业率,尤其是青年失业率;
- 提升中学阶段入学率;
- 提升制造业增加值;
- 加强对陆地和淡水生物多样性重要场所的保护;
- 增加由国家资本市场供资的公共部门的预算比例;

绩效目标

指标	完成率
公民拥有较高的生活水平、生活质量和幸福感	33%
公民接受良好的教育,以科学、技术和创新为驱动的技术革命	7%
国民身体健康,营养健全	100%
经济转型和提供就业	4%
生产力较高和高产的现代化农业	0%
发展蓝色/海洋经济,促进经济增长	0%
环境可持续,适合气候条件的经济体和地区	0%
非洲一体化(联邦或邦联)	92%
非洲大陆主要金融货币机构的建立与运作	100%
世界一流的基础设施遍及非洲	100%
确立民主价值观、具体做法、人权、正义和法治等普遍原则	100%
各级机构卓有能力,领导具有革新思想	7%
和平、安全与稳定得以维持	0%
建立稳定和平的非洲大陆	0%
全面运行的非洲和平与安全架构	100%
非洲文化复兴得以凸显	0%
社会生活各个方面充分实现性别平等	43%
提升青少年的权利与参与度	12%
加强非洲在国际事务及和平进程中的伙伴作用	67%
非洲自主融资,推动经济发展	27%

几内亚《2063年议程》执行报告

绩效评估

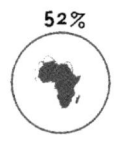

愿景1	愿景2	愿景3	愿景4	愿景5	愿景6	愿景7	整体完成情况
49%	52%	8%	100%	0%	21%	17%	43%

取得重大进展的领域

- 国家电网扩容量**超越**该国2019年目标
- 渔业对国内生产总值的贡献成倍增长——远超2019年目标
- HIV新增感染病例数量急剧下降,较2019年目标完成率超出200%

进展缓慢的领域

- **4.9%** 本报告期间,失业率由3.8%增至4.9%
- 陆地和内陆水域受保护百分比下降
- **167%** 公共机构反腐败工作绩效较2019年目标低167%

为加快执行《2063年议程》,需要得到支持的领域

- 加强问责、集体审查和联合执行相关机制和监督机构建设;
- 提升拥有资本地产(包括农业用地)所有权或受保障土地权利的女性占比;
- 提升税收总额对GDP的贡献;
- 降低孕产妇和新生儿死亡率;

目标完成情况

目标	完成率
公民拥有较高的生活水平、生活质量和幸福感	51%
公民接受良好的教育,以科学、技术和创新为驱动的技术革命	38%
国民身体健康,营养健全	100%
经济转型和提供就业	41%
生产力较高和高产的现代化农业	0%
发展蓝色/海洋经济,促进经济增长	100%
环境可持续,适合气候条件的经济体和地区	38%
非洲一体化(联邦或邦联)	0%
非洲大陆主要金融货币机构的建立与运作	100%
世界一流的基础设施遍及非洲	58%
确立民主价值观、具体做法、人权、正义和法治等普遍原则	17%
各级机构卓有能力,领导具有革新思想	0%
和平、安全与稳定得以维持	100%
建立稳定和平的非洲大陆	100%
全面运行的非洲和平与安全架构	100%
非洲文化复兴得以凸显	0%
社会生活各个方面充分实现性别平等	22%
提升青少年的权利与参与度	21%
加强非洲在国际事务及和平进程中的伙伴作用	67%
非洲自主融资,推动经济发展	0%

莱索托《2063年议程》执行报告

绩效评估

愿景1	愿景2	愿景3	愿景4	愿景5	愿景6	愿景7	整体完成情况
31%	30%	30%	67%	0%	36%	34%	35%

取得重大进展的领域

36.9% — 用电家庭比例由2013年的27.8%上升至2019年的36.9%

87% — 本报告期间，小学入学率由77.3%增至87%

13.4% — 制造业增加值在GDP中占比由10.6%增至13.4%

进展缓慢的领域

体重不足儿童比例由2013年的10%升至2019年的11%

0.1% — 年度国内生产总值增长率由2013年的1.8%降至2019年的0.1%

税收对国内生产总值的贡献率由53.5%降至46.2%

为加快执行《2063年议程》，需要得到支持的领域

- 降低体重不足儿童的患病率；
- 降低孕产妇死亡率；
- 降低从事童工的儿童比例；
- 降低HIV/艾滋病、疟疾和结核病的发病率；
- 促进科学、技术及创新；
- 加强统计、数据管理、监管和报告系统建设；

目标完成情况

目标	完成率
公民拥有较高的生活水平、生活质量和幸福感	67%
公民接受良好的教育，以科学、技术和创新为驱动的技术革命	27%
国民身体健康，营养健全	6%
经济转型和提供就业	24%
生产力较高和高产的现代化农业	0%
发展蓝色/海洋经济，促进经济增长	50%
环境可持续，适合气候条件的经济体和地区	0%
非洲一体化（联邦或邦联）	0%
非洲大陆主要金融货币机构的建立与运作	83%
世界一流的基础设施遍及非洲	0%
确立民主价值观、具体做法、人权、正义和法治等普遍原则	61%
各级机构卓有能力，领导具有革新思想	0%
和平、安全与稳定得以维持	0%
建立稳定和平的非洲大陆	100%
全面运行的非洲和平与安全架构	100%
非洲文化复兴得以凸显	0%
社会生活各个方面充分实现性别平等	17%
提升青少年的权利与参与度	73%
加强非洲在国际事务及和平进程中的伙伴作用	67%
非洲自主融资，推动经济发展	23%

利比里亚《2063年议程》执行报告

绩效评估

愿景1	愿景2	愿景3	愿景4	愿景5	愿景6	愿景7	整体完成情况
11%	28%	11%	67%	0%	22%	0%	18%

取得重大进展的领域

- 青年失业率达到2019年目标的81%，成效显著
- 签署并批准认定了《非洲民主宪章》
- 互联网及电力覆盖人口比例明显提高

进展缓慢的领域

- **661** 孕产妇死亡率由每10万人674例微降至661例
- 2019年，仅有35%的符合条件的HIV病毒感染者获得了抗逆转录病毒治疗
- **4.05%** 4.05%的陆地和内陆水域得到保护，完成2019年目标的24%

为加快执行《2063年议程》，需要得到支持的领域

- 降低孕产妇和新生儿死亡率；
- 降低结核病的发病率；
- 提升符合条件的HIV病毒感染者获得抗逆转录病毒治疗的比例；
- 加强统计、数据、监管、评估及报告系统建设；
- 提升自然资源管理水平；

目标完成情况

目标	完成率
公民拥有较高的生活水平、生活质量和幸福感	35%
公民接受良好的教育，以科学、技术和创新为驱动的技术革命	0%
国民身体健康，营养健全	28%
经济转型和提供就业	0%
生产力较高和高产的现代化农业	0%
发展蓝色/海洋经济，促进经济增长	0%
环境可持续，适合气候条件的经济体和地区	4%
非洲一体化（联邦或邦联）	0%
非洲大陆主要金融货币机构的建立与运作	83%
世界一流的基础设施遍及非洲	0%
确立民主价值观、具体做法、人权、正义和法治等普遍原则	22%
各级机构卓有能力，领导具有卓新思想	0%
和平、安全与稳定得以维持	100%
建立稳定和平的非洲大陆	100%
全面运行的非洲和平与安全架构	0%
非洲文化复兴得以凸显	0%
社会生活各个方面充分实现性别平等	22%
提升青少年的权利与参与度	39%
加强非洲在国际事务及和平进程中的伙伴作用	0%
非洲自主融资，推动经济发展	0%

马达加斯加《2063年议程》执行报告

绩效评估

愿景1	愿景2	愿景3	愿景4	愿景5	愿景6	愿景7	整体完成情况
0%	28%	14%	33%	0%	5%	0%	8%

取得重大进展的领域

- 执行大陆自由贸易协定,建立一个由所有成员认定的自由贸易区
- 到2020年,将签署、批准《非洲民主宪章》并结合国情推行实施
- 建立国家和平委员会

进展缓慢的领域

- 7% 年度国内生产总值增长率低于7%
- 每千人中艾滋病毒新感染人数比例增加
- 按性别和学业水平(小学和中学)划分,理科、工科和数学学科方面合格的教师比例较低

为加快执行《2063年议程》,需要得到支持的领域

- 减少儿童发育不良和体重不足;
- 降低缺乏安全饮用水人口比例;
- 完善国家统计制度;
- 提高农业生产力;
- 提升信息通讯技术普及率及其对GDP的贡献率;
- 加强制度建设;

目标完成情况

目标	完成度
公民拥有较高的生活水平、生活质量和幸福感	0%
公民接受良好的教育,以科学、技术和创新为驱动的技术革命	0%
国民身体健康,营养健全	0%
经济转型和提供就业	0%
生产力较高和高产的现代化农业	0%
发展蓝色/海洋经济,促进经济增长	0%
环境可持续,适合气候条件的经济体和地区	0%
非洲一体化(联邦或邦联)	0%
非洲大陆主要金融货币机构的建立与运作	83%
世界一流的基础设施遍及非洲	0%
确立民主价值观、具体做法、人权、正义和法治等普遍原则	28%
各级机构卓有能力,领导具有革新思想	0%
和平、安全与稳定得以维持	0%
建立稳定和平的非洲大陆	0%
全面运行的非洲和平与安全架构	100%
非洲文化复兴得以凸显	0%
社会生活各个方面充分实现性别平等	0%
提升青少年的权利与参与度	14%
加强非洲在国际事务及和平进程中的伙伴作用	0%
非洲自主融资,推动经济发展	0%

马里《2063年议程》执行报告

绩效评估

愿景1	愿景2	愿景3	愿景4	愿景5	愿景6	愿景7	整体完成情况
5%	34%	14%	33%	0%	13%	1%	12%

取得重大进展的领域

53% 缓解5岁以下儿童体重不足的普遍状况,完成2019年目标的53%

39% 孕产妇死亡率下降,实现2019年目标的39%

人均国民总收入由2013年的630美元增至2019年的660美元

进展缓慢的领域

8.2% 妇女所占立法席位比例未增加,仅完成2019年目标的8.2%

11.5% 制造业增加值占国内生产总值的百分比由14.9%降至11.5%

渔业对国内生产总值贡献率降低,由2.8%降至2.6%

为加快执行《2063年议程》,需要得到支持的领域

- 减少结核病和疟疾的发病率;
- 提升制造业对国内生产总值的贡献率;
- 提升基础教育入学率;
- 提升生物多样性,增强环境保护,优化可持续性自然资源管理;
- 加强数据统计、数据管理、监管、评估及报告系统建设;

目标完成情况

目标	完成率
公民拥有较高的生活水平、生活质量和幸福感	16%
公民接受良好的教育,以科学、技术和创新为驱动的技术革命	3%
国民身体健康,营养健全	1%
经济转型和提供就业	0%
生产力较高和高产的现代化农业	0%
发展蓝色/海洋经济,促进经济增长	0%
环境可持续,适合气候条件的经济体和地区	0%
非洲一体化(联邦或邦联)	0%
非洲大陆主要金融货币机构的建立与运作	100%
世界一流的基础设施遍及非洲	1%
确立民主价值观、具体做法、人权、正义和法治等普遍原则	28%
各级机构卓有能力,领导具有革新思想	0%
和平、安全与稳定得以维持	0%
建立稳定和平的非洲大陆	0%
全面运行的非洲和平与安全架构	100%
非洲文化复兴得以凸显	0%
社会生活各个方面充分实现性别平等	10%
提升青少年的权利与参与度	21%
加强非洲在国际事务及和平进程中的伙伴作用	0%
非洲自主融资,推动经济发展	1%

莫桑比克《2063年议程》执行报告

绩效评估

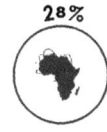

愿景1	愿景2	愿景3	愿景4	愿景5	愿景6	愿景7	整体完成情况
25%	28%	11%	0%	0%	42%	45%	26%

取得重大进展的领域

- 小学净入学率达到100%，超出2019年目标
- 供电人口比例较2013年增长近两倍
- **39.2%** 国民议会中39.2%的席位由女性担任

进展缓慢的领域

- **20.2%** 税收总收入占国内生产总值百分比由2013年的23.3%降至2019年的20.2%
- **1.2%** 渔业对GDP的贡献率由2013年的1.5%降至2019年的1.2%
- **22%** 中学入学率为22%，较2019年68.4%的目标差距明显

为加快执行《2063年议程》，需要得到支持的领域

- 提升中学阶段入学率；
- 采取措施，提升制造业对国内生产总值的贡献率；
- 加强渔业部门管理；
- 采取干预措施，增加税收对国内生产总值的贡献率；

目标完成情况

目标	完成率
公民拥有较高的生活水平、生活质量和幸福感	74%
公民接受良好的教育，以科学、技术和创新为驱动的技术革命	60%
国民身体健康，营养健全	0%
经济转型和提供就业	6%
生产力较高和高产的现代化农业	0%
发展蓝色/海洋经济，促进经济增长	0%
环境可持续，适合气候条件的经济体和地区	0%
非洲一体化（联邦或邦联）	0%
非洲大陆主要金融货币机构的建立与运作	83%
世界一流的基础设施遍及非洲	2%
确立民主价值观、具体做法、人权、正义和法治等普遍原则	22%
各级机构卓有能力，领导具有革新思想	0%
和平、安全与稳定得以维持	0%
建立稳定和平的非洲大陆	0%
全面运行的非洲和平与安全架构	0%
非洲文化复兴得以凸显	0%
社会生活各个方面充分实现性别平等	35%
提升青少年的权利与参与度	56%
加强非洲在国际事务及和平进程中的伙伴作用	7%
非洲自主融资，推动经济发展	58%

纳米比亚《2063年议程》执行报告

绩效评估

愿景1	愿景2	愿景3	愿景4	愿景5	愿景6	愿景7	整体完成情况
27%	37%	13%	33%	0%	31%	18%	26%

取得重大进展的领域

- 童婚的儿童比例降幅明显,远低于2019年目标
- 遭受性暴力和身体暴力的妇女和女童的比例大幅降低
- 陆地和内陆水域受保护比率较2019年目标超出400%

进展缓慢的领域

- **48.5%** 失业率(尤其是青年失业率)有所上升,由2013年的41.7%增至2019年的48.5%
- 税收总收入占国内生产总值的比重远低于2019年目标
- **7%** 本报告所述期间,年增长率有所下降,但低于7%的目标

为加快执行《2063年议程》,需要得到支持的领域

- 加强问责机制和监督机构建设;
- 加大国家资本市场供资的公共部门的预算比例;
- 采取措施促进言论自由和新闻自由;
- 提升学前教育、小学和中学阶段入学率;

目标完成情况

目标	完成率
公民拥有较高的生活水平、生活质量和幸福感	73%
公民接受良好的教育,以科学、技术和创新为驱动的技术革命	4%
国民身体健康,营养健全	0%
经济转型和提供就业	0%
生产力较高和高产的现代化农业	0%
发展蓝色/海洋经济,促进经济增长	0%
环境可持续,适合气候条件的经济体和地区	100%
非洲一体化(联邦或邦联)	0%
非洲大陆主要金融货币机构的建立与运作	100%
世界一流的基础设施遍及非洲	12%
确立民主价值观、具体做法、人权、正义和法治等普遍原则	25%
各级机构卓有能力,领导具有革新思想	0%
和平、安全与稳定得以维持	0%
建立稳定和平的非洲大陆	0%
全面运行的非洲和平与安全架构	100%
非洲文化复兴得以凸显	0%
社会生活各个方面充分实现性别平等	42%
提升青少年的权利与参与度	9%
加强非洲在国际事务及和平进程中的伙伴作用	67%
非洲自主融资,推动经济发展	2%

尼日尔《2063年议程》执行报告

绩效评估

愿景1	愿景2	愿景3	愿景4	愿景5	愿景6	愿景7	整体完成情况
39%	67%	8%	33%	0%	0%	17%	30%

取得重大进展的领域

- **3%** 信息通讯技术对GDP的贡献率由2013年的0.37%飙升至2019年的3%
- 用电家庭比率翻了一番,由2013年的9%提升至2019年的18.3%
- **7,3%** 失业率由2013年的17.4%降至2019年的7.3%,远超2019年目标

进展缓慢的领域

- **1,02%** 渔业贡献率由2013年的1.96%降至2019年的1.02%
- 孕产妇死亡率由22%升至2019年的50.5%
- 本报告期内,结核病和疟疾发病率有所上升

为加快执行《2063年议程》,需要得到支持的领域

- 增加税收总收入在GDP中的占比;
- 加强渔业部门管理;
- 降低孕产妇及五岁以下幼童死亡率;
- 降低结核病和疟疾发病率;
- 增加学前教育、小学及中学阶段入学率;
- 加强统计、数据管理、监管、评估及报告系统建设;

目标完成情况

目标	完成率
公民拥有较高的生活水平、生活质量和幸福感	85%
公民接受良好的教育,以科学、技术和创新为驱动的技术革命	16%
国民身体健康,营养健全	0%
经济转型和提供就业	25%
生产力较高和高产的现代化农业	0%
发展蓝色/海洋经济,促进经济增长	0%
环境可持续,适合气候条件的经济体和地区	100%
非洲一体化(联邦或邦联)	0%
非洲人陆主要金融货币机构的建立与运作	100%
世界一流的基础设施遍及非洲	100%
确立民主价值观、其体做法、人权、正义和法治等普遍原则	17%
各级机构卓有能力,领导具有革新思想	0%
和平、安全与稳定得以维持	0%
建立稳定和平的非洲人陆	0%
全面运行的非洲和平与安全架构	100%
非洲文化复兴得以凸显	0%
社会生活各个方面充分实现性别平等	0%
提升青少年的权利与参与度	0%
加强非洲在国际事务及和平进程中的伙伴作用	67%
非洲自主融资、实推动经济发展	0%

尼日利亚《2063年议程》执行报告

绩效评估

愿景1	愿景2	愿景3	愿景4	愿景5	愿景6	愿景7	整体完成情况
26%	28%	8%	0%	0%	19%	4%	13%

取得重大进展的领域

- **11.1%** 五岁以下儿童体重不足情况得以改善,由28.7%降至11.1%
- **42.0%** 互联网接入人口比例由19.1%增至42.0%
- **66%** 安全饮用水覆盖人口比例由59.6%增至66%

进展缓慢的领域

- **0.5%** 用电家庭比例增至56%,增幅仅0.5%
- **60.5%** 小学净入学率增幅微弱,仅由59.1%增至60.5%
- 本报告期内失业率由10%增至23.1%

为加快执行《2063年议程》,需要得到支持的领域

- 降低失业率;
- 提升发电量和配电量;
- 减少结核病发病率;
- 采取措施,提高人均收入,升升GDP增长率,例如发展制造业;
- 加强渔业生产;
- 加强统计、数据管理、监管及报告系统建设;

目标完成情况

目标	完成率
公民拥有较高的生活水平、生活质量和幸福感	59%
公民接受良好的教育,以科学、技术和创新为驱动的技术革命	1%
国民身体健康,营养健全	0%
经济转型和提供就业	0%
生产力较高和高产的现代化农业	0%
发展蓝色/海洋经济,促进经济增长	10%
环境可持续,适合气候条件的经济体和地区	0%
非洲一体化(联邦或邦联)	0%
非洲大陆主要金融货币机构的建立与运作	83%
世界一流的基础设施遍及非洲	0%
确立民主价值观、具体做法、人权、正义和法治等普遍原则	17%
各级机构卓有能力,领导具有革新思想	0%
和平、安全与稳定得以维持	0%
建立稳定和平的非洲大陆	0%
全面运行的非洲和平与安全架构	0%
非洲文化复兴得以凸显	0%
社会生活各个方面充分实现性别平等	0%
提升青少年的权利与参与度	56%
加强非洲在国际事务及和平进程中的伙伴作用	0%
非洲自主融资,推动经济发展	6%

卢旺达《2063年议程》执行报告

绩效评估

愿景1	愿景2	愿景3	愿景4	愿景5	愿景6	愿景7	整体完成情况
54%	93%	100%	100%	70%	100%	58%	73%

取得重大进展的领域

31% 失业率较2019年目标低31%;降低青年失业率方面实现了2019年目标的81%

电网及互联网接入家庭比例和人口比例均有所提升

孕产妇死亡率和HIV病毒新增感染率得以降低,均低于2019年目标

进展缓慢的领域

7% 税收在GDP中占比增长项仅实现了2019年目标的7%

信息通讯技术对国内生产总值的贡献率远低于2019年目标

实施可持续土地管理的农业用地比例

为加快执行《2063年议程》,需要得到支持的领域

- 提升陆地和内陆水域受保护比例;
- 提高农业全要素生产率;
- 提升学前和中学阶段入学率;
- 提高制造业增加值在GDP中的占比;
- 提升创新融资机制所筹资金在国家预算中的占比;

目标完成情况

目标	完成率
公民拥有较高的生活水平、生活质量和幸福感	81%
公民接受良好的教育,以科学、技术和创新为驱动的技术革命	100%
国民身体健康,营养健全	83%
经济转型和提供就业	32%
生产力较高和高产的现代化农业	1%
发展蓝色/海洋经济,促进经济增长	0%
环境可持续,适合气候条件的经济体和地区	100%
非洲一体化(联邦或邦联)	100%
非洲大陆主要金融货币机构的建立与运作	100%
世界一流的基础设施遍及非洲	79%
确立民主价值观、具体做法、人权、正义和法治等普遍原则	100%
各级机构卓有能力,领导具有革新思想	100%
和平、安全与稳定得以维持	100%
建立稳定和平的非洲大陆	100%
全面运行的非洲和平与安全架构	100%
非洲文化复兴得以凸显	70%
社会生活各个方面充分实现性别平等	100%
提升青少年的权利与参与度	100%
加强非洲在国际事务及和平进程中的伙伴作用	76%
非洲自主融资,推动经济发展	52%

塞内加尔《2063年议程》执行报告

绩效评估

愿景1	愿景2	愿景3	愿景4	愿景5	愿景6	愿景7	整体完成情况
58%	59%	50%	100%	89%	92%	45%	65%

取得重大进展的领域

- **12.5%** 失业率由2013年的25.7%降至2019年的12.5%,较2019年目标超出200%
- 疟疾发病率显著下降,实际下降水平较2019年目标完成率超出200%以上
- 国家电网产能提升幅度较2019年目标超出15%

进展缓慢的领域

- 陆地和内陆水域受保护比例低于预期目标
- **6.4%** GDP年均增长率为6.4%,低于7%的目标
- 税收总收入在GDP中占比增长率远低于目标增长率

为加快执行《2063年议程》,需要得到支持的领域

- 减少童工和童婚儿童比例;
- 提升信息通讯技术对GDP的贡献率;
- 提升非洲内部贸易量和贸易额;
- 提升制造业增加值对国内生产总值的贡献率;
- 提升学前教育和中学阶段入学率;
- 改善五岁以下幼童体重不足的普遍状况;

目标完成情况

目标	完成率
公民拥有较高的生活水平、生活质量和幸福感	86%
公民接受良好的教育,以科学、技术和创新为驱动的技术革命	100%
国民身体健康,营养健全	100%
经济转型和提供就业	40%
生产力较高和高产的现代化农业	21%
发展蓝色/海洋经济,促进经济增长	56%
环境可持续,适合气候条件的经济体和地区	0%
非洲一体化(联邦或邦联)	6%
非洲大陆主要金融货币机构的建立与运作	100%
世界一流的基础设施遍及非洲	71%
确立民主价值观、具体做法、人权、正义和法治等普遍原则	100%
各级机构卓有能力,领导具有革新思想	0%
和平、安全与稳定得以维持	100%
建立稳定和平的非洲大陆	100%
全面运行的非洲和平与安全架构	100%
非洲文化复兴得以凸显	89%
社会生活各个方面充分实现性别平等	87%
提升青少年的权利与参与度	100%
加强非洲在国际事务及和平进程中的伙伴作用	100%
非洲自主融资,推动经济发展	28%

塞舌尔《2063年议程》执行报告

绩效评估

愿景1	愿景2	愿景3	愿景4	愿景5	愿景6	愿景7	整体完成情况
9%	28%	4%	33%	0%	41%	19%	18%

取得重大进展的领域

- 2019年小学净入学率达到100%，创历史新高
- **141%** 结核病的发病率显著降低，完成2019年目标的141%
- **71%** 妇女在国家议会、区域和地方机构中所占席位比例达到2019年目标的71%

进展缓慢的领域

- 孕产妇、新生儿和五岁以下幼童的死亡率远高于2019年的目标值
- 本报告期间，新增HIV病毒感染人数有所增加
- **6.2%** 制造业增加值占国内生产总值的百分比由6.9%降至6.2%，低于2019年目标

为加快执行《2063年议程》，需要得到支持的领域

- 降低失业率，尤其是青年失业率；
- 提升信息通讯技术对GDP的贡献率；
- 提高制造业增加值在GDP中的占比；
- 提升年度国内生产总值增长率；
- 提高税收总收入在GDP中的占比；
- 加强统计、数据管理、监管、评估和报告系统建设；

目标完成情况

目标	完成率
公民拥有较高的生活水平、生活质量和幸福感	20%
公民接受良好的教育，以科学、技术和创新为驱动的技术革命	45%
国民身体健康，营养健全	0%
经济转型和提供就业	0%
生产力较高和高产的现代化农业	0%
发展蓝色/海洋经济，促进经济增长	0%
环境可持续，适合气候条件的经济体和地区	0%
非洲一体化（联邦或邦联）	0%
非洲大陆主要金融货币机构的建立与运作	83%
世界一流的基础设施遍及非洲	1%
确立民主价值观、具体做法、人权、正义和法治等普遍原则	8%
各级机构卓有能力，领导具有革新思想	0%
和平、安全与稳定得以维持	0%
建立稳定和平的非洲大陆	0%
全面运行的非洲和平与安全架构	100%
非洲文化复兴得以凸显	0%
社会生活各个方面充分实现性别平等	62%
提升青少年的权利与参与度	0%
加强非洲在国际事务及和平进程中的伙伴作用	67%
非洲自主融资，推动经济发展	3%

南非共和国《2063年议程》执行报告

绩效评估

19%	34%	13%	33%	0%	34%	26%	整体完成情况 **23%**
愿景1	愿景2	愿景3	愿景4	愿景5	愿景6	愿景7	

取得重大进展的领域

- 互联网接入人口比例较2019年目标超出 65%
- **14%** 降低国内发病率,较2019年目标超额完成14%
- 陆地和内陆水域受保护比率较2019年目标超出 50%

进展缓慢的领域

- **0.3%** 本报告期内,人均国民总收入由2013年的0.8%降至2019年的0.3%
- **27.2%** 失业率由2013年的24.6%增至2018年的27.2%
- **167%** 由国家资本市场供资的公共部门预算占比较2019年目标低167%

为加快执行《2063年议程》,需要得到支持的领域

- 提高通过创新性融资机制所筹资金在国家预算中的占比;
- 降低失业率,尤其是青年失业率;
- 提升非洲内部贸易体量和价值;
- 提升可持续土地管理具体项目下农业用地的比例;
- 提升中学阶段入学率;
- 提升国家电网产能;

目标完成情况

目标	完成率
公民拥有较高的生活水平、生活质量和幸福感	29%
公民接受良好的教育,以科学、技术和创新为驱动的技术革命	0%
国民身体健康,营养健全	7%
经济转型和提供就业	14%
生产力较高和高产的现代化农业	0%
发展蓝色/海洋经济,促进经济增长	0%
环境可持续,适合气候条件的经济体和地区	75%
非洲一体化(联邦或邦联)	0%
非洲大陆主要金融货币机构的建立与运作	100%
世界一流的基础设施遍及非洲	1%
确立民主价值观、具体做法、人权、正义和法治等普遍原则	25%
各级机构卓有能力,领导具有革新思想	0%
和平、安全与稳定得以维持	0%
建立稳定和平的非洲大陆	0%
全面运行的非洲和平与安全架构	100%
非洲文化复兴得以凸显	0%
社会生活各个方面充分实现性别平等	48%
提升青少年的权利与参与度	4%
加强非洲在国际事务及和平进程中的伙伴作用	100%
非洲自主融资,推动经济发展	1%

苏丹共和国《2063年议程》执行报告

绩效评估

愿景1	愿景2	愿景3	愿景4	愿景5	愿景6	愿景7	整体完成情况
4%	69%	8%	81%	0%	24%	24%	24%

取得重大进展的领域

- 非洲内部贸易量较2019年目标超出300%
- 结核病发病率降低,较2019年结核病削减目标超额完成200%
- 104% 武装冲突数量由2013年的47起降至2017年的5起,完成2019年目标的104%

进展缓慢的领域

- 32.1% 失业率由2013年的13.6%增至2019年的32.1%
- 0.02% 研发支出在GDP中占比仅为0.02%
- 118% 五岁以下幼童和新生儿死亡率分别比2019年降低目标高出12%和118%

为加快执行《2063年议程》,需要得到支持的领域

- 降低孕产妇、五岁以下幼童及新生儿死亡率;
- 制定降低疟疾和HIV病毒感染率的创新策略;
- 增加人均国民总收入;
- 提升制造业增加值在国内生产总值中的占比;
- 降低失业率;
- 提高学前教育和中学阶段入学率;

目标完成情况

目标	完成率
公民拥有较高的生活水平、生活质量和幸福感	12%
公民接受良好的教育,以科学、技术和创新为驱动的技术革命	4%
国民身体健康,营养健全	0%
经济转型和提供就业	0%
生产力较高和高产的现代化农业	0%
发展蓝色/海洋经济,促进经济增长	0%
环境可持续,适合气候条件的经济体和地区	0%
非洲一体化(联邦或邦联)	100%
非洲大陆主要金融货币机构的建立与运作	83%
世界一流的基础设施遍及非洲	24%
确立民主价值观、具体做法、人权、正义和法治等普遍原则	17%
各级机构卓有能力,领导具有革新思想	0%
和平、安全与稳定得以维持	43%
建立稳定和平的非洲大陆	100%
全面运行的非洲和平与安全架构	100%
非洲文化复兴得以凸显	0%
社会生活各个方面充分实现性别平等	36%
提升青少年的权利与参与度	0%
加强非洲在国际事务及和平进程中的伙伴作用	0%
非洲自主融资,推动经济发展	32%

坦桑尼亚《2063年议程》执行报告

绩效评估

愿景1	愿景2	愿景3	愿景4	愿景5	愿景6	愿景7	整体完成情况
44%	33%	8%	0%	0%	26%	46%	32%

取得重大进展的领域

80.5% 安全饮用水覆盖人口比例由2013年的57.9%增至2019年的80.5%

制造业对国民生产总值的贡献显著增加

30.5% 用电家庭比例由18.6%增至30.5%

进展缓慢的领域

5.4% 中学阶段净入学率低，2019年仅为5.4%

孕产妇死亡率由每10万人444例增至543例

渔业的贡献率由2013年的0.2%降至2019年的0.1%

为加快执行《2063年议程》，需要得到支持的领域

- 降低孕产妇、新生儿和五岁以下幼童的死亡率；
- 减少针对妇女和女童的暴力行为；
- 降低HIV病毒新增感染数量；
- 提升机构效能、领导能力和治理水平；
- 促进蓝色/海洋经济；
- 加强统计、数据管理、监管及报告系统建设；

目标完成情况

目标	完成率
公民拥有较高的生活水平、生活质量和幸福感	60%
公民接受良好的教育，以科学、技术和创新为驱动的技术革命	12%
国民身体健康，营养健全	6%
经济转型和提供就业	82%
生产力较高和高产的现代化农业	0%
发展蓝色/海洋经济，促进经济增长	0%
环境可持续，适合气候条件的经济体和地区	0%
非洲一体化（联邦或邦联）	3%
非洲大陆主要金融货币机构的建立与运作	81%
世界一流的基础设施遍及非洲	15%
确立民主价值观、具体做法、人权、正义和法治等普遍原则	16%
各级机构卓有能力，领导具有革新思想	0%
和平、安全与稳定得以维持	0%
建立稳定和平的非洲大陆	0%
全面运行的非洲和平与安全架构	0%
非洲文化复兴得以凸显	0%
社会生活各个方面充分实现性别平等	31%
提升青少年的权利与参与度	17%
加强非洲在国际事务及和平进程中的伙伴作用	100%
非洲自主融资，推动经济发展	29%

多哥共和国《2063年议程》执行报告

绩效评估

愿景1	愿景2	愿景3	愿景4	愿景5	愿景6	愿景7	整体完成情况
56%	39%	8%	67%	0%	67%	43%	49%

取得重大进展的领域

6.5% 失业率由2013年的6.5%降至2019年的3.9%,较2019年目标超出167%

互联网接入人口比例由5.2%大幅提升至54%

孕产妇死亡率由每10万人401例降至160例

进展缓慢的领域

5.1% 实际GDP增长率仍低于7%,且由2013年的6.1%降至2019年的5.1%

改善五岁以下幼童体重不足的普遍状况

提升符合条件的滋病毒感染者获得抗逆转录病毒治疗比率

为加快执行《2063年议程》,需要得到支持的领域

- 增加学前及中学阶段净入学人数;
- 增加用电家庭比例;
- 降低HIV病毒新增感染比例;
- 改善五岁以下幼童体重不足的普遍状况;
- 提升安全饮用水覆盖人口比例;
- 加强统计、数据管理、监管及报告系统建设。

目标完成情况

目标	完成率
公民拥有较高的生活水平、生活质量和幸福感	70%
公民接受良好的教育,以科学、技术和创新为驱动的技术革命	32%
国民身体健康,营养健全	100%
经济转型和提供就业	47%
生产力较高和高产的现代化农业	17%
发展蓝色/海洋经济,促进经济增长	100%
环境可持续,适合气候条件的经济体和地区	22%
非洲一体化(联邦或邦联)	2%
非洲大陆主要金融货币机构的建立与运作	100%
世界一流的基础设施遍及非洲	15%
确立民主价值观、具体做法、人权、正义和法治等普遍原则	17%
各级机构卓有能力,领导具有革新思想	0%
和平、安全与稳定得以维持	0%
建立稳定和平的非洲大陆	100%
全面运行的非洲和平与安全架构	100%
非洲文化复兴得以凸显	0%
社会生活各个方面充分实现性别平等	69%
提升青少年的权利与参与度	62%
加强非洲在国际事务及和平进程中的伙伴作用	71%
非洲自主融资,推动经济发展	34%

突尼斯共和国《2063年议程》执行报告

绩效评估

愿景1	愿景2	愿景3	愿景4	愿景5	愿景6	愿景7	整体完成情况
49%	46%	27%	0%	100%	40%	40%	42%

取得重大进展的领域

- 跨非洲高速公路缺环实施进度良好,实现了2019年目标的94%
- 64.5% 互联网接入人口比例呈指数增长,由2013年的43%增至2019年的64.5%
- 人均收入较2013年增长约50%

进展缓慢的领域

- 7.9% 从事童工的儿童百分比由2.6%增至7.9%
- 制造业增加值比例由2013年的17%降至2019年的16%
- 本报告期间,HIV病毒新增感染病例有所增加

为加快执行《2063年议程》,需要得到支持的领域

- 降低失业率,尤其是青年失业率;
- 减少HIV病毒新增感染病例;
- 提高信息通信技术在国内生产总值中占比;
- 遏制雇佣童工现象;
- 提高税收总收入占国内生产总值的百分比;
- 增加非洲内部贸易的体量和价值;
- 加强统计、数据管理、监管、评估及报告系统建设;

目标完成情况

目标	完成度
公民拥有较高的生活水平、生活质量和幸福感	82%
公民接受良好的教育,以科学、技术和创新为驱动的技术革命	11%
国民身体健康,营养健全	47%
经济转型和提供就业	11%
生产力较高和高产的现代化农业	63%
发展蓝色/海洋经济,促进经济增长	80%
环境可持续,适合气候条件的经济体和地区	100%
非洲一体化(联邦或邦联)	10%
非洲大陆主要金融货币机构的建立与运作	83%
世界一流的基础设施遍及非洲	44%
确立民主价值观、具体做法、人权、正义和法治等普遍原则	55%
各级机构卓有能力,领导具有革新思想	0%
和平、安全与稳定得以维持	0%
建立稳定和平的非洲大陆	0%
全面运行的非洲和平与安全架构	0%
非洲文化复兴得以凸显	100%
社会生活各个方面充分实现性别平等	40%
提升青少年的权利与参与度	41%
加强非洲在国际事务及和平进程中的伙伴作用	67%
非洲自主融资,推动经济发展	31%

乌干达《2063年议程》执行报告

绩效评估

愿景1	愿景2	愿景3	愿景4	愿景5	愿景6	愿景7	整体完成情况
23%	39%	8%	100%	0%	33%	42%	35%

取得重大进展的领域

- 用电家庭百分比较2019年目标增长176%
- 172% 互联网接入人口数量大幅增长，较2019年目标增长172%
- 遭受性暴力和身体暴力的妇女和女童数量大幅减少

进展缓慢的领域

- 远未实现降低公职人员腐败和加强问责机制建设的目标
- 可持续土地管理具体措施项下农业用地百分比目标完成率较2019目标低167%
- 0.5% 研发支出占国内生产总值的比重，由2013年的0.8%降至2019年的0.5%

为加快执行《2063年议程》，需要得到支持的领域

- 进一步创造就业机会，降低失业率，特别是青年失业率；
- 提升学龄前儿童入学比例并维持小学阶段当前净入学率；
- 提升制造业增加值占国内生产总值的比例；
- 提升旅游业、信息通讯技术及渔业占国内生产总值的比例；
- 提高通过创新融资机制所筹资源占国家预算的百分比；
- 提升安全饮用水覆盖人口比例；

目标完成情况

目标	完成率
公民拥有较高的生活水平、生活质量和幸福感	60%
公民接受良好的教育，以科学、技术和创新为驱动的技术革命	0%
国民身体健康，营养健全	100%
经济转型和提供就业	0%
生产力较高和高产的现代化农业	0%
发展蓝色/海洋经济，促进经济增长	0%
环境可持续，适合气候条件的经济体和地区	0%
非洲一体化（联邦或邦联）	0%
非洲大陆主要金融货币机构的建立与运作	100%
世界一流的基础设施通及非洲	16%
确立民主价值观、具体做法、人权、正义和法治等普遍原则	16%
各级机构卓有能力，领导具有革新思想	0%
和平、安全与稳定得以维持	100%
建立稳定和平的非洲大陆	100%
全面运行的非洲和平与安全架构	100%
非洲文化复兴得以凸显	0%
社会生活各个方面充分实现性别平等	50%
提升青少年的权利与参与度	0%
加强非洲在国际事务及和平进程中的伙伴作用	67%
非洲自主融资，推动经济发展	34%

赞比亚《2063年议程》执行报告

绩效评估

愿景1	愿景2	愿景3	愿景4	愿景5	愿景6	愿景7	整体完成情况
14%	28%	8%	33%	0%	7%	0%	14%

取得重大进展的领域

- 安全饮用水覆盖人口比例超出2019年目标,由65%增至86.4%
- 符合条件的HIV/艾滋病毒感染者中,有79%的感染者接受获得抗逆转录病毒疗法,达到2019年目标的65%
- 获得性健康和生殖健康服务的妇女比例由30%增至58%

进展缓慢的领域

- 国内生产总值增长率和人均国民收入较2019年目标分别低71%和283%
- 失业率由2013年的7.4%增至2019年的12.5%
- 五岁以下儿童体重不足的发生率由2013年的68%增至2019年的75%

为加快执行《2063年议程》,需要得到支持的领域

- 增加就业和创业机会,特别是针对妇女和青年的创业机会;
- 降低HIV病毒新增感染病例数量,并持续增加获得抗病毒治疗的机会;
- 提升可持续能源的产能;
- 缓解五岁以下幼童体重不足的普遍状况;
- 降低新生儿死亡率;

目标完成情况

目标	完成率
公民拥有较高的生活水平、生活质量和幸福感	15%
公民接受良好的教育,以科学、技术和创新为驱动的技术革命	31%
国民身体健康,营养健全	94%
经济转型和提供就业	0%
生产力较高和高产的现代化农业	0%
发展蓝色/海洋经济,促进经济增长	0%
环境可持续,适应气候条件的经济体和地区	0%
非洲一体化(联邦或邦联)	0%
非洲大陆主要金融货币机构的建立与运作	83%
世界一流的基础设施遍及非洲	0%
确立民主价值观、具体做法、人权、正义和法治等普遍原则	17%
各级机构卓有能力,领导具有革新思想	0%
和平、安全与稳定得以维持	0%
建立稳定和平的非洲大陆	0%
全面运行的非洲和平与安全架构	100%
非洲文化复兴得以凸显	0%
社会生活各个方面充分实现性别平等	0%
提升青少年的权利与参与度	21%
加强非洲在国际事务及和平进程中的伙伴作用	0%
非洲自主融资,推动经济发展	0%

津巴布韦《2063年议程》执行报告

绩效评估

愿景1	愿景2	愿景3	愿景4	愿景5	愿景6	愿景7	整体完成情况
29%	33%	4%	100%	0%	64%	38%	39%

取得重大进展的领域

7.7% 实现降低失业率目标的200%；失业率由2013年的11%降至2019年的7.7%

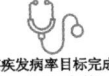

疟疾发病率目标完成171%，由2013年的3.9%降至1.9%

4.7% 年度实际GDP增长率由2013年的2.8%增至2019年的4.7%；制造业回弹

进展缓慢的领域

HIV病毒新增感染数量略有减少，由每千人2.98例降至2.85例

0.7% 旅游业对国内生产总值的贡献率由2013年的4.7%降至2019年的0.7%，远低于2019年目标

18% 税收收入在GDP中占比由2013年的20%降至2019年的18%

为加快执行《2063年议程》，需要得到支持的领域

- 通过促进农业、制造业和旅游业等部门的发展，促进创造就业机会；
- 降低HIV病毒新增感染率；
- 降低新生儿及五岁以下幼童的死亡率；
- 增加发电量和配电量；
- 加强统计、数据管理、监管、评估及报告系统建设；

目标完成情况

目标	完成率
公民拥有较高的生活水平、生活质量和幸福感	56%
公民接受良好的教育，以科学、技术和创新为驱动的技术革命	8%
国民身体健康，营养健全	72%
经济转型和提供就业	25%
生产力较高和高产的现代化农业	0%
发展蓝色/海洋经济，促进经济增长	0%
环境可持续，适合气候条件的经济体和地区	0%
非洲一体化（联邦或邦联）	0%
非洲大陆主要金融货币机构的建立与运作	100%
世界一流的基础设施通及非洲	0%
确立民主价值观、具体做法、人权、正义和法治等普遍原则	8%
各级机构卓有能力，领导具有革新思想	0%
和平、安全与稳定得以维持	100%
建立稳定和平的非洲大陆	100%
全面运行的非洲和平与安全架构	100%
非洲文化复兴得以凸显	0%
社会生活各个方面充分实现性别平等	46%
提升青少年的权利与参与度	100%
加强非洲在国际事务及和平进程中的伙伴作用	51%
非洲自主融资，推动经济发展	33%

附件3 评测方法

《2063年议程》执行情况报告撰写的重要步骤

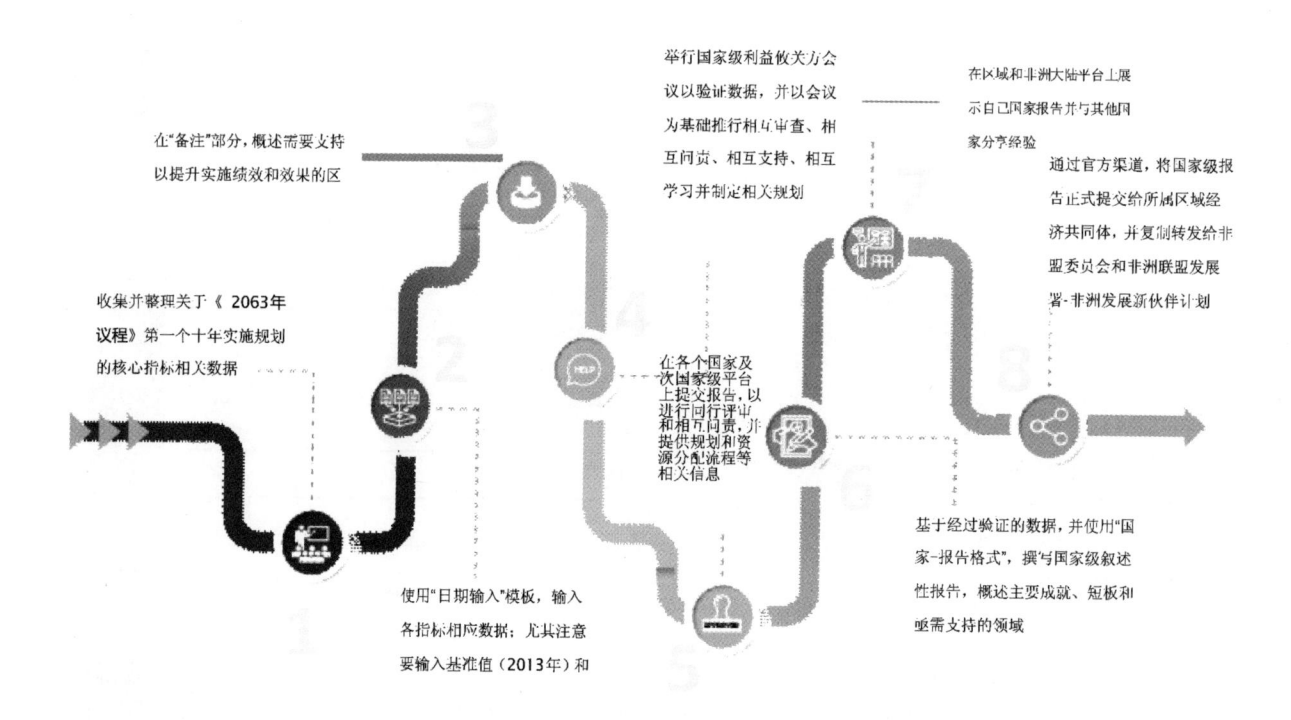

在"备注"部分，概述需要支持以提升实施绩效和效果的区

举行国家级利益攸关方会议以验证数据，并以会议为基础推行相互审查、相互问责、相互支持、相互学习并制定相关规划

在区域和非洲大陆平台上展示自己国家报告并与其他国家分享经验

收集并整理关于《2063年议程》第一个十年实施规划的核心指标相关数据

通过官方渠道，将国家级报告正式提交给所属区域经济共同体，并复制转发给非盟委员会和非洲联盟发展署-非洲发展新伙伴计划

在各个国家及次国家级平台上提交报告，以进行同行评审和相互问责，并提供规划和资源分配流程等相关信息

使用"日期输入"模板，输入各指标相应数据；尤其注意要输入基准值（2013年）和

基于经过验证的数据，并使用"国家-报告格式"，撰写国家级叙述性报告，概述主要成就、短板和亟需支持的领域

在经批准的《非盟监测和评估框架》和《非盟〈2063年议程〉指标手册》的指导下，非洲联盟委员会和非洲联盟发展署—非洲发展新伙伴计划共同开发了实证方法，用于评估和报告各国、各区域及整个非洲大陆《2063年议程》执行状况。各成员国、区域经济共同体、非盟机构及其他利益攸关方于2019年11月在肯尼亚内罗毕举行的工作坊上对上述方法进行了验证。参加此次工作坊的包括40个非盟成员国和六个区域经济共同体。

工作坊向各成员国和区域经济共同体阐述了《2063年议程》数据和叙述性报告模板，并依照《监测和评估框架》和《非盟〈2063年议程〉指标手册》对数据录入进行了实操讲解。工作坊上提供的核心参考文件还包括《2063年议程》《〈2063年议程〉第一个十年实施规划》以及《〈2063年议程〉2019年监测和评估报告技术准则》以及相关数据输入和报告模板。

随后，该方法被推广到区域经济共同体及各个成员国，作为筹备编写《2063年议程》的首份国家和地区进展报告主要参考资料。

各成员国和区域经济共同体所提供的报告在国家和地区级别得到验证后，方可通过政府官方渠道提交给非洲联盟委员会和非洲联盟开发署—非洲发展新伙伴计划。非洲联盟委员会和非洲联盟开发署—非洲发展新伙伴计划对国家级报告进行审核时，重点分析并整合填报数据。随后，数据模板被返回各成员国进行再次核对，经确认无误后重新提交至非洲联盟委员会和非洲联盟开发署—非洲发展新伙伴计划。收到成员国和区域经济共同体核对定稿的进度报告后，大陆级报告才最终形成。报告是对31个非盟成员国和6个区域经济共同体所提交报告的综述和概括。报告根据《〈2063年议程〉第一个十年实施规划》中设定的预期目标值，对照2019目标，对非洲大陆总体表现进行了评测。

数据输入和数据源

数据输入模板围绕《〈2063年议程〉第一个十年实施规划》的66个核心指标建构而成。该数据输入模板是输入非洲各国大陆发展目标实施绩效相关数据的主要工具。此外，还制定了数据输入技术说明，作为《〈2063年议程〉监测与评价手册》的组成部分。

要顺利完成《2063年议程》2019年报告，首先要确保已通过各个国家和地区系统收集到相关数据。在此方面，数据输入、分析和报告撰写至关重要，因而区域经济共同体和成员国需要输入经过审核的相关数据。数据输入过程对现有国家认可的官方数据具有反拨作用。《2063年议程》与可持续发展目标之间紧密联系，因此各国可以调用其国家级报告中的相关数据。

数据分析与汇总

绩效评测所关注的是，2013年基准数据与基于"第一个十年实施规划"中设定目标而确定的2019年预定目标之间的差距。每个优先领域的总百分比得分的加权平均值为各项分析提供基础数据。绩效评估结果呈现方式为目标完成水平，具体参照《〈2063年议程〉第一个十年实施规划》中设定的各项目标。报告中为每个成员国的优先领域、目标和理想赋予加权得分。在为各个国家具体指标、优先领域、目标和愿景评定绩效等级后，将国家数据汇总，形成区域和非洲大陆绩效仪表板。

为消除各目标或愿景完成水平得分的连锁效应（由得分高于100%或在目标和优先区域得分为负值引起），报告以指数方式将每个优先级区域的总权重控制在3.57（四舍五入）至3.6。因此，汇总的国家、地区和整个大陆得分均基于指数得分。尽管在某些指标方面实际得分仍为负值，但上述操作方法还是略微提高了相关国家在原本退步的指标方面的绩效得分。

调查结果解释

对区域和成员国绩效的总体评估也考虑到2019年是《2063年议程》十年规划范围内的第六年。因此，优先领域以及相关的目标、愿景、国家、区域和洲际指数得分均表示相对于2019年预期目标的绩效水平，该水平以根据每个指标在"第一个十年实施规划"中所指定的时间间隔进行校准。分数并非指标的绝对值，而是对2013年绝对基准值和2019年当前值之间的差距进行的评估。换言之，分数描述了各个目标的完成情况——即在第一个十年实施规划中第六年应该达到的水平。

制定了各国、各区域及整个非洲大陆实施绩效测评表，以每个优先领域、目标和愿景及

2019年目标为参照，介绍相关目标执行情况。仪表板采取微软电子表格形式，以交通指示灯系统常用的三种色带呈现信息：即：红色，得分介于0%和45%之间（以校准后的百分比为依据），表示绩效不佳；橙色，得分介于46%和75%之间，表示表现良好；绿色，得分高于75%，表示表现优异。在三种色带之间，有渐变的颜色阴影表示过渡分值。

此外，深绿色表示在该优先区域、目标或愿景方面表现超出计划目标。同样，深红色表示当年绝对值低于基准年的数值。

解读结果时，综合考虑以下具体因素：

1. 绩效得分的计算基础是：成员国在数据输入模板相应指标位置既填写了基准值，也填写了当前值。若未提供数据或仅提供单项数据，分析时（基于优先领域、目标和愿景实现水平计算总分时）会自动筛除相应数值。因此可知，各指标数据填报是否完整对不同级别绩效总分值具有直接影响。因此，漏填漏报项目对《2063年议程》数据模板中的分值计算具有负面影响。

2. 各国、各地区的绩效评估是通过对比基于基准值推算得出的2019年预期值所取得的进展进行评估。每个国家、地区的评估均基于其各自预期目标的实现水平而进行。因此，各国和各地区之间的比较差别所呈现的是截至2019年其各自预期值的相对变化情况，而非其发展状况的绝对值。

挑战

编制本报告时遇到的挑战包括先前数据缺失或不足（例如缺少2013年的基准值），及最新数据缺失或不足，比如不能提供2019年相关数据。对于数据缺失的领域，或者仅提供了基准值或当前值的领域，本次未进行绩效评测，这也影响了对各个目标及相关具体目标和愿景绩效的准确评测。

此外，虽然《〈2063年议程〉指标手册》中设定的66个核心指标划分细致，各成员国在具体指标基准值和当前值计算时所采用的数据集和计算方式却并不统一，这给区域和非洲大陆整体绩效分析和累计值计算带来了困难。

本首发报告相关参考文献

关键参考资料：

- 《〈2063年议程〉第一个十年实施规划》
- 已通过的《〈2063年议程〉监测和评估框架》
- 已通过的《〈2063年议程〉监测和评估核心指标手册》
- 《〈2063年议程〉报告撰写技术准则》

本报告撰写相关支撑文件：

- 区域经济共同体《2063年议程》执行绩效报告
- 各成员国《2063年议程》第一个十年执行规划绩效报告（登入人数相关数据的输入模板和叙述性报告）
- 非洲联盟委员会相关非盟旗舰项目的部门报告

译者简介

　　吉文凯，男，副教授，西安外国语大学丝绸之路语言服务协同创新中心副主任，高级翻译学院副院长，翻译硕士研究生导师，中国翻译协会常务理事，西安外国语大学博士研究生。

　　瞿慧，女，西安外国语大学英文学院副教授。